ISBN 978-1-332-62376-1
PIBN 10320120

1 MONTH OF
FREE
READING

at
www.ForgottenBooks.com

By purchasing this book you are eligible for one month membership to ForgottenBooks.com, giving you unlimited access to our entire collection of over 700,000 titles via our web site and mobile apps.

To claim your free month visit: www.forgottenbooks.com/free320120

English
Français
Deutsche
Italiano
Español
Português

www.forgottenbooks.com

Mythology Photography **Fiction**
Fishing Christianity **Art** Cooking
Essays Buddhism Freemasonry
Medicine **Biology** Music **Ancient
Egypt** Evolution Carpentry Physics
Dance Geology **Mathematics** Fitness
Shakespeare **Folklore** Yoga Marketing
Confidence Immortality Biographies
Poetry **Psychology** Witchcraft
Electronics Chemistry History **Law**
Accounting **Philosophy** Anthropology
Alchemy Drama Quantum Mechanics
Atheism Sexual Health **Ancient History**
Entrepreneurship Languages Sport
Paleontology Needlework Islam
Metaphysics Investment Archaeology
Parenting Statistics Criminology
Motivational

Dr. NATHAN BIRNBAUM
(MATHIAS ACHER)

AUSGEWÄHLTE SCHRIFTEN
ZUR JÜDISCHEN FRAGE

BAND I.

HERAUSGEGEBEN AUF INITIATIVE EINES KOMITÉS

VERLAG DER BUCHHANDLUNG Dr. BIRNBAUM & Dr. KOHUT
CZERNOWITZ 1910

Inhalt des I. Bandes

Vorwort

Erster Teil

Zweiter Teil

VORWORT

Die praktische Propaganda meiner Ideen, hauptsächlich aber meine persönlichen Schicksale hinderten mich, eine größere umfassende Arbeit über die jüdische Frage, mit der ich mich sonst so intensiv beschäftigte, zu schreiben. Wer sich also über meine diesbezüglichen Anschauungen, über das ihnen zu Grunde liegende Gedankensystem und über meinen Entwicklungsgang unterrichten wollte, stand recht großen Schwierigkeiten gegenüber: Von den paar kleinen Arbeiten, die im Buchhandel erschienen, sind die meisten längst vergriffen, von den anderen die meisten in verschiedenen Zeitschriften verschiedener Jahrgänge zerstreut. Manche, darunter auch solche neuesten Datums, ruhten ungedruckt in meinem Schreibtische.

Die vorliegende, von Freunden angeregte Ausgabe einer Auswahl meiner Schriften soll nun diesem Übelstande abhelfen. Ich habe die Auswahl selbst getroffen, und zwar ließ ich mich dabei ebenso von meinem eigenen Werturteil, als von dem Bestreben leiten, ein möglichst anschauliches Bild meiner Entwicklung zu bieten. Natürlich konnte ich beiden Gesichtspunkten nicht immer in gleicher Weise entsprechen. Aber ich hoffe, daß es mir gelang, nicht allzuviele und nicht allzuschlimme Fehlgriffe zu tun.

Insbesondere wird es nun wohl jedermann möglich sein, den Weg, den ich zurücklegte, zu verfolgen und den inneren Zusammenhang zwischen den letzten und ersten Stadien dieses Weges festzustellen. Man wird leichter erkennen, daß ich zwar durch zwei Hauptphasen — zwischen welchen eine Art Übergangszeit mit ihren unvermeidlichen kleinen Unebenheiten und Schwankungen lag — hindurch geschritten und doch stets auf einer und derselben ungebrochenen Linie des Kampfes um jüdisches Leben geblieben bin.

Czernowitz, im April 1910.

Dr. Nathan Birnbaum

ERSTER TEIL

Dieser Teil enthält Arbeiten, die in den Jahren 1893 bis 1897 geschrieben sind. Eigentlich begann ich schon im Jahre 1882, und, wenn man will, noch früher, zu schreiben und Geschriebenes drucken zu lassen. Und es war sogar ziemlich viel, war ich damals in eigenen und fremden Zeitschriften veröffentlichte. Die eigene — „Selbst-Emancipation" — begann im Jahre 1885 zu erscheinen. Wenn ich nun trotzdem hier keine Probe aus dem ersten Jahrzehnte meiner · schriftstellerischen Tätigkeit bringe, so deshalb, weil diese nur den Bedürfnissen einer leidenschaftlich betriebenen Agitation diente und daher nicht viel Anspruch erheben darf, literarisch gewertet zu werden. Auch würden diese Artikel, die damals immerhin neue Gedanken brachten, heute wie Gemeinplätze wirken. Im übrigen ist ja noch der ganze Gedankeninhalt der hier vernachlässigten Entwicklungsphase in der an erster Stelle veröffentlichten „Nationalen Wiedergeburt" zu finden. Nur daß diese Schrift schon von einem gereifteren Denken Beruhigung und Sammlung erhält.

Die

Nationale Wiedergeburt

des

jüdischen Volkes

in seinem Lande,

als Mittel zur Lösung der Judenfrage.

Ein Appell

an die Guten und Edlen aller Nationen.

Wien, 1893.

Als diese Schrift zum ersten Mal erschien, waren ihr noch 9 längere Noten informativen Charakters über die jüdische nationale Bewegung beigefügt. — Sie sind diesmal weggelassen, weil die Daten, die sie bringen, längst veraltet sind.

Wo bleibt der Held, wo bleibt der Weise,
Der Dich von Neuem, Volk, belebt,
Der Dich, ein Heiland, ins Geleise
Der Weltgeschichte wieder hebt?

Ludwig Wihl, „Westöstliche Schwalben".

Die Judenfrage.

Die zivilisierte Welt teilt sich hinsichtlich der Judenfrage in zwei große Lager: Hie Antisemiten, hie Philosemiten.*) Ein drittes gibt es nicht. Die angeblichen Neutralen erweisen sich bei genauerer Betrachtung entweder als Dutzendmenschen, die Ruhe haben möchten und daher überhaupt ihre Gesinnungen nicht an die große Glocke hängen oder als Politiker, welche anderen, höher geschätzten Interessen zuliebe g e w i s s e Gesinnungen verschweigen zu müssen glauben. Es gibt unaktive Anti- und Philosemiten, wie es aktive gibt.

Was den A n t i s e m i t i s m u s betrifft, so kennt man allgemein seinen obersten Grundsatz, daß alle Juden verwerfliche Leute seien, gegen die irgend welche entschiedene Maßregeln — sei es Entrechtung oder Vertreibung — ergriffen werden müßten; man kennt auch die mehr oder weniger brüske Art seines Vorgehens. Darauf näher einzugehen, ist nicht Sache dieser Schrift, welche sich im allgemeinen nicht an die Antisemiten wendet, es sei denn an diejenigen guten Elemente unter ihnen, welche von einem anfänglichen bloßen Unbehagen an dem gegenwärtigen

---

*) In Ermanglung einer anderen besseren Kollektiv-Bezeichnung ist hier der Ausdruck P h i l o s e m i t e n gewählt, um a l l e d e n A n t i s e m i t i s m u s M i ß b i l l i g e n d e n zu bezeichnen.

Stande der Judenfrage nur durch Parteileidenschaft und Partei-
zwang bis zum rücksichtslosen Antisemitismus geführt wurden.
Und die P h i l o s e m i t e n? Die meisten von ihnen hören
sich nicht gerne so bezeichnen. Was sie veranlasse, sagen sie,
gegen den Antisemitismus Stellung zu nehmen, sei einfach ihr
verletztes Humanitätsgefühl. Nun ist es wohl unmöglich, eine
solche Denk- und Fühlweise anders als edel zu nennen. Aber ist
es deshalb schon ausgemacht, daß es nicht noch eine wesentlich
andere Art, in Sachen der Judenfrage zu denken und zu fühlen,
geben könnte, welche mindestens ebenso edel, dabei aber für die
Juden viel ersprießlicher wäre? Man stelle sich doch nur eine
von dem Dasein des Antisemitismus gänzlich unabhängige Judenfreundschaft vor, Freundschaft in der erhabenen Bedeutung dieses
Wortes. F r e u n d s c h a f t, welche man nur dem Auserwählten
des Herzens, dem Liebling, entgegenbringt, nicht blos M i t l e i d,
das auch mit jedem dem Herzen Gleichgiltigen empfunden wird!
L i e b e, welche da ist, ohne gerufen zu werden, nicht E r b a r m e n,
das erst des Weckrufes bedarf.
Diese Möglichkeit ist jedoch leider nur in vereinzelten Fällen,
wovon noch die Rede sein soll, zur Wirklichkeit geworden. Im
allgemeinen ist der Philosemitismus eben das, was er ist, etwas
von dem, was z. B. seinerzeit der Philhellenismus war, gänzlich
Verschiedenes. Den Ursachen nachzuforschen, welche zu diesem
Stande der Dinge geführt haben, scheint uns eine lohnende Mühe
zu sein.
Die Juden haben ihre Elendjahre oder besser Elendjahr-
tausende nicht auf eigener Erde zugebracht. Über den ganzen
Erdball zerstreut, nicht e i n e m Volke ausgeliefert, sondern fast
allen, büßten sie den Nimbus ein, welcher andere gedemütigte
Nationen, die einst schönere Tage gesehen haben, umstrahlt. Der
Jammer unglücklicher Völker, welche, unzersplittert, auf der Heimats-
scholle geblieben sind, tönt dumpf aus der Ferne hinüber, die
Blößen werden nicht gesehen, die kleinlichen Gebreste nicht wahr-
genommen. Darum eilt man dem klagenden, gestürzten Riesen zu
Hilfe. Anders bei den Juden! U n s e r E l e n d i s t n i c h t
a n z i e h e n d, weil es alltäglich geworden ist, unser
Unglück prangt an allen Straßenecken. Man singt ihm keine Frei-

heitslieder, sondern Gassenhauer; es hat den Schritt von der Erhabenheit zur Lächerlichkeit bereits gemacht — und zurück geht es schwer.

Daher wird uns, was man an anderen Völkern nicht genug loben kann — der unbeugsame nationale Sinn — als Sünde angerechnet. Als solche gilt er schon, wenn er in der Form unbewußten Gefühles auftritt, und wie erst, wenn er es wagt, als Bewußtsein zu erscheinen. Was bei anderen Völkern heldenmütige Ausdauer heißt, wird uns als häßliche Verstocktheit angerechnet, was man von anderen als rührende Anhänglichkeit an das eigene Volk preist, nennt man mit Bezug auf uns engherzigen Separatismus. Andere gelten als Nation im Staate, wir sollen just „der Staat im Staate" sein. Anderen gibt man die Menschenrechte ohne Bezahlung, wir müssen unser Volkstum dafür opfern.

Es ist ein schiefer Gesichtswinkel, unter welchem die Judenfrage betrachtet wird. Daran sind außer dem bereits Angeführten noch zwei Momente schuld: Die Haltung der Juden selbst und das Auftreten des Antisemitismus.

„Was willst Du, damit Dir geholfen sei?" fragte das Mitleid den Juden. „Aus dem Ghetto will ich", lautete die Antwort. Da sprengte das Mitleid die Tore der Judengasse. Es war aber mitleidiger, als es sonst zu sein pflegt und fuhr zu fragen fort: „Was willst Du noch, armer Freigelassener?" Mag sein, daß das Mitleid die Antwort, so wie sie ausfiel, erwartete oder gar dem Gefragten in den Mund legte, weil es die Juden zu etwas Besserem nicht mehr für fähig halten mochte, das ändert nichts an dem Rechte, diese Antwort als verhängnisvoll anzusehen. „Aufgehen, Assimilieren, Eins werden, Amalgamieren!" schallte es enthusiastisch zurück. Von da ab beginnt die Kette von beiderseitigen Mißverständnissen und Irrungen, welche jetzt so stark geworden ist, daß sie die Gleichberechtigung zu erwürgen droht.

Der passendste Zeitpunkt ist versäumt worden, um vor die Völker hinzutreten und zu sagen: „Wollt Ihr uns befreien, so befreiet uns vollends. Helfet uns, uns wieder auf eigene Füße stellen. Ihr habt das klassische Volk der Schönheit, die Griechen, wieder aufgerichtet, richtet auch uns, das klassische Volk der

Sittlichkeit, wieder auf. Unsere Taten sollen dann euree Tat belohnen. „Solche Worte, in jener für Ideale empfänglichen Zeit gesprochen, hätten die Judenfreunde zu begeisterter Bewunderung hingerissen, hätten für uns statt Mitleides Liebe geworben, hätten uns dort, wo die Antipathien wider uns mühselig unterdrückt wurden, geradezu die wärmsten Sympathieen gewonnen. Es hat nicht sollen sein, und es konnte damals nicht sein. Solche Worte konnten von den Lippen der Ghetto-Sprößlinge nicht kommen. Sie vermochten nichts Großes und Erhabenes mehr vom und im Judentum, welches sie in seiner tiefsten Erniedrigung mitertragen hatten, erwarten.

Was Wunder aber, wenn die Nichtjuden nicht jüdischer sein zu müssen glaubten, als die Juden selbst? Die Stimmen der wenigen christlichen Freunde einer nationalen Wiedergeburt des jüdischen Volkes verhallten natürlich ungehört. Die europäischen Völker gewöhnten sich, die Assimilation als eine conditio sine qua non der Aufnahme der Juden in die bürgerliche Gesellschaft anzusehen. Was früher ein Nebending, das man sich rein aus Unterschätzung der jüdischen Kulturkraft zur Juden-Emanzipation hinzugedacht hatte, gewesen war, wurde jetzt immer mehr zur Hauptsache. Von den Juden darin bestärkt, gewöhnten sich die Christen in der gewöhnten Assimilations-Willfährigkeit das Ideal aller jüdischen Bürgertugend, die Summe alles von den Juden ihnen für die Emanzipation abzustattenden Dankes zu sehen.

Wie irrtümlich diese Ansicht war und ist, zeigt am besten der Umstand, daß der Antisemitismus gerade in jenen Ländern, wo die Assimilationsbestrebungen der Juden die stärksten waren und am freudigsten begrüßt wurden, den fettesten Nährboden fand. Denn Tatsache ist, daß durch diese Bestrebungen die Juden jedenfalls nicht besser geworden sind. Man spielt nicht ungestraft Jahre lange eine Rolle, für die man nicht geschaffen ist, man heuchelt — und wäre es auch Heuchelei in bester Absicht — nicht ungestraft ein ganzes Leben lang Gedanken und Empfindungen, die einem fremd sind, und verleugnet nicht so lange ungestraft oft die edelsten Gefühle und Anschauungen, nur, um sie nicht einer mißverstehenden Kritik aussetzen zu müssen. Alles das zehrt am Charakter, und ist daher nicht geeignet, zu bessern.

So kam es, daß der alte Judenhaß aus seinem Schlafe erwachte, immer mehr Unzufriedene und Enttäuschte warb, die bald in Kampfesstellung traten und fleißig nach dem Splitter im fremden Auge suchten, wobei ihnen allerdings das Malheur passierte, den Balken im eigenen zu übersehen. Doch das ist ja Menschenbrauch und Menschenschwäche.

Antisemitismus nannte sich der ungestüme neue Sittenrichter, dessen Strenge mehr und mehr in die alte judenfeindliche Brutalität und Unmenschlichkeit ausartete, wodurch naturgemäß wieder eine Reaktion hervorgerufen wurde. Juden sowohl als humane Christen, — von den letzteren auch solche, die nichts weniger als wohlwollende Gesinnungen den Juden entgegenbrachten, — erschraken vor den Ausschreitungen der neuen Bewegung. Sie wurde aus Gründen der Wohlanständigkeit in Acht und Bann getan. Um sie einzudämmen, glaubte man alles widerlegen zu müssen, was sie vorzubringen weiß, auch das, was darunter w a h r u n d f ü r n i e m a n d e n v e r l e t z e n d i s t. Das war und ist das letzte Glied in der Kette der Irrungen.

Weil die Antisemiten eine jüdische Nationalität annehmen, leugnet man dieselbe und übersieht dabei, daß die von der antisemitischen Galle noch unbesudelte j ü d i s c h e N a t i o n a l i t ä t s - Idee den S c h l ü s s e l z u r e n d g i l t i g e n L ö s u n g d e r J u d e n f r a g e bietet.

Die jüdische Nationalitätsidee.

Es ist eine unbestreitbare Tatsache, daß die Abneigung gegen die Juden tief im Volke wurzelt. Im allgemeinen mag man die Juden nicht und die Judenfreunde täten im Interesse des jüdischen Stammes gut daran, sich darüber nicht hinwegzutäuschen. Weder vermögen die Ermahnungen edler Kämpfer für Recht und Menschlichkeit das Bürgertum, noch die Gleichheitslehren des internationalen Sozialismus die breiten Volksmassen vom Judenhasse abzubringen. Selbst die Intelligenz ist großenteils nicht im Stande, sich der Antipathien gegen die Juden zu erwehren. Trotz aller Befehdung in den verschiedenen Zeiten und Ländern erhält sich der Judenhaß und schläft nur zeitweilig ein, um wieder neu zu erwachen. Auf den letzten Grund dieser traurigen und unausrottbaren völkergeschichtlichen Erscheinung soll hier nicht eingegangen, das heißt, es soll das Wesen des Judenhasses an sich hier nicht untersucht werden. Um so notwendiger ist es jedoch, die Ursachen seiner zeitweiligen gewalttätigen Ausbrüche zu erkennen.

Eine lange Reihe von Erfahrungen steht diesbezüglich zu Gebote. Sie lehrt, was man so selten einsehen will, daß im Grunde genommen für die judenfeindlichen Eruptionen der verschiedenen Zeiten und Länder wesentlich ein und dieselben Ursachen vorhanden sind:

Auf der einen Seite das numerische Verhältnis der Juden zu ihren jeweiligen nichtjüdischen Staatsgenossen, wonach ihrer zwar zu viele sind, um nicht durch die größere Auffälligkeit die Volksinstinkte zu reizen, jedoch wieder zu wenige, um sich erfolgreich zur Wehre setzen zu können; auf der anderen Seite der Umstand, daß es auf der großen, weiten Welt keine Instanz gibt, welche die Juden in Schutz nimmt und ihre Menschen- und Volksrechte wahrt. Staatsrechtliche Gleichstellung, das heißt eine solche mit örtlich und zeitlich begrenzter Wirkung, haben die Juden in manchen Ländern erlebt, aber nur eine v ö l k e r - r e c h t l i c h e G l e i c h s t e l l u n g böte ihnen d a u e r n d e u n d a l l s e i t i g e H i l f e.

M a g a u c h d e r e i n z e l n e J u d e e i n V a t e r l a n d h a b e n, d a s j ü d i s c h e V o l k h a t k e i n e s, u n d d a s i s t s e i n U n g l ü c k. Das jüdische Volk muß wieder sein eigenes Stück Erde unter den Füßen fühlen und aus dem Heimatsboden neue materielle und moralische Kräfte ziehen. Doch darf dies nicht so aufgefaßt werden, als ob verlangt würde, daß alle Juden ihre jetzigen Wohnstätten verlassen, um ihre erwählte Volksheimat zu bevölkern. So ist es nicht gemeint. N i c h t d a r a u f. d a ß a l l e J u d e n i n e i n e m L a n d e v e r - e i n i g t w e r d e n, s o n d e r n d a ß f ü r d i e J u d e n h e i t e i n n a t i o n a l e s Z e n t r u m g e s c h a f f e n w e r d e, z i e l t d i e j ü d i s c h e N a t i o n a l i t ä t s i d e e. Ein beträchtlicher Teil des Volkes, der sich naturgemäß zunächst meist aus den

Ländern der stärksten Judenbedrückung rekrutieren wird, soll sich auf dem Boden niederlassen, welcher bestimmt ist, die Heimat Israels zu sein. Durch den Ackerbau wird er daselbst jene Liebe zur Scholle gewinnen, welche einem Volk ein Land erhält, und jene körperliche und sittliche Gesundung finden, welche das eigentliche Ziel aller jüdischen Bestrebungen sein muß. Die Vorteile einer solchen Eventualität auch für die außerhalb des nationalen Bodens verbleibenden Juden liegen auf der Hand. Vor allem würde dadurch erreicht, daß die jüdische Bevölkerung in den Ländern der europäischen Zivilisation durch zeitweilige Abflüsse an Zahl beständig unterhalb jenes Sättigungspunktes erhalten würde, über welchen hinaus erfahrungsgemäß die Juden nicht mehr gut vertragen werden. Das würde natürlich eben so sehr ein beträchtliches Nachlassen der antisemitischen Spannung, als eine Milderung des Daseinskampfes der jüdischen — und übrigens auch der nichtjüdischen — Volksmassen bedeuten.

Hiezu kämen die Rückwirkungen der nationalen Entwicklung in der jüdischen Volksheimat auf die Juden der übrigen Länder. Das Bewußtsein, einem lebenden Volke anzugehören, welches ein eigenes Heim, eine Stätte freudigen Schaffens für die Söhne zu Hause, eine Stätte der Zuflucht für die Söhne in der Ferne, besitzt, wird auch die Juden der Diaspora veredeln und versittlichen, stärken und stählen. Der Fluch der Lächerlichkeit, der ihr Unglück doppelt schwer macht, wird von ihnen weichen; ihre ganze Stellung unter den Völkern wird eine normale, eine gesunde werden. Der Verkehr zwischen Juden und Nichtjuden, der trotz allen Assimilationen und Emanzipationen, trotz allem guten Willen von beiden Seiten noch immer — wozu es sich nicht eingestehen wollen? — so viel Gedrücktes, Peinliches an sich hat, wird erst dann ungezwungen und unbefangen werden, der Judenhaß in seiner Eigenartigkeit jede Existenzberechtigung verlieren. Wenn dieser Haß sich aber anfangs doch noch sollte regen wollen, da tritt erst die völkerrechtliche Bedeutung eines nationalen Zentrums für die auswärtigen Söhne der Nation so recht zu Tage. Das kleinste politische Gemeinwesen hat Sitz und Stimme im Konzerte der Völker; es kann protestieren, wenn seine Bürger oder die Konnationalen seiner Bürger irgendwo in ihren

Rechten gekränkt oder an ihrem Leben bedroht werden, kann Genugtuung für jede solche Unbilde verlangen. Ein Volk ohne völkerrechtliche Geltung ist vogelfrei. Je rascher und gründlicher die zivilisierte Welt diese Vogelfreiheit bezüglich der Juden aufheben will, desto früher und radikaler wird sie von dem Judenhasse, welcher sich wie Mehltau auf ihre schönsten Blüten senkt, befreit werden.

Land, Land! — Darin liegt also das Geheimnis der Lösung der Judenfrage. Wo aber soll dieses Land, welches den zweitausendjährigen Wanderer aufnehmen soll, gesucht werden? Man braucht es nicht erst zu suchen, jedermann kennt es; es gibt kein zweites, das in Betracht gezogen werden könnte. Und so hat sich denn auch in Wirklichkeit die national-jüdische Partei, welche sich deshalb auch die zionistische nennt, für dieses Land, für Palästina entschieden.

Spricht schon der Umstand dafür, daß dieses Land mit den Volkstraditionen und Volkshoffnungen auf das innigste verwoben ist, so daß eine jüdisch-nationale Bewegung nur, dann Aussicht hat, die ganze Judenheit mit elementarer Gewalt zu erfassen und zu begeistern, wenn sie „Zion" auf ihre Fahne schreibt — so gibt es auch noch viele andere Gründe, welche Palästina empfehlen, ja als das einzig und allein für die Errichtung eines neuen jüdischen Gemeinwesens geeignete Land erscheinen lassen.

Zunächst bietet dasselbe die relativ größten Garantien gegen den Abfall vom Ackerbau, gegen die Rezidive. Der für Leib und Seele gleich beschwerliche Übergang von städtischer zu ländlicher Arbeit ist nur dann zu ermöglichen, wenn einerseits allzureichliche Gelegenheit zur Rückkehr in die alten gewohnten Berufe fehlt und andererseits ein kräftiges moralisches Agens vorhanden ist, welches der Entmutigung entgegenarbeitet, die Tatkraft vervielfacht, die Ausdauer in's Unglaubliche steigert. Diese beiden Voraussetzungen treffen bezüglich Palästinas ein. Trotz seiner im Interesse der Kultur so erfreulichen unmittelbaren Nähe zu Europa werden doch die Sirenenklänge ihrer europäischen Berufe zu den Ohren der Kolonisten in dieses ernstheilige Land nicht dringen. Die Geister des geschichtlichen

Bodens, auf dem sie stehen, werden, bemerkt oder unbemerkt, den Pionnieren jüdischer Zivilisation und jüdischer nationaler Selbstständigkeit zuraunen: „Haltet aus, verzaget nicht, *per aspera ad astra!"*

Noch ein anderer Grund ist für Palästina ausschlaggebend. Es liegt im semitischen Oriente. Dort, wo Israel heimisch ist, wo Land und Leute der jüdischen Eigenart entsprechen, kann diese erhalten bleiben und sich voll ausleben, nur dort kann das jüdische Volk seine große rassenversöhnende Aufgabe, von welcher noch weiter unten die Rede sein soll, übernehmen.

Fügt man noch hinzu, daß das heilige Land auch in Bezug auf die Nähe zu den jetzigen Wohnsitzen der hinzubringenden jüdischen Massen, auf Klima, Fruchtbarkeit und Bevölkerungsdichte zum Kolonisationsgebiete sich eignet, so hat man alle seine Vorzüge genannt.

Die Kritik.

Der Plan wäre entwickelt, nun kommt die Kritik zu Worte; dieselbe wird sich wohl in doppelter, durch die jüdischerseits bisher i n a l l e r S t i l l e erhobenen Widersprüche angedeuteter Richtung bewegen. Undurchführbarkeit und Moralwidrigkeit werden dem Zionismus zur Last gelegt werden.

Bevor wir nun zu der eigentlichen Widerlegung solcher Behauptungen übergehen, müssen wir zwei Umstände anführen, welche zwar nicht beweismachend, aber doch wenigstens geeignet sind, der Zionsidee geneigtere Ohren zu gewinnen: Erstens, daß große Geister und edle Herzen unter Nichtjuden und Juden die nationale jüdische Idee begriffen und verkündeten; zweitens, daß schon jetzt sichtbare Erfolge der nationaljüdischen Bewegung vorhanden sind.

Doch wir wollen uns natürlich mit solchen Anführungen nicht begnügen, sondern gehen auf die Sache selbst ein.

D i e J u d e n s i n d e i n e N a t i o n, wenn sie auch nicht ihren vollen nationalen Besitzstand sich erhalten haben, — und damit ist die erste Voraussetzung eines Erfolges jüdisch-nationaler Bestrebungen gegeben. Den meisten Nichtjuden, ob Judengegnern oder Judenfreunden, erscheint das Judentum auch als eine völkliche Verbindung und auch unter den Wohlwollenden würde sicherlich keiner anstehen, diese Meinung auszusprechen, wenn er nicht fürchten müßte, die Juden, welche durchaus nur mehr als Religionsgenossenschaft gelten wollen, zu verletzen. Anständige Naturen wollen eben den Ruf des Antisemitismus nicht riskieren und fügen sich daher aus bewußter oder unbewußter Gutmütigkeit in den seltsamen Wunsch der Juden. Diese haben es verstanden, der überwiegenden Mehrheit der Christen eine Ansicht zu s u g g e r i e r e n, welche diese im Grunde gar nicht hegen, und die vor einem ernst prüfenden Urteile nicht Stand halten kann. Die E m p f i n d u n g der Völker, daß sie in einer bestimmten Gemeinschaft eine Nation vor sich haben, ist das beste Argument für die Nationsqualität derselben. Da nützen keine subtilen Beweise gegen die Rassenreinheit. Ob reine Rasse oder nicht, — eine eigentümliche unabstreifbare völkliche Vergangenheit, ein eigenartig gestimmtes Gemüt, ein eigenartiges Temperament, eine eigenartige Denkweise, welche sich auch dort finden, wo die jüdische Religion längst zu wirken aufgehört hat, lassen die Juden als eine Nation erscheinen. Und so wird es bleiben, denn die Juden sind im ganzen ein zähes Volk, das sich allen e x t r e m e n Assimilationsgelüsten widersetzt; unsere „mosaische Konfession" der Jetztzeit ist im Grunde nichts anderes, als der unbewußte Drang des an sich selbst verzweifelnden Judentums, in irgend einer Gestalt fortzuleben.*)

Freilich ist die nationale Kraft des gegenwärtigen Judentums eine gebundene, welche erst mit dem Augenblicke frei würde, in welchem es seine Geschichte fortzusetzen wieder beginnen könnte, d. h. dann, wenn es wieder zu seiner Sprache, deren Wiederbelebungsprozess übrigens schon begonnen hat, und zu seinem Lande kommt.

Das jüdische Volk besitzt die Kulturmacht, dieses Ziel zu erreichen, ein nationales Gemeinwesen zu bilden, zu erhalten und zur Blüte zu bringen. Seine hohen geistigen und sittlichen

---

*) „Die Geschichte des nachtalmudischen Zeitraumes", sagt G r a e t z, „hat also noch noch immer einen n a t i o n a l e n Charakter; sie ist keineswegs bloße Religions- oder Kirchengeschichte". (Geschichte der Juden, V. Band, Einleitung).

Anlagen werden ja blos von übelwollenden, gehässigen Neidern bestritten, und sein Staatssinn hat wohl in der europäischen Schule eine Kräftigung erhalten. Man schlage die Geschichte und Kulturgeschichte aller zivilisierten Nationen nach, überall wird man Großartiges leistenden Männern jüdischen Stammes begegnen. In Dichtung und Wissenschaft, Wirtschaft und Politik ragen sie hervor.

„Ihr seid Kraftnaturen" — sagt der Franzose Ernest L a h a - r a n n e in seiner Broschüre „Die neue orientalische Frage" (Paris, Verlag von Dentu, 1840) — „und wir beugen uns vor euch. Ihr waret stark während euerer antiken Geschichte, stark nach der Zerstörung Jerusalems, stark im Mittelalter, als es nur zwei dunkle Mächte gab : Die Inquisition mit dem Kreuze, die Piraterie mit dem Halbmond. Ihr habt euch in der Zerstreuung erhalten, freilich nicht ohne den immensen Tribut von achtzehn Jahr-hunderten der Verfolgung zu entrichten. Aber der Rest eurer Nation ist noch stark genug, um die Pforten Jerusalems wieder aufzurichten. Das ist eure Aufgabe".

Diese Aufgabe wird durchgeführt werden müssen, wenn auch der Weg zum Ziele, wie dies bei so schwierigen Werken natürlich ist, noch nicht in allen seinen Etappen genau in den zionistischen Plan eingezeichnet ist. Jedenfalls ist die bereits begonnene unoffizielle Kolonisation verfolgter Juden in Palästina nur der erste Schritt, der gemacht werden mußte, um vor allem die Durchführbarkeit der Sache in Bezug auf das jüdische Menschen-material und die Eignung des palästinensischen Bodens völlig außer Frage zu stellen. Darüber hinaus geht der Wert dieser Kolonisation nicht. Die Schwierigkeiten, welche die hohe Pforte jetzt dem Werke entgegensetzt, obgleich oder richtiger, weil es in der anspruchlosesten, harmlosesten Gestalt aufzutreten sich Mühe gibt, weisen nachdrücklich auf die Gefahren hin, welche aus einer Fortsetzung der Ansiedlungstätigkeit bei voll-ständigem Mangel an völkerrechtlichen Garantien entspringen könnten. Der Bestand und die Fortentwicklung der Kolonien wäre diesfalls in jedem Augenblicke bedroht.

Noch ein Zweites spricht dagegen, daß man sich behufs Erreichung des zionistischeu Zieles einzig und allein auf den

Fortgang der Kolonisation Palästinas verläßt: Die durch die Geschichte mehr als einmal erhärtete Tatsache, daß eine Bewegung, wie z. B. die jüdisch-nationale, von einigen auch noch so wohlmeinenden Reichen n i e an's Ziel geführt werden kann. Vielmehr muß sie, um es zu erreichen, von der Begeisterung der Massen des eigenen Volkes und den Sympathien anderer Nationen getragen werden.

Wäre dies trotz aller Anstrengungen seitens der Zionisten am Ende doch nicht zu erreichen, dann freilich müßten die Ideale derselben als undurchführbar angesehen werden. Im entgegengesetzten Falle aber wäre nicht einzusehen, warum sie nicht realisierbar sein sollten, wenn es auch ein Ding der Unmöglichkeit ist, mit geometrischer Genauigkeit die Linie des Siegeszuges der Zionsidee zu zeichnen. Das jüdische Volk auf der ganzen Erde begeistern, die Völker interessieren, das ist die Hauptsache, das ist die Garantie des Erfolges. Der Tagespolitik angehörend, Gegenstand der öffentlichen Diskussion geworden, die Unterstützung einflußreicher Freunde und Gönner genießend, wird der jüdisch-nationale Gedanke die Bahn finden, welche zu seiner Realisierung führt, werden die Hindernisse überwunden werden, welche jedem großen politischen Werke entgegenstehen und nur Memmen zurückschrecken.

Doch eine Sache soll nicht blos durchführbar, sie soll auch m o r a l i s c h u n a n f e c h t b a r sein. Und das ist der Zionismus, wiewohl ihn seine jüdischen Gegner zu verdächtigen trachten und mancherlei Anklagen gegen ihn schleudern.

Zunächst wird die jüdisch-nationale Bewegung als Sünde gegen die patriotischen und nationalen*) Pflichten der Juden hingestellt. Diese Behauptung ist vollständig ungerechtfertigt. Gerade das Gegenteil ist wahr: D e r Z i o n i s m u s i s t s o w o h l i n s e i n e m j e t z i g e n S t a d i u m d e r B e w e g u n g a l s i n d e m z u k ü n f t i g e n d e s e r r e i c h t e n Z i e l e s e i n e B ü r g s c h a f t f ü r e i n e t r e u e p a t r i o t i s c h e G e s i n n u n g d e r J u d e n g e g e n ü b e r d e n e i n z e l n e n

---

*) Daß hier die nationalen Pflichten im Sinne der Assimilation, also deutsch-, französisch-, englisch-, russisch- u. s. w. nationale Pflichten gemeint sind, braucht wohl nicht erst hervorgehoben zu werden.

Staaten, in welchen sie wohnen und für die
innigste Anhänglichkeit an die einzelnen Völker, in deren Mitte sie leben.

Man möge sich gegenwärtig halten, was die jüdisch-nationale
Bewegung anstrebt: Erklärtermaßen eine eigene Heimat für das
jüdische Volk, in welcher ein Teil desselben wohnen und dem
anderen Teile eine moralische, nötigenfalls auch eine materielle
Stütze bieten soll. Die Erreichung dieses Zieles bedeutet soviel,
als die Herbeiführung einer neuen Aera, in welcher der Antisemitismus endlich ganz jede Daseinsberechtigung verloren haben,
und die zivilisierte Welt von einer Bewegung verschont bleiben
wird, die das Volksgefühl verroht und die Veredelung der Menschheit aufhält. Der Sieg des Zionismus ist gleichbedeutend mit dem
Anbruch einer neuen Zeit, in welcher die in der Zerstreuung
verbleibenden Juden von jenem bitteren Gefühle des Unmutes
frei, das durch den ewig ihnen zusetzenden Judenhaß mit Natur-
notwendigkeit hervorgerufen wird und die Lauterkeit des Patrio-
tismus und die Wärme der Hingebung für die einzelnen Völker
beeinträchtigt, — sich voll und ganz und ohne jeden Hinter-
gedanken in den Dienst des Vaterlandes und der betreffenden
Nation werden stellen können. Soweit die Zukunft.

Aber auch in der Gegenwart, im Stadium der Bewegung,
bietet ein zionistisch denkendes Judentum in Bezug auf Loyalität
die größten Bürgschaften. Durch den Drang nach sittlicher
Hebung und durch das intensive nationale Empfinden wird der
Sinn für Treue wohl verläßlicher und glaubwürdiger bekundet,
als durch die Bereitwilligkeit, das eigene Volkstum aufzugeben
und durch rein m e c h a n i s c h e Nachäffung.

Oder sollte man davor fürchten zu müssen glauben, daß
es den Nationaljuden einfallen könnte, innerhalb der einzelnen
Staaten besondere nationale Aspirationen zu erheben? Wie sollte
das möglich sein? Wir Juden haben wohl überall Anspruch auf
Menschenrechte und sind verpflichtet, überall diesen Anspruch
geltend zu machen; nationale Rechte aber besitzen wir dort
nicht, wo wir nicht auf nationalem Boden stehen. Unsere nationale
Eigenart zu betonen, um sie zu erhalten, ist unser Menschen-
recht — nationale Opposition aber können wir billiger- und ver-

nünftigerweise nie sein. Unser nationales Streben liegt außerhalb des Interessenbereiches der einzelnen Staaten und Völker.

Darum wiederholen wir: Wir Juden können und müssen als Zionisten, als nationale Juden ergebenere Söhne des Vaterlandes, treuere Brüder der Nation sein, denn in unserer erborgten Maske von jetzt.*) Der Wunsch ist berechtigt, daß diese Erkenntnis allgemein durchdringe. Möchten doch endlich alle Nationen die Eitelkeit ablegen, um jeden Preis das belanglose Bekenntnis des Deutschtums, Slawentums u. s. w. von uns zu fordern; möchten sie uns doch als ihre Brüder jüdischer Nation in ihre Reihen aufnehmen. Dann werden sie, was Begeisterung und Opferfreudigkeit für Vaterland und Brudernation betrifft, unsererseits nicht den Schein, sondern das Sein haben.

Doch die jüdisch-nationalen Bestrebungen sollen kulturfeindlich, rückschrittlich sein. Auch diesen unbegründeten Vorwurf kann der Zionismus nicht auf sich sitzen lassen, weil ihm daran liegt, gerade die edelsten Männer aller Völker, die ja zumeist in den Reihen des Fortschrittes stehen, für seine Bestrebungen und Ziele zu gewinnen. Gerade diese aber, gerade die begabtesten und hervorragendsten Persönlichkeiten, welche sich sonst ihr eigenes Urteil zu bilden vermögen, befinden sich in dieser Frage — merkwürdig genug — im Schlepptau anderer. Sie sind zumeist von dem hohen Kulturwert der Assimilation und ihrer Ziele überzeugt. Dieser Kulturwert wird übrigens zweifach bestimmt.

Die einen — und zwar die meisten Judenfreunde und die radikalen jüdischen Assimilanten — sehen in der gänzlichen Beseitigung der jüdischen Nationalität, als dem Wesen und Endzweck der Assimilation, die Aufhebung einer Störung des menschheitlichen Fortschrittes. Ihnen ist Judentum, in welcher Gestalt

*) Schon Jeremias, welcher die erste Zerstörung Jerusalems mitgemacht hatte, ruft in einer und derselben Prophetenrede aus: „Fördert das Heil der Stadt, wohin ich euch habe fortführen lassen und betet für sie zu dem Herrn, den in ihrem Wohl ist euer Wohl enthalten" (Cap. 29 V. 7) und „Ich werde mich von euch finden lassen, spricht der Herr, und zurückbringen eure Gefangenen und euch sammeln von allen Völkern und Orten, wohin ich euch verstossen, spricht der Herr, und werde euch zurückbringen an den Ort, von welchem ich euch habe fortführen lassen". (Cap. 29, V. 14.)

immer, eine Ruine aus Altertum und Mittelalter. Die andern, die gemässigten Assimilanten, schreiben, im Gegenteile, dem jüdischen Elemente noch eine grosse Mission unter den Völkern zu ; nach ihrer Meinung hätte Israel die Aufgabe, den Völkern sich anpassend, den Fortschritt und die Aufklärung, die Menschenliebe und die Sittlichkeit — die Theologen*) setzen an Stelle aller dieser Momente : den Monotheismus — zu verbreiten. Diese Gemäßigten, welche sich gar so sehr gegen das Nationaljudentum sträuben, sind eigentlich die größten Chauvinisten unter den Juden. Zu glauben, daß der jüdische Stamm in seiner gegenwärtigen moralischen Verfassung und materiellen Lage, stets unter dem abziehenden Schatten eines alten und dem vorausgeworfenen Schatten eines neuen Ghetto stehend, dazu berufen sei, die anderen Völker zu schulmeistern, ist eine lächerliche Überhebung. Diese ist genau so tadelnswert, als die voreilige Verzweiflung an der Lebensfrische des jüdischen Volkes seitens der radikalen Assimilanten.

Die Juden sind das elastischeste Volk der Erde. Stürme brausen über sie hinweg und drücken sie zu Boden — sie richten sich immer wieder auf, verjüngen sich, schaffen neue Genies und neue Gedanken. Das hat die Geschichte mehr als einmal bewiesen. Wohl ist der unmittelbare Effekt des Ghetto abschreckend und weil es aus dem Ghetto so recht eigentlich gar nicht herauskommt, so hat sich des jüdischen Volkes eine fortschreitende leibliche und sittliche Ermüdung bemächtigt. Aber man gebe seinen natürlichen Anlagen nur den weitesten und den ureigensten Spielraum, man fördere seine nationale Wiedergeburt, so wird man ob seiner

---

*) Die gemäßigte Assimilation hängt so ziemlich mit dem sogenannten Reformjudentum zusammen, wiewohl zwei Dinge nicht zu übersehen sind : Erstens, daß auch die sogenannte Neu-Orthodoxie in Westeuropa sich zuweilen als assimilatorisch gibt, was ihr umso leichter wird, als ihr ja die Betonung des r e l i g i ö s e n Prinzipes die Hauptsache ist, und zweitens, daß das N a t i o n a l j u d e n t u m überhaupt k e i n e j ü d i s c h - r e - l i g i ö s e P a r t e i i s t, s o n d e r n ü b e r d i e s e n P a r t e i e n s t e h t u n d s i e a l l e z u r T a t e i n e n w i l l.
Das Reformjudentum ist eigentlich auch keine religiöse Partei. Die Mehrzahl der jüdischen Freigeister will von dieser Fraktion, deren Geist der der halben Assimilation und der Assimilation in Äußerlichkeiten ist, nichts wissen. Darum wird sie schon längst von den konsequenten Assimilanten ignoriert, welche höchstens noch bei feierlichen Gelegenheiten die Zugehörigkeit zu ihr hervorkehren.

ungebrochenen Kraft erstaunen. Dann wird der jüdische Stamm den vor zwei Jahrtausenden entzweigerissenen Faden seiner Kulturtätigkeit wieder aufnehmen und fortspinnen. Erst dann, von dem Alpdruck jahrhundertelanger Verfolgungen befreit, wird dieses Volk, welches der Welt die Bibel gegeben, welches die eine Hälfte der modernen Zivilisation geschaffen hat, wieder neues Epochales leisten.

Da wird ihm zunächst eine Kulturaufgabe zufallen, wie sie herrlicher nicht gedacht werden kann, und zu der ihm und nur ihm seine lange Wanderschaft die Befähigung verliehen hat. Orientalen vermöge ihrer ererbten Geistes- und Gemütseigenschaften, Okzidentalen durch eine achtzehnhundertjährige Erziehung, sind die Juden die einzig geeigneten Mittler für das große Werk, welches mit der Kultivierung der Völker Asiens und Afrikas beginnen und mit der Versöhnung der morgen- und abendländischen Rassen enden wird. Schön sagt L a h a r a n n e von diesem Berufe des jüdischen Volkes: „Wie wird der Orient erbeben am Tage eurer Ankunft. Wie schnell wird unter dem Gesetze der Arbeit die Entnervung der Rassen dort schwinden, wo Wollust, Müßiggang und Raub ihre tausendjährige Herrschaft hatten! Ihr werdet im Orient der moralische Weltpol sein. Ihr habt das Buch der Bücher geschrieben. Werdet die Erzieher der wilden arabischen Horden und der afrikanischen Völkerschaften."

Ebenso aber, wie zu diesem Werke der Versöhnung zweier gegensätzlicher Rassen ist Israel auch zu einer Hauptrolle in einem noch umfassenderen Versöhnungswerke berufen.

Von denjenigen, welche auf dem sogenannten k o s m o - p o l i t i s c h e n Standpunkte stehen, werden die zionistischen als n a t i o n a l e Bestrebungen verdammt. Richtig ist wohl, daß die Nationaljuden keine Kosmopoliten in der Parteibedeutung dieses Wortes sind. Sie glauben eben in echtjüdischer Weise, daß der Menschheitsidee die lautere nationale Idee nicht gegenüberstehe, vielmehr daß die Nationalität das notwendige Medium sei, um etwas für die Gesamtmenschheit zu leisten. Sie sehen in der Nationalität die erweiterte Familie, welche die Freundschaft mit den Nichtverwandten nicht ausschließt; sie sehen in ihr die von der Natur und der Geschichte eingerichtete Abteilung zur Bewältigung eines Teiles menschheitlicher Kulturarbeit; sie erblicken in ihr die Liebe und nicht den Haß, die Ordnung und nicht die Trennung. Die Tatsachen widersprechen dieser Auffassung nicht. Sie zeigen nur, daß die meisten Völker für den nationalen Gedanken noch nicht reif sind, daß sie gerne in atavistische Irrtümer verfallen, welche mit der nationalen Idee selbst nichts zu schaffen haben, daß sie die Nationen, diese friedlichen Bezirke einer neuen sozialen Welt, noch mit dem aggressiven Geiste erfüllen, welcher den bisherigen Gruppierungen der europäischen Menschheit innewohnte.

Darum machen auch die Zionisten, welche die reine, von allen Schlacken überwundener europäischer Epochen geläuterte nationale Idee auf ihre Fahne geschrieben haben, den Anspruch darauf, gute und hingebungsvolle Vorkämpfer der geeinigten Menschheit zu sein. Sie erheben diesen Anspruch um so lauter und nachdrücklicher, als die bisherigen geschichtlichen Leistungen der Juden einen auf dem Gebiete der Sitte ausnehmend schöpferischen Geist, als alle ihre Lebensäußerungen ein besonders weiches, für alles Menschenelend empfindsames Herz verraten. M e n s c h h e i t s g l ü c k — ist ein uraltes Ideal des jüdischen Volkes, welche es in neue, die alten ergänzenden Taten umsetzen wird, wenn es wieder einmal freie Gottesluft einatmet.

Doch angenommen, nicht die Zionisten hätten mit ihrer Auffassung von dem Verhältnisse zwischen Menschheit und Nationalität Recht, sondern jene Auffassung sei die richtige, wonach die Nationen der Erde sich jeden individuellen Strebens zu Gunsten der Gesamtmenschheit zu begeben hätten! Auch dann muß für die Juden ein Ausnahmsstandpunkt gefordert werden. Die Bedrückung der Juden ist eine von dem Unglück der übrigen Menschelt gesonderte, neben ihm herlaufende Tatsache. Bis zur sozialen Erlösung der Menschheit ist noch ein weiter Weg, welche Richtung man auch einschlägt. Die Geschichte kennt keine Umwälzungen ohne Reaktionen; ihre vornehmsten Sturmläufe sind doch nur Hindernisrennen. Die Judenheit müßte nun diese lange, bange Zeit des Überganges in einem ungleich traurigeren Zustande mitmachen, als alle anderen Völker, und das darf man billiger Weise von ihr nicht verlangen. Man lasse sie doch zuvor wenigstens jene Stufe des Wohlbefindens erreichen, welche schon der heutige Zustand der menschlichen Gesellschaft dem Nichtjuden gewährt.

Es ist bereits angedeutet worden, daß die Erlösung der Juden aus diesem ihrem speziell jüdischen Jammer nichts weniger als ein Schaden für die Sache der Schaffung besserer sozialer Zustände auf Erden sein würde. Damit soll nicht gesagt sein, daß der Zionismus in der Theorie mit der internationalen Sozialdemokratie paktiert. Nimmer wird sich wohl eine j ü d i s c h e Partei Bestrebungen anschließen, welche die Begriffe Vaterland, Religion, Familie, Ehe aufheben möchten, und nur aus dem Grunde entstanden, weil die Reinheit dieser Institutionen unter dem schmutzigen Tritte des Materialismus litt. Kaum werden auch solche An- und Absichten im jüdischen Lande die herrschenden werden. Der jüdische Geist wird wohl auf sozialem Gebiete seine eigenen Wege gehen. Im eigenen Heim wird die jüdische Nation wieder ihre gewaltigen sittlichen, d. i. sozialen Anlagen entfalten und kraft derselben die endliche soziale Erlösung des Menschengeschlechtes herbeiführen helfen. Der seiner Ketten ledige jüdische Genius wird den Weg zum allgemeinen Menschheitsglück verkürzen. „Ihr seid des zukünftigen Weltalters Triumphbogen,“ sagt der mehrzitierte L a h a r a n n e , „unter welchem der große Menschheitsbund vor den Zeugen der vergangenen und zukünftigen Geschichte verbrieft und versiegelt wird.“

Doch nicht blos direkt durch die eminente soziale Befähigung der jüdischen Rasse, sondern auch indirekt, wie dies sofort ausgeführt werden soll, wäre die Lösung der Judenfrage in jüdisch-nationalem Sinne gleichbedeutend mit einer Beschleunigung des sozialen Entwicklungsprozesses der Menschheit.

Man hört oft die Meinung, der Antisemitismus sei eine Vorfrucht des Sozialismus. Das Gegenteil ist wahr. Der Antisemitismus ist ja überhaupt keine Erscheinung der Jetztzeit an sich, keine bloße Etappe auf dem Wege vom Kapitalismus zum Kollektivismus, sondern wie dies eingangs ausgeführt wurde — eine uralte Sache im neuen Kleide. So lange nicht ein nationaler Mittelpunkt für die Juden geschaffen ist, wird die Abneigung gegen den jüdischen Stamm stets neue Erscheinungsformen zu finden wissen und in diesen die sozialen Instinkte der Massen irreführen. Greift der Zionismus nicht durch, so wird nach einem allfälligen, scheinbar völligen Siege der Gleichheitsidee die Judenfrage als ungelöstes Residuum, der Judenhaß als ein verhängnisvoller Keil im Fleische der neuen Gesellschaft zurückbleiben. Für eine ersprießliche gemeinsame Tätigkeit im Dienste der Gesamtmenschheit ist die Herrstellung eines völkerrechtlichen Gleichgewichtes zwischen den Juden und den Völkern unbedingte Voraussetzung.

Man mag also die Sache nach welcher Seite immer betrachten, die von den Zionisten vorgeschlagene Art der Lösung der Judenfrage liegt im Interesse der ganzen zivilisierten Welt, im Interesse aller Nationen und Parteien.*)

Darum erwarten wir Zionisten, daß unsere Darlegungen einen Widerhall in der zivilisierten Welt finden werden; darum richten wir sie als einen A p p e l l an die Guten und Edlen aller Nationen:

Urteilen Sie über unsere Vorschläge nach reiflicher Prüfung! Verurteilen Sie nicht aus Entgegenkommen für jüdische Freunde, bei welchen Sie andere Ansichten voraussetzen. Alle diese werden freudig in unser Lager übergehen, wenn die entschuldbare Angst vor Ihrer Mißbilligung von ihnen genommen wird.

H e l f e n S i e u n s b e i d e m g r o ß e n W e r k e d e r n a t i o n a l e n W i e d e r g e b u r t d e s j ü d i s c h e n V o l k e s m i t R a t u n d T a t.

Wir appellieren an Ihre Einsicht, welche die unmittelbaren und mittelbaren Vorteile der zionistischen Lösung der Judenfrage für die Völker erkennen muß; wir appellieren an Ihr Herz, das dem unglücklichsten Volke der Welt die von uns geforderte Genugtuung nicht versagen kann. L e i h e n S i e u n s I h r e m o r a l i s c h e U n t e r s t ü t z u n g und der Dank dieses so lange gemarterten Volkes, der Dank einer Welt ist Ihnen sicher.

---

*) Der beliebte Vorwurf, die Zionisten täten den Antisemiten einen Gefallen, ist kindisch. „Wenn zwei dasselbe tun, so ist es nicht dasselbe" und — wenn ein Hauseigentümer an fremden Türen bettelt und nur deshalb nicht nach Hause geht, weil sich sonst die anderen freuen würden, — so handelt er sicher nicht in seinem Interesse.

Die

Jüdische Moderne

VORTRAG

gehalten im akademischen Vereine „Kadimah"

in Wien

Leipzig-Wien.
1905.

Vorwort.

Schon in der meinem Vortrage unmittelbar folgenden Diskussion gewahrte ich die Neigung, aus demselben Anschauungen, die ich gar nicht vertreten hatte, herauszulesen. Als ich dann die gleichen und andere merkwürdige Unterstellungen auch in mehreren Zeitungsnotizen fand, faßte ich den Entschluß, den Vortrag von einer weiteren Oeffentlichkeit überprüfen zu lassen. Nun nahm ich allerdings vor dem Drucke einige Änderungen und Ergänzungen, die meine An- und Absichten noch mehr zu verdeutlichen geeignet sind, vor. Aber so wenig hiedurch der Vortrag über ᴄen Rahmen der Skizze — eine gründlichere Bearbeitung der in dieser behandelten Themen behalte ich mir vor — hinauswachsen soll, ebensowenig will ich damit zugegeben haben, daß früher Unklarheiten bestanden, die zu Mißverständnissen führen mußten. Ich schreibe diese vielmehr nur dem in allen Lagern herrschenden Uebel des Parteidogmatismus zu, vermöge dessen von jedermann nicht sein eigenes einheitliches Gesinnungsganzes, sondern die ganze Gesinnung der Partei, der er angehört, verlangt wird. So konnte es kommen, daß mir — der ich das ökonomische und Rassenmoment bezüglich ihres Einflusses auf die Geschichtentwicklung koordiniere und die Anerkennung der Nationalität als Geschichtsfaktors streng von der landläufigen nationalen Spielerei scheide — Einseitigkeit und Chauvinismus vorgeworfen, ja sogar der „reine Rassenstandpunkt" zugemutet wurde. Derlei oberflächliche Kritik wird nun, wo der Vortrag gedruckt vorliegt, denn doch unmöglich sein. Jeder andern, tiefergehenden Kritik unterwerfe ich mich gerne.

W i e n. Juni 1896.

Mathias Acher.

Es ist noch gar nicht lange her, daß man es auf Seite des jüdischen Bürgertums für gefährlich hielt, den Bestand einer Judenfrage zuzugeben. Man half sich aus der Verlegenheit, so gut oder schlecht man konnte. Etwa damit, daß man den Antisemitismus für eine Wahnidee einzelner erklärte, oder, wenn man sich zu summarischer Abtuung der judenfeindlichen Bewegung denn doch nicht entschließen mochte, mit dem geistreichelnden, das Problem umgehenden Witze, es gebe keine Juden- vielmehr nur eine Christenfrage. Ich glaube, daß h e u t e und h i e r von mir nicht verlangt werden wird, ich solle derartig seichte und unreife Gedankenzüge ernsthaft widerlegen. Jedem Menschen, der genug moderne Geistesschulung besitzt, um auch Tatsachen, die ihm persönlich unbequem sind, zuzugeben, ist der Bestand der Judenfrage eine unbestreitbare Tatsache, vor der er nolens volens stehen bleiben muß, um sich über ihr Wesen klar zu werden und die Mittel zu ihrer Beseitigung ausfindig zu machen.

Welches diese Mittel sein sollen, darüber herrschen die mannigfachsten Anschauungen. Wir können diese, — wenn wir von einer dritten Gruppe, der ein Teil dieser Ausführungen gewidmet sein wird, vorläufig absehen, — in zwei Hauptkategorien einreihen. In welche derselben die spezielle Anschauung irgend jemandes gehört, bestimmt sich nach seiner bewußten oder unbewußten Stellungnahme im Klassenkampfe.

Diejenigen, die die herrschenden wirtschaftlichen und gesellschaftlichen Zustände im ganzen und großen billigen — es sind dies bei den Juden außer der Mehrzahl der Wohlhabenden und Reichen auch die meisten Proletarier — sehen den Antisemitismus trotz seiner augenblicklichen Macht nur als das letzte Aufflackern alter Vorurteile an. Er könne den im Zuge befindlichen Assimilationsprozeß höchstens aufhalten und sein Ende lasse sich durch Belehrung oder staatliche Repressalien beschleunigen. „Abwehr" nennt man das. Diejenigen wieder, die von der Notwendigkeit einer Umgestaltung der Gesellschaftsordnung, bezw. von der Überzeugung, daß sie vor sich gehen werde, durchdrungen sind, — es sind dies auf jüdischer Seite der kleinere Teil der Proletarier und eine stets wachsende Anzahl gebildeter Bürger von größerer oder geringerer Wohlhabenheit, — erklären den Antisemitismus aus den derzeitigen wirtschaftlichen Verhältnissen heraus zu begreifen.

Kehren wir zu den ersten zurück, zu den Sozialkonservativen, — man gestatte der Kürze zuliebe diese Kollektivbezeichnung, — so müssen wir zunächst konstatieren, daß ihre „Abwehr" ein totgeborener Gedanke ist. Die „Abwehr" konnte nur in rationalistischen Gehirnen auftauchen, nur bei Menschen, die, blos mit Logik bewaffnet, die Geschichte erklären wollen und die Fülle der Einflüsse aus dem Instinkts- und Gemütsleben übersehen. Was nicht „vernünftig" ist, ist ihnen nicht „sittlich", und was nicht „sittlich" ist, ist faul und kann durch die „Vernunft" leicht zerstört werden. Eine Bewegung, die auf dermaßen vorsintflutlicher philosophischer Grundlage fußt, kann nicht reussieren und so ist es denn begreiflich, daß die „Abwehr", trotzdem sie seit Jahren mit einem großen Aufwande von Kapital, Wissen und zum Teile Charakter arbeitet, Schlappe auf Schlappe erleidet. Sie kann es nicht verhindern, daß der Antisemitismus trotz seiner „Unvernunft" und „Unsittlichkeit" wächst, ja sogar unleugbar neben den lumpigsten und unsaubersten Elementen auch Menschen von durchaus edlem und reinem Wesen erfaßt. Diese Mißerfolge sind im eignen Lager nicht unbemerkt geblieben und man setzt sich dort — wenigstens auf jüdischer Seite — über sie mit dem Troste hinweg, daß die Dinge am Ende auch ohne die „Abwehr" eine Wendung zum Guten nehmen werden. Der Antisemitismus werde den Höhepunkt erreichen, dann abwärts gehen, und sei einmal dieser Niedergang da, dann werde im Innern des Judentums die Assimilation wieder kräftiger einsetzen und auch das letzte Restchen von Keim zu neuen judenfeindlichen Strömungen ertöten.

Was nun den Assimilationsgedanken betrifft, so weist die Geschichte der Juden eine Reihe von am Ende immer mißglückten Assimilationsversuchen auf. Weder die babylonische, noch die persische, noch die griechische, noch auch die spanische Assimilation haben sich durchgesetzt. Diese Bewegungen mögen den Einzelnen gegenüber große Resultate erzielt haben, das Volk als Ganzes ließen sie unangetastet, und gerade auf seine Auflösung wäre es ja angekommen. Und wenn wir die letzte große von Frankreich und Deutschland ausgehende Assimilationsbewegung des 19. Jahrhunderts ins Auge fassen, so gewahren wir bei einiger Prüfung, daß das Wenige, was erreicht wurde, gar nicht Assimilation in dem üblichen, von ihren Anhängern so verstandenen Sinne einer nationalen Anpassung ist, sondern dem Gebiete einer wesensverschiedenen Assimilation angehört. Wir finden nämlich, wenn wir die sozusagen assimiliertesten Juden mit ihrer Umgebung vergleichen, daß sich Aehnlichkeit der Anschauung und des Gemütslebens nur in jenem später noch genauer zu kennzeichnenden Kreise von Ideen und Empfindungen zeigt, der allen europäischen Kulturvölkern gemeinsam ist, daß sie aber fast ganz dort mangelt, wo es sich um nationale Spezifica der einzelnen Nationen handelt. Der assimilierte Jude hat mehr oder weniger die ausgedehnten Bedürfnisse, das soziale Gewissen, die politische Reife, die kühne Wissenschaftlichkeit, die veredelte Genußlust, den geläuterten Kunstgeschmack, die Großangelegtheit der Pläne des europäischen Kulturmenschen — aber er hat z. B. nicht oder nur in sehr geringem Maße den stämmigen Trotz und die zopfige Pedanterie des Deutschen, den Elan und Leichtsinn des Franzosen, die elementare Natürlichkeit und die Schwermut der Slawen. Dagegen besitzt er — um nur einiges anzuführen, die leichte Rührbarkeit, die geistige Beweglichkeit, die Neigung zu Haarspaltereien, den mehr düsteren, als heiteren Optimismus seiner Vorfahren. Das alles will heissen: der Versuch, die nationale Assimilation durchzuführen, gab blos den Anstoß zur Europäisierung des jüdischen Volkes als solchen. Aber an sich ist auch die letzte Assimilations-Kampagne mißglückt.

Geht nun aus diesen immerwährenden Mißerfolgen hervor, daß auch alle eventuellen künftigen Assimilationsversuche fehlschlagen müssen? Gewiß nicht. Wir werden dies aber dann annehmen dürfen, wenn wir finden sollten, daß der Scheiterung der bisherigen Assimilationsversuche immer die gleiche Ursache zu Grunde lag und daß diese Ursache fortzudauern alle Aussicht hat.

Assimilationen setzen zu ihrem Gelingen — wenn man die Geschichte von jenem erweiterten materialistischen Standpunkte, wie er in diesem Vortrage vertreten werden wird, betrachtet — eine intensive Blutsvermischung voraus, die wiederum nur dann vor sich gehen kann, wenn ein leidliches Verhältnis zwischen den fraglichen Stämmen besteht. Bisher hat zwischen den Juden und den Völkern, unter denen sie wohnen, ein unleidliches Verhältnis bestanden. Der Judenhaß war immer da, als eine chronische Krankheit, die von Zeit zu Zeit sich zu akuten Anfällen steigerte. In den zwischen denselben liegenden Zeitläufen, die wegen ihres relativ ruhigen Verlaufes den Kranken als Gesundungszeiten erschienen, tauchten regelmäßig die Assimilationsbestrebungen auf; aber die jungen Assimilationsblüten wurden von dem unerwartet hereinbrechenden Judenhaße immer wieder geknickt. Daher ist die Frage, ob auch a l l e eventuellen künftigen Assimilationsversuche notwendiger Weise mißlingen müssen, gleichbedeutend mit der Frage, ob der Judenhaß auch in Zukunft da sein wird?

Diese Frage wird nun zwar von den sozialkonservativen Juden in der Regel verneinend beantwortet. Aber gerade sie haben am allerwenigsten Recht dazu, da sie aus ihren Anschauungen heraus keinen einzigen haltbaren Grund dafür anführen können, warum es plötzlich anders werden sollte, als es bisher gewesen ist, daß nämlich Epochen des chronischen, latenten, mit solchen des akuten, freien Judenhaßes wechselten. Für sie giebt es ja keine radikale Umgestaltung der Gesellschaftsordnung, die auch hierin Wandel schaffen würde. Doch anderseits müssen wir ihnen, gerade weil sie von ihrem Standpunkt aus das Kausalverhältniss zwischen Assimilation und Judenhaß umkehren, das Recht einräumen, nach besonderen, vom Judenhasse

unabhängigen Aussichten für die Assimilation Umschau zu halten.
Diejenigen nun unter den sozialkonservativen Juden, welche auch
in' religiösen Dingen konservativ sind, — entweder weil sie
selbst der Orthodoxie angehören oder die Religion als staatliche
Volksbändigungsanstalt erhalten wissen wollen — werden auf
dieser Umschau nichts finden können, was sie als Chance der
Assimilation ausgeben könnten. Anders die freigeistigen Sozialkonservativen. Sie sind in der Lage, den merkbaren Niedergang
der religiösen Idee im allgemeinen als Beweis für die guten
Aussichten der Asimilation anzuführen. Der jüdische Stamm
habe seine Zähigkeit nur aus seiner Religion geschöpft. Wäre
diese nicht gewesen, die Juden wären längst in den Völkern aufgegangen. Sterbe nun die religiöse Idee, dann falle jede Assi-
milationsschranke weg. Wir könnten nun dieser Behauptung mit
dem Hinweise auf das Hindernisrennen einer jeden Umwälzung
— ein Moment, das im weiteren Verlaufe dieses Vortrages noch
zu kräftiger Betonung kommen wird — begegnen, aber wir
ziehen es vor, ihr in absoluter Weise an den Leib zu gehen. Es
ist nämlich gar nicht wahr, daß sich die jüdische Nationalität
vorzüglich durch die Religion erhalten habe, wie es überhaupt
unrichtig und ein ideologischer Irrtum ist, die jüdische Religion
als das Primäre und die jüdische Nationalität als das Sekundäre
anzusehen. Der Mensch schafft sich seine Götter, das Volk in
seiner natürlichen Eigenart gibt sich seine Religion. Namentlich
bei den Juden, die eine angestammte, aber keine importierte
Religion haben, verhält es sich so. Das jüdische Volk in seinem
gläubigen Teile wähnt innig an seinem Glauben zu hängen, es
hängt aber eben nur so innig daran, weil es seine Nationalität
in Glaubensgestalt ist. Sollte es also dereinst seine Religion verlieren, so wird vielleicht von der durch Religions - Rückwirkung
erzeugten nationalen Lebensenergie eine gewisse Quantität wegfallen, aber dieselbe wird sich bald wieder ersetzen, indem die
Volkseigenart sich nach dem Gesetze der Erhaltung der Kraft
auf neuen, vielleicht verwandten Gebieten betätigen wird. (Man
denke nur an die unleugbare Verwandschaft zwischen dem religiösen Ethizismus und dem Sozialismus, — ein Thema, über
das dem Sinne nach weiter unten noch gesprochen werden wird.)

So ist denn die „Abwehr" der Sozialkonservativen eine Farce, ihre Assimilation ein Phantom. Innerhalb des christlichen Bürgertums haben daher auch diese Idole beinahe alle Gläubigen verloren. Aber auch auf jüdischer Seite hat sich der weitesten Kreise eine gewisse dumpfe Ergebung bemächtigt. Man lebt in den Tag hinein, von den Ereignissen des Tages, ohne Gesichts- und Anhaltspunkte, ohne Hoffnungen, auf Zufälle wartend. Höchstens, daß hier und dort, von wirklicher Gesinnung entfernt, nur aus einer restlichen „Abwehr"-Stimmung heraus, der Gedanke auftaucht und unter die Menge geschmuggelt wird, die Judenheit als solche mit Haut und Haaren der politischen Reaktion zu verschreiben. Die Enttäuschungen kommen dann schockweise. Als ob uns die Regierungen brauchten und als ob sie selbst von eitel Judenfreundschaft triefen würden!

Im Gegensatze zu den Sozialkonservativen verharren die Sozialkritiker — wir wählen wieder der Kürze zu Liebe eine Kollektivbezeichnung — in hoffnungsvoller, siegesgewisser Stimmung. Sie stehen eben in den Lagern aufstrebender Parteien, haben auf keine größeren Enttäuschungen zurückzusehen und dürfen daher das Beste hoffen. Dabei gilt ihre gute Laune keineswegs der zu erwartenden Lösung der Judenfrage. Daran denken sie gar nicht, — auch die Juden unter ihnen nicht — und nur, wenn man sie daran erinnert, verlautbaren sie ihre Ansicht. Die „Abwehr" des jüdischen Bourgeois sei eine eitle Nutzlosigkeit und das Assimilationsproblem liege dem sozialen Gedankenkreise allzu ferne, als daß es ihnen des Nachdenkens wert erscheinen sollte. Im Übrigen werde die Judenfrage implicite in der sozialen Frage gelöst werden.

Was nun das Urteil dieser Gruppe über die „Abwehr" betrifft, so ist es nur allzugerecht. Die Gleichgültigkeit gegenüber dem Assimilationsproblem ist von dem Standpunkte aus, auf dem die Sozialkritiker stehen, leicht begreiflich und bedarf keiner eingehenderen Besprechung. Desto mehr Beachtung verdient die Behauptung, daß die Judenfrage mit der Lösung der sozialen Frage gegenstandslos werden müsse. Diese Behauptung stützt sich auf den historischen Materialismus, mit welchem von Freund und Feind viel Unfug getrieben wird. Von Renten und Idealen

lebende Philister verwechseln ihn gerne mit dem nackten Nütz-
lichkeits-Standpunkte, mit dem er gar nichts zu tun hat, und be-
kreuzen sich vor ihm. Aber auch die Sozialkritiker sündigen
allzuviel auf sein Konto. Es mag ja ganz ersprießlich sein, daß
er den diversen Geschichtsphilosophen, bei denen sich die
Geschichte in sentimentales Wohlgefallen auflöst, das Konzept
und die Freude verdirbt. Doch es wird heutzutage von einer
Legion berufener und unberufener historischer Materialisten
auch manchem nüchternen und ganz und gar nicht romantischen
Geschichtsbeobachter das Leben sauer gemacht. Er befindet sich
gerade auf einem einsamen und wohltätigen Gedankenspaziergange,
schwupps ist hinter den Gebüschen ein historischer Materialist
hervorgesprungen, und läßt, — billiger tut er es nicht — vor
seinen Augen zumindest einen Mittelstand versinken. Im ersten
Momente zu Tode erschrocken, erholt er sich aber nach und nach
und erlaubt sich die beruhigende Versicherung zu stammeln:
Aber Freund, ich habe ja nichts dagegen; allein der Mensch
fängt ja nicht beim Mittelstand an und hört nicht dabei auf.

Der historische Materialismus bedeutet die Verdrängung der
transzendentalen Vorstellungen aus der Geschichtsforschung. Man
müht sich nicht mehr ab, unnachweisbare und willkürliche
Urideen, nach welchen und nach deren Zwecken sich die Geschichte
abhaspeln soll, zu finden. Man hält sich vielmehr an den Stoff,
folgt seinem Entwicklungsgange, forscht nach den Geseten
desselben, und entdeckt schließlich, daß die in den geschichtlichen
Daseinsformen sich ausdrückenden Ideen nur Abstraktionen der
jeweiligen Entwicklungsstadien des Stoffes sind. Der Stoff ist das
Primäre, die Idee das Sekundäre. Von welchem Stoffe sprechen
wir übrigens? Was ist das Stoffliche, das Materielle, das Materialistische in der Geschichte? Karl Marx, der geniale Entdecker
der materialistischen Geschichtsauffassung, beantwortet diese
Frage unter anderem an einer Stelle seiner Schrift „Zur Kritik
der politischen Ökonomie" mit den Worten: „Die ökonomische
Struktur der Gesellschaft ist die reelle Basis, worauf sich ein
juristischer und politischer Überbau erhebt und welcher bestimmte
gesellschaftliche Bewußtseinsformen entsprechen." Ökonomische
Struktur, darunter versteht er Produktionsweise und Art des
Produkte-Austausches.

Wenn wir nun annehmen, daß die Anschauung, daß diese Begrenzung des Stoffes im Werdegang der Menschheit vollkommen richtig ist, so werden wir nichtsdestoweniger bald einem großen Gebiete geschichtlicher Erscheinungen begegnen, die sich nicht unmittelbar auf ökonomische Verhä'tnisse zurückführen lassen. Ich habe die auch von den historischen Materialisten strengster Observanz anerkannte selbständige Wirksamkeit der sekundär auftretenden Ideen im Auge. Es lohnt sich bei dieser Wirksamkeit ein wenig zu verweilen. Den ökonomischen Verhältnissen geht es nämlich mit den von ihnen hervorgezauberten Ideen ähnlich wie Goethes Zauberlehrling mit den von ihm gerufenen Geistern. Sie werden dieselben nicht mehr rasch los, ja, noch mehr, diese wachsen ihnen sogar über den Kopf. Indem nämlich die Ideen sich in gewissen Formen verdichten, gewinnen sie eine Art leiblicher Sonderexistenz, werden hierdurch selbst zu materiellen Geschichtsursachen von allerdings leichterem, aber immerhin genügendem Kaliber, um den ökonomischen Ursachen lebhafte Konkurrenz zu machen, ja, sie sogar zu überdauern. Es fragt sich nun freilich, ob denn nicht doch dem untergegangenen Stoffe über kurz oder lang die Idee sammt allen ihren Fortsätzen und Wirkungen gefolgt sein werde? Selbstverständlich kann dies nicht ausbleiben. Der sinkende Stoff zieht langsam aber sicher seinen ganzen aus ihm hervorgegangenen Ideenkomplex mit sich in die Tiefe. Die an der Peripherie gelegenen Ideen kommen zuletzt daran, aber sie kommen daran. Wer wollte sich jedoch wiederum andererseits verhehlen, daß es sich bei der Langsamkeit aller geschichtlichen Entwicklung hier um Galgenfristen handelt, welche den Zeitraum von vielen, sehr vielen menschlichen Generationen, umfassen, daher für deren Wohl und Wehe von hohem Belange sein können?

Wenden wir nun das Gesagte auf die Judenfrage an, so ergeben sich uns — immer vorausgesetzt, daß der judenfeindlichen Bewegung nur ökonomische Ursachen zu Grunde liegen — folgende zwei Sätze: Erstens, die bereits mit selbständiger Leiblichkeit ausgestattete judenfeindliche Bewegung ist aus der Wirkung selbst Ursache, namentlich zur Entartung der Juden und so wieder zu weiteren Fortschritten der Judenfeindschaft geworden. Zweitens: Sollten jedoch einmal die ökonomischen Ursachen des Antisemitismus zu wirken aufhören, dann werden kurz oder lange nachher auch seine sekundären, tertiären u. s. w. Ausläufer bis auf den letzten ausgestorben sein.

. Aber wann? Das ist eben die Frage.

Die Sozialkritiker versprechen sich alles von der Zukunftsgesellschaft — oder um das unrichtigere, aber üblichere Wort zu wählen, — vom Zukunftsstaate. Ich will nun gewiß nicht so geschmacklos sein, Gründe gegen den Zukunftsstaat vorzubringen. Die Lorbeeren, die sich Eugen Richter und andere bei dieser Beschäftigung geholt haben, sind nicht verlockend. Man wird da zu leicht selbst von einer einfachen Stiefelputzmaschine desavouiert. Es ist eine Albernheit, den „Zukunftsstaat" im Detail vernichten zu wollen. Es ist, als wenn die wilden Bewohner einer wilden Gebirgslandschaft die Bewohnbarkeit der Ebene, die sie noch nie gesehen haben, damit anzweifeln wollten, daß doch unmöglich Menschen in einer Gegend wohnen können, wo es keine Höhlen gibt. Nur derjenige, der eine zu dicke Kapitalistenhaut hat, um den sozialen Werdesturm unserer Zeit zu fühlen, der die großen Umwälzungen auf dem Gebiete der Produktion, der Technik und des Verkehres übersieht, kann derlei Troglodyten-Logik anwenden, denn nur er kann sich ein anderes als sein Höhlen-Milieu nicht vorstellen. Ich kann es mir vorstellen, und habe daher nichts gegen den Zukunftsstaat, destomehr aber gegen die Sanguiniker des Sozialismus, welche glauben, daß er schon in wenigen Jahren fix und fertig dastehen wird. Zu diesen rechne ich z. B. Bebel. Vor mehreren Jahren hat er die Meinung ausgesprochen, daß der Sieg des Sozialismus noch in diesem Jahrhundert zu erwarten sei, und vor ganz kurzer Zeit prophezeite er, daß der nächste Weltkrieg die Etablierung der sozialistischen Gesellschaft zur Folge haben werde. Nun ist allerdings jedem, der den heutigen Stand der ökonomischen Entwicklung erkennt, klar, daß die ersten Umwälzungen in der Struktur der Gesellschaft nicht lange auf sich warten lassen werden. Aber wer wüßte nicht, daß solche Umwälzungen auf den ersten Wurf nicht auf die Dauer gelingen, daß eine neue Ordnung Jahrhunderte braucht, um in die Vorgänger-Ordnung hineinzuwachsen, d. h. um alle Reaktionen derselben zu überwinden, und das Alte bis auf den letzten Rest zu vernichten. Schluckt die Bourgeoisie nicht schon lange genug an dem Feudalismus, ohne ihn noch ganz hinabgewürgt zu haben? Mit einem großen Stücke steckt ihr ja derselbe noch außerhalb des Mundes. Oder um ein anderes, über noch längere Zeiträume sich erstreckendes Beispiel zu wählen, hat Europa, obwohl schon einundeinhalb Jahrtausende seit dem Falle des Römerreiches verflossen sind, dieses denn schon wirklich ganz überwunden? Keuchen wir denn nicht noch unter der Last des römischen Rechtes? Hier sehen wir eben die sekundären Geschichtsursachen an der Arbeit.

Warum sollte es nun gerade bei dem bevorstehenden Umschwunge ganz anders zugehen, als bei allen bisherigen Umschwüngen in der Geschichte? Es ist ja richtig, daß die Menschennatur nicht immer dieselbe bleibt, daß sie in ewigem Flusse begriffen ist. „Die Menschennatur läßt sich nicht ändern" ist eine platte Phrase, aber die Phrase hört auf, es zu sein, wenn man die Worte „von heute auf morgen" einschiebt. Die Menschennatur läßt sich von heute auf morgen nicht ändern — dieser Satz ist die Anerkennung der Macht und Lebenszähigkeit der sekundären Geschichtsursachen.

Die alte Welt wird nach der ersten Niederlage nicht für immer abdanken. Gewaltige Rückschläge werden folgen, Rückschläge, welche vielleicht ganzen Generationen als endgiltige Siege des Alten über das Neugewesene erscheinen werden. Und wenn schon nach langen und heftigen Kämpfen die neue Gesellschaftsordnung im großen und ganzen alle Widerstände besiegt haben wird, dann werden noch immer Jahrhunderte lang manche Wellen der Alten Welt in die neue hinübergleiten. Eine solche Welle wird der Judenhaß sein, diese jedenfalls sekundäre Geschichtsursache kräftigster Wirkung. Es kann ein Jahrtausend dauern, bis die Menschheit bei der letzten, unwiderruflich letzten Judenhetze angelangt ist.

Bis hierher ging ich in meinen Ausführungen von der Annahme aus, daß blos die Ökonomie, — die Art der Produktion und des Produkte-Austausches — die stoffliche Basis der Geschichte sei. Das ist aber nicht der Fall. Es ist unerfindlich, warum gerade die ökonomische Struktur der Gesellschaft —

selbst ein Abstraktum — zu der Ehre kommen soll, als Stoff der Geschichte zu figurieren? Stoff der Geschichte des Menschen kann wohl nur der Mensch selbst sein. Durch ihn als einen Teil des allgemeinen Stoffes hindurch geht — und damit ist die Einheit allen Materialismus dargetan — die Kette vom kosmischen Urnebel bis auf die letzten tagesgeschichtlichen Ereignisse. Die geschichtlichen Ereignisse ergeben sich aus der Menschennatur, und zwar teils aus der Gattungseinheit, teils aus der Differenziertheit des Menschen. Aus jener fließt die ökonomische, aus dieser die Rassen- und Nationengeschichte. Beide greifen mannigfach ineinander, ihr Zusammenwirken ist die Geschichte.

Die landläufige materialistische Geschichtsauffassung vernachlässigt die Geschichte des Menschen als Rassenwesens und berücksichtigt ausschließlich die Geschichte des Menschen als Gattungswesens. Sie weist in verdienstvoller Weise die Uebereinstimmung in den Entwicklungsstadien der (Gattungs-)Kultur bei australischen und indianischen Stämmen, den alten orientalischen Völkern, den Römern und Griechen, den Hebräern, den modernen Nationen nach und erkennt, daß diese Entwicklungsstadien immer gleichen ökonomischen Entwicklungsstufen entsprechen. Aber in ihrer Selbstbeschränkung merkt sie nicht, daß damit das Geheimnis der Geschichte noch lange nicht zur Gänze enthüllt ist, ebenso wie eine Geschichte des Einzellebens nicht erschöpfend beleuchtet wäre, wenn uns nichts weiter gesagt würde, als daß alle Menschen gewisse Altersstufen mitmachen und in denselben analoge Handlungen, Gedanken uud Gefühle aufweisen. Wie wir hier auf eine Individualisierung nach Temperament, Charakter, Herz, Geist, physischem Zustand warten, um unsere Neugierde für befriedigt erklären zu können, so warten wir auch über die rein ökonomische Geschichte hinaus auf die unterscheidenden, individualisierenden Details, um sagen zu dürfen: Jetzt kennen wir Geschichte. Daß z. B. das Römervolk, in ähnlichen wirtschaftlichen Verhältnissen wie die kunst- und leichtsinnigen Hellenen lebend, banausisch und pedantisch wurde, daß der arabische und christliche Ritter, beide Produkte des mittelalterlichen Feudalismus, sich von einander so unterschieden, wie etwa auch Walther [von der Vogelweide von Hafis oder wie der gotische vom maurischen Baustil, daß die heutigen Deutschen und heutigen Franzosen, trotzdem sie beide im Zenithe der kapitalistischen Wirtschaftsordnung stehen, das Leben und die Politik mit verschiedener Methode betreiben — das und alles andere von dieser Art muß doch wohl auch Geschichte und wird nicht gerade ihr unwichtigerer Teil sein.

Der alltägliche historische Materialismus, wie er namentlich in sozialdemokratischen Parteischriften gang und gäbe ist, ignoriert diesen Faktor einfach. Denn auch für die sozialdemokratischen Propaganda ist der Wunsch Vater des Gedankens. Da man von den Rassen und Nationalitäten eine Gefährdung der internationalen Proletarier-Solidarität befürchten zu müssen glaubt, vcrschreibt man sich einem unechten Internationalismus, den man nur aus instinktiver Scheu vor dem Mangel an Wissenschaftlichkeit Nationslosigkeit zu nennen unterläßt. Man polemisiert gegen die Nationalität mit dem Hinweise auf die Rassenmischung. Aber diese hebt ja die Nationalitäten nicht auf, sie modifiziert sie blos, oder vernichtet die alten, um neue zu schaffen. Und das wird so fortgehen ad infinitum. Daran wird auch eine Ideálausbildung des Verkehres nichts zu ändern im Stande sein. Am Ende werden auch die Menschen der fernsten Zukunft ihr Leben nicht mit fortgesetzten gegenseitigen Besuchen verbringen und den nie ganz zu besiegenden kosmischen Bedingungen, der Vererbung und der Zuchtwahl Gelegenheit lassen, Rassen zu reifen, zu mischen und wieder zu reifen. Man weist auf Symptome dafür hin, daß die Rassenausgleichung schon begonnen habe. Das ist ein Irrtum, der zunächst auf eine Ueberschätzung der Rassengegenseitigkeit zurückzuführen ist. Unter dieser verstehe ich die meist auf dem Wege des Blutaustausches herbeigeführte gegenseitige Mitteilung von nationalen Eigenarten. Auf diese Weise geben die gleichzeitig lebenden und miteinander verkehrenden Völker von ihren eigentümlichen Anschauungen und Vorstelluugen mehr oder weniger einander ab, gewinnen ein Grenzgebiet von gemeinsamen Ideen, eine Ideen-Synthese, die Grundlage späterer, noch ungeahnter neuer Ideengegensätze. Dies sehen wir z. B. wenn wir die Geschichte des Verhältnisses zwischen Judaismus und Hellenismus studieren. Doch mehr als durch die Ueberschätzung der Rassen-Gegen-

seitigkeit ist der fragliche Irrtum durch die Einseitigkeit und Un-
vollkommenheit des landläufigen historischen Materialismus zu
erklären. Was man als Rassen-Ausgleichung hinstellen möchte, ist
zum allergrößten Teile ein Prozeß, vermöge dessen eine Reihe von
in verschiedenen Rasseböden würzelnden und wurzeln bleibenden
Völkern gleichzeitig auf dieselbe Wirtschaftsstufe gelangt und so
auf jenem Gebiete des Geschichtslebens, das aus dem Menschen
als Gattungswesen fließt, in Uebereinstimmung kommt. Diese der
Vollendung entgegengehende Kulturgemeinschaft, welche übrigens
nichts Neues ist — analoge „Weltkulturen" haben schon bestanden, ich erinnere nur an die griechische und an die römische
Weltkultur — wird nie und nimmer den ganzen Inhalt der Kultur
umfassen. Die Rassengeschichte geht weiter ihren Lauf. Der Parallelismus der beiden Geschichtsströme ist ein ewiger, wenn auch
Bächlein hinüber und herüber fließen, die eine Verzweigtheit der
beiden Stromgebiete herbeiführen, und wenn auch zeit- und
stellenweise das eine Stromgebiet wasserreicher ist als das andere.

Ist nun aber einmal die Rasse und Nationalität als gleich-
berechtigte geschichtsbildende Kraft erkannt und anerkannt, dann
hat man erst recht keinen Grund, im Zukunftsstaate auch die
Lösung der Judenfrage zu sehen. Dann steht es fest, daß auch
in der neuen Gesellschaftsordnung Nationalitäten, und darunter
die durch den mächtigen Judenhaß, der Blutsvermischung und
daher Assimilation auschließt, am sichersten erhaltene jüdische
Nationalität, vorhanden sein werden. Aber wie, wenn es doch
wahr sein sollte, daß es überhaupt, auch jetzt schon, keine jüdische Nationalität gebe? Oder wenn eingewendet würde, daß
die Zukunftsgesellschaft, mag sie auch die Nationalität bestehen
lassen, den Nationalhaß, also auch den Judenhaß nicht mehr
zulassen werde?

Was den erstausgesprochenen Zweifel betrifft, so dürfte er
sehr selten geworden sein — selbst bei enragierten Assimilanten,
die freilich wünschen, daß es anders, daß es nach ihrem Sinne
besser werde. Man dekretiert nicht mehr die Assimiliertheit, sondern
wünscht höchstens die Assimilierung. Nur bezüglich gewisser
Länder — der letzten Zufluchtsstätten der Asimilation, — versucht
man es noch, die Absicht als vollzogene Tatsache auszugeben,

so bezüglich Frankreichs, welches aber eben auch daran ist, seinen guten Ruf zu vernichten, und bezüglich — — Ungarns, wo eine wirtschaftliche Notwendigkeit — Uebergang des Landes vom Ackerbau- zum großkapitalistischen Industriestaate — die nationalen Gegensätze aneinandergeleimt hat, die sicherlich noch vor der nächsten Millenniumsfeier auseinanderfallen werden. Ja, es gibt eine jüdische Nationalität. Schon, daß es überhaupt Menschen gibt, welche von den Juden als Nationalität gesprochen wissen wollen, macht es wahrscheinlich, daß die Bezeichnung zutrifft. Denn es wird wohl niemandem einfallen, dieselbe auch auf die Gesamtheit der Katholiken und der Protestanten oder gar auf die der Fabriksherren und die der Fabriksarbeiter anzuwenden.

Mit dieser Wahrscheinlichkeit wollen wir uns aber nicht genug sein lassen, wir wollen dem Nationalitätsbegriff selbst etwas näher treten. Da er leider gewöhnlich nur von Nurökonomikern kurz abgetan oder von Chauvinisten, deren Gebaren noch beleuchtet werden soll, behandelt wird, so gibt es viel oberflächliches, parteiisches Gerede über ihn. Die feste Grundlage der Nationalität ist immer und überall die Rasse, einheitliche oder Mischrasse. Dadurch aber, daß sich die Rasse auf ihrem Entwicklungswege veredelt, daß sie durch die Rassen-Kultur geht, wird sie Nationalität. Die Nationalität hat an sich nichts mit dem Staate und nichts mit der Sprache zu tun. Der Staat ist ursprünglich eine Hervorbringung wirtschaftlicher Kräfte, ein Produkt des Menschen als Gattungswesens. Dadurch aber, daß er in der Regel einer auch durch Rasse oder Nationalität einheitlichen Personengemeinschaft dient, kann sich sein Inhalt erweitern. Er wird dann zu einem Atteste der Nationalität, das die Träger derselben vor den Schikanen der Mit-Weltbürger behütet, niemals jedoch zu einer Qualifikation der Nationalität selbst. Und die Sprache? Sie besteht aus Begriffen. Begriffe sind Ideen und als solche aus dem Stoffe Mensch sowohl in seiner Gattungs- als auch Rassenqualität abgeleitet. Entzieht man dem Menschen als Rassenwesen seine Sprache, so nimmt man ihm bloß sein selbstgeschaffenes Produkt und beraubt ihn höchstens der Rückwirkungen desselben auf ihn. Er adoptiert nun eine fremde Sprache, und wird durch dieselbe einer möglicherweise anderen, höheren oder niedrigeren Gattungskulturgemeinschaft zugeführt, aber er selbst, der differenzierte Mensch, bleibt in seiner betreffenden Differenziertheit bestehen, ja drückt sogar deren Stempel der fremden Sprache, indem er sie gebraucht, auf. Und jetzt verstehen wir wohl auch ganz das merkwürdige Resultat der letzten Judenassimilation, wovon wir im Anfange sprachen.

Gehören nun aber Staat und Sprache nicht zum eisernen Bestande der Nationalität, dann gibt es keinen Zweifel an der gegenwärtigen Existenz der jüdischen Nationalität. Denn ihre Rassenqualität kann ihr niemand bestreiten. Wollte aber jemand behaupten, daß sie eben nur Rasse und nicht Nationalität sei — habeat sibi! Rassen können wohl mit anderen Rassen in derselben Gattungskulturperiode stehen, aber sie können nicht die Nationalität aus einer fremden Rasse tragen, sowie ein Individuum mit dem andern wohl gleichen Alters sein und daher analoge Eigenschaften aufweisen, aber nicht derselben Individualität sein kann.

Nun gut. Es gibt Juden und wird wohl auch weiter Juden geben, doch möglicherweise keine Judenfrage, wenn der Nationalhaß und daher auch der Judenhaß aufhören werden. Ich glaube selbst nicht an die Ewigkeit des Nationalhasses, wenigsteus nicht uuter den Kulturrassen. Es ist eine Entwicklung ganz gut denkbar, die zu einem Zustande führt, der wohl Nationalitäten, aber nicht deren gegenseitige Anfeindung aufweist, einem Zustande, in welchem der Kampf ums Dasein von den Kulturmenschen aller Nationalitäten im wesentlichen nur gegen die Elementarmächte oder höchstens etwa gegen wild gebliebene Völkerschaften ausgefochten wird. Aber dieses Ziel ist nicht blos durch Veränderung der sozialen Struktur zn erreichen. Hier wird auch die nationale Gruppierung ein Wörtlein dreinzusprechen haben. Das steht für denjenigen fest, der die naturgeschichtliche Differenzierung der Menschen den ökonomischen Verhältnissen koordiniert. Übrigens hat dies auch kein Geringerer als Friedrich Engels, der Freund Marxens, der Mitbegründer der materialistischen Geschichtsauffassung und der Theorie des Klassenkampfes, von einer richtigen Emfindung gelenkt, anerkannt.

Er sagt in einer nachgelassenen Schrift, die jüngst in der „Neuen Zeit" publiziert wurde, wörtlich: „Seit dem Ausgange des

Mittelalters arbeitet die Geschichte auf die Konstituierung Europas aus großen Nationalstaaten hin. Solche Staaten allein sind die normale politische Verfassung des europäischen herschenden Bürgertums und sind ebenso unerläßliche Vorbedingungen zur Herstellung des harmonischen internationalen Zusammenwirkens der Völker, ohne welches die Herschaft des Proletariates nicht bestehen kann. Um den internationalen Frieden zu sichern, müssen vorerst alle vermeidlichen nationalen Reibungen beseitigt, muß jedes Volk unabhängig und Herr im eigenen Hause sein."

Das stimmt. In den Worten „Konstituierung Europas aus großen Nationalstaaten" könnte man eine ·Verwerfung der kleinen Nationalitäten finden. Dem ist aber nicht so. Es soll damit nur ein Protest gegen die partikularistischen Tendenzen einzelner Nationsteile — Engels schwebte Deutschland vor — ausgesprochen sein. Jedes Volk und nicht jede Volksnuance sei „unabhängig und Herr im eigenen Hause", meint Engels. Nun mag diese Unterscheidung theoretisch zutreffen, praktisch wird sie bei dem ewigen Sich-Differenzieren, Sich-Zusammenfassen ·und Sich-wieder-Differenzieren der Nationalitäten manche Schwierigkeiten bieten, die jedoch nicht unlösbar sind, wie sie sich · denn auch in der Geschichte wirklich lösen. Für die Juden ist sie übrigens belanglos, da dieselben keine Volksnuance etwa des deutschen, französischen, polnischen, ungarischen Volkes, mit welchem sie nur Berührungspunkte zumeist allgemein moderner (Gattungs-) Kultur besitzen, sondern selbst ein Volk sind.

Die Frage wird sich demnach für uns nur so stellen: Ist die nationale Reibung, die notorisch zwischen diesem Volke und den übrigen Völkern besteht, eine vermeidliche oder eine unvermeidliche?

Die nationale Abneigung ist an sich etwas gänzlich Harmloses, so wie etwa die gegenseitige Antipathie von Einzelpersonen. Mögen sie sich nicht recht, nun, so brauchen sie ja nicht intime Freundschaft zu schließen, können ihren Verkehr auf das Notdürftigste beschränken und so eine Art kühler Hochachtung für einander bewahren. Ja, wenn das immer so leicht ginge. Das Leben führt die wiederstrebendsten Menschen einander entgegen und dann kommt es zur Reibung, zum Kampfe. So ist es auch bei den Volksindividualitäten, und in der Empfindung dafür, daß es so ist, hat ja auch Engels seine Forderung nach Beseitigung der vermeidlichen nationalen Reibungen aufgestellt.

Wendet man das Gesagte auf die Juden an, so finden wir, daß sie nicht auf abgeschlossenem Territorium, daß sie in einer Art Verstreutheit leben, die geradezu geschaffen zu sein scheint, nationale Reibungen zu erzeugen. Überall, wo sie sind, zu viel an Zahl, um sich in der Menge zu verlieren, und wieder zu wenig an Zahl, um dem Nachbar zu imponieren, — bieten sie die gefährlichste Handhabe zum Verfolgtwerden, die Ohnmacht. Diese Ohnmacht begründet die Unvermeidlichkeit der nationalen Reibung zwischen Juden und Nichtjuden und verleiht dem Judenhasse jene Potenziertheit, die es verbietet, ihn allem andern Nationalhasse gleichzusetzen, jene notorische Bedeutsamkeit, die sich seit Jahrhunderten in Hetzen, Unterdrückungen und Schmähungen ausdrückt. Unvermeidlichkeit aber und Intensität mit einander verbündet — ein Bündnis, an dessen Möglichkeit Engels gar nicht gedacht zu haben scheint — rechtfertigen die schwere Besorgnis, daß der Judenhaß eine ernste Gefahr für die soziale Friedensgemeinschaft bedeuten könnte. Die Juden erscheinen uns dann als der Rest bei der großen Völkerverbrüderungsdivision. Nun herrscht wohl bei den Mathematikern die Gepflogenheit, kleine Bruchteile zu vernachlässigen. Wenn die sozialistischen Parteien bezüglich der Juden dieses Verfahren beobachten, so ist das ihre Sache: mögen sie zusehen, wie sie es dann ausbessern, wenn sich der Rest als zu groß, um vernachlässigt zu werden, erwiesen hat. Aber für den Rest selbst muß doch die Vernachlässigungs-Logik ewig unakzeptabel bleiben, für ihn, der nicht aus Ziffern, sondern aus Millionen lebendiger, warmblütiger Menschen, die verhöhnt und unterjocht werden, besteht. Er muß sich doch etwas gewissenhafter und eingehender mit der Frage der Unvermeidlichkeit der nationalen Reibung zwischen den Juden und den Völkern befassen.

Um dies nicht auch ihrerseits tun zu müssen, wird von den jüdischen Sozialisten die Ansicht vertreten, und den übrigen Sozialisten, denen sie ja diesbezüglich als kompetent erscheinen müssen, suggeriert, daß der Haß gegen die Juden kein nationaler, sondern auf wirtschaftliche Grundlagen zurückzuführen sei. Treten wir einmal der Sache näher.

Es erscheint von vornherein wenig wahrscheinlich, daß gerade die Reibungen zwischen Juden und Nichtjuden, wiewohl hier ganz besonders starke nationale Gegensätze vorliegen, nicht aus diesen resultieren sollten. Und wirklich hönnen wir, sobald wir den Judenhaß bis in seine Kindheit verfolgen, beim besten Willen dort nichts Ökonomisches entdecken. Er kommt als reine Rassen-Antipathie zur Welt. Später vermehrt er seine Lebensenergie aus dem übervollen Borne des Religionsfanatismus, mitunter auch aus der reichlich fließenden Quelle wirtschaftlicher Gegensätze, aber hier liegt eben schon nur Rückwirkung seitens dieser beiden vor. In unserem Jahrhunderte ist der ökonomische Anlaß zum Judenhasse besonders stark geworden, einfach darum, weil sich im allgemeinen die wirtschaftlichen Gegensätze zugespitzt haben und daher in jeder Frage die wirtschaftlichen Elemente in den Vordergrund treten, auch wenn sie auf dem bezüglichen Gebiete durchaus sekundärer Natur sind. Und das sind sie in der Judenfrage, für unsere heutige Zeit selbstverständlich nicht weniger, als vordem. Wenn das jüdische Volk unsern Christlich-Sozialen soviel Angriffspunkte bietet, was sind diese Angriffspunkte anderes als Züchtungsergebnisse des zwei Jahrtausende alten Judenhasses? Oder sollte es sich nicht gerade auf die wirtschaftlichen Übergriffe der Juden beziehen, wenn man von dem verzweifelnden Mittelstande spricht, der seine letzte Hoffnung auf den Antisemitismus setze? Sollte mehr Sinn darin liegen, etwa der, daß der Mittelstand, von dem Schrecken der hereingebrochenen wirtschaftlichen Anarchie betäubt, in seiner Fassungslosigkeit und ohne recht zu wissen, was er tut, zum Antisemitismus greift? Aber warum dann gerade zum Antisemitismus? Warum dann gerade die reichen und die schwindelhaften Juden aus der Masse der übrigen Reichen und Schwindler herausgreifen? Etwa, weil sie die relative Majorität unter diesen Leuten sind? Ja, wieso konnte man denn auch nur auf den Gedanken verfallen, derlei Statistik zu betreiben? Wie ging das zu, daß man sich bei einem Industrieritter erinnerte, er sei ein Jude und es für wichtig genug hielt, sich dies zu merken?

Warum kam einem solch kurioser Einfall nicht bei Industrie-
rittern anderen Stammes? Die Antwort ist ganz einfach die:
Weil man den anderen nicht von vornherein ein böses Herz ent-
gegenbrachte. Daher kommt es auch, daß fast jeder große
Kladderadatsch mit einer Judenprügelei beginnt. Man haut eben
die Verhaßtesten zuerst. In diesem Verstande bekommt auch die
Phrase, daß der Antisemitismus eine Vorfrucht des Sozialismus
sei, Sinn. Er ist es, ebenso wie er eine Vorfrucht der Kreuzzüge
und der Reformation war. Was sonst damit gesagt sein soll, ist
nicht einzusehen. Der Judenhaß ist in erster Linie keine wirtschaftliche, sondern eine nationale Erscheinung.

Nun mögen manche jüdische Sozialisten unbewußt empfinden,
daß eine unbefangene Untersuchung des Judenhasses den nationalen
Zug desselben zu Tage fördern und so die Ansicht widerlegen
könnte, daß die Judenfrage mit der sozialen Frage mitgelöst
werden würde. Aus dieser Empfindung heraus kommen sie zu
der Behauptung, — die besonders letzthin und in Österreich
Mode geworden ist — die Existenz des Judenhasses oder
richtiger der Judenunterdrückung abzuleugnen. Kaum glaublich,
aber wahr!

Es sollte kein jüdisches Leid geben? Worunter seufzen die
jüdischen Proletarier noch mehr als unter der allgemeinen Unbill
der Gesellschaftsordnung? Ist es nicht der Fluch des Judentums,
der sich an die Sohlen heftet dieser Hausierer, Handelsjuden,
Mäkler in hunderten von Nuancen, Agenten für alles und jedes,
Heiratsvermittler, Galopins, Agioteure, Insassen der altgläubigen
Talmudlehrhäuser und der Schnorrer und Landgeher sans phrase?
Ist es nicht der Fluch des Judentums, der sie berufs- und be-
stimmungslos macht, wirtschaftlich isoliert und sozial deklassiert,
der sie von Land zu Land jagt und sie zum Streite werden
läßt, sowohl der nichtjüdischen Protzen als der nichtjüdischen
Proletarier? Und die modernen Proletarier unter den Juden,
soweit es solche giebt? Man forsche nach, wie viele Arbeiter
ihren jüdischen Kollegen mit Unbefangenheit, ohne Hohn und
Hänseleien entgegentreten. Man interessiere sich für das Schicksal
jüdischer Lehrlinge unter ihren nichtjüdischen Kameraden. Man
nehme ein bischen Psychologie zuhilfe und studiere, wie viel

von der übrigens recht flauen Betätigung internationaler Gesinnung gegenüber den Juden Parteidrill von vorübergehender Wirkung und wie wenig davon, und bei wie wenigen, ein endgiltig errungener Standpunkt ist? Man frage, wozu die sozialistischen Parteiblätter trotz ihres prinzipiell gegenteiligen Standpunktes antisemitisch schillern müssen, wenn es nicht deshalb geschieht, um den Arbeitern, bei welchen man offenbar judenfeindliche Stimmung voraussetzt, nicht vor den Kopf zu stoßen? Und, um nun von den Handarbeitern zu den Kopfarbeitern überzugehen, — die materiellen und moralischen Zurücksetzungen und Schädigungen, die der jüdische Intelligenzler über sich ergehen lassen muß, was sind sie zum großen Teile anderes als der Fluch des Judentums? Man stelle sich nur die Summe von Seelenqualen vor, die er auszuhalten hat, diesen grimmen, verzweiflungsvollen, entsittlichenden Judenschmerz, den Schmerz über das Verachtetsein von jenen, deren Achtung man so gerne genießen möchte, wenn man auch im ohnmächtigen Zorne darauf leicht zu verzichten vorgibt, über das Gebrandmarktsein, wiewohl man sich nicht schlimmer weiß als die anderen, über das Lächerlichsein, das man tragen muß, nur weil man von jüdischen Eltern ist. Freilich, diesen vielgestaltigeu Judenschmerz fühlen unsere sozialkritischen Juden nicht — ebensowenig, als ihn die sozialkonservativen Juden als politische Kritiker in der Zeit des Gleichberechtigungsrummels gefühlt haben — oder besser, sie suggerieren sich, ihn nicht zu fühlen.

Doch, wie konnte die Fühllosigkeit der sozialkritischen Juden gegen das jüdische Leid so groß werden, als sie tatsächlich ist? Das verstößt gegen alle völkerpsychologische Erfahrung. Umso lohnender dünkt es mir, dieser Erscheinung nachzugehen und ihr auf den Grund zu kommen. Einen Anhaltspunkt finden wir sofort, wenn wir die Tatsache nicht unbeachtet lassen, daß dieselben Männer, welche so unempfindlich gegenüber dem jüdischen Elend sind, eine äußerst hohe Empfindlichkeit gegenüber dem allgemein menschlichen Elend besitzen. Dieses Gefühl muß also zu stark sein, um jenes aufkommen zu lassen. Das ist eine einleuchtende Annahme. Woher dann aber diese besondere Stärke des Mitleids mit dem Menschenelend, des subjektiven Sozialismus, wie ich es nennen möchte?

Die landläufige Auffassung des historischen Materialismus erklärt den subjektiven Sozialismus aus dem ökonomischen Entwickelungsgange, so auch für unsere Zeit, in der deshalb so viele Menschen ihre sozialistische Seele entdecken, weil eben der in der Erfüllung begriffene objektive Sozialismus die geistige Luft mit seinen befruchtenden Keimen erfülle. Woher haben nun Marx und Engels, bevor ihnen die Mehrwerttheorie, die Theorie der Klassenkämpfe, die materialistische Geschichtsauffassung offenbar wurden, ihren Sozialismus bezogen, denn es ist notorisch, daß sie schon vor ihren epochemachenden wissenschaftlichen Entdeckungen Sozialisten waren? Es lag eben schon in der Luft — wird man mir erwidern. Jawohl, aber warum lag es nur für sie in der Luft? Die gleiche Frage, ja mit noch weit mehr Berechtigung, kann auch bezüglich der Sozialisten längst entschwundener Zeiten gestellt werden. Wo hatten diese ihren, wenn auch wissenschaftlich noch nicht begründeten, aber im Ziele mehr oder weniger dem heutigen ähnlichen Sozialismus her? Damals lag überhaupt noch nichts davon in der Luft, die wirtschaftlichen Verhältnisse waren ja für die soziale Umgestaltung noch nicht reif. Die Antwort ist: Sie hatten ihn aus sich heraus. Doch, wie war er in sie gekommen? Auf natürlichem Wege. Er hatte in ihren Vorfahren eine lange Entwicklung mitgemacht; von der ersten Regung des Selbsterhaltungstriebes und eine große Weile später von dem ersten altruistischen Instinkte ausgehend, war er durch innere Auslese und wirtschaftliche Anstöße allmälig zu dem geworden, als was er in ihnen auftrat. Aber mit ihnen hörte die Entwicklung nicht auf. Der subjektive Sozialismus arbeitete sich weiter bis zu seiner jetzigen Häufigkeit und Höhe hinauf und stellt sich so als eine aus beiden Geschichtsbornen der Menschennatur fließende, sekundäre Geschichtsursache von großer Macht dar, der man gewiß Unrecht tut, wenn man sie mit der gerade unter den sozusagen sozialdemokratischen jüdischen Studentlein üblichen Bezeichnung Gefühlssozialismus abtut.

Wenn man nun die hervorragendsten Träger des subjektiven Sozialismus Revue passieren läßt, so macht man bald die Entdeckung, daß sich die überwiegende Mehrheit derselben aus dem jüdischen Stamme rekrutiert. Darin äußert sich nun etwa keineswegs eine Mission desselben, eine mystische, transzendentale Sendung, sondern nichts als eine auf natürlichem Wege erworbene Mehrfähigkeit. Wie diese erworben wurde, — ob dieses Plus gegenüber anderen Völkern blos oder vorwiegend Ergebnis einer schon im grauesten Altertum vor sich gegangenen Züchtung durch Knechtschaft und Leid ist, ob sie Eigentum oder Anlehen aus der Fremde ist, etwa aus Indien, wie neuerdings von manchen mit wenig Wahrscheinlichkeit vermutet wird, — ist hier gleichgiltig. Uns kann es genügen, die Existenz dieser Fähigkeit zu konstatieren — zu konstatieren, daß das jüdische Volk den Satz „Liebe deinen Nächsten wie dich selbst" zu einer Zeit aufstellte, als er den andern Völkern Europas und Vorderasiens lächerlich erscheinen mußte, daß es prinzipielle soziale Gesetze gab und die Sklaverei zu mildern trachtete, während die andern Nationen in sozialen Dingen nur Flickwerkgesetze schufen, die Sklaverei aber immer mehr befestigten, daß schließlich dieses Volk in Moses, Jesajas, Jesus, Lassalle und Marx die größten und nachhaltigst wirkenden Sozialisten der Welt hervorbrachte.

Und diese Fähigkeit, welche bei den Juden — bezeichnend genug — zumeist bei Leuten auftritt, die entweder gar nicht in wirtschaftlicher Not sind oder doch nur ein wenig praktischer zu sein brauchten, um es nicht zu sein — ist es, welche auch die modern denkenden Juden so intensiv, so ausschließlich erfaßt, daß sie darüber alles andere vergessen, daß von ihnen das Wort des Psalmisten gelten kann: Sie haben Augen und sehen nicht, — daß die Gewitterwolken noch nicht weg sind vom Horizonte des jüdischen Volkes. Sie haben Ohren und hören nicht — das Grollen unter der Erde, das neue Erdbeben weissagt. Sie haben einen klaren, durchdringenden Verstand und er späht nicht in die Geheimnisse der Judenfrage. Sie haben ein zartes mitleidiges Empfinden und die Judennot läßt es kalt.

* * *

Nun, es ist doch nicht der ganze jüdische Stamm. Denn seit einundeinhalb Jahrzehnten sehen wir eine langsam anwachsende Gruppe von Juden, welche die besonderen Ursachen der Judennot und die Notwendigkeit erkannt haben, die Judenfrage einer besonderen und zwar einer gründlichen Lösung entgegenzuführen. Diese

Gruppe, aus Männern bestehend, welche hinsichtlich ihrer sozialen Anschauungen teils zu den Konservativen, teils zu den Kritikern gehören, nennt sich „Jüdisch-Nationale" oder „Zionisten". Indem sie auf die aus der eigentümlichen Verstreutheit der Juden unter den Völkern und dem nun einmal erreichten Stärkegrade des Judenhasses folgende Assimilationsunmöglichkeit und Verfolgungsbeständigkeit verweisen, sehen die „Nationaljuden" oder „Zionisten" nur e i n e Rettung aus diesem Wirrsal. Sie erklären, um mit Engels zu sprechen, der Judenhaß sei eine „v e r m e i d-l i c h e nationale Reibung", zu deren Beseitigung das jüdische Volk „unabhängig und Herr im eigenen Hause" sein müsse. Das jüdische Volk müsse ein Heim erhalten, ein nationales Zentrum, ein völkerrechtliches Eigentum, das alle Glieder des Stammes, ob sie nun in das neue Land ziehen, oder in den alten Wohnstätten bleiben, schützt, dessen Schaffung die soziale Entwicklung der Menschheit von der chronischen Störung der Judenfrage befreit. Darin besteht das Ziel der „jüdisch-nationalen" oder „zionistischen" Strömung. Um es zu erreichen, hat sie leider manche Um- und Abwege einzuschlagen. Wie sie auf diese gelockt wurde, das deuten bereits die Bezeichnungen „jüdisch-national" und „zionistisch" an.

„Zionistisch" — jedenfalls der zutreffendere und harmlosere von den beiden Ausdrücken — hat einen romantischen, zumindest aber ideologischen Beigeschmack. Dies erklärt sich aus dem mächtigen Proteste des einmal erwachten Gefühles gegen die bisherige Unempfindlichkeit. (Diesem Proteste ist es auch zuzu-schreiben, wenn die junge Strömung sofort auf das alte heilige Land der Juden verfiel und alle hie und da auftauchenden Projekte, ein n e u e s Land zu suchen, über den Haufen warf. Übrigens scheint gerade in diesem Punkte das Gefühl, wie so oft, dem Verstande vorgearbeitet zu haben. Sowohl wissenschaftliche Erwägungen, besonders auf dem Gebiete der Rassenlehre, sowie Erwägungen eminent praktischer Natur, die sich namentlich auf leichte Erreichbarkeit, die Fruchtbarkeit, die geringe Bevölkerungs-ziffer und den ideellen Wert des Bodens für die Erziehung der Volksmassen beziehen, rechtfertigen die vom Gefühle getroffene Auswahl.)

Bedenklicher schon ist der Name „Jüdisch-national". — Doch auch seine Entstehung ist leicht begreiflich. Auch ihm liegt ein flammender erbitterter Protest zu Grunde, der Protest gegen die Assimilation. „Was, Ihr wollt nicht mehr zur jüdischen Nation gehören ?!" Nun, so sind wir „jüdisch-national"!

Was heißt eigentlich „national sein"? Dem einfachen Wortverstande nach bedeutet es nur, die Eigenschaften irgend einer Nationalität haben, sich nach diesen Eigenschaften ausleben. Das National g e f ü h l ist eine automatische Folge des so verstandenen Nationalseins. Der politische Nationalismus aber verlangt mehr als solches Nationalsein, er verlangt das nationale Bewußtsein. Damit hätte er im Grunde unter Kulturmenschen nur etwas Selbstverständliches gefordert. Denn was sollte nationales Bewußtsein anderes heißen, als daß, wer eine Nationalität hat, sich des Besitzes derselben bewußt ist. Was wird man jedoch zu einem Menschen sagen, der, wenn auch niemand seinen Ohren mit Attentatsgedanken naht, umherläuft und ruft: „Ich habe Ohren, Respekt vor meinen Ohren! Ich bin mir meiner Ohren bewußt!" —? Auf dieser Stufe steht das Nationalbewußtsein, wie es in Europa gemeiniglich verstanden wird, und die Sünden, die in dieser Richtung gemacht werden, mögen es einigermaßen entschuldigen, wenn von gewisser Seite das Kind mit dem Bade, d. h. mit dem Chauvinismus auch die Nationalität als Geschichtsfaktor ausgeschüttet wird. Zwischen der Anerkennung dieses Geschichtsfaktors und dem Chauvinismus liegt eine weite Kluft. Der Chauvinismus hat keinerlei wissenschaftliche Basis. Einerseits übersieht er den ökonomischen Geschichtsfaktor vollkommen, anderseits ist er auch in Nationalitätsdingen oberflächlich. Letzteres rührt von seiner Ideologie her, von seiner fraglosen, gläubigen Ideen-Anbetung. Durch sie wird ihm die Nationalität aus einer Eigenschaft des Stoffes, ein Ideal, ein Idol. Er verliert den Blick für den Stoff und Mittelpunkt der Geschichte, die Menschen, und opfert die Menschen einer Qualität ihrer selbst. Anders die Anerkennung der Nationalität als Geschichtsfaktors. Der widerliche Kultus der Nationalität wird nicht mehr gekannt, aber auch die Überhebung der Nur-Ökonomiker wird zurückgewiesen, indem der Geschichtswert der Nationalität hervorgehoben wird — der nicht dann geringer ist, wenn der Mensch sich ruhig in seiner Nationalität auslebt, und nicht dann größer, wenn der Mensch ihrethalben leidet. Aber während im ersteren Falle nur das stille, zuständliche, selbstverständliche Walten des National g e f ü h l e s begriffen werden kann, wird im letzteren Falle eine befreiende Tat, ein Ziel gefordert und eine gewaltige Eruption der sonst latenten nationalen Kraft erwartet.

Sehr gut hat den Gegensatz zwischen Chauvinismus und Anerkennung der Nationalität als Geschichtsfaktors der schweizerische Dichter Gottfried Keller in einem sogar von der sozialdemokratischen „Neuen Zeit" belobten Gedichtchen charakterisiert:

> Volkstum und Sprache sind das Jugendland,
> Darin die Völker wachsen und gedeihen,
> Das Mutterhaus, nach dem sie sehnend schreien,
> Wenn sie verschlagen sind auf fremden Strand.

> Doch manchmal werden sie zum Gängelband,
> Zur harten Kette um den Hals der Freien,
> Dann treiben längst Erwachsne Spielereien,
> Genarrt von der Tyrannen schlauer Hand!

Was wäre nun aber von einem Volke zu sagen, das „verschlagen ist auf fremden Strand" und statt national zu sein im Sinne des Zieles, national wäre im Sinne des Spieles, statt eines heroischen ein chauvinistisches Zeitalter durchmachte? Es läßt sich nicht leugnen, daß innerhalb der „jüdisch-nationalen" Gruppe kleine Anläufe in der Richtung dieser Verirrung gemacht wurden. Eine derselben war die unbewußte, ja manchmal bewußte Abwendung vom Ziele der Bewegung selbst, die Bewegung schickte sich an, eine Schale ohne Kern, also das denkbar schalste zu werden. Sie geriet dadurch in Gefahr, nach innen an Intelligenz, nach außen an propagandistischer Kraft zu verlieren. Ich habe jüngst sagen gehört, daß man fast zu glauben versucht wäre, dem jüdischen Stemme fehle quasi das Organ des Nationalismus. Das ist unrichtig. der jüdische Stamm hat vielmehr dieses Organ sehr kräftig entwickelt, er hat das kräftigste National g e f ü h l unter allen Völkern, was ja vom materialistischen Standpunkte ganz natürlich ist, da er die rassenmäßig ausgeprägteste Nationalität ist. Und er weiß auch von diesem Organ in Zeiten der Gefahr den ausgiebigsten Gebrauch zu machen. Siehe Geschichte der Makkabäer, des jüdischen Krieges, Bar-Kochbas und in an-

derer Gestalt mehrfach im Mittelalter und in der Neuzeit. Auch
für die Zukunft braucht man an diesem Organ nicht zu ver-
zweifeln. Nur darf man den Juden kein X für ein U vormachen
wollen. Die Juden haben nämlich in ihrer überwältigenden Mehrheit bis dato wirklich kein Organ für den europäischen Nationalitätsschwindel. Sie haben dazu viel zu viel Geistesklarheit und,
soweit sie sich vom Gefühle leiten lassen, viel zu viel seit den
ältesten Zeiten auf sie vererbten Sinn für das große Ganze, für
die Menschengattung, von der sie ja doch nur ein Glied sind,
als daß sie von ihren Extravaganzen gerade nach dieser Richtung hin durch nationale Extravaganzen geheilt werden könnten.
Der Geist Mosis, der Propheten, Jesus, Maimonides, Spinozas,
Marxens und Lassalles will dem Geiste Deroulèdes, Boulangers
und Schönerers nicht weichen.

Mit einem Worte, der Nationalitätsschwindel verfängt nicht
bei Juden. Bei den sozialkonservativen Juden nicht, die ja — ihr
assimilatorisches Nationalgefühl darf nie sehr tragisch genommen
werden — einer Art liberalen Kosmopolitismus huldigen, oder
wenn sie altgläubig sind, nur Empfindung für die religiöse Tradition haben. Er verfängt aber auch bei den sozialkritischen
Juden nicht, und bei diesen umso weniger, als ihr kosmo-
politisches Empfinden nicht in der Luft schwebt. Diese Gruppe
unter den Juden, die geistig aufstrebende, die moderne, die, vom
Troß abgesehen, mit den besten Charakteren und Geistern ausgestattete, hielt sich, von den reichlichen Zuflüssen beim ersten
Beginne der Bewegung abgesehen, — ferne, mußte sich ferne
halten, weil sich ihr die Sache in einem Gewande vorstellte, das
sie abschreckte. Und da gerade infolge der Abstinenz von dieser
Seite der chauvinistische Zug in der Bewegung zunahm, wurde
die Kluft noch größer, und ungehindert konnte die Verwässerung
des eigentlichen jüdischen Erlösungsgedankens fortschreiten. Im
Zusammenhang damit schien sich ein Verhalten gegen die soziale
Frage einbürgern zu wollen, wie es bei den chauvinistischen
Bourgeoisparteien mancher anderer Völker in Übung ist, — eine
Art hämischen Widerwillens gegen die dumme neue Mode, gegen
den Störenfried, der zum Teufel überall dabei sein muß, gegen
die müssige Erfindung der Hetzer. Man muß selbst ein moderner

Mensch sein, muß selbst den bei der jüdischen Rasse besonders häufig vorkommenden und dann auch besonders intensiv gefühlten subjektiven Sozialismus besitzen, um sich die niederschlagende Wirkung solchen philiströsen Widerwillens gegen die brennendste Frage der Menschheit auf moderne Menschen vorzustellen. Zum Unglück mußten noch hie und da einige sozialdemokratische Parteifanatiker mit ihrem Gefolge sozialdemokraticher Schablonen-Menschen ihre oberflächliche Kritik an den Jüdisch - Nationalen auch etwas unehrlich betreiben, um die letzteren erst recht auf ihren Sozialistenhaß einzuschwören.

Ebenso wie auf sozialem, zeigte das „Nationalsein" auch auf religiösem Gebiete unmoderne Anschauungen. Die religiöse Spielart des Nationaljudentums ist unleugbar dem rein politischen Nationaljudentum à la Europa an Konsequenz voraus. Wenn schon, denn schon. Die Nationalität der Juden erhielt sich bisher in religiösen Formen, sie soll sich weiter in diesen Formen erhalten. Es ist zwar ein törichtes Beginnen einer Nationalität für ewig dieselben Formen garantieren zu wollen, aber was liegt daran? Oder, wenn man die Religion als Inhalt der jüdischen Nationalität auffaßt, es ist ebenso töricht, diesen Inhalt verewigen, ihn zur Mission stempeln zu wollen, doch was verschlägts? Und mag man auch selbst schon längst den Väterglauben verloren haben, was schadets? Wozu gäbe es eine religiöse Romantik, mit der man sich etwas weiß machen kann? Ja, s i c h, aber nicht dem Volke. Der echten, unverfälschten, unverwässerten Alt-Orthodoxie des Ostens genügt die modische Frömmigkeit jüdisch-nationaler Doktoren ohnehin nicht. Der wässrige religiöse Nationalismus kann nicht jenes religiös-messianische Massen-Delirium (à la Sabbatai-Zebhi) erregen, welches notwendig wäre, wollte man die jüdischen Massen des Ostens von der Glaubensseite aus für dumme Streiche gewinnen. Oder ist es mit den national-religiösen Kunststückchen speziell auf die deutsch-jüdische Neu-Orthodoxie abgesehen? Diese Pflegerin einer im sozusagen modernen Sinne klerikalen jüdischen Kirchlichkeit weiß instinktiv, welche Gefahren ihrem strengen Kirchentume von der mit dem Nationalismus immerhin verbundenen Weltlichkeit drohen; sie weiß, was sie von nationaler Religiosität zu halten hat. Auf wen anderen soll diese aber wirken, wenn sie den Alt- und Neu-Orthodoxen gegenüber erfolglos bleiben muß? Doch nicht gar auf die Freigeister, die, ob sie in ihren politischen, sozialen und künstlerischen Anschauungen zu den Alten oder Jungen gehören, die Religion jedenfalls überwunden haben und sich daher durch sie als offiziellen Programmpunkt nur abgestoßen fühlen können? Oder etwa auf die jüdischen Massen des europäischen Westens, deren vollkommen invalide Religiosität noch viel weniger zu einer Kraftäußerung erregt werden kann, als die intensive Frömmigkeit der Orthodoxie?

Der religiös-nationalen Spiegelfechterei kommt zu innerer Wertlosigkeit und an Nutzlosigkeit nach außen, gegenüber den Massen nämlich, die Parteispielerei gleich. Diese ist der gefährlichste Abweg, auf den sich die „Jüdisch - Nationalen" oder „Zionisten" locken ließen. Die Deutsch - Nationalen sind Partei, die Irredentisten sind Partei, warum sollen nicht auch die Jüdisch-Nationalen Partei sein? Warum nicht? Weil ihnen jede Voraussetzung zu einer Partei abgeht.

Zu einer Partei gehört vor allem ein positives, politisch-soziales Programm für das Land, in welchem sie wirkt oder doch wenigstens für das spezielle Volk, soweit es innerhalb der Grenzen dieses Landes wohnt. Wie sollte dieses Programm nun für die Zionisten beschaffen sein? Etwa Kampf gegen die Judenfeinde? Das wäre ein Widerspruch gegen den Zionismus, der ja diesen Kampf als aussichtslos erklärt. Die „Abwehr" perhorreszieren und sie selbst aufpäppeln — wie reimt sich das zusammen? Also was sonst? Etwa Geltendmachung nationaler Ansprüche und Erhebung politischer Forderungen im Namen der Nation? Solche Politik wäre ja ein Widerspruch gegen den Sinn des Zionismus, der ja die Unmöglichkeit nachweist, daß die Juden in irgend einem Lande ihres Exiles heimisch werden und sich hier im Bannkreise einer erdrückendenden Mehrheit konsolidieren. Versuchte man es trotzdem, so müßten solche Experimente zur Lächerlichkeit führen, indem bald vor aller Welt die völlige Hilflosigkeit der Partei deklariert wäre. Vielleicht sollte es nun aber der Partei obliegen, für die Juden des Exils, sofern und solange sie hier bleiben, wirtschaftliche Vorteile zu erringen? Denn von der Zukunft allein lasse sich am Ende doch nicht leben. Nun, das ist wahr, aber leider wird da eine jüdisch-nationale Wirtschaftspartei im Lande nicht helfend eingreifen können, weil die Juden in wirtschaftlicher Beziehung, soweit nicht obendrein auch ihr völkerrechtlicher Ausnahmszustand in Betracht kommt, unter allgemeinen wirtschaftlichen Gesetzen stehen. Es ist ganz und gar unerfindlich, wie eine jüdisch-nationale Wirtschaftspolitik mit ihrem Köpfchen durch die Doppelwand Judennot und Allgemeinwirtschaft rennen könnte? Welches Universalmittel hätten die jüdisch-nationalen Wirtschafter in ihrer Hausapotheke, um den hunderttausenden jüdischen Solo-Proletariern, diesen Zuchtpflanzen des Exils, eine Existenz zu verschaffen; um den hunderttausenden verarmenden Kaufleuten, diesen Kindern aus der Ehe des Exils mit der heutigen Gesellschaftsordnung, aufzuhelfen; um ferner den tausenden jüdischen Werkstatt- und Fabriksarbeitern das Ertragen der Ausbeutung zu erleichtern, um endlich dem Judentume des Großhandels und der Großindustrie die handels- und finanzpolitischen Bequemlichkeiten, auf die es angewiesen ist, zu verschaffen, und um den Höchstjuden in ihren riesenkapitalistischen Funktionen, Operationen und Spekulationen dienlich zu sein? Welches Mittel gibt es, frage ich, das alle diese Schmerzen berücksichtigt, das dem einen helfen könnte, ohne dem andern zu schaden? Und die von den verschiedenen Parteien vom Standpunkte ihrer respektiven Interessenten angepriesenen Mittel gleichzeitig in Anwendung zu bringen — für die Kapitalisten das „Laissez faire laissez aller", für die Kleinbürger, Zunftwesen, Kredit- und Sparvereine und anderes dergleichen, für die Arbeiter den Achtstundentag — das ginge doch, um mich sehr, sehr gelinde auszudrücken und dabei Björnson zu zitieren, über unsere Kraft.

So komme ich zu der Schlußfolgerung: Eine jüdischnationale Parteipolitik hat weder nationalen, noch politischen, noch sozialen Wert. Die Analogie mit den politischen Parteien der Deutschnationalen u. s. w. ist mit Ausnahme der wirtschaftlichen Prätensionen — die eben auch dort eine Unsinnigkeit sind — eine unglückliche. Die anderen Nationalen sitzen auf ihrem Grund und Boden, sie haben die Macht etwas durchzusetzen, ganz abgesehen von der Frage, ob das, wofür sie sich einsetzen, etwas Ernstes oder eine chauvinistische Narretei ist. Sie sind eben Nationen mit Attesten, mit völkerrechtlicher Geltung, die Juden sind das noch nicht. Jene haben, wenn wir ihre völkerrechtliche Geltung Körper nennen wollen — mit welchem Gleichnisse natürlich nicht der effektive Werth unserer Definition der der Nationalität geschmälert werden soll — ihre Körper, die Juden sind insoferne nur der Schatten einer Nation, und ein umgekehrter „Peter Schlemihl", suchen sie ihren Körper, die völkerrechtliche Geltung, das Land.

Doch man wird mir einwenden, daß die Parteipolitik ja nicht um eines eigenen Zweckes wegen gemacht wird, daß sie blos Mittel zum großen, letzten Zwecke sein soll. Eine Taktik, nichts weiter — die Massen zu gewinnen. Eine ebenso merkwürdige als verfehlte Taktik! Zu wissen, daß man dem Volke eigentlich nichts zu bieten hat und ihm doch mit Versprechungen zu kommen, nur um es für irgend einen anderen Zweck zu konsolidieren, ist gewiß nicht ehrenhaft. Aber gesund, könnte man mir ergänzen. Nein, auch nicht gesund und zum Glücke auch nicht durchführbar.

Um dies zu beweisen, wollen wir die Leute, auf die es hiebei ankommt, in zwei Gruppen teilen, in die Taktiker, die Führer und diejenigen, die nach dem Takte gehen, geführt, um nicht zu sagen, angeführt werden sollen.

Die Führer. Hiezu sind offenbar die Gebildeten, die geistig Höherstehenden, ausersehen. Man stelle sich nun vor, was eine solche Kraut- und Rübenpartei — denn das müßte sie nach ihrer Zusammensetzung unbestreitbar sein — von ihren Führern verlangen muß. Nicht mehr und nicht weniger als ein Opfer des Intellektes, wie es grausamer nicht gedacht werden kann. Wenn zum Beispiel — die Religion spielt ja immer in die Politik hinein — die religiöselnde Richtung im Parteiausschusse siegen würde, was müßte dann die freigeistige Minderheit nicht alles unterschreiben? Atheisten müßten bei irgend einer feierlichen Gelegenheit den Namen und Segen Gottes anrufen, Talmudgegner müßten ein glorreiches Nationalwerk in ihm zu sehen sich zwingen, Feinde religiöser Zeremonien müßten bis über die

Ohren darin stecken. Oder wenn die Freigeister die Mehrheit erlangten? Zu welchen Selbstverleugnungen wären die Frommen nicht gezwungen? Die Seelenqualen, die sie zu erleiden hät, — sind wohl kaum zu schildern. Nehmen wir den Gegensatz der sozialen Ansichten. Wenn die Sozialkonversativen die Mehrheit bekämen, wie sehr müßten die Sozialkritiker ihre eigene Ansicht knechten. Sie müßten mit Ernst und Pose von Dingen sprechen, die sie sich gewöhnt haben, als absterbende Ruinen zu betrachten. Sie müßten wirtschaftliche Maßnahmen verfechten, die sie als Quacksalbereien niederster Art ansehen. Sie müßten eventuell Aktionen unterstützen, die die Positionen der Ausbeutenden zu stärken geeignet sind, während ihre Neigung den Ausgebeuteten gehört. Man drehe nun den Spieß um, und stelle sich vor, wie es wieder den Konservativen zu Mut wäre, wenn ihnen eine revolutionäre Mehrheit die Art ihres Verhaltens diktierte. Ihr Schicksal wäre ein geradezu bejammernswürdiges. Überhaupt läßt sich auf den ersten Blick gar nicht ermessen, wie weit die Abdankung der individuellen Gesinnung gehen muß, wenn man einmal damit angefangen hat. Da gibt es keinen Halt. Füge ich mich in Gesinnungssachen einer Autorität, der ich innerlich nicht zustimme, so spreche ich nicht blos eine belanglose Gesinnungsformel aus, über die ich mich mir selber gegenüber lustig machen darf, sondern ich werde durch die Umstände mehr oder weniger gezwungen, mein ganzes Leben darnach einzurichten, darnach meine Bedürfnisse zu bestimmen, meine Geschäfte zu führen, meine Freundschaften zu regeln, meinen Wissensdurst, meinen Kunst-, Schönheits- und Liebesgenuß einzurichten. Mein ganzer Mensch wird von der Autorität mit Beschlag belegt. Meine Individualität wird von diesen Tyrannei der Sache gebrochen und das ist nicht nur eine Sünde an der Individualität selbst, sondern auch an der Sache, die von gebrochenen Stützen nicht getragen werden kann. Und sollte jemand einer Sache zuliebe auch den Bruch seiner Individualität gerne auf sich nehmen wollen, — ein Vorhaben, das ja gerade bei Juden, diesem entsagungssüchtigen, der Entpersönlichung zuneigenden Volke leicht vorkommen kann, dann unterzieht er sich einer Aufgabe, der er auf die Dauer nicht gewachsen ist. Wer die Menschennatur kennt — die Menschennatur des Einzelnen meine ich — und weiß, wie sie, so man ihr Gewalt antut, immer wieder die Oberhand gewinnt, der weiß auch, daß eine gewaltsam unterdrückte Überzeugung bei passender und unpassender Gelegenheit wieder durchbrechen muß. Und dann ist es wieder aus mit der schönen Harmonie und die Partei derer, die im Grunde vielen Parteien angehören, ist gewesen.

Soviel von den Führern. Nun zu den Geführten, den Massen.

Sollen sie für den abstrakten nationalen Gedanken, das nationale „Bewußtsein" gewonnen werden, dann ist jede Bemühung von vorneherein aussichtslos. Das wird ohneweiters demjenigen klar sein, der die Nationalität so auffaßt, wie wir es getan haben, als einen Zustand, der nur zuweilen Aktivität und Aktualität gewinnt. Die Nationalität ist dem Volke etwas so Selbstverständliches, daß es für Bewegungen keinen Sinn haben kann, welche ihm diese Selbstverständlichkeit erklären wollen.

Das Volk wird erst aktiv national, sobald es nationales Elend zu kosten bekommt. Aber auch dann ist solche nationale Empfindlichkeit wesentlich verschieden von der sozialen Empfindlichkeit gegenüber wirtschaftlicher Not. Diese wird vom Volke als dauerndes Leid, als beständiges Unglück empfunden. Die nationale Not macht nicht diesen Eindruck auf das Volk. Insoferne sie sich — und das ist ja zumeist der Fall — in wirtschaftliches Elend umsetzt, sind die Massen nicht denkgeschult genug, um den nationalen Beweggrund dahinter zu finden. Sie denken ja überhaupt gar nicht über ihre Misère nach, sie fühlen sie nur. Insoferne aber das nationale Leid in seiner Reinheit auftritt, — Schmähungen, Entrechtung, Massenmord, Plünderung — bringen es die Verteiltheit, die Unregelmäßigkeit der einzelnen Verletzungsakte mit sich, daß das Volk diese seine Not nur zeitweilig, nur vorübergehend als Unglück empfindet. (Das gilt speziell auch für die Entrechtung, für das Geschmälertsein an den bürgerlichen Rechten, das sich ja auch nur von Fall zu Fall fühlbar macht.) Dem Volke ergeht es eben mit Wirtschaft und Nationalität, sowie dem Einzelmenschen mit Hunger und Liebe. Dauernder Hungerstand übertönt in ihm die Liebe.

Aber ein mächtiges Aufwallen der Liebesglut — sei es in der primitivsten Triebesform, sei es in der Form idealisiertester

Leidenschaft — schlägt den hartnäckigsten Hunger zu Boden. Wirtschaftlicher Notstand erdrückt zwar die nationale Empfindlichkeit. Doch ein gewaltiger Ausbruch der nationalen Kraft läßt das Volk für einen Augenblick den Notstand vergessen.

Kommt einmal so ein großer, leidenschaftlicher Moment des Nationalgefühls, dann genügt er gewöhnlich auch, um zu siegen oder zu erliegen. Ein solcher Moment wird jedoch nicht durch nationale Parteiführer in dem heute üblichen Sinne herbeigeführt. In ihrer Küche ist nichts vorhanden, womit sie solch gewaltige Volkserregung kochen könnten. Ihre Predigten werden vom Volke nicht verstanden, gewöhnlich sogar belächelt; und eine große Tat, die das Volk mit sich reißen könnte, wagen sie nicht.

Noch weniger Aussicht bietet ein politisches Programm zur Gewinnung der Massen. Die Politik, im engern Sinne, ist reine Abstraktion, und kann daher von Massen schon ganz und gar nicht erfaßt werden.

Aber ein wirtschaftliches Programm! Das müßte doch wirken? Freilich kann es das, dafür haben die Massen immer Verständnis. Doch wenn wir selbst die Möglichkeit voraussetzen, daß die jüdisch-nationale Wirtschaftspolitik reussiere, so kann dieser Erfolg doch nur zu einem Ziele führen, das dem von den Parteiführern eigentlich angestrebten entgegengesetzt ist. Es gibt gar keinen denkbaren Übergang von diesem Resultate zur jüdischen Heimatsidee. Durch ersteres ist letztere, mag auch etwas Solidarität — übrigens sehr fragliche Krämer-Solidarität — hervorgerufen sein, in die Ferne gerückt. Noch ärger kommt es, wenn, was ja zu erwarten ist, die Wirtschaftsmittelchen nicht verfangen. Dann geht auch das bischen Quasi-Solidarität flöten und mit dem völkerrechtlichen Ziele ist es erst wieder nichts.

So ist der politische Partei-Zionismus — mag man die Sache wenden, wie man will — ein Unding. Die Zahl derjenigen Zionisten, die dies einsehen, wird immer größer. Was bis vor kurzem noch die meisten und gerade die tüchtigsten derselben abhielt, sich diesen Irrtum einzugestehen, war die instinktive Unschlüssigkeit darüber, was man dann eigentlich an Stelle des Faktors „Partei" setzen könnte. Sollte man sich denn wirklich mit dem Wohltätigkeits- und Ratenzionismus begnügen? Dieses kleinweise Kolonisieren in Palästina, dem die Pforte aktiven und passiven Widerstand entgegensetzt, ist gar zu trostlos und weist in seinem Schneckengang, dem in jedem Augenblicke irgend ein schnelleres Ereignis den Weg auf immer zu versperren droht, auch kein die Massen stimulierendes Moment auf.

*

Es lag im Grunde so nahe, was in dieser Verlegenheit zu tun war, das aus den Ketten des Parteitums erlösende Wort lag so vielen auf der Zunge, aber niemand besaß die Unbefangenheit und traute sich die Autorität zu, es auszusprechen. Ein Neuling, von angesehenem Namen und mit der ganzen Voraussetzungslosigkeit des Neulings ausgestattet, mußte kommen. Er kam in Dr. Theodor Herzl. Sein Buch „Der Judenstaat" ist seinem bekannten Verfasser zuliebe viel und ausführlich besprochen worden, besonders auch von jüdisch-moderner, sozialkritischer Seite. Fast keine einzige dieser Besprechungen aber wußte mit den ein wenig unvermittelt hingeworfenen Thesen etwas anzufangen. So machten sie sich denn lustig, zuweilen unter nichtssagenden oder tückischen Komplimenten auf den Esprit des Verfassers, die Zionisten jedoch, und allen voran die modern-denkenden, wußten das Buch besser zu behandeln. Für die Motivierung des jüdischen Befreiungsgedankens, wie sie dieselbe bot, hatten sie bei aller Anerkennung kein besonderes Interesse. Das alles hatten sie schon gehört, vielleicht schriftstellerisch nicht besser geschrieben, aber oft ausführlicher, zusammenhängender, systematischer und von mehr spezieller Kenntnis des Judentums und Jüdischen Zeugnis ablegend. Ebensowenig vermochte sie der Plan der neujüdischen Staats- und Gesellschafts-Verfassung, mit dem Dr. Herzl überflüssigerweise einen breiten Teil seines Buches ausfüllt, besonders zu interessieren. Sie hatten über die hier besprochenen Themen zumeist ganz andere Ausichten — so z. B. kann ich speziell die politische und soziale Luft des Herzl'schen Buches durchaus nicht goutieren — und sagten sich, daß über den Bau des jüdischen Gemeinwesens die Entwicklung und nicht Dr. Herzl, so gut sein Wille auch sein möge, entscheiden werde. Und gerade auf diesen schwächsten und belanglosesten Teil hatten sich die Kritiker mit besonderer Heftigkeit gestürzt — in dem Mißverständnisse, daß in ihm der Schwerpunkt der Schrift liege. Der reine, von jeder Interpretation des jüdischen Zukunftsstaates absehende Gedanke, dem jüdischen Volk ein Haus zu geben, in dem es Herr sein könne, mußte sich gefallen lassen, daß die höchst persönlichen Anschauungen des Dr. Herzl über die beste Verfassung und die beste Gesellschaftsordnung ganz unberechtigterweise auf sein (des Gedankens Konto) geschrieben wurden. Ein dritter Teil des Buches, der von der kühn ausgesprochenen Forderung, das jüdische Volk müsse souverän werden, ausgeht und die Organisation der zur Erlangung dieser Souveränität notwendigen Arbeit schildert, wurde von den Kritikern am allerwenigsten berücksichtigt und gerade er war für die Zionisten eine Offenbarung. Nun haben sie eine Partei nicht mehr nötig — höchstens, daß sich im übertragenen Sinne von einer völkerrechtlichen Partei sprechen ließe. Sie beteiligen sich vielmehr lediglich an einem großen völkerrechtlichen Unternehmen, — das Wort ohne den Nebensinn des Geschäftes genommen, — an einem Unternehmen, das über den Parteien steht, auch eben wegen seines völkerrechtlichen Charakters über den Parteien stehen muß. Es gibt nun im Grunde keinen Zionismus und kein Nationaljudentum mehr, wenn auch die Namen geblieben sind, es gibt einfach eine jüdische Staats- und jüdische Souveränitätssache. Es ist nicht mehr nötig, auf aussichtslosen nationalen Massenfang zu gehen — die Massen werden sich im gegebenen Augenblicke, d. h. wenn gute Erwerbsverhältnisse sie locken werden und die Grandiosität des Unternehmens sie fortreißen wird, von selbst einstellen — umsomehr wird man in irgend einer Hinsicht kräftige Förderer der Sache bei geeignet organisierter, aber nicht parteimäßiger Propaganda gewinnen könen. Denn nun gibt es keine Gesinnung, keine Weltanschauung, die jemanden, der nur die Gründung des Judenstaates für notwendig hält, hindern könnte, sich an dem Unternehmen zu beteiligen. Speziell die jüdischen Intelligenzen und gerade die modernen Geister unter ihnen werden, wenn sie einmal zur Überzeugung kommen, daß es sich nicht um nationale Veilletäten und reaktionäre Anschläge handelt, in immer zureichenderer Anzahl für die Empfindung der Notwendigkeit des Judenstaates

empfänglich werden. Denn gerade ihr feines kompliziertes Seelen-
leben wird endlich doch auf die Nadelstiche und die Prügel, die
den Juden appliziert werden, Antwort geben müssen. Auch sie
werden sich schließlich eingestehen müssen, daß ein jeder von
ihnen trotz des besten Willens von seiner Seite „ein schüchtern
Wild aus einem fernen Walde", wie Gutzkow seinen Uriel Acosta
sagen läßt, geblieben ist, daß er den fernen, heimatlichen Wald
aufsuchen muß, um das Glück zu erreichen, das Uriel fälschlich
nur von der nationalen Assimilation abhängig macht, dessen
Wesen er aber so schön in den Worten ausdrückt:

> Im frischen Strom der Bildung durft' ich baden,
> Ein Mensch, ein freier, in dem Ganzen weben,
> Die Luft war mein, der warme Strahl der Sonne,
> Am Grün des Waldes labt' ich frei den Blick, —
> Was alle liebten, durft ich wiederlieben
> Was alle fürchteten, war meine Furcht,
> Und jeden Pulsschlag einer großen Tat,
> Ein jedes Atmen der Geschichte fühlt' ich
> Wie alle Menschen in mir selber wieder.

Ja, im eigenen Lande, Herren im eigenen Hause, wie Engels
sagt, werden die Juden erst so recht wieder lieben dürfen, was
alle lieben, fürchten dürfen, was alle fürchten, jeden Pulsschlag
einer großen Tat, jedes Atmen der Geschichte wie alle Menschen
in sich selber fühlen dürfen. Infolge Aufhörens der antisemitischen Reibungen werden einerseits jene wirtschaftlichen
Sonderzustände, welche die vollständige Assimilation an die
europäische (Gattungs-) Kultur hemmen, wegfallen und wird
andererseits die Rassenreinheit, die gegenwärtig die Synthese
nationaler Gegensätze hindert, weniger reinlich gehütet sein.
Dann wird erst die ganze moderne Kraft des jüdischen Volkes
frei werden und sich ebenso auf den klassischen Kulturboden
Europas als auch besonders in der Angliederung der vorder-
asiatischen, namentlich semitischen Nationen, an die europäische
Völkerfamilie betätigen. Und sie wird sich nicht zumindest auf
dem Gebiete erproben, das seit urältesten Zeiten von jüdischen
Männern infolge ihres subjektiven Sozialismus so eifrig bebaut
wird, auf dem Boden der sozialen Entwicklung.

Man weissagt zwar, daß auch in Neu-Judäa die jüdischen Arbeiter von den jüdischen Kapitalisten ausgebeutet werden würden. Das ist gerade vom sozialistischen Standpunkte ein unsinniger Einwand. Wenn zur Zeit, da die Gründung des Judenstaates perfekt sein wird, alle Welt noch kapitalistisch eingerichtet sein wird, dann wird es wohl nicht möglich sein, — und kein vernünftiger Sozialist wird die Unmöglichkeit verlangen — daß sich gerade die Juden in ihrem kleinen Staate sozialistisch organisieren. Eine isolierte sozialistische Gesellschaft, und noch dazu auf engbegrenztem Gebiete, ist ja einfach undenkbar. Wird aber alle Welt sozialistisch, dann wird sich bei den subjektiv sozialistischen Traditionen des jüdischen Stammes gewiß nicht gerade das Judenland der neuen Wirtschaftsordnung verschließen wollen. Und es wird dies auch nicht imstande sein eben wieder, weil sich ein Land nicht gegen diejenige ökonomische Struktur, die in allen Ländern der gleichen (Gattungs-) Kultur besteht, absperren kann. Jedenfalls aber gewinnen die jüdischen Proletarier durch die Gründung des Judenstaates so viel, daß sie wenigstens nicht noch die besonderen Exilsleiden zu tragen haben werden. Das ist ein direkter Gewinn für sie —, abgesehen von dem indirekten, der ihnen infolge des Umstandes erwächst, daß durch die Lösung der Judenfrage der soziale Entwicklungsgang von einer beharrlichen Schritthemmung befreit und daher beschleunigt wird.

Diese Funktion der jüdischen Souveränitätssache mag auch jene beruhigen, die befürchten, durch ein Wirken für diese die Sache der menschlichen Allgemeinheit zu verkürzen. Selbst wenn sie nach vollzogener Landnahme für die Menschheit direkt gar nichts tun könnten, so böten sie ihr auf indirektem Wege — eben durch die Landnahme — ein mehr als entsprechendes Äquivalent. Zum Überfluß könnten sie sich auch noch damit trösten, daß ja am Ende die europäische Welt nicht so arm an modernen Geistern und Charakteren sein wird, um nicht eine kurze Zeit ohne die Hilfe der jüdische Moderne auskommen zu können. Doch die Dinge liegen gar nicht so, daß irgend jemand der jüdischen Staatsgründung zuliebe seine ganze Tätigkeit im Dienste des großen Ganzen einstellen müßte. Da die Teilnahme an der Schaffung des Judenstaates überhaupt nicht Sache einer bestimmten politischen oder sozialen Gesinnung ist, steht theoretisch nichts im Wege, eine solche, und zwar welche immer, zu betätigen. Wohl wird sich in der Praxis ein Hindernis entgegenstellen, aber ein solches, daß auch vorhanden ist, wenn man nicht an dem jüdischen Befreiungswerke teilnimmt, deshalb weil es aus der Seele der Nichtjuden fließt. Ich meine die empörendste von allen an den Juden geübten Brutalitäten, das durch konkludente Handlungen verlautbarte Verbot, eine Gesinnung vorkämpfend zu betätigen. Sobald Juden einer Sache der Allgemeinheit Führer im Leben sein wollen, werden sie binnen kurzem als Bürde empfunden, die man gerne auf schickliche Weise los werden möchte, kompromittieren sie lediglich durch ihre jüdische Abkunft die Sache und hemmen deren Fortschrittsgeschwindigkeit, solange bis sie abgeschüttelt sind. Auch den jüdischen Sozialdemokraten in führenden Stellungen wird es nicht anders ergehen, wofür schon Anzeichen vorhanden sind. Nicht daß etwa zu befürchten wäre, daß eine christlich - soziale Arbeiterpartei die Sozialdemokratie auf die Dauer überwinden werde. Das kann so wenig geschehen, als der Gegenwart statt der Zukunft die Vergangenheit, als der Morgendämmerung statt des Tages die Nacht folgen kann. Aber die Sozialdemokratie selbst oder was künftighin parteimäßiger Ausdruck der sozialistischen Weltanschauung sein wird, wird sich dem Einflusse der primären, naturgeschichtlichen Rassen- Antipathie und der sekundären historischen Judenfeindschaft nicht entziehen können und das in Rede stehende Verbot aussprechen.

Wie nun jüdischerseits auf dieses Verbot reagiert wird, — ob man ihm Folge gibt oder nicht — das hängt von Eigenart und Temperament jedes einzelnen ab und eine Teilnahme an der jüdischen Staatsgründung kann da nur unwesentliche Änderungen hervorbringen. Ganz unterdrückt von dem Verbote bleiben unter allen Verhältnissen jene Männer, deren Tätigkeit zu erhaben ist, als daß sie von einem solchen Verbote auch nur gefaßt werden könnte, die Prinzen aus Genieland, die wissenschaftlichen Grundleger und künstlerischen Versinnlicher modernen Menschentums. Von den übrigen harren die Männer des frohen Kampfes, des trotzigen

Wesens an der Seite der unliebenswürdigen Mitstreiter aus. Sie kann ein eventueller Anschluss an die jüdiche Souveränitätsbewegung nur insoferne zügelnd beeinflussen, als sie es dann gerade im Interesse der allgemeinen Sache, der sie dienen, vermeiden werden, sich auf in die Augen fallende Posten zu stellen, und mit bescheideneren Plätzen im Heere der Menscheitskämpfer vorlieb nehmen werden. Die Männer des weichen Gemüts und der entwickelten Empfindlichkeit wiederum ziehen sich vor dem Verbote schmollend zurück. Auf sie aber muß, wenn sie sich einmal dem Judenstaatsunternehmen widmen, dieses die wohltätigste Wirkung ausüben, indem es ihnen einen Tummelplatz zur Auslebung ihrer Persönlichkeit gewährt.

Aber ist alle diese Tätigkeit auserlesener und normaltüchtiger Geister nicht vielleicht eine vergebliche? Ist es denn so sicher, daß das Unternehmen auch wirklich ausführbar ist? Die Frage läßt sich allerdings nicht mit absoluter Sicherheit bejahen. Doch die Wahrscheinlichkeit des Gelingens ist durch das Vorhandensein günstiger Chancen und den Mangel natürlicher Hindernisse gegeben. Die Juden besitzen heutzutage alles, was ein Staat erfordert, um bestehen und bestehen zu können; sie haben eine einheitliche Nationalität, sie verfügen über physische, wirtschaftliche und geistige Kräfte in Hülle und Fülle, sie besitzen nunmehr auch den politischen Sinn, der ihnen ehemals abging. Es fehlt ihnen nichts als der Boden. Die Gewinnung desselben, die Landnahme, ist ein relativ leichtes, man möchte fast sagen mechanisches Unternehmen, ob es nun mit wirklichen Waffen durchgeführt wird oder wie in unserem Falle, mit modernen Waffen, als da sind: Geist und Kapital — beide nichts Anderes als gewaltige Ansammlungen Jahrhunderte langer leiblicher und seelischer Arbeit. Trotzdem ist die Landnahme keine Überschreitung der Kompetenz des menschlichen Willens. Denn, wenn man auf Grund gewissenhafter Prüfung gefunden hat, daß die Entwicklung notwendig zu einer solchen Landnahme hindrängt, so muß man diese wollen, und darf dann annehmen, mit seinem Willen den automatischen Willen der Geschichte ergründet zu haben. Ohne solche Annahme gäbe es ja überhaupt keine menschliche Bestrebungen.

Und nun bin ich eigentlich fertig. Ich möchte Ihnen aber doch zum Schlusse noch ein Gleichnis vortragen, das mir so recht geeignet erscheint, die Bedeutung der jüdischen Staatsbewegung modern denkenden und speziell sozialistisch gesinnten Menschen zu versinnbildlichen.

Wir treten in einen öffentlichen Garten und treiben einwenig Physiognomienstudium, vorausgesetzt, daß wir es verstehen. Als erster kommt uns ein junges, elegantes Herrchen entgegen, geschniegelt und gestriegelt, lächelnd, ein Unwiderstehlicher. Unsere Lippen murmeln: Eine Null! Und ein zweiter begegnet uns, verwegen dreinsehend, ganz Muskeln, ganz Kraft, wie ein Wüthender um sich schnappend. Unsere Lippen murmeln wieder: Eine Null! Und ein dritter kommt! Klein dick, rund, eine goldene Zentnerkette auf dem Bauche. Unsere Lippen murmeln wieder: Eine Null! Ein vierter kommt! Ein halb heiteres, halb trotziges Gelehrtengesicht, rote gesunde Lippen, blaue fröhliche Augen, Freude über seine Anerkanntheit strahlend. Eine Ziffer! Murmeln wir. Dann stoßen wir wieder auf Nullen. Dann wieder ein feines Gesicht, des edelsten Genießens Zeuge, mit Augen, aus denen der Genius spricht, und einem vom leisen Spott umkräuselten Munde. Der Mann weiß, was Ruhm ist. Er ist eine Ziffer! Ihr folgen wieder einige Nullen. Endlich eine hagere Gestalt, mit bleichem, durchgeistigten Hungerantlitze, weit aufgerissenen, ängstlichen, sinnenden Augen, in ärmlicher Kleidung. Halt! Auch eine Ziffer! Ja, auch eine Ziffer, Was mag sein Beruf sein? Denker oder Dichter oder ein vazierender Kanzleischreiber? Worüber er wohl gerade nachsinnt? Über ein Problem, ein Kunstwerk oder über die ihn am wenigsten beschämende Art, Geld für das nächste Mittagsmahl zu borgen? Wir werfen solcher Fragen noch mehr auf. Plätzlich fällt es uns ein, daß es sehr interessant sein müsse, dem Manne zu folgen und den Leuten, die ihm begegnen, die Gedanken, die sie sich über ihn machen, von den Stirnen zu lesen. Er macht kehrt und so kommen uns unsere früheren Bekanntschaften wieder entgegen. Und was sehen wir? Alle Nullen streifen die hungrige, magere Ziffer ganz verächtlich mit ihren dummen Wasserblicken. Und die Ziffern von vordem? Sie stutzen ein Weilchen. Etwas unwillkürliches Interesse huscht über ihre vornehmen, ausdrucksvollen Gesichter. Aber ein Blick auf die schäbigen Kleider, auf die wirren Haare, die Bläße des Mannes —

und sie sehen wieder geringschätzig weg. Jetzt wissen wir, was der Mensch ist, ein armer Teufel, dem alle seine Begabung, all sein Charakter nichts nützte, dem keine Erbschaft oder Ellbogenkraft zur Verfügung stand, um sich in unserer herrlichen Gesellschaftsordnung einen Platz zu reservieren. Ein Enterbter! Vielleicht hat auch schon sein Charakter gelitten, und die Hohlköpfe haben nun ganz recht, über ihn die Nase zu rümpfen, und die gesegneteren Kongenialen, ihn geringschätzig zu übersehen.

Wer nun Verständnis und Empfindung hat für derlei Ungeheuerlichkeiten, sollte der nicht auch Sinn und Gefühl haben für eine ganz analoge Ungeheuerlichkeit auf völkerrechtlichem Gebiete? Das jüdische Volk ist so ein genialer Paria unter den Nationen, von den rückständigen Stämmen über die Achsel angesehen, von den gleichwertigen geringschätzig übergangen. Ein armer Teufel, dem nichts nützt, weder seine Geistesarbeit noch sein weltbefreiendes Gefühl! Ein enterbtes Volk, vom Elend auch schon korrumpiert, so daß sich die Duckmäuser aller Nationen eigentlich schon mit Recht entrüsten dürfen.

Und nun: Wie dem hungernden Genie, dem wir auf der Promenade begegneten, nur eine selbständige ökonomische, so kann dem genialen Völkerparia nur eine selbständige völkerrechtliche Existenz helfen. Möge die jüdische Moderne lernen, dies begreifen!

Der Zionismus

als

Kulturbewegung

Referat, gehalten auf dem Zionisten-
Kongreß in Basel am 29. August 1897.

Vorwort der ersten Ausgabe.

(„Zwei Vorträge über Zionismus“, Berlin 1898.)

Das Referat, welches ich auf dem historischen Boden des Baseler Kongresses erstattete, mußte natürlich unverändert abgedruckt werden. Selbstverständlich hätte ich jetzt, nach fast einem halben Jahre, manches zu ergänzen oder zu berichtigen, spare mir das aber für andere Gelegenheiten auf. Dagegen muß ich zur Vermeidung eines Mißverständnisses auf eine Stelle zurückkommen: Bei nochmaliger Durchsicht des Textes fiel mir auf, daß man aus den Worten „aufsteigende Klassenbewegung“ auf wirtschaftliche Ansichten schließen könnte, die ich in Wirklichkeit gar nicht vertrete. Der Ausdruck war, wie ich gerne zugestehe, von mir etwas unüberlegt gewählt. Denn an eine „aufsteigende Klassenbewegung“ als allgemeine, durchgängige wirtschaftliche Tendenz glaube ich nicht. Ich wollte darunter nur die partielle, lokale Aufwärtsbewegung verstanden haben, durch die vereinzelte Personen und Familien von den untersten in die obersten Klassen getragen werden. Diese ist natürlich gegenüber der durch die moderne Produktionsweise hervorgerufenen absteigenden Klassenbewegung breitester Volksschichten sehr geringfügig.

Wien, im März 1898.

M. A.

Hochgeehrte .Versammlung!

Eine Bewegung begründen heißt sie als geschichtlich notwendig nachweisen. Beim Zionismus stützt sich dieser Nachweis
auf zwei tatsächliche Voraussetzungen : Das eigentümliche jüdische
Wirtschaftsleben und das eigentümliche jüdische Nationalleben.
Über das jüdische Wirtschaftsleben als Grundlage des Zionismus
wird Ihnen mein geehrter Korreferent, Herr Dr. Farbstein, Vortrag halten, während mir die Aufgabe zugefallen ist, den Zionismus vom Standpunkte des jüdischen Nationallebens zu begründen. Allerdings wird sich wegen der inneren Einheit des Stoffes
die Arbeitsteilung nicht immer streng durchführen lassen.

Ich habe von der Eigentümlichkeit des jüdischen Nationallebens als einer Tatsache gesprochen. Ich muß nachtragen, daß
sie eine oft weggeleugnete Tatsache ist. Die Leugner gehören
allen nationalpolitischen Bekenntnissen an und sind in über-
wiegender Anzahl Juden. Es werden ihrer zwar von Tag zu Tag
weniger, und auch der Umstand, daß sie zumeist nicht von der
Absicht, die Wahrheit zu erforschen, sonden von Tendenzen geleitet werden, vermindert das Gewicht ihrer Leugnung. Hie und da
gibt es wohl auch ernst zu nehmende Männer unter ihnen. Aber
dieselben sind aus einem Mißverständnisse heraus zu erklären.
Weil sie — teils mit Recht, teils mit Unrecht — in sich selbst
die jüdische Nationalität nicht mehr entdecken, schliessen sie
leicht begreiflicher-, aber ganz unberechtigterweise, daß auch die
jüdische Allgemeinheit ihrer bar sei. Könnten sie etwas mehr
aus sich heraus, sie würden die jüdische Nationalität mit Händen
greifen.

Die Frage, ob irgend eine Nation ist oder nicht, ist in dem Augenblicke bejahend entschieden, wo auch nur e i n Mensch die fragliche Nation — er mag sich zu ihr zählen oder nicht — anerkennt. Die jüdische Nation aber wird als solche nicht von Einem, sondern von Hunderttausenden anerkannt, darunter von fast allen Nichtjuden, und ich glaube, daß jeder Unbefangene, nicht von Abwehrtendenzen Beeinflußte, gerade die Stimmen der letzteren zumindest voll zählen wird.

Zweifel wären höchstens darüber denkbar, ob der Gebrauch der Wörter Nation und Nationalität g e n a u zutrifft, ob bei ihrer Wahl die feinen Unterschiede berücksicktigt wurden, die die Wissenschaft zwischen Nation, Stamm und Volk macht und machen muß. Solchen Zweifeln wird am besten durch die Erklärung begegnet, daß es sich dem Zionismus im Grunde ziemlich gleich bleibt, welche der genannten Bezeichnungen die wissenschaftliche ist. Er behauptet seine Giltigkeit für alle diese Fälle. Ist er sich ja auch bewußt, daß die heutige jüdische Nationalität — um bei dem Ausdruck zu bleiben — keine aus. dem Schematismus ist, daß sie vielmehr eine ganze Menge von Anomalien bietet. Und gesteht er doch noch obendrein zu, sein Leben eben diesen Unregelmässigkeiten zu verdanken.

Die jüdische Nation von heute zerfällt in zwei kulturell sehr ungleiche Teile, den kleineren, in der abendländischen Zivilisation lebenden, und den größeren uneuropäischen Teil, der wieder aus. den Jargonjuden des europäischen Ostens und den eigentlichen orientalischen Juden besteht. Jeder der beiden Hauptteile weist nationale Anomalien auf. Die östlichen Juden — namentlich die den jüdischen Jargon sprechenden, die drei Vierteile des jüdischen Volkes ausmachen — haben eine nationale Individualität, die sich in Tracht und Sprache, in Literatur und Kunst, in Sitte und Brauch, im religiösen, sozialen und Rechtsleben ausdrückt, das heißt, sie besitzen eine eigene Kultur. Aber diese ihre Kultur ist aus Ursachen, auf die ich noch zurückkommen werde, keine fortschreitende. Sie hat keine Entwicklung mitgemacht. Sie ist sich gleich geblieben seit zwei Jahrtausenden. Wohl haben sich auch im Ghetto Bewegungen gezeigt, die man auf den ersten Blick als normale Kulturfortschritte deuten könnte — das ganze Mittelalter hindurch ebenso wie in der Gegenwart. Und in dieser besonders. Man denke nur an den großen Aufschwung der Jargon-Literatur und an das Jargon-Theater. Doch sieht man näher zu, so findet man, daß hierin gar nicht von innen stammende und im Innern verlaufende Fortschritte der ostjüdischen Kultur gelegen seien, sondern daß man es hier blos mit einer aufsteigenden Zivilisationsbewegung, die übrigens bis zu einem gewissen Grade mit der aufsteigenden Klassenbewegung innerhalb der Judenheit zusammenfällt, zu tun hat. Es findet kein kultureller Fortschritt, sondern ein Fortschreiten aus der Kultur und ein Hineinschreiten in die europäische Zivilisation statt. Selbst die neuhebräische Literatur trug vor dem Auftreten des Zionismus den Charakter einer bloßen Überleitung zum Europatum an sich. Diesem streben immer neue Scharen von Eigenkulturjuden zu, die Zahl derer vermehrend, die schon längst bei ihm angekommen sind.

Nun aber zeigt sich das Wunderbare, daß auch mit diesem Übertritte die national-kulturelle Anomalie der Juden keineswegs beseitigt ist, sie wird nur anderer Art.

Um uns davon zu überzeugen, wollen wir zunächst das Wesen dessen feststellen, was man europäische Zivilisation nennt. Gewöhnlich spricht man von europäischer Kultur. Dieser Sprachgebrauch führt zu mancherlei Illusionen. Er gewöhnt uns, an an eine gemeinsame Individualität aller modernen abendländischen Nationen zu glauben, das heißt, uns ein Weltbürgertum zurechtzuzimmern oder von einer neuen gesamteuropäischen Nation, die in Bildung begriffen sei, zu sprechen. Beides ist grundfalsch. Die europäische Zivilisation besteht aus zwei Elementen, aus den Niederschlägen vergangener Kulturepochen verschiedener Völker und aus den Wirkungen der gemeinsamen ökonomischen Verhältnisse der zivilisierten Nationen. Das zweite Element ist das hervorstechendere, aber jedenfalls heben beide die Nationalität als solche nicht auf. Im Gegenteil, die europäische Zivilisation kann ihrer gar nicht entraten. Der Europäismus ist ein grandioses Räderwerk, in das jedes Volk erst den Lebenshauch seiner nationalen Individualität, seiner nationalen Kultur einblasen muß, damit es sich für seine (des Volkes) Zwecke in Bewegung setze.

Und nun wissen wir, warum auch die europäisch gewordenen Juden eine Anomalie im Kulturleben der Völker darstellen.

Durch ihren Austritt aus der Ghettokultur begeben sie sich ihres nationalen Kulturgepräges. Sie nehmen aber auch nicht Nationalität und Kultur eines anderen Volkes an. So führen sie nun eine scharf abgegrenzte Sonderexistenz, doch ohne eigenen Charakter. Ihr leiblicher und geistiger Habitus ist ein anderer, als der der Völker, unter denen sie wohnen, aber er ist nicht, wie bei diesen, in ein Lebenssystem gebracht. Es ist das etwa so, wie bei Leuten, die wohl zu irgend einer Beschäftigung eine besondere Befähigung mitbringen und sich dadurch von ihren Mitbürgern unterscheiden, aber es nicht zu einem festen, berufsmäßigen Betriebe, zu einer Konzentration ihrer Fähigkeiten gebracht haben.

Die Sachlage ist also die, daß die europäischen Juden nichts besitzen, womit sie der europäischen Zivilisation ein ihnen angepaßtes individuelles Leben geben könnten. So lernen sie wohl manch zivilisatorisch Wertvolles von ihr, aber sie schaffen. nicht mit eigener. Seele neue kulturelle Werte aus ihr. Im Gegenteil. Weil sie sie anders als die anderen, weil sie sie als Abstractum sehen, werden sie zu schweren Täuschungen und Mißgriffen verleitet.

Zunächst halten die meisten, wie dies schon Menschenart, ihre Unregelmäßigkeit für die Regel. Daher kommt es dann so häufig, daß sie sich den Europäismus als nationenloses Weltbürgertum vorstellen, während er in Wirklichkeit nur in ihnen ohne Nationalität ist. Dadurch tragen sie in die soziale Bewegung, an der ihr schöpferisches Gefühl sonst so segensreichen Anteil hat, ein ungesundes Element. Stärker national fühlende Menschen werden dadurch unnötigerweise abgestoßen und geradezu dem Chauvinismus in die Arme getrieben. Selbst diejenigen aber, mit welchen die weltbürgerliche Propaganda leichteres Spiel hatte, wenden sich bald wieder unbefriedigt von den jüdischen Agitatoren ab. Dann ist die moderne Erscheinungsform des alten Judenhasses da, der ausgesprochene oder verschämte Antisemitismus, der instinktive Widerwille aller, der Gesättigten sowohl, als der Enterbten, gegen 'die Volkslosen, die Unbestimmbaren, die Verdächtigen.

Noch schlimmer ist es, wenn sich die europäisierten Juden durch ihr abstraktes Europäertum zwar nicht zu weltbürgerlichen

Phantastereien verleiten lassen, aber es dafür mit reinen Verstandesaugen ansehen. Dann wird es ihnen zu der auf einigen Kulturmumien ruhenden nackten, modernen Wirtschaftlichkeit. Es entstehen jene armen und reichen Juden, deren Gott das Geld ist. Solcher Mammonsdiener gibt es freilich auch genug, vielleicht ebenso viele bei anderen Völkern. Aber sie können dort nicht so korrumpierend wirken, weil ihr plumper Nützlichkeitsstandpunkt im Volke mächtige kulturelle Gegengewichte findet. Und außerdem, den anderen werden sie höchstens nachgerechnet, bei uns tut man dies nicht, weil man uns wehrlosen Fremden nachsagt, wir seien alle so kalte, gemütlose Rechenmenschen. Also wieder Stoff für den Antisemitismus.

Eine dritte verhängnisvolle Wirkung des abstrakten Europäertums — aber, zum Unterschiede von den zwei vorigen, schon aus der Ahnung seiner Unzulänglichkeit hervorgegangen — ist jene Bewegung, die einen verkehrten Weg einschlug, um sich das Europäertum zu beseelen, die Assimilation. Nicht d i e Assimilation ist gemeint, die den Mut völligen Abfalls durch Taufe oder Mischehe hat. Die Verluste, die diese hervorruft, sind mehr, möchte man sagen, arithmetische, wie sie jedes Volk erleidet, und bilden daher — mögen sie auch bei den Juden häufiger und bedenklicher sein — keine wesentliche Gefahr. Nein, nicht von der radikalen, wirklichen Assimilation ist hier die Rede, vielmehr von jenem feigen Auskunftsmittel einer sogenannten Assimilation unter Beibehaltung einer sogenannten mosaischen Konfession. So aussichtslos auch von vornherein infolge ihres inneren Widerspruchs die Lehre ist, ihre Schädlichkeit darf keineswegs unterschätzt werden. Sie hat innerhalb der westlichen Judenheit eine Zerrissenheit des Charakters gezeigt, die noch schlimmer ist, als die Exzesse weltbürgerlicher Phantasie und mammonistischer Berechnung. Sie hat hervorragende Geister um die positive Volksindividualität, der sie zustreben, betrogen; sie hat ehrliche Menschen zn lebenslänglicher Maskerade gepreßt und sie dadurch moralisch zersetzt; sie hat niedrige Elemente zu einem Wettrennen um den Preis der höchsten Assimilation, das heißt des größten Affentalentes, aufgestachelt. Dieses widerliche Schauspiel teilt sich dann mit dem nebelhaften Weltbürgertum und dem

dreisten Mammonsgötzendienst in die Schuld des riesigen An-
wachsens des Antisemitismus.

So sehen wir denn, wie auch im zivilisierten Judentum,
das vielen naiven Seelen als so eine Art Rettung aus der Starrheit
des Ghetto erscheint, kulturelle Kräfte gebunden oder gar in
kulturzerstörende Kräfte umgesetzt werden. Wir sehen den alten,
fast hätte ich gesagt altehrwürdigen, Judenhaß zum Antisemitismus
werden, zu einer durchaus antizivilisatorischen und antikulturellen
Strömung. Denn das ist er. Er führt die Völker bezüglich der
wichtigsten Fragen des Menschengeschlechtes irre, er fälscht die
nationalen, politischen, sozialen und religiösen Bewegungen und
kommt nicht einmal seinem speziellen Lebenszweck, der Lösung
der Judenfrage, um einen Schritt näher. Er weiß kein Mittel,
um die Juden aus dem europäischen Völkerleben zu eliminieren
und wüßte er es, für die Völker wäre damit im Grunde nicht
allzuviel erreicht. Für sie ist die Judenfrage am Ende doch nur
ein — wenn auch mitunter recht störendes — Detail. Hauptsache, Daseinsfrage ist die Judenfrage ja nur für die eigentlich
und unmittelbar Betroffenen, für uns selbst, für uns, welchen sie
eben an Leib und Seele geht — im Osten und im Westen. W i r
müssen denn auch an ihre Lösung denken. U n s e r e Sorge muß
es sein, die östlichen Juden dem Fortschritte zurückzugeben,
den westlichen ihr totes Europatum zu beseelen. Das ist aber
nur auf zionistischem Wege möglich, durch die Wiedererhebung
der jüdischen Nation zu einem Staatsvolke.

Man hört sehr oft mit großem Gelehrten - Applomb behaupten, daß der Zionismus nur durch den Antisemitismus als
Rückschlag gegen denselben hervorgerufen sei.

Nun ist ja nicht zu leugnen, daß das Anwachsen der zionistischen Bewegung zusammenfällt mit dem Anwachsen des
Antisemitismus, und der Schluß liegt nahe, daß der Zionismus
nur von der Gnade desselben lebe. Und doch wäre das ein
arger Fehlschluß. Man muß sich nämlich nur daran erinnern,
daß j è d e Bewegung Ursachen u n d Anlässe hat, mittelst der
ersteren ihre Pionniere, mittelst der letzteren ihre Truppen heran-
ziehend.

Der Zionismus aber kann stolz von sich behaupten, daß
alle, die an seiner Spitze standen und stehen, entweder bereits

längst über die antisemitischen Anlässe hinausgewachsen oder von allem Anfange an von der Anomalie der jüdischen Volksexistenz ausgegangen, das heißt von der Sehnsucht nach einem normal fortschreitenden, nationalen Kulturleben erfüllt sind. Insoferne sind sie die Nachfolger einer großen Reihe von Männern vergangener Jahrhunderte, die dieselbe Sehnsucht hatten. Nur, daß sie unter glücklicheren Sternen geboren sind als ihre Vorgänger, nicht etwa weil ihnen der Antisemitismus zu Hilfe kommt, sondern weil sie ein durch die europäische Zivilisation für ihre Zwecke reif gemachtes Volk zur Verfügung haben, was jene nicht hatten.

Solange nämlich die aufsteigende Zivilisationsbewegung aus dem Ghetto ins Lager Europas blos eine sehr geringe war, konnte eine zionistische Strömung keine Aussicht auf Gelingen haben. Denn es fehlte ihr ein Volk, das stark w o l l e n konnte. Das lernt man im Ghetto nicht. Dieses kennt blos das Sehnen. Erst als durch den Massenaufstieg zum Europäismus im Westen, wie im Osten eine Generation erstand, die von der abendländischen Zivilisation mit ihren großen, tatkräftigen Nationen das Wollen erlernt hatte, war die Bahn für den Zionismus geebnet. Jetzt gab es keinen anderen Weg mehr. Es war nur mehr eine Frage der Zeit, wann der Zionismus sich durchsetzen und die kurzlebig zur Welt gekommene Assimilationsverirrung niederringen mußte. Zugleich war hiedurch die Zukunftsentwicklung des jüdischen Volkes untrennbar mit der europäischen Zivilisation verknüpft. In ihr war ja die Tochter Israels erst mannbar geworden, in ihr erst dem Bräutigam entgegengereift. Der Bräutigam aber, der künftige Gatte, der sie zu einem neuen, fruchtbaren, lebengebärenden Leben erwecken soll, ist das eigene Land.

Der Mangel des eigenen Landes ist es, der die Anomalie der bisherigen Volksexistenz der Juden verschuldet hat. Ohne eigenes Land ist der Europäismus der westlichen Juden unfruchtbar, ohne eigenes Land ist die nationale Kultur der östlichen Juden im Stillstand verblieben. Das eigene Land her, und aus den Juden des Ostens wird ein fortschrittliches Kulturelement, aus den Juden des Westens werden national - charakteristische Europäer, aus beiden ein einheitliches Volk mit abendländischer Zivilisation und innerlich fortschreitender nationaler Kultur.

Beginnen wir den Nachweis dieser Behauptung mit den Juden des Ostens!

Weshalb ist ihre Eigenkultur keine fortschreitende?

Zunächst deshalb, weil ihnen eine wirtschaftliche Stütze fehlt, die anderen Nationalkulturen nicht versagt ist. Sie besitzen keine nationale Wirtschaft, leben vielmehr innerhalb einer fremden Nationalwirtschaft und nicht auf gleichem Fuße mit deren Angehörigen. Das hat der alte Judenhaß so eingerichtet. Die produktivsten Beschäftigungen sind ihnen ganz verschlossen, die spekulativen zum Teile, nur die verbrecherischen sind ihnen so freigegeben wie jedem anderen. Dieser wirtschaftliche Ausnahmszustand erzeugt auf der einen Seite einen ungeheuren, still ergebenen Pauperismus, auf der anderen einen rücksichtslosen Mammonismus. Die einen, die Verelendeten, haben überhaupt nichts, die anderen, die Geldjäger, soferne sie zu Geld kommen, nichts für die jüdische Kultur, die sie ja gewöhnlich mit der Armut verwerfen. Das muß aber ganz anders werden, sobald ein eigen Land da ist und die dazu gehörige mehr oder weniger politische Organisation. Diese — gleichgiltig, ob eine solche in der gegenwärtigen Form oder irgend eine soziale der Zukunft — hat nämlich eine, ich möchte sogar sagen, die Hauptfunktion, seine Bevölkerung wirtschaftlich zu organisieren. Gibt es eine solche Organisation — und mag sie auch die miserabelste Wirtschaftsordnung darstellen — dann schafft sie auch materielle Mittel zur Unterstützung der nationalen Kultur. Dann können nie so ausgedehnte Volksschichten für die Kultursteuer lahmgelegt, nie ganze Volksklassen für dieselbe verloren werden, wie dies bei den Juden des Ostens der Fall ist.

Aber nicht blos als politische Organisation verbürgt das eigene Land den östlichen Juden die Fortschrittsfähigkeit; auch unmittelbar durch sich selbst tut es das. Es gibt nämlich noch einen zweiten Grund für das Stehengebliebensein der ostjüdischen Eigenkultur. Ein fester Bau, wie sie ist, muß sie irgend eine Basis haben, worauf sie ruht. Diese Basis ist das Gesetz, also etwas Geistiges. Nur Geistiges aber vermag den Geist zu binden. Soll ein Fortschritt möglich sein, so darf ein Gesetz nicht blos Unterlage der Kultur sein, sondern muß mehr, weit mehr sein,

muß sich nämlich mit und innerhalb der gesamten geistigen Entwicklung des Volkes fortbewegen. Die Unterlage aber für diese
kann nur der irdische Heimatsboden sein. Denn er hat nicht die
Macht die Volksseele zu fassen und zu fesseln. Er erfüllt sie blos —
namentlich durch Vermittlung des Bauernstandes, der die nächsten
und innigsten Beziehungen zu ihm unterhält — mit seinem Geruche.

Dieses Erdgeruches, der die Volkskultur auf allen ihren
Wegen, auf ihrem Wachstum in die Tiefe und Breite begleitet,
bedürfen nicht blos die Juden des Ostens, um ihre Ghetto-Kultur
in eine nationale Fortschritts-Kultur zu verwandeln. Auch die
Juden des Westens haben ihn und nur ihn nötig, um ihr abstraktes
Europäertum zu überwinden. Bei ihnen geht der Gesundungs-
prozeß anders vor sich als bei ihren östlichen Brüdern. Während
diese durch die zionistische Lösung direkt gesunden würden, bei
ihnen also der Vorgang sich in einem Akte abspielen würde,
brauchen jene zwei Akte. Den einen haben sie schon längst hinter
sich. Er bestand in der Tötung ihrer jüdischen Ghetto-Kultur
durch Europäismus. So sind sie den Stillstand, die permanent
erklärte Vergangenheit los geworden. Sie leben die Gegenwart
mit, aber es ist nicht ihr Leben, das sie leben. Und darum muß
der zweite Akt kommen, der ihnen das fremde in eigenes Leben
umtauscht. Darum müssen ihre natürlichen, nationalen Eigenschaften die territoriale Unterlage erhalten, die ihnen ein kultu-
relles Gepräge zugleich mit kultureller Fortschrittsfähigkeit ver-
leihen sollen.

Ist das geschehen, dann liegt nichts mehr zwischen den beiden
erlösten Elementen des jüdischen Volkes. Oder vielleicht doch?
Sollte das nicht stören, daß die einen in europäischer Zivilisation
leben, die anderen nicht? Nein, denn schon in der Frage liegt
der Fehler. Man darf nicht vergessen, daß hier nicht von denjenigen die Rede ist, die in ihren Golus-Vaterländern zurückbleiben, — die Wirkung der fernen neuen Heimat auf diese wird
noch berührt werden — sondern von jenen, die in dem e i n e n
Lande, das sie zu ihrer gemeinsamen Volksheimat bestimmten,
zusammengekommen sind, um zusammen zu leben. Da ist aber
gar nichts anderes möglich, als daß die höhere Zivilisationsstufe,
das heißt in der Hauptsache die höhere Wirtschaftsstufe über

die tiefere siegt. Daran kann kein Zweifel sein. Und ist das sicher, dann ist eine Ausgleichung der Lebensgewohnheiten — als das einzige, um was es sich handeln kann — nur eine Frage verhältnismäßig kurzer Zeit. Die einheitliche jüdische Nation mit fortschreitender nationaler Kultur und europäischer Zivilisation ist gegeben durch das Land.

Doch man glaube nicht, daß der Kulturgewinn einer etwaigen jüdischen Landnahme blos auf jüdischer Seite läge. Wir wollen gewiß keine Kulturmissionäre mehr sein, aber es darf uns freuen und sollte von anderen nicht unvermerkt bleiben, daß mit der von uns erstrebten Erlösung unseres Volkes ein allgemeiner Kulturnutzen verbunden wäre, und zwar ein doppelter. Zunächst bedeutet die Wiederherstellung eines jüdischen Kulturzentrums die allmälige, aber gewisse Lösung der jedenfalls kulturwidrigen Judenfrage auch für die Völker. Sie ist nämlich gelöst, sobald diese ihre besonderen gesetzlichen oder gesellschaftlichen Maßregeln gegen die Juden entbehren zu können glauben. Das kann jedoch — der Hauptsache nach und von politischen Eintagskonstellationen abgesehen — nur dann eintreten, wenn die Juden nirgends mehr durch Zahl oder monopolisierte Berufe auffallen und wenn sie auf völkerrechtliche Achtung Anspruch machen dürfen. Beide Voraussetzungen aber werden erst durch die jüdische Heimstätte möglich. Je mehr dieselbe erstarkt, je größer und berufsmannigfacher ihr jüdischer Zufluß aus allen Lädern wird, desto unzweifelhafter und würdiger wird die nationale, soziale und kulturelle Stellung der Exilsjuden werden und auch den Juden erscheinen.

Weit über diesen indirekten Gewinn geht jedoch der direkte Nutzen, den die Menschheit aus der völkerrechtlichen Rehabilitierung des jüdischen Volkes ziehen wird. Durch dieses geschichtliche Ereignis wird die europäische Zivilisationskarte um eine neue Kulturfarbe bereichert, wird dem konkreten, dem lebenden Europäismus ein neues Volk zugeführt werden — ein neues und doch altes, erprobtes Volk. Es ist das ein Volk, das zu den nationalen Bestandteilen der allgemeinen abendländischen Zivilisation so vieles beigetragen hat und das kraft seiner Anlagen und seiner eigentümlichen Entwicklung noch befähigt scheint, an einem gewaltigen Zivilisationswerk wesentlichen Anteil zu nehmen. Das Europäertum ist nämlich weniger deswegen, was es gerade heute ist, zu schätzen, als wegen der großen Möglichkeiten, die ihn im ruhen, wegen der Früchte, die sich aus Keimen entwickeln müssen. Wenn einmal seine großartige Wirtschaftsmaschine nicht weniger von sozial-ethischen als von politisch-ästhetischen Kulturelementen durchseelt sein wird, oder richtiger, wenn einstmals diese beiden Elemente eine unlösliche Verbindung eingegangen sein werden, dann wird der so veredelte Europäismus der höchste Segen der Menschheit geworden sein. Wer aber sollte fähiger sein, diese Zivilisationsstufe der Zukunft allen Völkern voran zu erklimmen, als jenes Volk, das durch den Lauf seiner Geschicke zu dieser Fähigkeit geradezu gezüchtet wurde — als Israel, das sich in vier Jahrtausenden ein unerreichtes Gefühl für soziale Gerechtigkeit und von der modernen europäischen Zivilisation, dieser rasch und gründlich unterrichtenden Lehrmeisterin, den Sinn für staatliche Macht und Schönheit des Lebens erworben hat. Mit dieser glücklichen Mischung seiner Seelenerrungenschaften hat es wahrlich nicht nötig, ein heimloses, zigeunerndes Dasein zu führen — sich selbst zur Last und niemandem zur Freude.

Ja, kann man denn aber willkürlich in die Geschichte eingreifen? wendet geängstigte Gelehrsamkeit ein. Wilkürlich? Spielt sich denn Geschichte, für unsere Augen wahrnehmbar, je anders ab, als daß Menschen sich Ziele setzen, verfolgen, erreichen oder nicht erreichen? Und gibt oder gab es denn je ein anderes Mittel, um sich der Geschichtsgemäßheit einer ergriffenen Maßregel zu versichern, als eine Prüfung ihrer geschichtlichen Folgerichtigkeit? Hat diese Prüfung ein zufriedenstellendes Ergebnis, so kann man wohl hoffen, mit seinen Impulsen und Wünschen auf der richtigen Fährte zu sein. Solch indirekter Beweis ist bei politischen Bewegungen berechtigt und einzig möglich. Direkte Beweise pro futuro sind einfach ausgeschlossen. Das wäre geschichtliche Kartenaufschlägerei. Die betreiben wir nicht. Dagegen hat die zionistische, wie jede große Bewegung, etwas Prophetisches an sich. Man muß nur Organe haben, es zu merken.

Doch sind wir noch keineswegs am Ende unserer Beweisführung angelangt. Denn was bisher über die geschichtliche

Folgerichtigkeit des Zionismus gesagt wurde, bezog sich blos auf die Notwendigkeit einer Landnahme. Die Juden brauchen ein Land, sie müssen es nach dem Gange ihrer Entwicklung haben und werden es zweifelsohne besitzen. Das war das Ergebnis. An dieses kann nun jeder, der nicht justament eine Schwarz-auf-Weiss-Bürgschaft verlangt, den sicheren Glauben knüpfen, daß sich schon irgend ein passendes Erdenwinkelchen werde finden lassen. Der Zionismus geht aber weiter. Er verlangt gerade Palästina. Darum müssen wir auch noch diese Forderung, namentlich nach der kulturgeschtlichen Seite hin, begründen.

Man kann dieselbe natürlich vom Standpunkte reinsten Gefühles erheben und es besteht kein Zweifel, daß sich ein großer Teil der Zionisten hiebei wirklich nur von Gefühlen leiten läßt. Es wäre nun lächerlich, blos deshalb, weil man vielleicht selbst reiner Verstandesmensch ist oder nach anderen Richtungen gehende Gefühle hat, die romantischen und Pietätsgefühle anderer zu verhöhnen. Allerdings aber müssen Gefühle, die in den Dienst der Gesamtheit gestellt werden sollen, zuvor auf ihre Nützlichkeit für diese geprüft werden. Und so könnten die Vorkämpfer eines jüdischen Gemeinwesens mit Recht gegen Palästina sein, wenn sich trotz der für dieses Land im jüdischen Volke, vielleicht sogar in ihnen selbst vorhandenen Gefühle mit denselben schlechterdings nichts anfangen ließe. Nun lässt sich aber mit diesen Gefühlen sehr vieles anfangen. Denn das Land, das die Juden haben müssen, braucht wohl nicht unbedingt eine besondere Anziehungskraft zu besitzen, — die Aussicht, sich Not in Behaglichkeit zu wandeln, macht dem Auswanderer am Ende jedes Land recht — aber es muß unbedingt über eine andere Kraft verfügen, eine Festhaltungskraft. Das Land muß die jüdischen Zuzügler so lange festhalten können, bis der lange Prozeß seiner Umwandlung aus einem unstät wandernden Handelsvolke in ein seßhaftes Volk aller Berufe, besonders aber auch des Ackerbaues, das heißt aus einer kulturlosen in eine Kulturnation zu Ende gekommen ist.

Und diese Kraft hat eben nur Palästina, durch die Gefühle, die es der Masse des jüdischen Volkes einflößt. Diese Gefühle sind die einzigen erfolgversprechenden, durch verschiedene

Kolonisationsversuche schon erprobten Werkzeuge, um die Ketten
des Golus und des Ghetto, die sich Israel in die Freiheit nach-
schleppen und es zurückzuzerren versuchen werden, zu zerreißen.
Oder, um die Sache durch ein allerdings sehr modernisiertes
und modifiziertes biblisches Bild noch deutlicher zu machen —
die Zionsgefühle allein können verhüten, daß sich die Neuan-
gesiedelten aus den Herbheiten junger Freiheit und Kultur zurück-
sehnen nach den öfter leeren als vollen Fleischtöpfen der Golus-
länder und daß sie diesem Sehnen nachgeben.

Diese Garantieleistung Palästinas ist ein so großer Vorzug,
daß es schon durch ihn allein zum einzig in Betracht kommenden
Lande wird.

Aber es spricht noch etwas für Palästina. Auch bezüglich
seiner läuft, wie beim Zionismus überhaupt, neben dem Nutzen
für die Juden selbst ein solcher für die Menschheit. Auch hier
sei es nochmals betont: Wir wollen keine Kultur- oder Zivi-
lisationmissionäre sein, nirgends, weder im Westen, noch im
Osten. Aber es darf uns doppelt freuen, daß wir gerade durch
die Wahl Palästinas wieder Gelegenheit erhalten, an einem
Menschheitswerke, und wieder in hervorragendster Weise, mitzuarbeiten. Ein jüdisches Staatsvolk, das sich in Palästina etabliert,
wird nämlich nicht blos im Inneren der Mittler zwischen den
sozial-ethischen und den politisch-ästhetischen Elementen des
Europäismus, sondern auch nach außen der langgesuchte Mittler
zwischen Morgen- und Abendland sein. Denn wenn irgend ein
Volk dazu befähigt ist, so das jüdische, mit seiner anererbten
orientalischen Eigenart und seiner europäischen Erziehung; und
wenn irgend ein Land geeignet ist, diesem Mittlertum einen territoriellen Stützpunkt zu bieten, so Palästina mit seiner Europa-
nähe, seiner Lage am Suezkanal und als unausweichliche Station
für den Eisenbahnweg nach Indien.

Man sieht: Die Wahl Palästinas — weit entfernt, eine Willkürlichkeit zu sein — verstärkt ganz im Gegenteil die Bürgschaft
dafür, daß eine Landnahme durch Israel geschichtsgemäß ist.

Dennoch werden Einwände auch speziell gegen Palästina
gemacht. Entspechend dem konkreteren Gegenstand des Angriffes
wird hier aus der geschichtsphilosophischen Willkürlichkeit die
praktische Unmöglichkeit.   6

Unmöglich! Das ist ein recht gefährliches Wort, mit dem sich im Grunde jedes neue Unternehmen, jede neue politische Aktion lahmlegen läßt. Dieses Wort ist der Tod jeder Tat, wenn man es über die Grenzen des notorisch Naturunmöglichen oder Geschichtsunmöglichen zu einem unbestimmten Schreckbegriff werden läßt. Wenn sich die Zionisten etwa vornehmen würden, ein jüdisches Gemeinwesen im Monde oder auch nur am Nordpol zu errichten — das wäre unmöglich. Oder, um nicht so weit zu schweifen, wenn sie es blos in China oder mit der Hauptstadt Berlin, Paris, London oder Rom gründen wollten, auch das wäre unmöglich, und zwar aus geschichtlichen Gründen. Denn es ist einfach ausgeschlossen, daß eine neue, noch schwache Kultur eine alte, noch starke Kultur aus ihren dichtbevölkerten Städten verdränge. Dagegen ist es sehr wohl möglich, daß in ein schwach-bevölkertes Land, in dem eine alte, aber verfallende Kultur wohnt, eine junge aufstrebende und deshalb stärkere einzieht.

Ist das einmal festgestellt, dann kann nicht mehr von Un-möglichkeiten, höchstens von Schwierigkeiten und Hindernissen gesprochen werden. Vor solchen aber weicht nicht zurück, wer kühn und geduldig ist.

Von diesem Gesichtspunkte aus ist gegenüber solchen bloßen Schwierigkeiten meine Begründungsaufgabe erledigt. Schon über dieselbe geht es also hinaus, wenn ich so kurz als möglich auf die hauptsächlichsten Schwierigkeiten eingehe.

Dahin gehört zum Beispiel das Bedenken, daß wir die Kon-kurrenz mit kulturälteren und kulturstärkeren Anwärtern auf Palästina nicht bestehen könnten. Die Sache ist so schlimm nicht. Wäre sie es, so wären in den letzten Jahrzehnten nicht die vielen kleinen Nationalstaaten entstanden. Die gegenseitige Eifersucht der Mächte auf der einen Seite, auf der andern Seite die Tatsache, daß trotz aller materialistischen Theorien auch idealistische Motive bei Gründung neuer Staaten sich geltend machen, sind geeignete Momente, um derlei Befürchtungen zu zerstreuen. Andere, nicht zu unterschätzende Schwierigkeiten sind, daß die Juden gegenwärtig einen so geringen Prozentsatz der palästinischen Bevölkerung bilden oder daß sie in Europa nicht so beliebt sind, wie etwa am Anfange dieses Jahrhunderts die

Griechen, waren, aber diese Nachteile werden wieder von besonderen Vorteilen aufgewogen, so von der hervorragenden Intelligenz des jüdischen Volkes, seiner sprichwörtlichen Hartnäckigkeit und Zähigkeit, endlich von der zu erwartenden Hilfe der ehrlichen und gemäßigten Antisemiten. Neben diesen wird es übrigens auch direkt Philozionisten geben — darum, weil der Zionismus vielen Zivilisationshoffnungen europäischer Menschenkategorien Erfüllungen verspricht. Man hört oft auch Bedenken wegen des heiligen Grabes. Durch eine Exterritorialisieruug der christlichen heiligen Stätten kann ja allen diesbezüglichen Verwicklungen ein Riegel vorgeschoben werden.

Doch genug! Ich habe die Empfindung, als hätte ich mich schon viel zu viel in diese nicht mehr zur Begründung des Zionismus gehörenden Details eingelassen. Wir sehen die Schwierigkeiten ganz gut, die wir auf jedem Schritte zu überwinden haben werden. Wir haben ja auch den Kongreß einberufen in dem Bewußtsein, daß wir erst am Anfange eines Feldzuges stehen, in dessen wechselvollem Verlaufe wir noch mancher uneinnehmbar scheinenden Position begegnen, noch manche Niederlage erleiden werden, zugleich aber mit dem Vorsatze, uns durch teilweise Enttäuschungen und vorübergehende Mißerfolge nicht abschrecken zu lassen und in der innigen Überzeugung, daß uns der endgiltige Sieg sicher ist. Tun wir nur unsere Pflicht, formulieren wir unser Wollen, erheben wir unsere Forderungen, appellieren wir an das Interesse und den Idealismus unserer europäischen Mitmenschen, alles andere wird sich finden — unser Zion wird wieder erstehen, dem gepeinigten und gedemütigten Israel die Stätte der Erlösung und Aufrichtung, der veredeltesten europäischen Gesittung ein neues, fruchtbares Heim.

˙ssenschaft

und Zionismus

Vortrag, gehalten bei der Gründungs-
feier der „Jüdisch-nationalen Vereinigung" in Wien, am 27. November 1897.

Die Wissenschaft wird allgemein als die Durchforschung und Erklärung des vorliegenden natürlichen Tatsachenmaterials aufgefaßt. Mit Zukunftsdingen kann sie also schon ihrem Begriffe nach nichts zu tun haben.

Ist diese Auffassung richtig, dieses Zukunftsverbot berechtigt?

Betrachten wir z. B. die Astronomie! Sie beschreibt uns die Weltkörper und erzählt uns deren Entstehungsgeschichte. Aber erzählt sie uns nicht auch von der Zukunft der Gestirne? Und bürgt sie uns etwa für diese ihre Erzählungen in geringerem Maße als für ihre Erklärung der verflossenen Weltvorgänge? Keineswegs! Ihre Hypothesen sind von einer einheitlichen Logik, ebenso giltig oder ungiltig nach rückwärts als nach vorwärts. Entweder die Weltkörper haben sich auf eine bestimmte Weise zu bilden angefangen, dann werden sie sich auf eine bestimmte Weise verändern, oder der Anfang war ein anderer, dann wird auch die zukünftige Fortsetzung wieder eine andere sein. Aber nicht blos in Hypothesen, auch in sicheren Dingen arbeitet die Astronomie für die Zukunft. Sowie sie bis auf die Sekunde genau weiß, wann v o r zwei- und wann v o r zehntausend Jahren Sonnenfinsternisse gewesen sind, ebenso genau weiß sie, wann n a c h zwei- und nach zehntausend Jahren Sonnenfinsternisse sein werden. Ein für uns noch lehrreicheres Beispiel als die Astronomie ist die Meteorologie. Denn ihre Wissenschaft in die Zukunft zeigt bereits die Tendenz, menschlichen Gesellschaftsinteressen zu dienen. Ihre Wetterprognosen werden immer zuverlässiger und erst jüngst las man in der Zeitung, wie in Amerika diese Voraussagungen durch Plakate auf den Eisenbahnzügen in die entlegensten Gegenden gebracht werden und dort Feldschäden verhüten. Doch warum blos in den Weltraum und in die Lüfte schweifen? Bleiben wir bei unserer eigenen

Leiblichkeit! Forscht nicht auch die Medizin in die Zukunft hinein? Weissagt sie nicht? Und was sind ihre Prognosen anderes als wissenschaftliche Fesstellung zukünftiger Ereignisse?

So stellen sich uns eine ganze Schar von Beweisen zur Verfügung — von Beweisen dafür, daß sich die Wissenschaft, auf die Vergangenheit gestützt, auch mit der Zukunft beschäftigen darf. Wohl wird man nun einwenden, daß die bisher auschließlich zitierten Naturwissenschaften nichts für die Gesellschaftswissenschaften beweisen. Dort, wo es sich um organische oder kosmische Individuen handle, die trotz aller Kompliziertheit ihres Wesens ein einheitlich geschlossenes Beobachtungsobjekt bilden, da könne man noch allenfalls eine Wissenschaft in die Zukunft zugeben; dagegen dürfe davon bei den Wissenschaften, die die menschliche Gesellschaft mit ihren Millionen auseinanderstrebenden Individuen zum Gegenstande haben, durchaus nicht die Rede sein.

Nun werden aber tatsächlich gewisse Gebiete des menschlichen Gesellschaftslebens schon seit den ältesten Zeiten zukunftswissenschaftlich behandelt. Es sind dies die Kriegsführung und die Rechtspflege. Die Feldherrnkunst besteht ja in nichts anderem, als in der Prognose der bevorstehenden Kriege und Schlachten auf Grund der Vergangenheits-Erfahrungen und der Diagnosen über die kriegerischen Fähigkeiten der betreffenden Heere? Und was die Jurisprudenz betrifft, so haben wir in dem Erlassen privat- und tarifrechtlicher Gesetze eine der ältesten Erscheinungen von Anwendungen der Wissenschaft auf die Zukunft· Neue Gesetze, wird man mir vielleicht einwenden, entsprängen nicht juristischer Erfindung, sondern geändertem Rechtsbewußtsein. Was ist aber geändertes Rechtsbewußtsein anderes, als eine vergangene oder gegenwärtige Tatsache, die, von den Juristen oder Politikern er- oder auch verkannt, in die Zukunft verfolgt wird?

Uebrigens, es hätte dieses Hinweises auf Kriegs- und Rechtswissenschaft gar nicht bedurft. Es leuchtet von selbst ein, daß es eine Gesellschaftswissenschaft in die Zukunft gebe. Denn wenn es möglich war, aus der Vergangenheit der menschlichen Gesellschaft wissenschaftliche Gesetze abzuleiten, so ist dadurch dargetan, daß alle die Millionen Menschen, die schon gewesen sind, gleichartig genug waren, um in ihrer Gesamtheit gewissen Gesetzen zu folgen·

Dann können sie aber auch nicht aufhören, nach diesen Ge-
samtheitsgesetzen zu existieren und es muß möglich sein, deren
Wirkungen in die Zukunft vorauszubestimmen.

Und doch erhebt sich gerade gegen die Absicht, politische
Unternehmungen und Bewegungen aus der politischen Wissenschaft oder überhaupt wissenschaftlich zu begründen, der größte
Widerspruch. Gerade politische Unternehmungen und Bewegungen
seien, heißt es, durchaus auf die Zukunft gerichtet. Als Ausdrücke
vernünftiger oder verirrter Volkswünsche müsse man sie ganz
ihrem eigenen Schwergewichte überlassen. Die Wissenschaft habe
erst dann mit ihnen zu tun, wenn schon Ergebnisse vorhanden
seien. In der Tat hätten sich´ auch die Menschen bisher ganz gut
ohne wissenschaftliche Politik beholfen.

Um diesem letzteren Hinweis energisch begegnen zu können,
müssen wir etwas weit ausholen. Es wird notwendig sein, daß
wir uns zunächst mit dem Wesen wissenschaftlicher Forschung
und dann mit der Naturgeschichte politischer Persönlichkeiten
befassen.

Der bedeutende Wissenschaftler ist immer ein Künstler. Wie
der Maler sein vollendetes Bild sieht, noch bevor er mit dem
Pinsel über die Leinwand gestrichen hat, ebenso schaut der
Wissenschaftskünstler den Zusammenhang der Dinge, noch bevor
er forschend zu ihm durchgedrungen ist. Damit ist aber die
Analogie nicht erschöpft. Sie erstreckt sich auch auf die Wegarbeit zur Erreichung der geschauten Ziele. Bei dem einen wie dem
anderen setzt sich diese aus zwei in gleicher Weise verschiedenen
Tätigkeiten zusammen, einer wegbestimmenden, richtunggebenden
und einer schrittweise wegbahnenden : Künstlerische Komposition
und künstlerische Technik einerseits, wissenschaftliche Richtung
und wissenschaftliche Methode andererseits. Während die Technik
und Methode in keinem Zusammenhange mit dem Ziele stehen,
völlig unabhängig von ihm sind, sind Komposition und Richtung
Geist vom Geiste des Zieles, sind Ketten, deren Schlußglied das
Ziel ist. Daraus folgt, daß es sowohl für den Künstler als für
den Wissenschaftskünstler immer nur e i n e n Weg gibt, den der
eine und der andere gehen kann. Dieser e i n e Weg aber ist es,
in dessen Beschaffenheit plötzlich ein starker Gegensatz zwischen
ihnen zu Tage tritt.

Hinsichtlich des Künstlers scheint nämlich die Behauptung, daß er nur e i n e n Weg habe, auf den ersten Blick den Tatsachen zu widersprechen. Gibt es ja tausende verschiedene und gute bildnerische und dichterische Darstellungen eines und desselben Themas, z. B. von Lenz und Liebe. Die Lösung des Widerspruches liegt darin, daß es nur immer scheinbar das gleiche Thema ist. Der Künstler hat nie objektive, immer subjektive Ziele. Ein Maler, der die Liebe darstellt, stellt sie nicht dar, wie sie an sich ist, sondern wie er sie sieht, so wie sie ihn künstlerisch packt. Zu diesem ganz einzigen Ziele, kann nur e r den Darstellungsweg wissen. Und nur e i n e n Darstellungsweg kann er wissen — wenigstens so lange er er ist und nicht ein- oder mehrmals ein anderer wird im Laufe seines Schaffens.

In dieser Subjektivität des künstlerischen Zieles und Darstellungsweges liegt der entscheidende Unterschied zwischen Kunst und Wissenschaft. In der Wissenschaft nehmen Ziel und Weg nie eine persönliche Färbung an. Sie werden einzig und allein durch die unerbittliche Auf- und Auseinanderfolge der Tatsachen der Außenwelt bestimmt. Auch wenn es z. B. ein anderer als Darwin gewesen wäre, der über die Entstehung der Arten neues Licht verbreitet hätte, so hätte er auch nicht andere Wege einschlagen können als dieser, er hätte z. B. ebenfalls das Gesetz der Zuchtwahl passieren müssen.

Aus der Objektivität des wissenschaftlichen Zieles und Weges folgt nun aber, daß die Wissenschaft — was schon durch die Einschränkung der Parallele auf die bedeutenden Wissenschaftler, die Wissenschaftskünstler, angedeutet wurde — nicht unbedingt und nicht auf der ganzen Linie und nicht von allen an ihr Arbeitenden künstlerisch betrieben werden muß. Allerdings das Ziel selbst, namentlich das Endziel, wird selten ohne vorhergegangenes Ahnen erreicht werden. Umso öfter aber wird der Weg durch systematisches Denken, durch Schlüsse vom Erfahrungsstandpunkte und Rückschlüsse vom Zielstandpunkte aus bestimmt. Solche Wegbestimmung tritt dann ein, wenn die Ahnung des Wissenschaftskünstlers zwar stark genug ist, um den Endpunkt einer Wissensreihe auszunehmen, nicht aber stark genug, um die Reihe selbst bis zu diesem Punkte zu umfassen. Ist jedoch die Ahnungskraft auch hiefür ausreichend, dann wird auch der Weg intuitiv bestimmt und das systematische Denken dient allenfalls als Rechnungsprobe.

Alle diese Betrachtungen vorausgeschickt, wollen wir uns nun über die Natur der die politischen Bewegungen einleitenden und leitenden Persönlichkeiten klar werden.

Jeder politischen Bewegung liegt der Wunsch nach irgend einer mehr oder weniger bestimmten Neuerung zu Grunde. Dieser Wunsch kann natürlich ein irregeleiteter sein und ist dies offenbar dann, wenn er, aus leidenschaftlichem Empfinden geboren, sich unmittelbar in einen rein gedanklichen Schluß umsetzt. Dies wird z. B. der Fall sein bei denjenigen Sozialisten, die nur deshalb das Gemeineigentum erstreben, weil es das Gegenteil des von ihnen gehaßten Privateigentums ist. Aber auch von dieser oberflächlich rationalistischen Wunschbildung abgesehen, die weniger Schaden anrichten kann, weil sie sich zumeist nur bei den Parteisoldaten findet, gibt es noch eine zweite, gefährlichere Art irregehender politischer Wünsche. Es wird nämlich das politische Ziel namentlich dann ein konstruiertes und erkünsteltes sein, wenn der staatsmännische Blick derer, die es setzen, kein scharfer ist. Der staatsmänische Blick, das ist die Intuition — dieselbe Kraft, die wir schon bei den Künstlern und Wissenschaftskünstlern kennen gelernt haben. Jeder wirkliche Politiker gehört auch zu den einen oder zu den anderen. Entweder es ist das objektive Zukunftsziel oder sein subjektives Phantasieziel, dem er zustrebt. Im letzteren Falle kann der Politiker, soferne sich seine Einbildungskraft nicht zufällig mit der Zukunftswirklichkeit deckt, die Menge auf Irrwege führen. So war es möglich, daß irgend eine Chimäre jahrhundertelang politisches Ziel war, dem sich die besten Köpfe zur Verfügung stellten und für das sie die Menge haranguierten. Ich erinnere an die Kreuzzüge. Aber auch wenn die Identität des Phantasiegebildes mit der zukünftigen Wirklichkeit vorliegt, bleibt der rein künstlerische Politiker noch immer ein Mann, der seiner Sache gefährlich zu werden vermag. Denn augenscheinlich ist das politische Ziel nicht dem Kunst-, sondern dem Wissenschaftsziele analog. Es ist objektive, von der Persönlichkeit unabhängige Notwendigkeit, zu der es nur e i n e n notwendigen Weg gibt. Diesen e i n e n, im objektiven Sinne e i n e n Weg zu bestimmen, ist dem künstlerischen Politiker nicht gegeben. Sowie er das fertig bringt, ist er eben kein reiner Künstler mehr, sondern schon Wissenschaftskünstler, und zwar einer von jenen bereits erwähnten mächtigen Geistern, welche objektive Entwicklungsreihen intuitiv zu erfassen imstande sind.

Doch auch ein politischer Wissenschaftskünstler mit einer dermaßen gesteigerten Ahnungskraft darf sich auf diese allein noch immer nicht verlassen; erst der Erfolg giebt ihm das Recht, an sie zu glauben, und auch dann nur in Bezug auf das bereits Eingetroffene. Jedes neue Ahnungsbild von Ziel und Weg bleibt eine Hypothese, solange nicht die Bestätigung da ist. Auf diese aber bis zum Erfolg oder Mißerfolg zu warten, bedeutet eine bedenkliche Gefährdung des öffentlichen Wohles. Will man sich die Bestätigung früher verschaffen, so muß man eine Überprüfung durch systematisches Denken vornehmen. Ob und inwieweit nun eine solche möglich ist, hängt von dem jeweilig erreichten Stande des menschlichen Wissens ab. Die Möglichkeit war eine geringe in der Vergangenheit, sie wird in der Gegenwart mit dem wachsenden Wissen immer größer und größer. Allerdings gewinnt aus demselben Grunde und in demselben Maße schon die Intuition an Zielsicherheit.

Aus dem Vorausgegangenen folgt von selbst, daß auch in der Politik das Gesetz der Arbeitsteilung Geltung hat. Der wissenschaftskünstlerische Politiker, der uns nach obiger Darstellung als der mächtigste erscheinen mußte, genügt oft nicht nach der intuitiven Seite hin — und zwar dann nicht, wenn er mehr Theoretiker als Programmatiker ist. In solchem Falle muß ein Wissenschaftskünstler, in dem das Programmatische überwiegt, oder noch besser, ein rein künstlerischer Politiker eintreten. Andererseits bleibt auch die systematische Gedankenarbeit der Politik oft eigenen, hiezu berufenen Persönlichkeiten überlassen.

Doch, wie sich auch diese Arbeitsteilung in den einzelnen Fällen gestalten mag, immer muß die Wissenschaft als bedeutendste Bürgschaft für das Gelingen politischer Bewegungen gelten.

Nun haben wir aber bis jetzt einen Teil der politischen Wegarbeit gar nicht berücksichtigt. Es ist jener Teil, den man in der Wissenschaft die Methode, in der Kunst die Technik nennt. In der Politik besteht dieses schrittweise Wegbahnen, das mit dem Ziele selbst innerlich nicht zusammenhängt, aus zwei verwandten, aber doch recht verschiedenen Tätigkeiten, der Taktik und Diplomatik. Die erste dient zur Beseitigung der Massenwiderstände, die zweite zur Überwindang von Hindernissen, die in Persönlichkeiten gelegen sind. Es ist sofort klar, daß zu beiden Betätigungen ein hoher Grad von Intelligenz notwendig ist — eine künstlerische Massen- und Einzelpsychologie, wie sie etwa noch dem Schauspieler eignet. Damit ist aber auch noch nicht gesagt, daß eine Tätigkeit immer eine zweckdienliche ist. Wie bei dem künstlerischen Zielpolitiker ist auch hier die Gefahr vorhanden, daß eine Leistung, die vom subjektiven Standpunkte als Kunstwerk, vielleicht sogar allerersten Ranges, gelten kann, vom objektiven der Politik, eine nichtsnutzige oder unsinnige ist. Und es scheint, als ob gerade auf diesem Gebiete am meisten gesündigt werde! Kein Wunder! Muß man sich schon bei Zielsetzung und Wegbestimmung ohne die Wissenschaft behelfen, um wieviel weniger fragt man darnach bei der Wegbahnung. Wer einigermaßen psychologisches Verständnis zeigt, wird mit tausend Freuden als Helfer begrüßt. Ob seine Leistungen nützlich oder unnützlich sind, darnach fragt man nicht, wenigstens nicht mit der nötigen wissenschaftlichen Gründlichkeit. Es genügt die schöne Geste, möchte ich fast sagen, die elegante Art, die Masse zu betören oder einen Minister herumzukriegen. Der gewandte Politiker! Der feine Diplomat! ruft man dann. Diese Beurteilungsart ist heute, wenn auch vielleicht schon weniger allgemein, so doch noch immer im Schwange. Es sind zwei erbgesessene Irrtümer: Erstens, daß ein größeres oder geringeres Maß von Unaufrichtigkeit zur Taktik und Diplomatik unumgänglich nothwendig ist — und zweitens, daß Taktik und Diplomatik die Politik ausmachen.

Der erste Irrtum ist derselbe, der, zu einem Prinzip gemacht, allen opportunistischen Parteien zugrunde liegt. Indem er von dem Satze ausgeht, man müsse die Menschen nehmen, wie sie sind, übersieht er, daß die Menschen nicht blos s i n d, sondern auch w e r d e n, sich entwickeln, und daß ja die Politik nicht dazu da ist, um das Gewordene zu konservieren, sondern dazu, um das Werden zu begünstigen und zu beschleunigen. Darum ist auch die Taktik, die die Masse in ihren Vorurteilen schont, die sich von der Dummheit der Masse helfen läßt, eine unpolitische und schwächliche. Sie muß vielmehr positiv, entdeckend kommen. Sie muß — und es wird ihr mit Hilfe der Wissenschaft gewiß gelingen — die Fortschrittsansätze in der Massenseele aufstöbern. Hat sie dies aber zustande gebracht, dann kann sie auf alle Manöver verzichten und rein schöpferisch vorgehen. Ähnliches gilt von der Diplomatik. Blinden den Star zu stechen und wenn dies nicht geht, sie in ihrer Herrschaft über die Sehenden bekämpfen, ist besser als ihnen zuliebe mit sehenden Augen Blindekuh spielen. Übrigens darf man sich nicht verhehlen, daß die Diplomatik, sie werde wie sie wolle, von Tag zu Tag zugunsten der Taktik an Boden verliert. Denn in dem Maße, als die Politik immer weniger eine Politik der Regierenden und immer mehr eine solche der die Völker führenden Geister wird, entfällt auch die Notwendigkeit, den Launen und Schrullen diverser großer Herren gerecht zu werden.

Dieser unvermeidliche Niedergang der Diplomatik wird allmählich, wenigstens bezüglich der Diplomaten, den zweiten von den oben bezeichneten Irrtümern beseitigen. Solange einzelne Personen als zufällige Herren die Weltgeschichte zu machen schienen, mußten diejenigen, die diese Herren zu behandeln wußten, in den Ruf kommen, die ersten Politiker zu sein. Je unpersönlicher nun aber die Weltgeschichte erscheint, d. h. je mehr es offenbar oder empfunden wird, daß sie keine Herren hat, sondern dienende Geister, die sie zur Führung der Massen zwingt — desto mehr muß diese Überwertung der Diplomaten schwinden. Nur die Überwertung der Taktiker wird sich bei den Massen, eben wegen der innigen Berührung mit denselben, immer behaupten. Berechtigt ist sie ebensowenig wie die der Diplomaten.

Wenn längst der große Staatsmann die Zukunft und den Weg zu ihr erschaut, wenn längst der wissenschaftskünstlerische Programmatiker der Bewegung eine wissenschaftlich gerechtfertigte Grundrichtung vorgeschrieben hat, wenn längst der politische

Theoretiker die wissenschaftliche Gesetzmäßigkeit einer Bewegung begründet hat, kommen erst die Diplomaten und Taktiker und besorgen die Kleinkunst. Sie mögen dabei subjektiv die größten Künstler sein, in der Politik haben sie nicht das Recht, sich als Politiker kat' exochen auszuspielen. Hier sind sie nur Hilfspolitiker, sowie der Schauspieler als solcher wohl ein selbständiger Künstler, in Bezug auf die Dichtung aber sozusagen ein Hilfsdichter des Dichters ist. Wo käme das Theater hin, das blos mit Schauspielern, ohne daß Dichtungstexte da wären, Komödie spielte, wohin die politische Bühne, auf der die Taktiker und Diplomaten agieren wollten, ohne daß große Politiker Ziele gesetzt hätten? Allerdings kommt es vor, daß diese zielsetzenden Persönlichkeiten sich zugleich auch die politische Wegbahnung besorgen, wie es ja auch Dichter gibt, die auch Schauspieler sind. Es ist selbstverständlich, daß solche ebenso für das Große wie für das Kleine begabte Persönlichkeiten ohne jede eigene Schuld dem gedankenlosen Publikum die Möglichkeit bieten, mehr ihre hilfspolitische als ihre politische Tätigkeit zu bewundern. Doch auch diejenigen, die wirklich nur Hilfspolitiker sind, werden keineswegs oft dafür mitverantwortlich zu machen sein, daß sie von der Masse über die Politiker gestellt werden. Diese Mitschuld tragen nur jene spekulativen Krämerseelen, die, von der traditionellen Unaufrichtigkeit der Taktik und Diplomatik angezogen, in Scharen zur „Politik" strömen, um dort mit ihrer Verbrecherverlogenheit die Geschäfte ihrer eigenen Hab- oder Ehrsucht zu besorgen. S i e sind es, die tausende von Charakteren verpesten, indem sie mit ihrem widerwärtigen Getue den Schlamm, der als Bodensatz auf dem Grunde jeder Menschenseele lagert, aufrühren. Wenn man bedenkt, daß es mitunter auch Löwen sind, die durch sie zu Maulwürfen verdorben werden, d. h. daß sich unter ihren Opfern auch Menschen befinden, die zu etwas Höherem geboren sind, als zu diplomatischen Winkelzügen und taktischen Manövern oder gar zu einfachen politischen Gemeinheiten — dann wächst die Schuld der politischen Schädlinge ins Riesengroße. Daß sie aber derartige Erfolge auch wirklich erringen können, kann nicht bezweifelt werden. Äußere Umstände, wie jugendliche Unerfahrenheit oder Kampf gegen die Ungerechtigkeit der Menschen und Not, kommen ihnen zu Hilfe und führen ihnen die Unglücklichen zu, die dann selten wieder Kraft genug finden, um sich — jedenfalls mit Verlusten an ihrem inneren Werte und der Schönheit ihrer Persönlichkeit — aufzuraffen und aus dem Schwefelpfuhl sogenannter „Politik" zu entweichen.

So ist gerade die politische Wegbahnung, die trotz ihrer Unumgänglichkeit und wegen ihrer Auswüchse den wirtschaftlichen Urquell, aus dem sich die Lebenskraft der politischen Praxis immer und immer wieder erneut, mit Austrocknung bedroht. Und wehe der Bewegung, innerhalb welcher diese Austrocknung gelingt!

Doch ich höre da plötzlich einen ganz neuen und beachtenswerten Einwand. Wissenschaft — gut! Aber nur nicht zu viel Wissenschaft, nicht zu viel Theorie! Sie erstickt das Leben, sie erwürgt die Tat. Wo käme es mit den politischen Bewegungen hin, wenn sie sich von des Gedankens Blässe ankränkeln lassen wollten? Fürwahr! Der Einwand ist nicht blos beachtenswert, er ist bestechend. Und doch ist er auf eine große Täuschung zurückzuführen, auf eine Verwechslung sondergleichen.

Es kommt nämlich darauf an, daß man sich klar darüber werde, was Tat ist. Mit der mechanischen Auslegung des Wortes langt man gewiß nicht aus. Man könnte ja dann nur das als Tat gelten lassen, was durch Körperbewegung hervorgebracht wird. Dann wären z. B. bei einem Bau nur Leistungen der Arbeiter Tat, der Plan des Architekten wäre es nicht. Im Kriege wären nur die Märsche und Kämpfe der Soldaten Tat, der Feldherr aber wäre ein unverbesserlicher Theoretiker. So eng darf man denn doch das Wort „Tat" nicht auffassen. Als „Tat" erscheint vielmehr jede Lebensäußerung, die in der Welt der Tatsachen Wirkungen hervorzurufen gewillt und geeignet ist. Akzeptiert man diese Auffassung, dann sinkt der ganze Gegensatz zwischen Tat und Theorie in sein wohlverdientes Nichts zurück und an seine Stelle tritt der Gegensatz zwischen Tat und ziellos-unfruchtbarem Verhalten. In diesem Sinne kann man die regste körperliche Tätigkeit, den lärmendsten Aufwand aller Kraftmittel entfalten, ohne eine Tat zu tun, und andererseits monatelange nichts als gedacht und gedichtet und doch damit Taten geleistet haben, die

die Jahrhunderte überdauern. Natürlich können ebenso leibliche Kraftaufwände Taten, geistige dagegen ziellos - unfruchtbare Streiche sein.

Wann aber darf man eine bewußte Lebensäußerung zu den einen oder den anderen zählen? Ich glaube, daß es hier einen Unterschied gibt, je nachdem der Gegenstand des Handelns die eigene Person oder eine Gemeinschaft, etwa ein Volk, eine Klasse, eine Partei ist. Im ersten Falle entscheidet das alte salomonische „Alles zu seiner Zeit". Zuerst wird die Sache erwogen, dann wird sie ausgeführt. Das sind dann zwei Taten. Handelt man dagegen vor der Erwägung, dann liegen wohl zwei Lebensäußerungen vor, aber auch nicht e i n e Tat; ebenso wenn man das Handeln mit zaudernden Erwägungen durchlöchert. Bei politischen Unternehmungen ist nun die Sachlage nicht mehr so einfach. Hier kommt ein neues Element hinzu : Die Natur der Masse. Die Persönlichkeiten, die durch ihre Taten ein großes Gemeinschaftsziel herbeiführen, oder richtiger ausgedrückt, Vollstrecker der dahinführenden geschichtlichen Notwendigkeit sein wollen, haben nämlich mit der Masse zu rechnen. In jeder Bewegung muß eine Zeit kommen, in der die Masse in Aktion zu treten hat. Man ist nun geneigt, anzunehmen, daß in diesem Augenblicke die e i n e Reihe der politischen Taten, die der Erwägungen, aufzuhören und die zweite Reihe, die der ausführenden Handlungen, zu beginnen habe, oder mit alten Worten ausgedrückt, daß die Zeit des Rates vorüber und die der Tat gekommen sei. Aber man vergesse nur nicht, daß in der Politik das Erwägen und das Ausführen gewöhnlich Sache getrennter Kompetenzen sind. Auf der einen Seite die mechanisch-tätige Masse und von geistig Arbeitenden die Taktiker und Diplomaten, auf der anderen Seite die künstlerischen und wissenschaftskünstlerischen Zielsetzer. Ist nun die Zeit der Tat wirklich da, dann treten die für die Ausführung Kompetenten sofort in Aktion. Von den „Erwägenden" schließen sich ihnen manche an, teils aus den Reihen der politischen Künstler, teils denen der programmatischen Wissenschaftspolitiker. Niemals aber die politischen Thoretiker. Sie bleiben unbeirrt bei ihren Wissenschaftstaten. Sie setzen sie fort und sollen sie fortsetzen. Es ist lächerlich, zu fürchten, daß sie damit dem Volke in den aufgehobenen Arm fallen könnten. Die Masse ihrer Zeit versteht sie ja gar nicht. Arbeiten Sie doch für die Masse der Zukunft. Wenn sie diese Arbeit nicht täten, was würde dereinst geschehen, an dem Tage, da die Masse mit i h r e n Taten glücklich oder unglücklich zu Ende gekommen ist? Wer wird dann die Masse lehren, neue Speere werfen und neue Götter ehren? Das heißt: Mit neuen Worten nach neuen Zielen streben. Wer — wenn nicht die Meister, die mit ihrem Wissen vorgearbeitet haben? Sie mögen sich nur abseits stellen vom Kampfe! So soll es gerade sein. Denn was hätten Sie dort zu suchen, wo sie die Natur nicht hingestellt hat? Wozu Dienste leisten, für die tausende andere mit mehr Anpassungsvermögen vorhanden sind? Warum nicht Dienste, die ihnen entsprechen und für die es so wenig Geeignete gibt?

Man kann nun erwidern, daß es gar nicht diese Lehrer der Zukunftsmasse sind, seitens derer man einen lähmenden Einfluß auf das Volk der Gegenwart befürchte. Die Gefahr drohe vielmehr vonseiten der Durchschnittsgebildeten, die als subalterne Offiziere benötigt, sobald sie aber einmal wissenschaftliche Mucken im Kopfe haben, unbrauchbar werden. Aber auch in diesem Sinne ist die Furcht unbegründet. Denn mit Ausnahme einiger Geistesgigerln, die ohnehin zum ordentlichen Offiziersdienste verdorben sind, lassen sich Durchschnittsgebildete durch Theorien nicht von der Praxis abhalten. Sie nehmen soviel Theorien an, als dazu dient, sie gegenüber der politischen Masse abzugrenzen, aber das wird ja nicht Geist von ihrem Geiste. Im Grunde haben sie nichts von dem stillen, unsichtbaren, inneren Leben der Theorie in sich und alles von dem geräusch- und gestaltvollen äußern Leben der Praxis. Aber nicht nur ungefährlich ist der Wissenschaftsbetrieb der Durchschnittsgebildeten, er ist vielmehr, sogar in den erregtesten Zeitläuften, geradezu erforderlich und segensreich. Denn erstens ist er gegenüber der politischen Masse, wie gesagt, ein Distinktionszeichen und zweitens sichert er bis zu einem hohen Grade das Emporkommen der großen Theoretiker. Im Kreise der Wissenschaftsbeflissenen werden die wirklich Berufenen leichter auf ihren Beruf aufmerksam und widerstandskräftiger gegenüber den Lockungen der Tagespolitik. Darum, schon um die natürliche

Zuchtwahl bei der Auslese der größten politisch-wissenschaftlichen Genies zu unterstützen, ist eine intensive Pflege der politischen Wissenschaft durch die intelligente Jugend geboten.

*   *   *

So glaube ich denn, daß auch für den Zionismus nie die Zeit kommen kann, wo er mit banausischem Fanatismus die Wissenschaft aus seinem Tempel hinausjagt. Niemals! Auch wenn er zur Massentat gereift sein wird. Daher auch jetzt nicht, falls er diese Reife schon erlangt haben sollte — eine Frage, die ich hier nicht entscheiden will.

Auch andere Fragen des Zionismus sollen hier zwar aufgeworfen, aber nicht beantwortet werden. Denn die einen von ihnen sind bisher noch von niemandem, am allerwenigsten von uns, mit genügender wissenschaftlicher Gründlichkeit geprüft worden; über die anderen wieder sind schon große und bedeutsame Bücher geschrieben, denen ich vorläufig nichts, weder ergänzend noch bessernd, hinzuzufügen habe. In diesem Vortrage kann es sich mir nur darum handeln, Ihnen eine Vorstellung zu geben von der, ich möchte fast sagen, beängstigenden Fragenfülle, vor der Sie stehen und Sie dadurch zu warnen, ebenso vor Vernachlässigung aller dieser Probleme, als auch besonders davor, daß Sie sich mit einer oberflächlichen Beantwortung begnügen. Es kommt nämlich, wie ich dies bereits andeutete, vor, daß Leute, die vielleicht ganz brauchbare Parteimänner sind, in wissenschaftlichen Dingen aber blos übermitteln sollten, den Ehrgeiz haben, wissenschaftliche Grundleger ihrer Partei zu sein. Statt nach Weisheit zu graben, wie es in der Schrift steht, und sie zu Tage zu fördern, kostbarer als Edelgestein, scharren sie blos an der Oberfläche nach glitzernden Kieselchen, wie sie den Bedürfnissen des Tages entsprechen, und werfen damit um sich. Es ist bezeichnend für solche Wissenschafter, wie sie nicht sein sollen, daß ihnen alles so einfach, so leicht erklärlich, so aufgelegt dünkt und daß sie so wenig zu fragen haben.

Und doch gibt es so viele Fragen, daß ich nicht einmal alle aufwerfen kann. Dazu reicht mir weder Zeit noch Gedächtnis. Nur die wichtigsten Fragegebiete seien hier herausgegriffen. Zuvor sei aber festgestellt, was keines Beweises bedarf, daß „Zion" mehr ist als ein bestimmtes Stück Erde, das die Juden haben müssen, koste es, was es wolle. Seine geographische Bedeutung (Zion poetisch für Palästina) deckt sich nicht mit seiner politischen. Politisch ist „Zion" der Zustand des jüdischen Volkes, wie er sich auf dem neugewonnenen Heimatsboden, und zwar auf Grund von Voraussetzungen herausstellen soll, die schon in der bisherigen Entwicklung gegeben sind. Die erste Reihe dieser Voraussetzungen bezieht sich auf das Land selbst. Denn, damit es fähig werde, dereinst die Heimat des jüdischen Volkes zu werden, muß seine Entwicklung die Richtung zu dieser Fähigkeit genommen haben. Und inwieferne dies nun der Fall ist, zu erforschen und nachzuweisen, das ist eine der Aufgaben, die der Zionismus der Wissenschaft gibt. Eine Menge von Fragen ergeben sich aus diesem Thema. Zunächt solche, die sich auf die nackte Örtlichkeit, dann solche, die sich auf die politische Zugehörigkeit des Landes zur Türkei, endlich solche, die sich auf das bisherige Verhältnis der Juden zu ihm beziehen.

Wie sieht Palästina aus? Welches Klima, welche Flora, welche Fauna, welche Minerale, was für und wieviel Menschen hat es? Was war es? Was war es durch die Juden? Wie kam es, daß es so wurde, wie es ist? Wie k a n n es werden? Was ist notwendig, daß es anders, daß es ein Kulturland werde? Kann es dies blos als Anhängsel einer fremden Macht werden oder kann es selbst als Fundament eines modernen Staates dienen? Und wenn das letztere der Fall ist, wie muß man sich den Übergang von seiner jetzigen politischen Stellung zur Autonomie denken? Wann, gegenüber wem und von wem wird sie zu erringen sein? Jetzt, bald, in entfernter Zukunft? Gegenüber der Türkei, gegenüber einer europäischer Macht? Gegenüber allen europäischen Mächten? Gegenüber den Mächten im heutigen Sinne oder gegenüber den etwaigen Volksmächten der Zukunft und von wem? Von einem europäischen Kolonialvolk oder von Juden?

Diese letzte Frage leitet uns zu der zweiten Reihe der durch die bisherige geschichtliche Entwicklung gegebenen Voraussetzungen zu denjenigen, die sich auf die Juden selbst beziehen, hin. Erst wenn wir finden, daß sich die Entwicklung der Juden in einer gewissen Richtung bewegt, dürfen wir sie als für „Zion" geeignetes

Material betrachten. Diese Untersuchung aber erstreckt sich wieder auf eine Fülle von Fragen, und zwar solchen von maßgebendster Bedeutung und schwierigster Art.

Zunächst die allerstrittigte: Sind die Juden eine Nation? Und was ist dies überhaupt eine Nation?

„Die Nation ist ein organisches Wesen", hörte ich neulich bei einer Studentenversammlung einen der Führer der österreichischen Sozialdemokratie in einem Vortrage sagen, der quasi ein wissenschaftlicher sein sollte: Welche Oberflächlichkeit seitens eines Sozialisten, dem das Glück der Menschen als Einzelmenschen über alles gehen muß, diese Theorie zu verkünden, die auf kürzestem Wege zur nationalen Bigotterie, zum Chauvinismus, zum Hurrah-Nationalismus führt! Hätte er nicht auch darüber nachdenken müssen, wie sich seine irgendwo aufgelesene romantische Ansicht mit den Naturwissenschaften verträgt? Mußte ihn nicht der Zweifel überkommen, ob denn diese Definierung der Nation nicht bloß die unerlaubte Übertragung eines poetischen Sprachbildes in die Wissenschaft sei?

In richtiger Anwendung seiner Definition nannte dann derselbe Redner die Juden eine sterbende Nation. Wir wollen nun annehmen, es sei dies ein richtiger Ausdruck und man könne für das Aufhören einer Nation mit gutem Rechte den Ausdruck Sterben gebrauchen. Wäre nicht noch immer die Möglichkeit vorhanden, daß sich im Schoße der sterbenden das Leben einer neu zu gebärenden Nation regt? Ich sage nicht, daß es so sein muß, aber es könnte doch so sein und eine Untersuchung in dieser Richtung müßte sich jedenfalls lohnen. Es gibt Analogien dafür. Die Italiener z. B. sind nichts anderes als solche neue Römer. Übrigens, woran erkennt man, daß eine Nation aufhört? Ueber die Symptome allein lassen sich Bücher schreiben. Und daher wird man erst wissenschaftlich forschen, wird erst die biologischen, kulturellen und wirtschaftlichen Verhältnisse der verschiedenen territorialen Gruppen Israels studieren müssen, ehe man sich wird erlauben dürfen, das jüdische Volk auf das Sterbebett zu werfen. Wagt man es ohne diese Vorarbeit, so gibt man nur ein Beispiel schauderhafter wissenschaftlicher Oberflächlichkeit.

Sebstverständlich wurde bei der in Rede stehenden Versammlung, die mir soviel Material für mein heutiges Thema bot, von einem anderen als dem bereits erwähnten Redner den Juden auch die eigene Kultur abgesprochen. Es ist dies ein zweites Characteristicum der Auchwissenschafter, daß sie generalisieren müssen. Entweder die Juden haben eine eigene Kultur oder sie haben sie nicht; etwas drittes, viertes u. s. w. kann es gar nicht geben. Und doch ist es ja sehr gut möglich. daß eine ordentliche wissenschaftliche Untersuchung hier eine Mannigfaltigkeit der Stufen und Arten ergibt, an die der Oberflächling gar nicht denkt. Zunächst könnten sich ja die Gruppen verschiedener Länder diesbezüglich verschieden verhalten. Dann könnten ja auch innerhalb der Gruppen kulturelle Zustände herrschen, die in der Mitte zwischen Eigenkultur und Fremdkultur oder zwischen Eigenkultur und Unkultur stehen, also Übergangszustände, die nach Lösung drängen. Endlich muß man sich doch überhaupt darüber klar geworden sein, was man unter Kultur eines Volkes zu verstehen hat und ob sie bei den verschiedenen Völkern die gleiche Difinition verträgt? Freilich, generalisierenden Weisheitsscharrern kommen solche Bedenken nicht. Sorglos holen sie ihre Assentmaße und stellen jedes Volk darunter, auch das jüdische. Je nach dem Maße heist es dann : Kulturlos! Untauglich! Marsch! oder : Vollendete Eigenkultur! Hurra! Tauglich!

Wir wollen nun annehmen, daß bezüglich der Juden weder das eine, noch das endere richtig ist, so daß man keineswegs von nationaler Kultur, wohl aber von einer gewissen nationalen Besonderheit sprechen könnte. Dann entstände noch immer für uns die Frage : Von welcher Art ist die ganz exzeptionelle jüdische Besonderheit? Garantiert sie die Kraft, die zur Heimatgewinnung notwendig ist? Um aber diese Fragen beantworten zu können, müssen wir die Geschichte samt der Geschichtsphilosophie und der Völkerpsychologie zu Rate ziehen.

Keineswegs dürfen uns die wertlosen, wohlfeilen Verhimmelungen Israels, wie sie den assimilatorischen Missionsrabbinern geläufig sind, noch die sinnlosen Verdammungsurteile antisemitischer Flachköpfe genügen. Mit den alten Unterscheidungsworten „gut" une „böse" ist hier überhaupt nichts anzufangen. Ich will keine Nietzsche-Reminiszenzen auftischen. Aber ich darf das Märchen von der e i n e n unveränderlichen, ewigen Moral nun denn doch

7*

als einmal beseitigt annehmen. Wir sehen Moralen gegen Moralen kämpfen, die Moralen verschiedener Rassen und Klassen, neue gegen alte Moralen, die Moralen der Freien, der Ganzen, der Wollenden, der Hungrigen gegen die der Traditionellen, der Korrekten, der Gewohnheitsmenschen, der Satten und Zahlungsfähigen. Die Moral ist tot, es leben die Moralen! Die Moralen, das sind die Physiognomien der verschiedenen Individualitäten. Nun sind aber blos ruhige, man könnte sagen, abstrakte Physiognomien streng individuell. Bei bewegten dagegen werden sich gegenüber gleichen Bewegungsursachen die Einzelcharaktere zu Typen zusammenziehen. Bei Menschen ist das eine bekannte Erscheinung. Wie oft hört man von Leuten, die sich gar nicht ähnlich sehen, sagen, daß sie einander ähneln, wenn sie lachen. Dasselbe ist bei den Moralen der Völker der Fall. An sich mögen sie sehr verschieden sein; gewissen äußeren Anforderungen gegenüber entstehen Moraltypen. Da nun aber der Zionismus die Juden solchen Anforderungen aussetzen will, so darf er nicht blos fragen: Welches ist die Moral der Juden? Sondern: Welches ist ihr Moraltypus?

Derselbe wird sich am besten aus ihrer Physiognomie gegenüber der sinnlichen Welt und im politischen Leben ergeben: Sind die Juden lebensfreudig, lebenbeherrschend, lebenssehnsüchtig wie die meisten Völker der alten und neuen Zeit? Oder sind sie Träger jenes Geistes der Lebensdüsterkeit, Lebensknechtschaft, des Lebenswiderwillens, den man heute christlich oder nazarenisch zu nennen pflegt? Oder haben sie eine Entwicklung von von dem einen zum anderen oder eine solche vom zweiten zum ersten Prinzip durchgemacht? Und in Bezug auf ihre politische Physiognomie: Sind sie „konservativ" oder „revolutionär"? Konservativ und nur durch Unterdrückungen zeitweilig der Revolution in die Arme getrieben, oder revolutionär und nur durch Schikanen für gewisse Zeiten und Länder gegen Neuerungen mißtrauisch gemacht? Oder sind sie vielleicht konservativ im Fühlen, revolutionär im Denken, wie das einmal Hermann Bahr so überaus fein aus ihrer Physiognomie in der modernen Literatur gefolgert hat? Und wenn es sich so verhält, ist das nicht vielleicht nur eine Folge des Golus und ihre ursprüngliche Art vielleicht umgekehrt, konservativ im Denken und revolutionär im Fühlen? Ihre mosaistische, christliche, sozialistische Empfindungsweise auf der einen Seite, ihr sich Grenzen setzendes Denken auf der anderen Seite würden dafür sprechen.

Wie wichtig die Beantwortung aller dieser Fragen für die zionstische Ziel- und Wegbestimmung ist, liegt auf der Hand. Es ist nicht dasselbe, einem lebensstarken oder einem lebensschwachen, einem „konservativen" oder einem „revolutionären" Volke eine Staatsgründung zuzumuten. Aber auch die Praxis der Bewegung hängt in hohem Grade von der Entscheidung dieser Fragen ab. Anders geht man mit Duckmäusern um als mit Springinsfelden, anders mit Schlafhauben als mit Umsturzmännern.

Das Wort „Umsturz" bringt uns durch eine Gedanken-Assoziation, die wir den Spießbürgern aller Klassen, Rassen und Parteien verdanken, die sozialwirtschaftliche Seite des Zionismus in Erinnerung. Auch sie will gründlich geprüft werden. Zunächst ist es das Verhältnis zwischen dem Nationalismus und Sozialismus — beide Wörter in ihrer umfassendsten Bedeutung genommen — das gebieterisch nach Aufklärung ruft. Sie werden zumeist als feindliche Prinzipien angesehen. Es ist aber noch sehr fraglich, ob sie es wirklich sind. Ob nicht Nationalität und ökonomischer Typus, verschiedenen Quellen des menschlichen Zusammenlebens entstammend, völlig inkommensurable Größen sind? Wenn bei Nationen, die sich im Zustande des nationalen Sichauslebens befinden, sogenannte nationale Bewegungen im schroffen Gegensatze zu den wirtschaftlichen Strömungen stehen, so ist das nur ein Kampf zwischen dem in ein nationales Mäntelchen gehüllten Luxustrieb und Klasseninteresse der bevorzugten Volksschichten und dem allgemeinen wirtschaftlichen Interesse, aber nicht ein solcher zwischen Nationalismus und Sozialismus. Am allerwenigsten scheint es zwischen den Zionisten, die geradezu einen Schulfall natürlicher und unabweislicher Nationalbewegung darstellen, und den Sozialisten einen reellen und vernünftigen Streitgegenstand zu geben.

Daß sie aber trotzdem einander in den Haaren liegen, ist nur auf Parteiwut zurückzuführen, und kommt mir so vor, wie wenn ein Tischler und ein Schneider um eine Kundschaft raufen

würden. Und doch macht der eine Stühle, der andere Röcke! Nun
ja, es könnte den beiden Parteien darauf ankommen, bei wem
der Käufer die paar Geistesgroschen, die er hat, ausgibt. Fang
ich ihn ab, so hab' ich ihn ganz, spekulieren vielleicht manche
von ihnen und verraten damit nur wieder den Mangel jeder
Wissenschaftlichkeit, das Fehlen psychologischer Kenntnisse. Die
Menschen haben nämlich wirklich in der großen Mehrzahl kein
Geld für zwei Käufe, d. h. Raum für zwei Ideale. Aber die
wenigsten sind so leichtsinnig, sich blos vom Zufall bestimmen
zu lassen, ob sie einen Stuhl oder Rock kaufen wollen. Vielmehr
bringt jeder infolge seiner Anlagen und seines Milieus entweder
mehr Sinn für schöne Kleider oder mehr Sinn für schöne Möbel,
d. h. entweder mehr Eignung für das eine oder für das andere
politische Ziel mit. Kommt es jedoch alle heilige Zeiten einmal
vor, daß einer in das unrechte Lager gerät, dann ist hundert
gegen eins zu wetten, daß er später einmal den Weg zu der ihm
kongenialen Gesinnung findet. Die Spekulation auf das Abfangen
ist also verfehlt. Im übrigen sind die meisten Parteimänner nicht
einmal zu solcher Spekulation durchgedrungen, glauben vielmehr
wirklich Konkurrenten ihrer Gegner zu sein und die gleichen
Bedürfnisse des Käufers zu decken wie jene. Allerdings, in der
vielbesprochenen Versammlung, die direkt einberufen war, um
das Verhältnis von Nationalismus und Sozialismus zu besprechen,
schien man auf beiden Seiten längst darüber, ja sogar schon
über die erwähnte Spekulation hinaus zu sein. Aber es schien
nur so, denn, wenn man auf den Unterton der Reden horchte,
so hörte man den grimmigen, nur aus taktischen Rücksichten
gezügelten Haß der Parteimenschen heraus. Es kam mir während
der Rede des Referenten vor, als wären Nationalismus und
Sozialismus plötzlich zu zwei hölzernen Stühlen geworden,
zwischen denen der arme Mann zu sitzen gekommen war. Und
ich sah, wie er die eine Hand auf den einen Stuhl legte,
sprechend: Seht das eine Holz. Und wie er dann die andere
Hand auf den anderen Stuhl legte, sprechend: Seht das andere
Holz! Und beide Hände bildeten eine Brücke. Das war die Brücke
der Taktik. Der Brückenkopf aber war in der Mitte und gab
sich gemischten Gefühlen hin: Der Freude, daß es ihm gelungen

war, die zwei Wahrheitsufer so einfach und so leicht verbunden zu haben und dem Verdruß, daß er als Sozialist überhaupt bemüßigt war, eine Brücke zum nationalen Stuhle zu schlagen,

Nun, der Mann ist Sozialist und das ist gewissermaßen seine Entschuldigung. Die sozialistische Bewegung hat eine Reihe so hervorragender wissenschaftlicher Vertreter hervorgebracht, daß sie ein Auge zudrücken darf, wenn ihre Unteroffiziere in etwas oberflächlicher Weise wissenschafteln. Wenn aber, speziell gegenüber dem Zionismus, zuweilen auch die großen Geister des Sozialismus Oberflächlichkeit verraten, so darf das noch keineswegs tragisch genommen werden, denn die bisherige Entwicklung dieser Männer liegt gewöhnlich weit ab von den Motiven, Interessen und Zielen des Zionismus. Eine alte Bewegung hat viel weniger Gelegenheit das Werdende, als eine neue das Bestehende zu prüfen. Die anderen mögen mit etwas mehr Recht eine Weile gegen den Zionismus sündigen dürfen, wir dürfen es keineswegs und dürfen nicht die soziale Bewegung, diesen unsterblichen Ruhm unserer Zeit, diese großartigste Erhebung der Menschheit mit einem öden Chauvinistenlächeln oder mit einigen nichtssagenden Verbeugungen abtun. Aber abgesehen auch von diesem Ehrenstandpunkte — wir bedürfen der sozial - ökonomischen Fächer auch zur Begründung des Zionismus selbst. Um zeigen zu können, daß es ein spezifisches Judenelend gibt, müssen wir das allgemeine Wirtschaftselend kennen. Und außerdem, es müßte ja mit Wundern zugehen, wenn sich nicht Beziehungen, die zu enthüllen uns obliegt, zwischen diesen beiden Arten von Elend herausgebildet haben sollten. Kann man sich einbilden, daß die Riesenarbeit, die der Zionismus zu bewältigen hat, auch wirklich geleistet werden kann, wenn man nicht mit den einzelnen jüdischen Wirtschaftsschichten als bekannten Faktoren zu rechnen imstande ist, wenn man ihre Entwicklungsrichtung nicht zuvor wissenschaftlich festgestellt hat? Hat z. B. jemand schon darüber nachgedacht, was geschehen wird, wenn die Erreichung unserer Ziele noch ein halbes oder ein ganzes Jahrhundert oder noch mehr auf sich warten läßt und bis dahin der größte Teil der vermögenslosen Juden zu Fabriksproletariern geworden sein sollte? Oder darüber, was geschehen würde, wenn wir, sagen wir, übers

Jahr schon den Judenstaat hätten: Ob dann die gegenwärtige ökonomische Schichtung Israels den Bestand dieses Gemeinwesens verbürgen würde. Ich sage nicht, daß diese Fragen im pessimistischen Sinne beantwortet werden müssen, aber beantwortet müssen sie nach gewissenhafter Prüfung werden und viel hängt von diesen Antworten ab, vor allem die Wegbestimmung, dann aber auch Taktik, Diplomatik und Praxis. In dieser letzteren Hinsicht ist sogar schon die einfache prinzipielle Stellungnahme zur sozialen Frage von Bedeutung. Zunächst nach außen. Es kommt darauf an, auf wessen Sympathien man mehr angewiesen ist, auf die der bedeutenden Menschen unserer Zeit oder auf die der Fürsten und Minister? Ob es gefährlicher ist, sich in den Augen jener lächerlich, als in denen dieser verhaßt zu machen? Es ist dies eine Frage, die sehr interessant und noch keineswegs erledigt ist.

Von noch viel größerer Bedeutung ist die Wirkung des Interesses an wirtschaftlichen Dingen, speziell an den ökonomischen Leiden der Menschheit, auf die Güte des zionistischen Truppenmaterials.

Bekanntlich liebt es der Oberflächling, wenn er nicht gerade taktisch daran verhindert ist, Nationalismus und Sozialismus als Gegensätze auszugeben. Indem er nur d i e Seite seines Wesens sieht, die bei ihm mehr hervorleuchtet, hält er jene politische Überzeugung, die dieser Seite entspricht, für die einzig mögliche. Ist er also ein Mensch, der einen besonders ausgeprägten Sinn für persönlichen Anteil an der Ehre und Würde seines Volkes hat, dann wird er bedingungsloser Nationalist, Chauvinist. Ist er ein Mensch, in welchem das Mitgefühl mit dem Jammer der einzelnen Menschen, ihn selbst eingeschlossen, vorherrscht, dann wird er bedingungsloser Sozialist, sozialistischer Fanatiker. Es fällt ihm keinen Augenblicke ein, in seiner Seele nachzusehen, ob nicht dort auch Züge der anderen Art, wenn auch nur in Andeutung, wohnen. Noch weniger fällt es ihm ein, nachzuforschen, ob es nicht Menschen gibt, die beide Seiten unverkümmert aufweisen. Und am allerwenigsten fällt ihm ein, daß die Gesellschaft keinesfalls nur auf die Seite des einen oder anderen sich stellen darf, sondern allen normalen Tendenzen der menschlichen Natur gerecht werden muß.

Der Zionismus ist nun in der glücklichen Lage, selten so
borniert aufgefaßt zu werden. Die ihn in sich aufnehmen, müssen
schon von Natur aus sowohl das Gefühl für die ideelle als die
materielle Judennot in sich tragen oder, was dasselbe ist,
national und sozial empfinden. Aber die Mischung dieser Empfindungen wird bei den verschiedenen Menschen denn doch verschieden sein, es wird mehr und vorwiegend nationale und mehr
und vorwiegend sozialökonomische Zionisten geben. Während
aber bei den letzteren, da sie sich ja doch nun einmal ihrem Volke
widmen, die Gefahr eines antinationalen Sozialismus nicht vorhanden ist, sind die ersteren stets in bedenklicher Nähe eines
antisozialen Chauvinismus. Schafft man da kein Gegengewicht,
weckt man nicht in diesen am wenigsten sozial Fühlenden durch
das Studium der sozialen Frage ein höheres soziales Empfinden,
dann läuft der Zionismus Gefahr, seinen leuchtendsten Vorzug
zu verlieren: Das vornehme Über- den -Parteien-stehen seiner
Anhänger.

Allerdings dürfte dieser Vorzug nicht von allen als solcher
anerkannt werden wollen. Viele werden ein Truppenmaterial, das
aus lauter strammen Parteigängern besteht, für nützlicher halten.
Aber fürs erste, ist es denn auch schon so sicher, daß es dem
Zinonismus frommt, eine Massenbewegung zu werden? Und dann,
wenn schon diese Frage im bejahenden Sinne beantwortet und
zugegeben wird, daß bei einfachen Soldaten einer Bewegung mehr
als strammes Parteigängertum nicht erforderlich ist; bleibt dann
nicht immer die Frage offen, was zielgemäßer und vorteilhafter
ist, die Anrufung der nationalen oder der sozialen Instinkte in
der Menge? Und dann, es gibt ja doch auch führende Geister.
Soll man auch von ihnen nicht mehr als beschränkten Partei-
fanatismus verlangen? Das geht doch nicht an. Sie sind ja die
Repräsentanten der Gesamtheit des Volkes und müssen als solche
mit allen Augen desselben, müssen alles sehen, nicht die Dinge
in fanatischer Verblendung nur von einer Seite betrachten.

Fanatismus der führenden Geister ist eine Gefahr für jede
Bewegung — es sei denn, daß sie unmittelbar vor dem Ziele steht
und alle Vorfragen gelöst sind. Es ist dasselbe wie mit dem
Führer-Ehrgeiz, der ja auch starr auf einen Punkt hinsieht. Selbst-

verständlich will ich damit nicht moralisieren. Fanatismus und Ehrgeiz — sie treten einzeln und gepaart auf — mögen manche große Persönlichkeiten, die gerade in eine brutale Zeit hineingekommen sind, zu lapidaren Erscheinungen der Weltgeschichte gemacht haben, und ich bin der letzte, der nicht die gewa'tige Schönheit z. B. eines Cromwell oder Napoleon bewundern würde. Aber erstens wirken Fanatismus und Ehrgeiz der geistigen Großen ansteckend auf die politische Menge und züchten zwei wuchernde Unkräuter, Idiotismus und Strebertum, in ihr. Und dann: Es gibt noch vollendetere Menschenschönheit als die der größten Heroen des Fanatismus und des Ehrgeizes — jene der einsamen Menschen, die zu stolz sind, um ehrgeizig, und zu weise, um fanatisch zu sein: Die Glück empfinden im Ahnen des Weltwesens und Glück verbreiten durch das Verkünden dieser Ahnung.

Ich will hoffen, daß es Menschen mit diesen Fähigkeiten, recht viele auch unter Ihnen gibt, meine studentischen Freunde. Und weil dies wahrscheinlich ist, müssen Sie ein wissenschaftliches Milieu schaffen, in welchem diese kostbaren Keime — die ohnehin so leicht von den Stürmen des Lebens und den Brutalitäten unserer Gesellschaftsordnung ertötet werden — vor den verführenden und verderbenden Einflüssen einseitiger Partei- und Tagespolitik behütet werden. Ja, als Zuchtstätte der Besten möchte ich einen Verein, wie den Ihrigen, sehen. Wenn Sie sich dieser Auffassung anschließen, dann werden Sie sich sowohl diese Besten, als die Ideen, welchen Sie selber dienen, zu ewigem Danke verpflichten. Denn Sie werden den Tag herbeiführen helfen wo Ihre Besten, nach vielen Rückfällen und Verirrungen, zum vollen Bewußtsein des eigenen Wesens und Wertes gekommen, dem löchrigen Kahn der sogenannten politischen Karrière einen Fußtritt versetzen, daß er weit hinausschnellt in das Schlammmeer des Alltags. Sie werden Ihren Idealen die treuesten Freunde erhalten haben — Freunde, die den Zionismus zu dem machen können, was er sein soll: Zu einer Vorbereitung jener Zeit der Freiheit, in der es dem jüdischen Volke gegönnt sein wird, sich neuen, größeren, umfassenderen Zielen zuzuwenden.

Verschiedene kleinere Aufsätze

Zum Münchener Kongresse.

Einige Bemerkungen über Assimilation.

Judaismus und Hellenismus.

Künstlertum.

Zum Münchner Kongresse.*)

Die im Anfange des Monats März d. J. in Wien stattgehabte Versammlung zionistischer Vertrauensmänner aus verschiedenen Städten beschloß die Abhaltung eines Zionistenkongresses zu München. Und zwar entschied sie sich dafür, den Kongreß in zwei Teile zu spalten, einen internen und externen. Der erste sollte den in der Bewegung Stehenden. Gelegenheit geben, sich einmal ordentlich über die einschlägigen Fragen auszusprechen. Der zweite sollte die einflußreichen jüdischen Kreise durch sachliche Referate mit der Lage des jüdischen Volkes und den palästinensischen Bestrebungen vertraut machen. Nun hat aber Herr·Dr. H e r z l, der an der Spitze der den Kongreß organisierenden Kommission steht, entweder den tiefen Sinn dieser Zweiteilung trotz seiner allzu oft hervortretenden opportunistischen Neigungen nicht begriffen, oder ist er einfach seinem unglückseligen Temperamente erlegen. Wie dem auch sei, er hat namenloses Unheil angerichtet, indem er in seiner Ankündigung — die Zionisten Zionisten nannte und das verhängnisvolle Dokument in einem Stile abfaßte, der sich von dem Stile trockener Geschäftsankündigungen erheblich unterscheidet. Ein partieller Streik ist ausgebrochen, der namentlich das Externum bedroht. Ich weiß nun nicht, wie weit die Liebe des Dr. Herzl zu diesem Schaustücke geht. Mir ist es so gleichgültig wie irgend ein Freudentanz unserer Gegenfüßler und ich werde wahrlich auch nicht e i n e Träne

*) Zuerst in der Monatsschrift „Zion“, III. Jahrgang, Nr. 5 (31. Mai 1897). — Wie bekannt wurde der jüngst für München in Aussicht genommene Kongreß dann in Basel abgehalten.

weinen, wenn es stirbt, bevor es unsere Augen erfreuen darf. Dagegen würde ich tiefen Schmerz empfinden, wenn gewisse düstere Prophezeiungen, die dem Kongresse überhaupt ein klägliches Fiasko verkünden, Recht behielten.

Nun soll das nach den vorliegenden Berichten ja vollständig ausgeschlossen sein. Es sind Teilnehmer von allen Enden der Erde gemeldet, und der Kongreß wird wohl schon äußerlich einen imposanten Eindruck machen. Auch ist zu erwarten, daß von der ursprüglich geplanten Zweiteilung höchstens eine leere Form zurückbleibt, so daß die Kraft und Einheitlichkeit der ersten Weltkundgebung der Zionisten nicht geschwächt werden wird. Aber alles das verbürgt noch nicht den vollen Erfolg. Derselbe wird erst gegeben sein, wenn die Verhandlungen und Beschlüsse Zeugnis davon ablegen werden, daß die Teilnehmer sich auch der Bedeutung des Kongresses bewußt sind.

Und welche Bedeutung hat er?

Die Aufnahme, die Dr. Herzls Ankündigung bei so vielen Zionisten gefunden hat, gibt Antwort auf diese Frage. Der Kongreß bedeutet nichts mehr und nichts weniger als einen Protest gegen die bisherige Methode der Zionisten, als den ersten Schritt auf einer neuen Bahn.

Gegenwärtig wird nämlich die zionistische Bewegung von den „Praktischen" geleitet. Die „Praktischen" hassen das „Geschrei" und lieben das „stille Wirken"; sie können die „Phantasten" nicht brauchen und bedienen sich „ernster Männer"; sie „rechnen mit den Verhältnissen" und „rennen nicht mit dem Kopf durch die Wand". Das ist ihr eigenes Urteil über sich; man wird mir gestatten, ein anderes über sie zu fällen. Zu diesem Zwecke wird es aber notwendig sein, sich etwas genauer mit ihnen, sowohl ihrer Methode als ihrem persönlichen Typus, zu beschäftigen.

Die Lösung der „Praktischen" ist: Erwerbung Palästinas durch allmähliche Kolonisation. Doch würden sie sich wohl hüten, ihr Programm dermaßen in Worte zu fassen, wie ich es soeben tat. Denn sie sind Musterdiplomaten, welche ihren Talleyrand studiert haben und wissen, daß die Sprache zum Verbergen der Gedanken da ist. Vor allem darf natürlich die Türkei nicht merken, daß es eigentlich auf ein Stück des osmanischen Reiches abgesehen ist; sie verschlösse ja sonst das Land. Dann dürfen auch sehr viele Geldgeber nicht erfahren, daß es sich am letzten Ende um einen Judenstaat handle; sie verschlössen ja sonst ihre Geldbeutel. Ohne Land und Geld kann man doch aber nicht kolonisieren. Also „praktisch" sein und „still wirken"! Der Tropfen höhlt den Stein. Allmählich einen Juden nach dem andern hinschicken, eine Kolonie nach der andern gründen! „Infiltrieren" hat es Herr Dr. Herzl in seinem Buche genannt.

Das ist, in kurzer Skizze, die Methode der „Praktischen". Diese bringt es mit sich, daß sie sich in Wissende und solche, die in Unwissenheit gelassen werden, teilen. Die letzteren sind im Grunde gar nicht so viele, den nichtzionistische Geldgeber für die Kolonisation sind recht seltene und obendrein wenig ausgiebige Gimpel. Aber auch die ersteren, die Leute mit den kühnsten Zielen und den zahmsten Taten, bilden eine sehr kleine Schar. Und doch gibt es eine Masse der „Praktischen". Das sieht wie ein Rätsel aus, ist aber keines. Es ist nämlich noch eine dritte, eine Mittelsorte vorhanden. Das sind die, welche zwar wissen, worum es sich handelt, im Grunde ihrer ruhigen Bürgerseele aber sich eigentlich schämen, in so halsbrecherische, weitausgreifende Dinge verwickelt zu sein. Deshalb verlangen sie darnach, daß ihnen die blendende Sonne des Zionismus durch ein „praktisches" Rauchglas zur Lichtstärke einer bescheidenen Schlafzimmer-Ampel gedämpft werde. Die Wissenden aber, die in heimlicher Unerschrockenheit Wissenden, beeilen sich, ihnen diesen Wunsch zu erfüllen. Denn man müsse auf die Art und Denkweise des Volkes eingehen, wenn man dem Volke dienen wolle. Mit dieser Begründung enthüllen sie uns aber urplötzlich das Wesen ihres Irrtums, der geradezu ein tragischer genannt werder muß.

Ist denn diese ängstliche Mittelsorte, von der eben gesprochen wurde, wirklich das Volk?

Ich antworte: Nein!

Diese Mittelsorte ist vielmehr die bei den Juden allerdings breite, aber noch immer relativ wenig zahlreiche Volksschicht der auf ihre schulmäßige Bildung oder ihren gesellschaftlichen Firniß eingebildeten Leute. Es sind das Menschen, die glauben, weiß Gott wie hoch über dem gemeinen Mann aus dem Volke zu stehen, weil sie ihr Gedächtnis mit einiger Gelehrsamkeit belastet oder weil sie sich eine „praktische" Bildung erworben haben. In Wahrheit rangieren sie tief unter dem Volke, denn ihrem geringen Gewinne steht eine gewaltige Einbuße an wirklicher Volkstümlichkeit gegenüber. Sie sind „praktisch" geworden. Das Volk aber ist gar nicht „praktisch"; es ist w i r k l i c h. Und „Wirklichsein" verhält sich zum „Praktischsein" wie das Ganze zum schäbigen Rest.

Das Volk ist ganz. Und der ganze Mensch fällt nicht in Ohnmacht darüber, daß er kühne Wünsche in die Welt gesetzt hat. Das tut nur der „praktische" Halbmann. Den entarteten Nerven desselben zuliebe muß man leise treten, das Volk verträgt „Lärm" und „Geschrei"; es verträgt sie nicht nur, es verlangt sie. Das Volk scheut nicht vor den großen Zukunftszielen. Im Gegenteil, es schmachtet darnach. Im Volke wohnt der Trieb nach dem Überlebensgroßen, der Zug zum Wunderbaren, der Durst nach Begeisterung, eine Unersättlichkeit der Wünsche. Mit diesem Triebe, diesem Zuge, diesem Durste, dieser Unersättlichkeit sind die großen Taten der Weltgeschichte vollführt worden. Ohne das große, ausgesprochene Volksziel wären die Kinder Israels nicht nach Kanaan gekommen, hätten die Hellenen nicht die Perser besiegt, hätten sich Christentum und Islam nicht über Weltteile verbreitet, wären die Kreuzzüge nicht unternommen worden, würden die Reformation und die Revolution Europa nicht umgestaltet haben, gingen endlich die heutigen Sozialisten nicht in den Kampf. Und unsere „Praktischen" wollen auf das große, ausgesprochene Volksziel verzichten?

Ach, sie müssen doch. Sie halten ja das Volk — das sie nicht kennen und wegen ihres mangelnden Wirklichkeitssinnes nicht kennen können — für eine Volksausgabe der Mittelsorte. Die Mittelsorte ist nun aber einmal „praktisch" — oder höchstens auch, soweit sie Gefühle hat, „romantisch". Diese beiden Krücken ersetzen ihr die Wirklichkeitsbeine: Gegenwartsleidenschaft und Zukunftsbegeisterung. Soll man nun ein ganzes Volk, das man für so geartet hält, Wirklichkeitswege führen? Diese Verantwortung können die „Praktischen" nicht auf sich nehmen.

Und sie haben Recht. Einmal in ihrem Irrtum befangen, können sie nicht anders, als „praktischen" Zionismus betreiben. Mit i h r e m „Volke" können sie nicht den geraden Weg, den besten, wandeln, sondern müssen sich auf Umwegen, um nicht zu sagen Schleichwegen, dem Ziele nähern.

Der Türke darf nicht aufmerksam werden! — so muß ihre oberste Vorsichtsmaßregel lauten. Nun ist er es tatsächlich schon mehrmals geworden und hat dann auch stets die Einwanderung verboten oder erschwert. Ja, eben weil wir noch immer zu viel „Geschrei" machen — meinen die „Praktischen". Ich stimme dieser Begründung zu, möchte mir aber erlauben, sie in andere Worte zu fassen, ich möchte sagen: Weil es keinen Menschen gibt, k e i n e n, dessen Mund nicht wenigstens manchmal davon überströmte, wovon sein Herz voll ist. Die Mittelsortenmänner werden am seltensten in der Lage kommen, desto öfter aber gerade die Vollwissenden, die ja innerlich Schwärmer sind. Und selbst diejenigen unter ihnen, die in ihrer finsteren Konsequenz von den Zionisten das Molochopfer des Intellektes und die einfach nicht mögliche Hintansetzung ihrer Individualitäten verlangen, können ihre Wünsche und ihre Gesinnungen nicht in dem Grade zurückstellen, als es „praktisch" wäre. Sie müßten dann auch das Handeln aufgeben. Denn darüber täusche man sich gefälligst nicht. Nur der einzelne Wohltätigkeitsakt irgend eines Zionisten oder von zielbewußten Zionisten verleiteten harmlosen Groß- oder Kleinkapitalisten hat Aussicht, unauffällig zu bleiben. Die Summe aller dieser Aktionen, die Summe aller Tätigkeit der zionistischen Vorder- und Hintermänner muß auffallen. Oder die türkische Regierung müßte aus lauter Kretins bestehen, die nicht einmal soviel Scharfblick haben, als die farbigen Hawaileute, die die japanische Einwanderung, welche gewiß nicht mit nationalen Rechtsmitteln auftritt, zu verhindern suchen. Vielleicht rechnet man aber weniger auf die Dummheit als die Apathie und Bestechlichkeit türkischer Kreise und fürchtet, daß diese löblichen Eigenschaften plötzlich versiegen könnten, wenn man die Dinge auf die Spitze treibt? Vor allem ist diese Furcht übertrieben. Eine Regierung, die schon seit Jahren auf der Hut vor der zionistischen Bewegung ist, die schon mehrfache Einwanderungsverbote erlassen

hat, die also die Gefahr sehr gut kennt — und doch bisher keine
n a c h h a l t i g e Maßregel gegen die Judeneinwanderung verfügt
hat, scheint nun einmal nicht angelegt zu dergleichen. Mit einem
kleinen Plus an der ihnen schon jetzt so reichlich zu Gebote
stehenden Schlauheit werden die „Praktischen" — davon bin ich tief
überzeugt — auch dann noch von Zeit zu Zeit ihre paar Mann
ins Land bringen können. Und schließlich: Nehmen wir sogar
an, daß es durchaus bei dem „stillen Wirken" bleibt, daß sich der
„praktische" Zionismus als ausschließlicher erhält, wie lange,
glauben die „Praktischen", wird man sie gewähren lassen?

Entweder wird nach längerer Zeit die Stärke des jüdischen
Bevölkerungselementes in Palästina noch eine hoffnungslos geringe
sein, was ich befürchte, dann werden sie wohl weiter in dem Tempo
arbeiten dürfen, wie jetzt, dann wird ja aber auch nichts erreicht
sein. Oder die Zahl der Juden im Lande wird derart angewachsen
sein, daß die Pforte mit einem ebenso starken Bewußtsein der
Gefahr erfüllt wird, als wenn ihr die unverhüllteste Judenstaatsforderung entgegentritt — und dann werden auch die „Praktischen"
das gefürchtete „Verbot auf ewig" erleben. Rechnen sie vielleicht
darauf, daß die Juden damals schon eine Macht im Lande sein
werden? Sie mögen sich nur Griechenland ansehen. Rechnen sie
auf die Sympathien Europas? Woher kämen denn dann die so
urplötzlich? Und wenn wir sie schon genössen, wer weiß, ob sie
uns dann auch noch etwas nützen würden? Denn vielleicht stehen
wir damas gar nicht mehr der Türkei, sondern einer europäischen
Macht als Herrin des Landes gegenüber. Einer der nächsten
Kongresse kann das bringen. Und wollen wir wirklich so eingebildet sein, zu glauben, daß sich eine e u r o p ä i s c h e Macht,
die schon einmal dort ist, die Juden wird über den Kopf wachsen
lassen? Und Einwanderungsverbote einer europäischen Macht
werden nicht umgangen werden können. Siehe Nordamerika und
die Chinesen!

Ja, wir brauchen die Sympathien Europas. Aber wir brauchen
sie b a l d, ehe es zu spät ist. Wir brauchen sie vor dem großen
Abrechnungstage im Oriente und wir müssen um so früher da-
rangehen, sie zu erwerben, als dieser Erwerb gar nicht so leicht
ist — namentlich für uns nicht. Freilich mit dem „stillen Wirken",

mit dem Erkrämern eines Vaterlandes werden wir sie nicht gewinnen.

Oder vielleicht doch? Wer weiß? Wenn wir unsere „Großen" unsere Geschäfte besorgen lassen? Die Leute haben Einfluß auf die Regierungen, sie sind die Geldgeber der Mächte. Wer weiß? Wer weiß?

Nun wollen die meisten „Großen" gar nicht, und dann — weder die „Großen" Israels noch die „Großen" der Völker sind die Mächtigen aus erster Hand. Denn sie mögen wollen oder nicht, sie mögen vor dem Geldschranke oder auf Thronen sitzen‚ sie sind nur Vollstrecker des von den führenden Deutern des Zeit- und Volksgeistes verkündigten Willens. Die „Großen" mögen wirtschaftliche Gewalt über das Volk haben, sie mögen imstande sein, die geistigen Führer desselben auszuhungern — sie tun es ja nicht immer — weiter reicht ihre Macht nicht. Den Volkswünschen und Volksbestrebungen, wie sie von den geistigen Führern aus der Volksseele geschöpft werden, können sie sich auf die Dauer nicht entgegenstemmen. Im Gegenteile, ihnen müssen endlich auch sie sich unterordnen; die Herren werden zu einfachen Dienern und Werkzeugen. Sie glauben zu schieben und werden geschoben.

Und das ist es, was ich den führenden „Praktischen", den Wissenden mit den heimlichen Feuerseelen, nicht verzeihen kann, daß sie ihr kostbarstes Gut, ihren Wert und ihre Würden, ihre überragende Individualität opfern, um von einigen Schwachköpfen etwas Geld für Zion zu erlangen. Ich kann es ihnen nicht verzeihen, daß sie ihre geistige Erstgeburt um ein Linsengericht, nein, um ein Nichts verkaufen, daß sie sich von denjenigen die Richtung vorschreiben lassen, die von der Natur bestimmt sind, ihnen nachzulaufen.

Das tun die geistigen Führer der andern Völker nicht. Sie geben ihr Erstgeburtsrecht, das gleichbedeutend ist mit dem Rechte des Volkes, nicht auf. Sie lassen sich von Dilettanten in das europäische Gewissen, das s i e bestimmen, nicht hineinpfuschen. Und vor diesen wahren Mächtigen, deren Sympathien wir brauchen, um sie ins Feld führen zu können am Tage der Entscheidung, stehen wir da mit unserem „praktischen" Zionismus, mit dieser Rettungsmethode, der nur das Golus als Entschuldigung dienen kann!

Das darf so nicht weiter gehen. Niemand will den koloni-
satorischen Bemühungen entgegentreten. Aber einen sichtbaren
Hintergrund müssen sie endlich erhalten. Dieses einerseits so
aussichtslos langweilige und doch andererseits auch unvorsichtige
Draufloskolonisieren — für die Türken oder für eine europäische
Großmacht muß einmal aufhören. Erst müssen völkerrechtliche
Bürgschaften für die Kolonisation geschaffen werden, dann kann
sie wieder einsetzen. Dann kann sie sich in großem Maßstabe
und frei entfalten, wie es einem Volkserlösungswerke nottut, statt
sich wie heute in liliputanische Grenzen und in feudale Unte-
ordnung von Geistes- und Körperkräften unter den Willen läppisch
tastender, kurzsichtiger Spießbürger zu zwingen. Die Kolonisation
muß Luft und Licht bekommen, die Luft der Völkertümlichkeit
und Selbstbestimmung, das Licht der Öffentlichkeit. Um diesen
Preis darf auch erforderlichenfalls eine Pause in neuen An-
siedlungsaktionen eintreten — eine Pause, die sich übrigens die
„Praktischen" zu Gunsten der bestehenden Kolonien und der
palästinensischen Kulturbedürfnisse schon längst auferlegt hätten,
wenn sie wüßten, wie in jeder Hinsicht beschränkt ihre Mittel
sind. Doch das wissen sie ja nicht, sie wären sonst nicht die
„Praktischen".

Welche völkerrechtliche Bürgschaften angestrebt werden
sollen, — ob Souveränität im technichen Sinne des Wortes oder
Vasallität oder bloß unter Garantie der Mächte gewährte pro-
vinzielle Autonomie — diese Frage soll hier nicht erörtert werden. Selbstverständlich ist das Minimum leichter zu erzielen als
das Maximum, aber ein Minimum muß erzielt werden!

Freilich wird man mir hier einwenden: Ja, wenn wir im
Lande wären! Man wird uns doch nicht einfach völkerrechtlich
hineinsetzen. So etwas ist noch niemals vorgekommen. Gut. Aber
geschah es deshalb nicht, weil es nicht geschehen konnte? War
es an sich unmöglich? Schafft die Geschichte nicht immer neue
völkerrechtliche Formen? Und gleicht die treibende Kraft der alle
Beteiligten, nicht blos die Juden, drückenden Judenfrage das
Hemmnis nicht aus, daß es zu wenig Juden in Palästina gibt?
Wird, wenn es sich um Entscheidungen handeln wird, nicht das
eine gegen das andere gewogen und erwogen werden? Und

endlich, mit Zweifeln beginnt man große geschichtliche Taten nicht! Da heißt es ausharren und sich nicht abschrecken lassen. Sprechen wir zunächst! Unsere Worte werden Taten sein. Sprechen wir frei, groß, stolz! Wünschen wir! Gewinnen wir durch die Kühnheit unserer Wünsche das immer wunschmutige Volk! Schaffen wir uns durch ein männliches, offenes, modernes Auftreten die Sympathie aller derer, die die öffentliche Meinung Europas bedeuten!

Der Kongreß bietet uns Gelegenheit dazu. Es ist zwar nicht unmöglich, das er uns in dieser Hinsicht manche Enttäuschungen bereitet. Der „praktische" Geist wird sich wahrscheinlich wieder einfinden — wenn auch in neuen Personen und neuen Formen. Die Gefahr ist vorhanden, daß sich in Folge des Kongresses nichts als die Haltung gegenüber der Türkei ändert, sonst aber alles beim Alten bleibt, d. h. Opportunismus, Romantik und Vergewaltigung, allerdings mit geänderten Personen und Richtungen, fortdauern und die Bewegung weiter entehren und schädigen. Doch es kann auch anders kommen und ich bitte jeden, der da wünscht, daß der Kongreß seine Aufgabe g a n z erfülle, am 25. August in München zu sein. Es fehle keiner, dem es darum zu tun ist, daß der Zionismus aus einem Spielball in den Händen des Zufalls und einiger Geldgeber eine ernste Sache der Allgemeinheit, aus einer „praktischen" und romantischen eine wirkliche Bewegung, aus einer reaktionären Zwangsanstalt der Überzeugungen ein weites offenes Kampffeld, aus einer Marotte eines Teiles der jüdischen Bildungsphilister der Wille des Volkes werde.

Einige Bemerkungen über Assimilation.*)

Lange Zeit hindurch wurde die Bekämpfung der Assimilation als die wichtigste vorbereitende Aufgabe des Zionismus betrachtet. Davon ist man nun mehrfach zurückgekommen. Man sieht ein, daß von diesem Ausgangspunkte nicht mit Notwendigkeit ein Weg zu dem positiven Gewinn jüdisch - nationaler Gesinnung zu führen braucht. Statt in diese kann, wie sich gezeigt hat, die Reaktion gegen die Assimilation auch in seichte und hoffnungslose Rückwärtserei münden. Und dann: nationale Gesinnung! Das ist wohl nationales Gefühl und nationales Bewußtsein? Deren Entstehen hängt aber von günstigen sachlichen Bedingungen außerhalb und innerhalb der einzelnen Individuen und des Volksganzen ab, Bedingungen, die sich kaum in nennenswertem Maße willkürlich schaffen lassen. Wo sie also nicht gegeben sind, wird keine noch so heftige Campagne gegen die Assimilation sie hervorbringen können. Ein solcher Feldzug kann höchstens den Scheinerfolg haben, daß Menschen ohne eingeborenes nationales Gefühl und ohne erlangtes nationales Bewußtsein — das Wort im einfachen Wortverstande, ganz unpathetisch genommen — eine sogenannte nationale Gesinnung im Munde führen, die sie, wie die europäischen Bourgeois-Nationalen, in Don-Quixoterien betätigen. Zu einem nationalen Arbeitsprogramm, um das es sich ja dem Zionismus hauptsächlich handelt, kommt man von dem Kampfe gegen die Assimilation aus nicht.

*) Zuerst in „Zion‘ III. Jahrgang Nr. 1 (1. Jänner 1897).

Deshalb bleibt aber das Problem der Assimilation der Juden noch immer für den Zionisten interessant. Kann man nämlich auch zur Assimilation oder gegen dieselbe so viel wie nichts vorkehren, so ist doch eine Untersuchung der Frage, ob die Assimilation nennenswerte Fortschritte gemacht hat oder nicht, für die Beurteilung der Aussichten des Zionismus von einigem Belang.

In meiner Schrift „Die jüdische Moderne" stelle ich die Behauptung auf, daß es bis jetzt eigentlich sehr wenig Assimilation gegeben hat. Das meiste von dem, was so genannt wurde, war nicht Assimilation, nicht n a t i o n a l e Assimilation, sondern ein Hineinleben in die modern-e u r o p ä i s c h e Allgemein'- Kultur (Gattungskultur), bei Aufrechtung des rasseindividuellen, jüdischen Stammescharakters. Der Jude ist Europäer geworden, keineswegs aber Deutscher, Franzose u. s. w. Wir wollen nun an diese Behauptung herantreten.

Ich könnte mich, von meinem auf die Rasse ausgedehnten materialistischen Standpunkte aus, des Bestehens eines eigenartigen jüdischen Typus als Beweises für meine Behauptung bedienen. Aber ich will dies mit Rücksicht darauf unterlassen, als hier nicht Raum ist, meinen Standpunkt, der selbst so stark bestritten ist, zu vertreten, und ich ihn übrigens schon anderwärts verfochten habe. Abgesehen davon giebt es ja auch genug Leute, die einen spezifischen jüdischen Typus leugnen.

Einen kräftigen, indirekten Beweis für die Geringfügigkeit der Assimilations-Erfolge bildet — nicht etwa der Antisemitismus als solcher, nein! sondern — das Fortbestehen der allgemeinen A b n e i g u n g gegen die Juden. Man versucht wohl bekanntlich, diese Abneigung auf andere Ursachen zurückzuführen, zumeist auf wirtschaftliche. In diesem Falle liegt ein Irrtum vor, der, wie ich in meiner Schrift ausführlicher dargetan habe, von dem Mangel an psychologischer Untersuchung herkommt und auf der alten Verwechslung zwischen Ursache und Anlaß beruht. Aber noch viel weniger läßt sich die Abneigung ihrem Grundwesen nach als eine religiöse qualifizieren. Darüber braucht man heute auch nicht ein Wort mehr zu verlieren. Reste von religiösen Anlässen und vom gewaltigen Pulse der Gegenwart belebte soziale Anlässe sind ja unzweifelhaft bei der steten Neuschöpfung der Abneigung gegen die Juden tätig. Aber der nationale Gegensatz ist es, der ihr Wesen ausmacht. Und so können wir auf das Andauern des Gegensatzes, d. h. die Erfolglosigkeit der Assimilation schließen, wenn wir den Fortbestand der Abneigung nachweisen. Ein solcher Nachweis ist nicht leicht und auch nicht mit mathematischer Genauigkeit zu erbringen.

In den nicht exakten Wissenschaften muß die Statistik die Stelle des präzisen Beweises vertreten, dem sie möglichst nahe kommen, wenn sie ihn auch nie erreichen kann. Wir wären also auch hinsichtlich der festzustellenden Abneigung auf statistische Behelfe angewiesen. Doch leider dürfte gerade für den größten Teil des zu beobachtenden Gebietes auch noch nicht das allerursprünglichste Material zusammengestellt sein. Man wird sich also zumeist auf das Schlüsseziehen aus allgemein beobachteten, wenn auch noch nicht dokumentarisch festgelegten Tatsachen beschränken müssen. Ich glaube, man kann es ohne große Skrupel tun. Das, was in der fraglichen Sache auf uns eindringt, tritt so massenhaft und packend auf, daß wir von einer künftigen Statistik die Bestätigung unserer beiläufigen Schätzungen erwarten dürfen.

Zunächst drückt sich die allgemeine Abneigung gegen die Juden und dieser gegen die anderen in der Geringfügigkeit des gegenseitigen Verkehres aus. So gibt es eine auffällige reinliche Scheidung der Gesselligkeitsvereine, sowie aller geselligen Veranstaltungen, des Gast- und Cafèhäuserbesuchs nach Jude und Nichtjude. Ebenso lehrreich ist eine Beobachtung der Zusammensetzung größerer Gesellschaften auf sommerlichen Ausflügen und Reisen. Noch bedeutsamer ist das seltene Vorkommen von geschäftlichen Sozietätsverhältnissen zwischen Juden und Nichtjuden. Ein ebenso ernstes Symptom ist die Seltenheit von Freundschaftsbündnissen zwischen ihnen, namentlich in den unteren Schichten der Bevölkerung mit Einschluß des Proletariates. Schließlich sind die Mischehen ein ergiebiges Material und hier gibt es sogar schon eine ziemlich entwickelte Statistik. Bezüglich der Mischehen muß man sich vor Eilschlüssen hüten. Es genügt nicht, darauf hinzuweisen, daß sich in irgend einem Lande die

Zahl der Mischehen vergrößert, um daraus auf die Abnahme der
Abneigung zwischen Jude und Nichtjude schließen zu können.
Denn hier ist vor allem der wachsende individualistische Zug
der Zeit zu berücksichtigen. Diesem Zug der Zeit gegenüber —
in dem ich ja selbst mit ganzer Seele mitwebe und aus dem
heraus ich auch die Mischehen begreife — verlieren die Zahlen
ihr Gewicht und werden gerade im Gegenteile zu Beweisen, wie
relativ selten im Grunde das individuelle Verlangen nach der
Mischehe ist. Außerdem ist nicht zu übersehen, daß die Mischehen bedeutend häufiger in den geistesaristokratischen Kreisen
als in den Philisterschichten stattfinden. Auch müssen die Zahlen
der Mischehenscheidungen den Zahlen der Mischehenschließungen
gegenüber gestellt werden und zwar wieder gesondert für die
Geistesvornehmen. Eine Ergänzung hierzu würden allerdings
kaum zu beschaffende Zahlen bilden, aus denen hervorginge,
wie sich in den bestehen bleibenden Mischehen im Verhältnisse
zu den ungemischten Ehen das eheliche Glück gestaltet.
Schließlich geben das große numerische Übergewicht der katholisch-
protestantischen über die jüdisch-nichtjüdischen Ehen, sowie die
interessante Beobachtung, daß getaufte Juden sich mit Vorliebe
mit getauften Juden verschwägern, sehr bemerkenswerte Finger-
zeige zur Erkenntnis der Fremdartigkeit, die den Juden in den
Augen ihrer Mitbürger und diesen in den Augen jener anhaftet.

Von der Untersuchung des Grades der Gegenseitigkeit im
geselligen Leben, im Geschäfte, in der Freundschaft und Liebe
werden wir zur Vergleichung der Lebensäußerungen der Juden mit
den entsprechenden der Nichtjuden geleitet. Hier gibt es Gebiete,
die einer statistischen Behandlung fast unzugänglich sind, andere,
die statistisch wenig bebaut, wieder andere, die wohl gepflegt,
aber noch nicht gut ausgebeutet sind. Im ganzen muß man sich
auch hier auf die tägliche Erfahrung verlassen. Eine Beobachtung
der Berufswahlen, der Berufsänderungen, der Vermögensstände,
der Familienverhältnisse, der Gesinnungen, Geschmacksrichtungen
und Parteiangehörigkeiten, der typischen Rechtsanschauungen,
der Gewissenslücken, der Kriminalität bei Jude und Nichtjude, mit
besonderer Berücksichtigung auch der nachweisbaren Mischlinge —
eine solche Beobachtung vervollkommnet die Überzeugung, daß

eine wirkliche Assimilation nicht durchgegriffen hat, namentlich auch in West- und Mittel-Europa nicht. Denn daß in Ost-Europa auch nicht ein Schimmer von ihr vorhanden ist, wird wohl jeder zugeben, der nicht zu den Tendenzmenschen schlimmster Sorte zählt.

In allem, was eben den nationalen Unterschied ausmacht, in den feinen Nüancen und individualisierenden Details des Volkslebens werden also die Juden die Prüfung als Deutsche, Franzosen u. s. w. nicht bestehen. Lassen wir aber unsere Beobachtungen, wo möglich mit Hilfe der Statistik, weiter gehen, zählen oder schätzen wir die Ziffern der Juden hinsichtlich der Bildung, der Beteiligung an dem industriellen und Verkehrsfortschritte, der Teilnahme an Politik im weitestem Sinne des Wortes, — aber hier ganz abgesehen von der Partei- und Stellungnahme in allen diesen Strebungen — sehen wir mit einem Worte auf das W a s und nicht anf das W i e, dann werden wir finden, daß die Juden eben das W a s mit allen jenen gemeinsam haben, die der modernen Kulturmenschheit angehören.

Nun gut, die Behauptung, daß sich die Juden bisher nicht assimiliert, sondern sich blos ihrer Umgebung in der allgemeinen, nicht nationalen Kultur angepaßt haben, wäre einigermaßen wahrscheinlich gemacht. Aber wie, wenn nun zwei Tatsachenkomplexe angeführt werden könnten, die dagegen zu sprechen scheinen? Wollen wir hören!

Ist zunächst die auffällige Verschiedenartigkeit der Juden verschiedener Länder nicht ein Schlag gegen meine Behauptung? Diese Verschiedenartigkeit selbst kann nicht geleugnet werden. Man kann ihr jeden Tag begegnen, wird jeden Augenblick an sie erinnert, wenn man mit den verschiedenen Judengattungen zusammenkommt. Und niemand hat im Grunde öfter Gelegenheit, dies zu beobachten, als die interterritoriellen Zionisten. Wer von uns kann sich z. B. verhehlen, daß zwischen den deutschen und russischen Juden eine weite, bedenkliche Kluft in Bezug auf Temperament, Lebensauffassung und Lebensgestaltung gähnt. Der besser Unterrichtete kennt auch noch viele andere Gegensätze, wie z. B. den allergrößten zwischen spanisch-türkischen Juden einerseits und den westeuropäischen und den slawisch-osteuropäischen Juden andererseits, oder den Gegensatz zwischen dem westeuropäischen und dem osteuropäischen Juden, ferner die Gegensätze zwischen russischen, litauischen, polnischen und rumänischen Juden, ja noch mehr zwischen den Jargon-Juden des europäischen Festlandes und denjenigen Englands und Amerikas. Sprechen alle diese Gegensätze nicht dafür, daß mit den Juden der verschiedenen Länder eine verschiedene Assimilation vor sich gegangen ist?

Und doch wäre diese Annahme zum allergrößten Teile eine irrige. Zunächst werden in vielen Fällen — man wird dieselben aus den angeführten Gegensätzen ohne Mühe herauserkennen — diese nicht nationaler, sondern allgemein kultureller Natur sein. Die Verschiedenheiten rühren dann daher, daß die in Betracht gezogenen jüdischen Gruppen unter verschiedenen Gattungskulturen wohnen. Eine zweite Kategorie bilden jene Verschiedenheiten, die darauf zurückzuführen sind, daß bestimmte jüdische Gruppen durch jahrhundertelange physische und geistige Beschränkung auf ihren eigenen Kreis einen eigenen individuellen Stammestypus ausgebildet haben. Davon kommt es, daß die mit fremdnationalen Namen bezeichneten Gegensätze oft einen ganz anderen Inhalt haben, als man nach dem Namen erwarten würde. Ich erinnere an die Bezeichnung „deutscher Jude" im Gegensatze zu „spanischer Jude," wobei oft der deutsche und der spanische Jude z. B. französische Juden sind; oder die Bezeichnung „polnischer Jude", womit vielfach alle Jargon-Juden gemeint sind, und die mit dem Polentum absolut nicht zu tun hat. Was nun nach Ausscheidung dieser kulturellen und innernationalen Gegensätze von wirklich fremd nationalen Gegensätzen übrig bleibt, kann auf beiden Seiten nur ein Anflug der fremdnationalen Eigenschaften sein und braucht keineswegs den gleichartigen gemeinsamen Grundstock des Judentums verdrängt zu haben. Die Juden Deutschlands können sich sehr wohl zu den Juden Frankreichs so verhalten, wie Deutsche zu Franzoseu, ohne Deutsche und Franzosen zu sein. Und der Erfolg einer derartigen geringfügigen Assimilation ist kein anderer, als daß die schon durch die besprochene Gruppen-Inzucht geschaffenen Stammescharaktere innerhalb der Judenheit auch noch nach einer anderen Richtung hin ausgebildet werden. Nebenbei bemerkt, ein dem

Kulturinteresse höchst dienlicher Vorgang, der einigermaßen die bei den staatlichen Nationen sich ergebende Resorption fremder Elemente ersetzt.

Ein zweites Bedenken gegen unsere Behauptung bildet die Tatsache, daß die sogenannten assimilierten Juden von ihrer Assimiliertheit oft auch tief überzeugt sind. Bei der Behandlung dieses Einwandes muß die Spreu vom Weizen gesondert werden: Die Tausenden Nachbeter, die da glauben, was ihnen von allerlei Druckwerk — von der Schulfibel angefangen bis zu den Dichtungswerken hinauf — suggeriert wird, sie sind von den höher gearteten Menschen zu sondern; deren Durchdrungenheit von ihrem Assimiliertsein dürfen wir nicht vornehm abtun. Es muß was dahinter stecken, was ihnen ein relatives Recht gibt, so zu empfinden, wie sie empfinden. Ja noch mehr, es muß wohl manchmal etwas Wahres in ihrem Verhalten liegen.

Die Assimilation ist nämlich, vom logischen Standpunkte, etwas Folgerichtiges; sie ist eine geradlinige Wahrheit, das heißt keine Wahrheit, weil die Wahrheit etwas tausendfach Gebogenes und Verwickeltes ist, je nachdem wo und wie viele Ablenkungen durch das Instinkt- und Gefühlsleben, sowie durch das Gewicht der vorhandenen Tatsachenmasse hervorgerufen werden. Für alle geradlinigen, bloßen Vernunftwahrheiten können nun die Massen — bei denen wenig Vernunft und viel, allerdings nicht erkannter Instinkt samt Gefühl und Tatsachen-Empfänglichkeit vorhanden ist — sowie die Menschen von schwachem Willen, seien sie mittelmäßig begabt oder geistig bedeutend, durch Suggestion gewonnen werden. Starkwillige Menschen wiederum von mittelmäßiger Begabung, d. h. von den Intelligenz-Ausnahmen der Massen und den Bildungsphilistern, werden, indem sie durch brutale Autosuggestion die Instinkte in sich ersticken, die wahren Träger geradliniger, abstraker Wahrheiten, die wirklichen Fanatiker.

Solche Autosuggestion reicht aber auch zu jenen Geistesriesen hinan, welche mit ihrer Begabung einen normalen Willen verbinden. Und zwar sind es hier meist die Künstler, für die sich die Erklärung fremdnationaler Selbsteinschätzung durch Autosuggestion aufrecht erhalten läßt. Bei diesen ist die eigentliche Verstandestätigkeit im Verhältnisse zu ihrer lebhaften Gefühls- und

Anschauungstätigkeit gewöhnlich eine geringe; um so leichter sind sie geneigt, die paar geradlinigen Wahrheiten, die sie sich an- eignen, für sehr wichtig anzusehen und, auf sie gestürzt, eine starke Autosuggestion zu entwickeln. Doch diese Erklärung ge- nügt nicht bei den hochbegabten Erkenntnismenschen von nor- malem Willen. Wenn wir bei ihnen eine fremdnationale Selbst- einschätzung finden, so bleibt uns — da wir bei ihnen ein Sich- Rechenschaftgeben über ihre verwickelten Empfindungen und Instinkte voraussetzen müssen und andererseits ihr Wille stark genug ist, um Suggestionen zu widerstehen, aber zu schwach ist, um Autosuggestionen zu entwickeln — schier nichts anderes übrig, als anzunehmen, daß ihre Empfindungen und Instinkte wirklich fremdnationale sind, daß sie tatsächlich bereits außerhalb des jüdischen Stammesbodens stehen.

Diese Annahme muß richtig sein. Es kann eben nicht ge- leugnet werden, daß — ob hauptsächlich infolge von Blutsver- mischung, Klima oder geistiger Influenz, soll hier unentschieden bleiben — bei den Juden sich gewisse Züge der Wirtsvölker vorfinden, bei dem einen Individuum mehr, bei dem anderen weniger, bei manchen wenigen Exemplaren so überwiegend viele, daß der ganze Charakter dadurch bestimmt wird, bei der un- geheuren Mehrheit so wenige, daß sie eigentlich gar nicht Be- achtung verdienen. Da kann es nun vorkommen, daß irgend ein hochstehender Geist zu den völlig assimilierten Ausnahmen ge- hört. Aber auch dann, wenn dies nicht der Fall, wenn er noch ganz Jude ist, vermag er sich als Nichtjude zu werten. Ein solches Urteil kommt auf zweifache Art zustande. Entweder es liegt ein einfacher Irrtum vor, wovor ja bekanntlich der größte Geist nicht schützt, ein völliges Mißdeuten der im eigenen Innern beobachteten Vorgänge. Oder wir haben eine Willenshandlung höherer Ordnung vor uns, wie sie nur Willensübermenschen zusammenbringen — einen Befehl an sich selbst, ein anderer zu sein, als man seiner klar erkannten Art nach ist.

So erweist sich denn auch das zweite Bedenken, welches wir anführten, als wesentlich hinfällig.

Gerade die letzten Erörterungen über die wenigen wirklich Assimilierten und über die Assimilierten aus Eigenwillen sind es,

die uns auf die Frage der persönlichen Verantwortung gegenüber der Assimilation führen. In dieser Hinsicht herrschen geradezu
vorsintflutliche Anschauungen, wie sie wirklich gebildeten Zionisten nicht geziemen. Die Assimilanten sind mit nichten samt
und sonders als so eine Art von Verrätern anzusehen. Es mag
wohl eine gewisse Anzahl bewußter Geschäftsassimilanten geben,
aber von ihnen zu denjenigen, denen der wirtschaftliche Antrieb
die Suggestion und Autosuggestion erleichtert, ist ein ungeheuer
weiter Abstand. Ebenso zwischen denjenigen, deren wirtschaftliche
Motive streng eigennützüge sind, und denjenigen, die sich vom
wirtschaftlichen Interese der Gesamtheit leiten lassen. Aber sie
alle brauchen gar keine Entschuldigung, weil sie nicht schuldig
sind. Sie stehen da, wo ihre spezifische Abstammung und ihr
spezifisches Milieu sie hingestellt haben. Sie sündigen nicht, sie
leben ihr Leben. Sie sind, ebenso wie wir, von Verantwortung
freie Elemente des großen Existenzkampfes, den das jüdische
Volk in sich führt, Atome der in einem interessanten Prozesse
begriffenen jüdischen Gesellschaft. Die jüdische Gesellschaft, das
jüdische Volk ist eine Individualität, die lebt und als solche sich
verbraucht und wieder ersetzt. In gewissen jüdischen Personen
muß sich der Lebenskonsum, in gewissen die Lebensreproduktion
ausdrücken. Assimilation und Zionismus sind gar nicht Gegensätze, sondern nur zu gegensätzliche Funktionen berufene Faktoren des jüdischen Lebens der Gegenwart. Und speziell der
Zionismus — er bekämpft nicht, er ersetzt.

Judaismus und Hellenismus

Zwei weltgeschichtliche Gegensätze.*)

Vor kurzem hat Herr Dr. Oskar F. Walzel in seinem in der „Zeit" veröffentlichten Artikel „Goethe, Heine und die Antike" den uralten Gegensatz zwischen judäischer (nazarenischer) und hellenischer Weltanschauung an großen, dichterischen Individuaitäten abgemessen. Es dürfte sich nun verlohnen, den Kampf der beiden Prinzipien nicht blos von der persönlichen, literarisch-künstlerischen, sondern auch von der außerpersönlichen, geschichtlich-politischen Seite zu betrachten, ihn im wechselvollen Laufe der Geschichte zu verfolgen und schließlich zu untersuchen, ob und welche Rolle er noch in den Strömungen der Gegenwart spielt.

Als ethnische Träger des genannten Gegensatzes gelten die Hebräer und die Hellenen. Doch wird man sich diesbezüglich nicht allzu großer Ausschließlichkeit befleissen dürfen. Hebräer und Hellenen sind nicht die ersten, die das Prinzip der Lebensstrenge, des Weltschmerzes, der spiritualistischen Entsagung, resp. das Prinzip der Lebensheiterkeit, der Weltlust, des realistischen Genusses verkörperten. Man wird namentlich bis zu einem gewissen Grade den einen die meisten alten Völker des Orients, den anderen die meisten Völker des Abendlandes zuzählen dürfen — wie wir ja auch speziell mit Rücksicht auf die letzteren das Gemeinsame in den Kulturen der Griechen, Römer, Germanen, Kelten und Slawen in diesem Artikel mit dem Worte

---

*) Zuerst in der Wochenschrift „Die Zeit" VIII. Bd. Nr. 94 (18. Juli 1896).

9*

Heidentum bezeichnen werden. Jedenfalls steht aber soviel fest, daß die beiden Anschauungswelten, die eine in dem sublimen Altruismus Jesaias' und Christi, die andere in der unvergänglichen Schönheit Homers, Sophokles' und Phidias' den Gipfelpunkt ihrer Entwicklung erreicht also im Judentum und Griechentum ihre ausgeprägteste Verleiblichung erhalten haben. Diese Tatsache darf uns jedoch hinwiederum nicht zu der Annahme verleiten, als ob zu allen Zeiten und in allen Individuen die Hellenen genußfrohe Sinnenmenschen, die Hebräer genußscheue Asketen gewesen wären, als ob nicht im griechischen Volke spiritualistische, im israelitischen sensualistische Gegen-, Unter- und Nebenstömungen vorhanden gewesen wären. Solche treten uns vielmehr schon in der klassischen Zeit beider Völker, ohne daß ein fremder Einfluß zu vermuten ist entgegen. So fällt einer der ersten griechischen Philosophen, Xenophanes, in nahezu nazarenischer Sentimentalität über den griechischen Götterhimmel her und verschreit die homerische Poesie als Sünde. Andererseits weist das biblische Hohelied eine geradezu hellenisch naive, schönheitstrunkene Erotik auf. Die Vermutung scheint daher sehr am Platze, daß die gegensätzlichen Kulturanlagen zu vorhomerischer, bezw. vorbiblischer Zeit in jedem der beiden Völker noch ungeschieden in barbarischer Ursprünglichkeit wohnten. Allmählich schälten sie sich aus diesem Primitivzustand heraus, entfalteten sich mit der Zeit immer mehr (Perikleisches Zeitalter, Blütezeit der Prophetie), schränkten dann die respektive Gegenströmung in steigendem Maße ein, vernichteten deren Aussichten auf höhere Entwicklung und riefen schließlich, ohne den feindlichen Warner entartend, in Hellas und Rom eine verlotterte Gesellschaft mit weichlicher Kunst, in Judäa eine verknöcherte Sippe mit einer Buchstabenreligion hervor.

Bis zu diesem Punkte der Entwicklung war noch kein mit dauernden Wirkungen verknüpfter Zusammenstoß der beiden Gegensätze vorgekommen. Wohl hatte sich im zweiten Jahrhundert vor Christus eine Hellenisierungswoge über Judäa ergossen. Der bereits dekadente Hellenismus hatte damals den Judaismus, welcher sich sogar infolge der Gefahr wieder zu einer kurzen Kraftzeit emporschwang, nicht mehr zu besiegen vermocht. Und so war die Woge wieder abgeflossen. Der Judaismus war gerettet und in der Lage, wieder mit rascheren Schritten seiner Entartung entgegenzueilen. Aber was der über die nationale Einheit herausgewachsene, zum bloßen Kulturbegriffe gewordene und dadurch in seiner Energie geschwächte Hellenismus nicht mehr vermocht hatte, nämlich durch sich selbst einen neuen Höhepunkt hellenischer Lebensauffassung zu erklimmen — das gelang dem noch auf nationaler Grundlage ruhenden, einheitlichen und übersichtlichen Judaismus. Er stieg zu einem neuen Gipfel judäischer Weltanschauung auf, indem er sich das Christentum schuf. Das Machtverhältnis lag jetzt wieder wie zwei Jahrhunderte vorher zu Gunsten des Judaismus, aber es war eine ganz andere Anwendung davon zu machen, es konnte eine ganz andere, eine weltbewegende Wirkung damit erzielt werden. Jetzt war der Judaismus der angreifende Teil. Die Woge aus dem Meere der hellenisierten Völker hatte aus dem kleinen Palästina unverrichteter Dinge abfließen müssen, die Welle aus dem hebräischen Bächlein überschwemmte alle Lande des römischen Weltreiches. Es war, als ob die Antike in der nazarenischen Sintflut ertränke.

Des Weltdramas zweiter Akt, die Weltherrschaft des Judaismus, das Mittelalter begann. Aber Jerusalem mußte die gewonnene Weltherschaft noch teurer bezahlen, als seinerzeit Hellas die seinige, da es sie mit bedeutend größerem Mangel an innerer Solidität angetreten. Denn der universell gewordene Hellenismus hatte sich doch wenigstens auf die urhellenische Kerntruppe gestützt und von anderen Völkern zumeist solche geworben, die mehr oder weniger einen realistischen, daseinsfrohen, sinnenfreudigen Sinn besaßen. Dagegen mußte der nunmehr zur Weltreligion erhobene Judaismus von vornherein auf die Mithilfe seines zur Sekte erniedrigten Wiegenvolkes, auf seine ursprünglichste Kraft, verzichten und sich noch obendrein zu Proselyten Völker suchen, welche ihrer natürlichen Veranlagung nach mehr zu Heiden als zu Judäern geschaffen waren. Dieses gewaltige Defizit am Anfange seiner Laufbahn zwang das Christentum, dem Heidentum Zugeständnisse zu machen, und damit zur Kirche zu werden. Indem die Kirche den nazarenischen Gewissensstachel mit hellenischem Balsam bestrich, machte sie wohl ihre Klienten vertrauensselig und fügsam, sich selbst aber mißtrauisch und ungenügsam. Die Folge war ein neuerlicher Abstieg des Judaismus von der schauerlich heiligen Höhe, diesmal des Evangeliums, zu den düsteren Abgründen einer engherzigen oder scheinheiligen Rechtgläubigkeit.

Gegen dieses Entwicklungsresultat erhob sich, wie einstens der Nazarener gegen das Tempel- und Rabbiner-Judentum, die Reformation. Sie war sozusagen eine Revolution en famille, ein Versuch des auch in seiner christlichen Gestalt wieder in Verfall geratenen Judaismus, aus sich selbst heraus sich wieder aufzurichten, ein Versuch, der mißlingen mußte, weil die katholische Christenheit keine übersichtliche Einheit, sondern ein von tausendfältigen zentrifugalen Tendenzen durchquertes, ja sogar ein des zentralen Grundstockes entbehrendes Konglomerat darstellte. Und der Versuch mißlang auch wirklich. Nicht die Seelenüberschwänglichkeit des reinen Judaismus wurde wieder hergestellt, sondern blos dem talmudischen und klerikalen ein neuer Typus judäischer Entartung, der puritanische, zugesellt. Es war nichts gebessert worden. Die Hilfe mußte von den Heiden kommen, und sie kam daher.

Der scheintote heidnische Geist in den Völkern Europas fing unter dem Drucke des dekadent gewordenen Nazarenismus an, sich zu regen, zu sammeln, zu stärken, aufzulehnen. Die Renaissance in der Kunst, die freie Forschung in der Wissenschaft, die klassische Periode in der Literatur, die Kräftigung des Staatsgedankens sind Kapitel aus der Geschichte dieser stillen, neuzeitlichen Revolution der Antike gegen den Judaismus. Aber wenn wir jedes einzelne dieser Kapitel und namentlich wenn wir das spektakulöse Nachwort dazu, die große französische Revulution, studieren, gewahren wir bereits, daß mit der stolzen Antike ebenso wie mit dem düsteren Judaismus, mit letzterem neben und außerhalb seiner Degeneration, eine Wesensveränderung vor sich gegangen ist.

Es gibt keine bessere Veranschaulichung dieser Veränderung, als wenn man sie durch die Umwandlung exemplifiziert, die Ibsen in seinem „Rosmersholm" den Pastor Rosmer und Rebekka

West durch gegenseitige geistige Beeinflussung erleiden läßt —
wobei es gleichgiltig ist, ob und inwieweit man dem großen
nordischen Dichter die entsprechende Personifikationsabsicht zu-
muten will oder nicht. So wie Rosmer an der Hand der kraftvollen,
kühnen Rebekka „frei geworden" ist, ebenso wurde der erworbene
demütige, hingebende Judensinn der Christenheit durch die hellenische Tradition wieder verselbständigt. Und sowie Rebekka West,
von der Lebensanschauung des „zart und weich empfindenden"
Rosmer „angesteckt", „ganz allmählich, beinahe unmerkbar, aber
so übermächtig zum Schluß" verändert wurde, ebenso wurde der
wiedererwachende, trotzige, kräftige Heidensinn der europäischen
Völkerfamilie von der sanften, milden Judäerart erweicht. Und so
kam es, daß der große, heidnische „Herren-Aufstand", welcher am
Ende des vorigen Jahrhunderts gegen die judäische Sklaven-
moral ausbrach, unter dem judäisch klingenden Losungsworte
der „Menschenrechte" geführt wurde. Freilich sah dabei vorläufig
für diese nicht viel heraus. Die Kampfesstimmung, welche die
neuen Heiden gegenüber dem Kirchen-Nazarenismus beseelte, hielt
in ihnen die judäischen Ideen noch im Zaume. Wiewohl man
„Freiheit, Gleicheit, Brüderlichkeit" rief, so meinte man doch
nur die hellenische „Freiheit", die judäische „Gleichheit und
Brüderlichkeit" blieb vorderhand noch Staffage. Das liberal-revo-
lutionäre Zeitalter war unfruchtbar an sozialen Taten, dagegen
wurde es die Voraussetzung der Nationalitätenbewegung mit ihrer
Glanz-, Pracht- und Machtentfaltung. Doch lag in der Nationalitätenbewegung der Keim zu einer weiteren Entwicklung der Dinge —
insoferne als durch Dezentralisierung des von den Aufklärern gegen
die Kirchlinge geführten Kampfes die Angriffe der ersteren immer
und überall den Bedürfnissen der Zeit und des Ortes angepaßt
werden konnten und so an Wucht und Sieghaftigkeit gewannen.
Die von hundert Punkten aus angegriffene Weltherrschaft der
Kirche brach zusammen. Der tausendjährige Alp fiel, und nun
konnte der dritte Akt der Weltgeschichte beginnen. Das Terrain
war frei für neue radikale Renaissance-Bestrebungen, sowohl im
heidnischen wie im judäischen Sinne, hauptsächlich aber für ein
Fortschreiten der Verschmelzung beider Weltanschauungen.

Zu den radikal-heidnischen gehören die ultra-nationalen
Bestrebungen innerhalb der europäischen Völker. Sie beruhen in

ihren letzten Gründen sämtlich auf einer Negierung der judäischen Prinzipien. Am schwersten ist dies bezüglich der Slawen und Angelsachsen, am leichtesten bezüglich der Deutschen zu beweisen. Die deutschen Philosophen Schopenhauer, Nietzsche und Dühring sind trotz ihrer sonstigen Verschiedenheit untereinander die entschiedensten und bewußtesten Antinazarener der Gegenwart. Im deutschen Volke erhält der Antinazarenismus sogar eine eigene politische Erscheinungsform. Indem er in den Stammesjuden — es ist mit ein Characteristicum unserer Zeit, daß die solange für die aktuelle Politik verschollenen Juden wieder von mannigfacher Bedeutung für den Gang der Dinge werden — die Träger der verhaßten antigermanischen Ideen sieht, wird er zum Antisemitismus. Und es ist nun eine rechte Ironie der Weltgeschichte, daß sie diesem Antisemitismus als allerdings nur vorläufigen Waffengefährten einen anderen Antisemitismus gab, welcher in manchen Ländern als Begleiter und mehr oder minder Verfälscher einer radikal-judäischen Strömung, der christlich-sozialen, auftritt. Dieser Antisemitismus gibt vor, das Judentum, als $mat^erialistisch^en$ Antichrist, mit anderen Worten, wegen zu geringem Judaismus zu hassen. *)

Weit mehr jedoch als diese Renaissancebestrebungen — die in Hinsicht auf ihren Endzweck der vollen Verheidung oder Verjudung der Menschheit oder einzelner Völker nach dem gegenwärtigen Stande der Entwicklung gänzlich aussichtslos erscheinen, aber nichtsdestoweniger durch beschleunigtes Einholen mancher Entwicklungsversäumnisse das Ausreifen der großen hellenisch-judäischen Synthese begünstigen — ist der Fortschritt beachtenswert, den eben diese Synthese gemacht hat. Nicht als ob wir zu erwarten

---

*) Eine radikal-judäische Gruppe der Gegenwart, und zwar jedenfalls die naturgemäßeste, bildet übrigens auch — und das ist eine zweite Ironisierung des Antisemitismus durch die Weltgeschichte — die eben jetzt aus ihrer Verborgenheit vorsichtig hervortretende zionistische Bewegung. Freilich gilt diese Einreihung nur, wenn man die Strömung nach der Mehrheit ihrer Anhänger betrachtet, die sich das zu gründende jüdische Gemeinwesen — um das handelt es sich dem Zionismus — von judäischer Weltanschauung getragen und belebt denkt. Mit seiner Minderheit — die wohl nicht judäisch, aber auch nicht hellenisch zu denken sich einbildet, sondern jenen zuzuzählen ist, die an eine Synthese der beiden Weltanschauungen glauben und von welchen im Texte noch die Rede sein wird — gehört allerdings der Zionismus der radikal-judäischen Gruppe nicht an. (Man sehe übrigens meine Artikel über den Zionismus in der „Frankfurter Zeitung" vom 1. und 2. März 1895 und in der „Zeit" Nr. 16.)

hätten, daß schon in naher Zukunft die einzelpersönlichen oder nationalen Individualitäten gänzlich ihren spezifisch judäischen oder hellenischen Charakter verlieren würden. Damit die gegenseitige Durchdringung der beiden Prinzipien in jedem Menschen, in jedem Volke eine vollständige werde, dazu bedarf es wohl noch langer, langer Zeit, ja es bleibt sogar noch fraglich ob da nicht eine gewisse Grundstimmung der einen oder andern Art stets zurückbleiben wird. Aber soweit braucht sich auch gar nicht die Vereinheitlichung von Judaismus und Hellenismus zu erstrecken; es kann sich nur darum handeln, daß die Menschen endlich lernen, für ihre gemeinsamen, ihre gesellschaftlichen Angelegenheiten nicht nacheiner ausschließlich judäischen oder ausschließlich hellenischen Richtschnur zu suchen. Judaismus und Hellenismus mögen Privatsache und Wesensbestimmung des Individuums bleiben, das, wornach es wertet und bewertet sein will. Die Gesellschaft aber, die für alle Individualitäten da ist, soll die gegensätzlichen subjektiven Prinzipien ihrer Glieder unter einen, unter ihren objektiven Hut bringen. Und das ist es, was immer mehr begriffen wird. Was die Kirche nicht vermittelst eines mechanischen Kompromisses durchführen konnte, wozu der Liberalismus zu planlos und schwach war, es scheint sich endlich doch erfüllen zu wollen. Die großen wirtschaftlichen Umwälzungen unseres Jahrhunderts haben das Züchtungsresultat zweier Jahrtausende grell beleuchtet und für die Gesellschaft kühn die Resultierende der beiden Komponenten Judaismus und Hellenismus gezeichnet. Als Gesellschaftsglieder, als determinierte Teile der außerpersönlichen Gesamtheit sind die europäischen Menschen keine Judäer oder Hellenen mehr. Sie sind vielmehr Leute, die sich aus dekadent judäischer Muckerei und Salbaderei sowie dekadent hellenischer Gesinnungslosigkeit und Fäulnis ein ihnen behagendes Kulturnest zusammengetragen haben, oder Leute, die gesund judäische Gutheit und Milde mit hellenischem Schönheitssinn und Kraftgefühl zur höhern Einheit des Gesellschaftsideals: Adelsmenschentum verschmolzen haben.

Freilich ist dieses Adelsmenschentum vorerst nur unklarer Wunsch, oder wenns hoch geht, klare Theorie. Wird diese Praxis, wird aus der Gedankentatsache eine Erscheinungstatsache werden?

Der Zweifler gibt es da wohl weit mehr als der Gläubigen, und doch haben die letzteren guten Grund zur Hoffnung. Denn angenommen selbst, daß sich für Individuen judäische und hellenische Grundstimmung ausschließen, für die Gesellschaftsvernunft tun sie dies nicht, sondern ergänzen sich zu gesellschaftlichem Vorteil. Aber eben das wird oft bestritten. Die einen meinen, daß hellenische Genußfreude das Christentum zerstören müsse. Darin mögen sie Recht haben. Doch in der Sache selbst haben sie Unrecht, denn das Christentum, besser die Kirche, ist nicht die ewig giltige Form eines ethischen Inhalts. In der Mühle der Evolution werden die ehrwürdigsten religiösen, ethischen und rechtlichen Institutionen unbarmherzig zermalmt, wenn ihre Zeit gekommen ist, d. h. wenn — nrch idealistischer Geschichtsauffassung — die leitenden Ideen der Geschichte eine nächst höhere Erscheinungsform verlangen, oder — nach materialistischer Geschichtsauffassung — der neue wirtschaftliche Kern der Geschichte eine neue Schale bedingt.

Auf der anderen Seite sieht man in der jüdischen Gerechtigkeits- und Sittlichkeits - Grübelei eine Todfeindin heiteren Sinneslebens und gestaltungskräftiger Kunst. Aber wieder mit Unrecht. Es mag ja sein, daß Zeiten, in welchen große, gesellschaftliche Fragen auf der Tagesordnung stehen, einen gewissen feierlichen, rein hellenischen Naturen unleidlichen Ernst aufweisen. Dieser Ernst ist ja offenbar auch heute vorhanden — das jüdische Stammeselement trägt übrigens begreiflicherweise viel zu dieser Allgemeinphysiognomie bei, — doch nie war er in seinen letzten Zielen lebens- uud kunstfreundlicher als gerade jetzt. Er ist heute der Anstoß zu einem gewaltigen Fortschritte in der Ästhetik, einem Fortschritte, gegenüber welchem alle früheren, um mit Schiller zu sprechen, Nonnenklöster gewesen sein sollen. Denn so wie der Judaismus in seinem Weltbedrückungsdrange nicht die Brücke von der Gemeinschaft der im Himmelreiche Seligen zur Gemeinschaft der auf Erden Glücklichen finden konnte, so verstand es der Hellenismus in seinem übermächtigen Individualitätsstolze nicht, den Schritt von der persönlichen zur gesellschaftlichen Ästhetik zu machen.

Wie unentwickelt und roh noch im Grunde unsere heutige Ästhetik ist. geht daraus hervor, daß sie an all dem Widerlichen und Schmutzigen, das das Elend darbietet, nicht Anstoß nimmt, daß sie kein Verlangen spürt, dem Reiche der Schönheit die größtmögliche Ausdehnung zu geben. Es gibt da keine Ausrede auch vom rein hellenischen Standpunkte nicht, wie etwa die wäre, daß diejenigen, denen es vergönnt ist, in sinnerfreuender Schönheit zu leben, alles abstoßend Häßliche doch meiden könnten. Eine solche Flucht vor dem Anblicke des Elends ist bei den heutigen Lebensverhältnissen geradezu unmöglich. Darum heißt Elend wegräumen — so bitter ernst sich dieses Geschäft auch anlassen mag — soviel als in den Seelen auch schon der Auserwählten von heute der Schönheit eine neue breite Gasse bahnen. Aber es bedeutet auch, den heiteren, sinnenfrohen, reinen Lebens- und Schönheitsgenuß auf Legionen neuer Menschen ausdehnen, es bedeutet neue Scharen von künstlerisch Schaffenden erzeugen, die sonst mit wenigen seltenen Ausnahmen im Daseinsschmutze watende Herdentiere bleiben.

So scheint man denn doch mit einigem Rechte annehmen zu können, daß die Zukunft der Gesellschaft der praktischen Synthese von Judaismus und Hellenismus gehört, nachdem die theoretische gelungen ist. Welchen Weg sie wählen wird, um sich in Szene zu setzen, und wie lange es bis zu ihrer vollständigen Etablierung dauern mag, welche neue Gegensätze sie dann in fernster Zukunft aus sich gebären wird — die Erörterung dieser Fragen kann nicht Aufgabe dieses Artikels sein. Wir wollen uns mit der Aussicht bescheiden, daß der Menschheit aus ihren beiden in ihrer Eigenart gleich hoch zu schätzenden Kulturbornen das Wertvollste nnd Erhabenste, zu einem Strome vereint, immerdar befruchtend zuströmen wird.

Künstlertum. *)

Bekanntlich sprechen die Antisemiten den Juden das Künstlertum ab. Es ist dies eine der Behauptungen, mit denen sie die Inferiorität der jüdischen Rasse beweisen wollen. Und trifftsie zu, dann müßte man allerdings auch die Folgerung gelten lassen.

Aber ist es wirklich wahr, daß die Juden keine Künstler haben, oder genauer ausgedrückt, daß sie keine Künstler hervorbringen können? Was ist ein Künstler? Ein Künstler ist ein Mensch, der etwas k a n n. Das sagt uns die Sprache. Aber es wird wohl wenige Menschen geben, die nicht irgend etwas können. Es soll wohl ein Mehr-als-andere- oder ein Anderes-als-andere-Können gemeint sein. Dann würde allerdings der Kreis der Könnenden schon ein begrenzter sein. Aber ein bestimmtes Künstlermerkmal wäre dieser Definition noch immer nicht zu entnehmen. Denn auch der Gelehrte kann mehr und anderes als das Gros; zumindest anderes kann auch der Goldschmied und selbst der Schuster. Es muß also etwas ganz B e s o n d e r e s sein, was der Künstler kann. Diese Besonderheit gilt es aufzufinden.

Ich möchte nun behaupten, ein Künstler sei der, der a h n e n kann. Die anderen Menschen können dies nämlich nicht. Es ist selbstverständlich, daß ich nicht von den „Ahnungen" redseliger Kaffeeschwestern und Bierbankbrüder spreche, sondern von der großen Ahnung des Zusammenhanges der Dinge, von der Ahnung des Weltinhalts, von dem ausschöpfenden Durchdringen des Lebens. Dem dieses Können zu Gebote steht, der ist ein Künstler —

---

*) Zuerst in „Die Welt", I. Jahrgang Nr. 12 (20. August 1897).

mag er als Maler oder Bildner aus einer Landschaft, einer Persönlichkeit, einem Geschichtsvorgang, einem Stilleben das Wesen dieser Erscheinungen herausschauen und auf seine Leinwand pinseln oder in seine Steine meißeln; mag er als Dichter durch die Welt der Handlungen, Gedanken und Gefühle wandern und auf dem Wege seine Dramen, Epen oder Gedichte pflücken; mag er als Komponist die Seele der Welt erhorchen und sie wiederklingen lassen; oder mag er endlich das, was er schaut, pflückt und erhorcht, ungebildet, ungedichtet, unvertont in der Stille seines Busens vergraben. Ja, auch die sogenannten unproduktiven künstlerischen Naturen sind Künstler.

Das Schaffen, das tätige Können ist nur Verwirklichung des ahnenden Könnens und folgt mit Notwendigkeit aus diesem. Wenn es trotzdem so oft schweigt, so weist das nur darauf hin, daß äußere Momente das ahnende Können hindern, sich in schaffendes Können umzusetzen. Man denke nur an geborene Künstler, die durch einen unglücklichen Zufall gerade jene Gliedmaßen oder Sinne eingebüßt haben, die zur Produktion notwendig sind. Aber man braucht gar nicht so mechanische Hindernisse anzunehmen. Es gibt auch Hindernisse anderer, feinerer Art, unter welchen vielleicht das wichtigste das des störenden Milieus ist. Wenn etwa ein Mensch mit angeborenem dichterischen Ahnungsvermögen in einem Volke groß geworden ist, das seit Jahrtausenden zu grübelnder, statt zu ahnungsweiser Geistestätigkeit gezüchtet worden ist — wie ungeheuer groß muß sein Ahnungsvermögen sein, damit es trotz des rationalistischen Gegengewichtes zur Betätigung komme. Einer, der sonst Goethe werden könnte, wird dann Heine, und wer ein guter Dichter zweiten Ranges werden könnte, wird einer dritten Ranges oder gar — eine unproduktive künstlerische Natur, d. h. ein phantasiereicher Artikelschreiber. Andere verlieren selbst das Ahnungsvermögen.

Das ist das normale Judenkünstlerschicksal.

Daß dasselbe aber nicht in der Rasse gelegen sein kann, beweisen ja schon die Glücklichsten unter diesen Unseligen, diejenigen, die sich trotz allem und allem zu einer gewissen Schaffenshöhe, manchmal auch zur Klassizität und Größe, wie

Heine, emporschwingen. Doch es gibt noch einen besseren Beweis: Die Vergangenheit.

Hatten etwa die Juden des Altertums keine Künstler, keine reinen Künstler, keine großen Künstler? Verbissene Antisemiten werden wohl auch das behaupten wollen. Sie werden dies, namentlich gestützt auf das landläufige Schema der Künste tun, nach welches es nur bildende Kunst, Poesie und Musik gibt. Da werden sie dann zunächst auf die allerdings notorische Tatsache hinweisen, daß die Malerei, die Plastik und Skulptur der Juden des Altertums gleich Null waren; ferner auf das Fehlen der Dramatik in der Poesie; und schließlich werden sie bei dem Mangel genauer Angaben über die althebräische Musik bezüglich dieser leicht ungünstige Hypothesen aufstellen können.

Nun, ist aber der diesen Beweis ermöglichende Kunstschematismus überhaupt eine arge Versündigung gegen den Begriff der Kunst. Hält man fest, daß Kunst das Weltahnenkönnen höchstens zum Weltschaffenkönnen gesteigert ist, dann ist nicht einzusehen, warum sich der Künstler nur als Dichter, Bildner und Komponist sollte betätigen können? Die übliche Einteilung ist nicht viel mehr als ein bequemer Schimmel. Es gibt Gelehrte, die das Endziel ihrer Forschungen am Anfange vorausahnen, es gibt Staatsmänner, die das Stück Geschichte, das sie machen, zum Beginn ihrer Laufbahn seherischen Auges überschauen, es gibt Redner, die das Volk, zu dem sie sprechen, mit dem Instinkte erfassen. Das sind alle Künstler, daß aber nicht alle Gelehrten, Staatsmänner und Redner Künstler sind — mein Gott, es gibt ja auch neben Malern, Dichtern und Musikern einfache Bauzeichner, Schriftsteller und Musikverständige.

Was aber selbst für die heutige Zeit und die europäische Zivilisation gilt, muß in weit erhöhtem Maße von vergangenen Zeiten und gänzlich anders gearteten Kulturen gelten. Wer das zugibt, wird kein Bedenken tragen, die Propheten der alten Hebräer — eine in der Kulturgeschichte aller Völker einzig dastehende Erscheinung — als Künstler sui generis zu erklären. Nicht das dichterische Element in ihnen, sondern ihre merkwürdige, ahnende Durchdringung der sozialsittlichen Seite des Menschenlebens und geschichtlichen Geschehens ist ihre Kunst. Sie sind

Ethoskünstler, Priesterkünstler und die Entstehung und Blüte ihrer Spezies ist auf denselben Grund zurückzuführen, wie der Mangel der bildenden Künste und der dramatischen Dichtkunst auf den besonders geistlichen Zug im Wesen des jüdischen Volkes. Hätte nun das jüdische Altertum wirklich nicht die gewaltigen Epiker und ergreifenden Lyriker und vermutlich auch die genialen Komponisten hervorrufen — die es hervorgerufen hat — die Prophetenschar allein würde genügen, um den künstlerischen Ruf Alt-Israels und somit des jüdischen Stammes als solchen zu retten.

Somit beweist auch die Vergangenheit, daß der künstlerische Rückgang unseres Volkes — soweit ein solcher stattgefunden hat — nicht in der Rasse seine Ursachen haben kann. Er muß vielmehr Schuld des Milieus sein, in welchem die Juden seit zwei Jahrtausenden leben — des Exils, das ihnen das Ahnenkönnen gemindert und das Schaffenkönnen verstümmelt und geraubt hat. Denn Ahnen und ahnendes Schaffen gedeihen nur dort, wo der Mensch in inniger Verbindung mit der Natur bleibt, nicht dort, wo er sich ein naturfremdes Gedanken- und Gefühldasein eingerichtet hat. Land ist es, das uns fehlt. Auch zur Prophetie, die des Zusammenhanges mit der Erde ebenso bedarf, wie ihre ästhetischen Schwesterkünste. Weil wir kein Land haben, werden uns selten Künstler geboren und die geboren werden, verfallen so oft dem fürchterlichem Schicksale, daß die großen Ahnungen ihrer Seelen stumm in ihnen vergähren.

Land! rufen nicht blos unsere hungrigen Massen. Land! rufen auch unsere großen, kunstsehnsüchtigen Persönlichkeiten. Land! Dann soll die staunende Welt eine Kunstentfaltung sehen, daß alle die böswilligen Verkleinerer unseres Volkes zu Schanden werden. Vielleicht wird sich dann wieder unsere ureigenste Kunstart, die Ethoskunst, neu beleben, eine junge moderne Prophetie erstehen. Jedenfalls aber werden wir in unserer jüdisch-europäischen Zivilisation große, ganze Meisterer der Steine, Formen, Farben und Töne hervorbringen, die ihren Mitkünstlern anderer Nationalität nicht nachstehen werden.

Land für die jüdische Kunst!

Zweiter Teil

Die „Lösungen" der Judenfrage.*)

Wer sich heutzutage als jüdischer Politiker behaupten will, muß das Schicksal des jüdischen Volkes auf e i n e Karte setzen. Wer solch eine einfache, willkürliche und ausschließliche „Lösung" nicht will, weil ihm die Zukunft als eine Reihe verwickelter, mehrfach bedingter, im letzten Grunde unwillkürlicher Entwickelungstatsachen erscheint, verschafft sich kein Gehör. Niemand glaubt ihm, daß die kleinste Vorahnung solcher Tatsachen viel mehr Kraft der Intuition voraussetzt, als so ein Ziel-Chimborasso, zu dessen Auftürmung nur ein großes Maß einer gewissen gradlinigen Phantasie notwendig ist.

Deswegen will ich auch gar nicht versuchen, als Politiker zu sprechen, aber auch nicht als Theoretiker, — hierfür ist der mir hier gebotene Raum zu enge — sondern einfach als Beobachter.

Von den als solchen angepriesenen „Lösungen" der Judenfrage ist die zionistische die markanteste. Nach dem Zionismus ist die Heimatlosigkeit des jüdischen Volkes, das „Golus", die Quelle alles Judenelends. Darum müßten alle Bemühungen darauf hinzielen, diese Quelle zu verstopfen, den Juden wieder ein Heim zu geben.

Der zionistischen verwandt und doch ganz anders gerichtet ist die nationale „Lösung". Der jüdische Nationalismus negiert

---

*) Zuerst in „Ost und West", II. Jahrg. N. 6 (Juni 1902).

10*

das Golus und verweist die Juden auf den in ihnen latenten Fond nationaler Kraft, auf politische und wirtschaftliche Organisation unter den gegebenen Verhältnissen. — Mit der nationalen hat die assimilatorische „Lösung" insofern eine Ähnlichkeit, als auch sie das Golus nicht kennt. Inhaltlich aber ist sie der reine Gegensatz zu jener. Die Assimilation erstrebt, wie schon ihr Name besagt, das Aufgehen der Juden ohne nationalen Rest in die anderen Völker.

Die sozialistische „Lösung" weiß natürlich auch nichts vom Golus, ist aber andererseits nicht notwendigerweise gegen die jüdische Nationalität gerichtet. Sie verwirklicht sich auf dem Wege der allgemeinen Menschheits-Erlösung.

Wenn man diese vier Richtungen mit einander vergleicht, so findet man, daß nur eine von ihnen den Gedanken der jüdischen Nationalität grundsätzlich verwirft. Gerade diese eine aber ist die am wenigsten prinzipientreue. Die meisten Assimilanten sind mehr oder weniger Gefühlsnationalisten, die sich selber foppen, indem sie der Sache einen anderen Namen geben. Konsequente Assimilanten gibt es verhältnismäßig sehr wenige und diese verkörpern höchstens die Tatsache, daß es Juden gibt, die aufhören wollen, es zu sein. Sie haben aber weder die Macht, ihren Trieb zum allgemeinen Triebe ihres Volkes zu machen, noch bieten sie für jene, die bei ihrem Volke ausharren wollen, irgend einen Vergleichspunkt bezüglich des Wertes ihrer „Lösung" dar.

Bleiben also die drei anderen „Lösungen", die man allerdings hinsichtlich ihres Wertes vergleichsweise prüfen kann. Versuchen wir es einmal!

Der bedingende Gedanke des Zionismus ist das Golus als Quelle alles Judenelends. Gibt es ein Golus? Gewiß, aber es ist nur in der Theorie absolut. In der Wirklichkeit wird es durch geschichtliche Entwicklungen eingeschränkt und zwar um so mehr, je weiter die Entwickelung gediehen ist. Darum drückte es in früheren Jahrhunderten stärker als heute und drückt heute in rückständigen Ländern stärker als in fortgeschrittenen.

Im ganzen gibt es drei große Entwicklungsstadien des Golus. Das erste ist die Periode des gesetzlich sanktionierten Druckes.

Doch auch innerhalb dieser Periode gibt es Stufen. Auf der entwicklungsgeschichtlich ältesten, tiefsten befinden sich die Juden ganz außerhalb der für die Heimischen eingerichteten Rechtsordnung. Der Staat selbst steht an der Spitze der gegen ihr Leben, ihre Gesundheit, ihre Menschenwürde und ihr Vermögen gerichteten Angriffe. Mit fortschreitender Entwicklung wird das gesetzlich gewährleistete Recht auf solche Angriffe eingeengt; daneben werden den Verfolgten allmählich immer mehr Positionen innerhalb der allgemeinen Rechtsordnung eingeräumt. Diese Entwicklung findet ihren vorläufigen Abschluß darin, daß jede staatlich approbierte Gewaltanwendung gegen Juden als Juden unmöglich wird, die Juden selbst privatrechtlich mit der übrigen Bevölkerung gleichgestellt werden. Von der privatrechtlichen Gleichstellung zur politischen ist nur noch ein Schritt; ist auch dieser getan, so hat die erste Golus-Periode ihr Ende gefunden. Es beginnt, die zweite Periode, die des Drucks mit außergesetzlichen, ich möchte sagen diskretionären Mitteln.

Diese zweite Periode bedeutet einen großen Fortschritt gegenüber der ersten. Es sind mächtige Anti-Golustendenzen vorhanden, welche ein legitimes, systemisiertes Golus nicht mehr gestatten, sondern die judenfeindlichen Instinkte des Volkes zwingen, sich unmittelbar und außergesetzlich zu entladen. Auch diese zweite Golusperiode weist Stufen auf, die den Entwicklungsstadien der einzelnen Zeiten und Länder entsprechen. Auf der untersten dieser Stufen stehen gewalttätige, widergesetzliche Ausbrüche des Judenhasses, die dann das Bild des ganz alten Golus mit seinen Missetaten im Namen und Auftrage des Staates selbst vortäuschen. Eine im Sinne der allgemeinen Entwicklung höhere Stufe des Golus bildet der Judenhaß in politischen Organisationsformen, als Parteibewegung. Einen weiteren Fortschritt stellt jener Zustand dar, den man heute als gesellschaftlichen Antisemitismus zu bezeichnen pflegt. Allerdings hört man gerade diesen oft als besonders gefährlich bezeichnen. Doch beruht diese Ansicht nur auf einer verstärkten Unlust-Empfindung gegenüber dem notwendig tückischen Charakter einer nicht organisierten Feindschaft und auf Unterschätzung des Fortschrittes, der darin liegt, daß das Golus seinen letzten Schimmer von Offizialität bei den Völkern eingebüßt hat.

Doch das Golus kann sich im Verfolge der menschlichen Aufwärtsentwicklung noch weiter abwärts entwickeln. Es kann in seiner dritten Periode so zusammenschrumpfen, daß es gar kein materielles Judenelend, ja nicht einmal mehr irgend welche moralische Judennot bedeutet. Es ist dann nichts als ein gewisses Manko der Juden an innerer Harmonie, seelischer Ausgeglichenheit und kultureller Originalität.

Angesichts dieser verschiedenen Golus-Möglichkeiten ist es schwer, den Satz aufrechtzuerhalten, daß das Golus der Quell alles Juden-Elends sei. Oder man muß sich logischerweise dazu verstehen, den Begriff des Judenelends enger zu fassen. Und was ist dann näherliegend, als alle jene Judenleiden, die schon durch die fortschreitende Entwickelung der Dinge allmählich beseitigt werden, aus dem spezifischen Begriffe des Judenelends auszuscheiden und diesen Begriff nur mit jenem Inhalt zu füllen, der eben aus dem geschilderten Minimal-Golus quillt. Die weitere Folge dieses Schlusses ist, daß die vom Zionismus in den Vordergrund gestellte „Heimat" eigentlich nur gegen die kulturelle Ausnahmestellung des jüdischen Volkes notwendig ist, daß aber alles materielle und moralische Elend der Juden auch auf anderem Wege behoben werden kann. Doch nicht bloß k a n n, sondern auch m u ß. Denn es ist nicht möglich, die Sphäre des Zionismus freiwillig zu erweitern. So schnell man auch die Entfaltung und Reife eines jüdischen Gemeinwesens erhoffen mag, *) bis dieses denjenigen Grad von Macht und Nachdruck erreicht, um alle auswärts wohnenden Juden vor Unbill zu schützen, ist diese längst schon auf dem ordentlichen, allgemeinen Entwicklungswege von ihnen genommen. Hieraus ergibt sich wieder eine Folgerung, und zwar: Der Zionismus darf auf keinen Fall Wege wandeln, die diese mit der allgemeinen Entwicklung parallelgehende Befreiung aufhält oder gefährdet. Gerade das tut er aber dann, wenn er sich seine Ziele selbst übertreibt und dadurch einerseits zu Schritten gedrängt wird, die ihn mit der allgemeinen Entwicklung zusammenstoßen lassen, andererseits die Juden ab-

---

*) Hier — wie überhaupt in diesem Artikel — soll zu den bedeutsamen Fragen: Wo? und wann? — gar nicht Stellung genommen werden.

hält, um die weitere Verbesserung ihrer Lage im Golus zu kämpfen.

In der Forderung dieses Kampfes liegt der Sinn des azionistischen Nationalismus. Nur weiß er wenig Vernünftiges mit dieser Forderung anzufangen. Er führt den Kampf dort, wo er keinen nennenswerten Erfolg verspricht : Für eine nationale Gleichberechtigung, die einem Volke ohne Boden nur in sehr begrenztem Maße dienen kann ; für einen isolierten politischen Kampf gegen Unterdrückungen, die nicht aufhören können, bis nicht gewisse allgemeine Ziele erreicht sind ; für wirtschaftliche Organisationen, die gegenüber Mißständen, die sich aus der allgemeinen wirtschaftlichen Lage ergeben, einigen Nutzen gewähren mögen, gegenüber dem spezifischen ökonomischen Judenelend aber einfach versagen. Dagegen fehlt der jüdische Nationalismus dort, wo man ihn am dringendsten braucht. Er hat fast gar keine Zeit übrig für die Pflege kultureller Tendenzen, die trotz aller ultrazionistischer Widerrede gewiß nicht hinausgeworfene Mühe, sondern eine höchst reelle Arbeit für Gegenwart und Zukunft darstellen. Noch weniger zeigt er sich, von einigen Konkurrenzversuchen abgesehen, für das Quantum Wahrheit empfänglich, das in der zionistischen Bewegung liegt. Und schließlich tut er gar nichts im Interesse desjenigen Zieles, das einer azionistischen jüdisch-nationalen Politik vor allen anderen vorschweben müßte, für die Herbeiführung eines Zustandes, in dem alle über die Erde verstreuten Juden nur das besprochene Golus-Minimum zu tragen hätten.

Eine solche Tätigkeit müßte darauf gerichtet sein, eine planvolle und durchaus von realistischen Gesichtspunkten geleitete Verteilung der Juden in den verschiedenen Ländern der Erde durchzuführen. Außerdem müßte sie sich in Erkenntnis dessen, daß die beste Gewähr für die Herabdrückung des Golus die Entwicklung der Menschheit zu immer höheren politischen und wirtschaftlichen Daseinsformen ist, auch auf den Kampf für diese erstrecken.

Gerade dieser letztere Punkt aber ist es, an dem sowohl der jüdischen Nationalismus als auch der Zionismus — wenigstens in ihren heutigen Erscheinungsformen — notwendigerweise versagen müssen. Auf Schichten gestützt, die mit reaktionären Instinkten ausgestattet und an den großen sozialen Befreiungsfragen nicht bewußterweise interessiert sind, können sie diesbezüglich nichts tun. Hier sind nur die proletarischen Schichten des jüdischen Volkes leistungsfähig. Und wirklich haben sie bereits im Osten, zu mächtigen Heeressäulen formiert, den Kampf begonnen. Natürlich aber verfallen auch sie in die krankhafte Einbildung, die einzige „Lösung" gefunden zu haben. Wiewohl ihre Organisation auf einer erfreulichen Bejahung der jüdischen Nationalität beruht, so fehlt ihnen doch noch jedes Begreifen dafür, daß neben dem Kampfe gegen die dunklen Gewalten Europas auch eine jüdische Verteilungs-Aktion einhergehen muß. Noch weniger können sie vorläufig einsehen, daß auch die Individualität des jüdischen Volkes ein Märtyrer ist, der endlich erlöst werden will und muß.

So sehen wir denn, daß jede der drei alleinseligmachenden Richtungen wunde Punkte im Leben des jüdischen Volkes aufzudecken weiß, gleichzeitig aber auch die von den anderen aufgedeckten wunden Punkte nicht sehen und nicht anerkennen will. Keine dieser Gruppen hat Verständnis und Mut für die g a n z e Wahrheit.

Muß es so bleiben? Bis zu einem gewissen Grade allerdings. Denn es liegen zum Teil Weltanschauungsgegensätze vor. Solche berechtigen aber, ja verpfichten sogar zu gesondertem Vorgehen — soweit der Gegensatz reicht. Doch zum Teil ist die Gegensätzlichkeit nur scheinbar, blos durch die Brille der Partei-Animosität hervorgerufen. Man befaßt sich aus „Lösungs"-Fanatismus nicht mit gewissen Fragen, die genauer geprüft, den Parteigrundsätzen eigentlich gar nicht widersprechen.

Würde hierin einmal Wandel eintreten, dann würden wir höchstens zwei gesonderte jüdische Gruppen an der Arbeit sehen — die bürgerliche und die proletarische — aber beide würden ein gesättigtes, erschöpfendes und — vom trennenden Klassenstandpunkte abgesehen — verwandtes jüdisches Programm aufweisen. Im besonderen hätten sie beide für zwei der wichtigsten Ziele jeder jüdisch-nationalen Politik — günstige Verteilung der Juden in den verschiedenen Ländern und Territorialisierung der jüdischen Kultur — gleichzeitig Sinn. Sie würden dann auch zur Erkenntnis kommen, daß aus beiden Zielen keine „Lösungen" gemacht werden können, daß vielmehr beide mit einander, ja durch einander erreicht werden müssen und daß die Arbeit für beide identisch ist, nämlich: Planmäßige Dirigierung ·jüdischer Massen, nicht nach vorgefaßten Meinungen und imperativen Idealen, sondern entsprechend der Gelegenheit, sowie dem Willen und Bedürfnis des Volkes, bald in verteilendem, bald in sammelndem Sinne.

Wird es je dazu kommen?

Einige Gedanken über den Antisemitismus*)

Es gab eine Zeit, wo ich dem Judenhaß mit einem gewissen Wohlwollen gegenüberstand. Mit einer Art Behagen sah ich seinem Treiben zu, fast freute ich mich seiner Erfolge und Fortschritte. Wenn ich diese Empfindungen nicht immer rund heraussagte, so war es nur aus einer Art taktischer Zurückhaltung, die ich mir auferlegen zu müssen glaubte, um nicht zu sehr bei denjenigen anzustoßen, die ich für nationaljüdische Bestrebungen zu gewinnen hatte. Wie gerne hätte ich sie aber mit der vollen Wahrheit geärgert und ihnen zugerufen: Die bösen Buben haben ja ganz recht, ihre Beleidigungen mögen sich ja nicht lieblich anhören und sind in ihrer absoluten Form sicherlich unzutreffend, aber es sind doch auch nur die stammelnden Ausdrücke der sehr richtigen Empfindung, daß zwischen Juden und Nichtjuden eine unüberbrückbare Kluft gähnt, daß beide gegensätzliche Schönheits- und Sittlichkeitsideale haben. Sie haben recht und wir ·haben recht und es ist gut, daß sie so wettern. Wir wissen jetzt wenigstens, woran wir sind; so lange ihre Abneigung still und schleichend war, wußten wirs nicht und besannen uns auch nicht auf uns selber.

Diese meine damalige Überzeugung hatte ihren Ursprung in einer an sich sehr berechtigten Abneigung gegen Gefühle, die dem landesüblichen A n t i-Antisemitismus fast durchaus zurugnde lagen und liegen. Ich mußte und muß mich immer fragen: Warum sind die Leute so erbittert, da sie ja selbst nicht achten, was jene

---

*) Zuerst in „Ost und West", II. Jahrg. Nr. 8 (August 1902).

begeifern? Hinter ihrer Erbitterung zuckt offenbar nicht der Nerv der beleidigten Volksehre, sondern schäumt einfach die besinnungslose Wut, die jeder Angegriffene auch gegen den mit Recht Angreifenden hat. Ihrer Erbitterung fehlt die Weihe der tiefen und innigen Überzeugung vom eigenen Recht. Neben dem moralischen hat sie aber auch noch ein intellektuelles Manko. Wer nicht blinde Spießbürgeraugen im Kopfe hat, muß über den Versuch lächeln, mit dozierenden und doktrinären Gegenbeweisen einem alten, vererbten Haßbedürfnis der Völker, das den Teufel nach Beweisen fragt, beizukommen.

Aber es war und ist nicht recht, sich von dieser richtigen Einschätzung der vulgären „Abwehr" zu einer Art Anerkennung des Antisemitismus verführen zu lassen. In dieser Anerkennung geht man in gewissen Kreisen heute sehr weit. Ohne es offen einzugestehen, sieht man auf die duldsamen, weitherzigen, vorurteilslosen Nichtjuden mit gutmütigem Spott herab, während gerade die strammsten Antisemiten als so eine Art nachstrebenswürdiger Vorbilder, als achtungswerte Feinde betrachtet werden. Ich kenne z. B. zionistische Studenten, die ihre innere Genugtuung nicht verbergen können, wenn sich irgend ein alldeutscher Dutzend- oder Übernarr lobend über die nationaljüdischen Bestrebungen ausspricht.

Ich möchte glauben, daß der Antisemitismus denn doch nicht solch hohen Respekt verdient, daß er gar nicht objektiv so gerechtfertigt und daher auch gar nicht so unangreifbar ist, wie unsere Ultras sich einbilden. Ich will nicht seine gegenwärtige Macht ableugnen oder ignorieren, wie dies gerade von kritischen Köpfen, wenn auch immer seltener, so doch leider noch allzuhäufig geschieht. Ich bringe es nur nicht zustande, mich einerseits über diese Macht zu freuen, andererseits sie insofern als ewig anzuerkennen, als ihr nicht durch eine zionistische Lösung der Boden entzogen wird.

Ich kann daher auch nicht zugeben, daß man den Antisemitismus ruhig gewähren läßt und den Kampf gegen ihn aufgibt.

Was ist, woher kommt eigentlich der Antisemitismus?

Die Beantwortung dieser Frage ist gar nicht so leicht als man sie sich oft macht. Vor allem ist es unrichtig, die letzten Anlässe als Ursache aufzufassen. Das tun z. B. und hauptsächlich diejenigen, die die heutige Gestaltung der ökonomischen Verhältnisse für den Antisemitismus verantwortlich machen. Diese Verhältnisse sind blos ein Anlaß znm Antisemitismus gleich anderen Anlässen, die es auch noch gibt, z. B. die ungünstige Verteilung der Juden über die Erdoberfläche, das jüdische Erwerbsleben, daß auf diese Verteilung und auch schon auf primäre judenfeindliche Angriffe zurückzuführen ist. Von diesen Anlässen heißt es phsychologisch tiefer hinunterschreiten. Und man kommt anf diesem Wege zunächst zu Erscheinungen, die schon ganz wie Ursachen ausschauen, zur religiösen Verschiedenheit und zum nationalen Gegensatz. Das sind wohl keine Anlässe mehr, keine äußeren Anstöße, sondern in den Faktoren selbst gelegene notwendige Gründe, aber doch noch nicht die letzte Ursache. Sie weisen erst auf das hin, wovon sie, wenn sie auch eine selbständige Wesenheit, einen eigenen Wirkungskreis gewonnen haben, abstammen, auf den Rassengegensatz, als die letzte, innerste, latente Ursache des Judenhasses und aller judenfeindlichen Bewegungen.

Ich kann im Gegensatz zu den meisten Sozialkritikern, die ja in nationalen Fragen, namentlich aber im Punkte der Judenfrage ihre sonstige Gründlichkeit zu verlassen pflegt, von dieser meiner alten Überzeugung nicht abgehen. Ich bin aber weit entfernt, in diesen Rassengegensatz verliebt zu sein und ihm ein uneingeschränktes Recht und eine uneingeschränkte Macht, besonders zur Aufhetzung der Menschen gegen einander zuzusprechen. Dies nicht etwa aus apriorischen Humanitätsgründen, sondern auf Grund ruhiger, sachlicher Prüfung. Diese lehrt nämlich, daß die Rasse nicht die einzige Geschichtskraft ist, daß ihre Macht von den anderen Geschichtskräften eingedämmt wird und ferner, daß die gewaltsame Austragung der Rassenkämpfe ebensowenig zu deren Wesen gehört, wie etwa die gewaltsame Austragung der wirtschaftlichen Kämpfe zu dem Wesen dieser. Die Menschheit tritt offenbar immer mehr in ein Stadium ein, wo sich alle ihre Kämpfe in friedlichen, gefälligen Formen abspielen, ohne die ungeheuren Säfteverluste, wie sie bisher vorkamen, sondern im Gegenteile unter stetem, reichlichem Gewinn. Daß sich dieser

Gewinst auch in sozialsittlichen Formeln niederschlägt, wer könnte das verhindern oder möchte es bedauern?

Und darum sind mir die Antisemiten so widerwärtig, weil sie, die gegenwartstaubsten und zukunftsblindesten, von all dieser Entwickelung nichts sehen und hören und sie mit ihren kleinen oder kranken Gehirnen aufhalten wollen. Ja, aber sie haben doch das Verdienst, das Prinzip der Rasse erkannt und gegen einseitige Überschätzer des wirtschaftlichen Prinzipes zur Geltung gebracht zu haben. Keine Spur! Sie haben einfach, was nach den großen naturwissenschaftlichen Forschungen und Erkenntnissen unseres Zeitalters greifbar in der Luft lag und im Zuge der Entwickelung von allen nach vorwärts gerichteten Parteien praktisch verwertet wurde oder verwertet zu werden im Begriffe steht, zu einer tollen, schäbigen Farce verdichtet.

Und es gibt hierin keinen nennenswerten Unterschied zwischen den einzelnen Gruppen dieser Gesellschaft. Noch bis vor gar nicht langer Zeit habe ich von ihrem radikal-nationalen Flügel doch weit mehr gehalten als von dem sich christlich nennenden. Ich bin auch von dieser Meinung, zu der ich wahrscheinlich noch aus einem Rest von nationalistischer Wahlverwandtschaft oder von altem Respekt vor dem „achtungswerten Feinde" hielt, abgekommen. Ich danke meinem Gotte dafür. Was soll das größere Verdienst dieser nationalen Antisemiten sein? Daß sie sich über ihre ungezügelten Rasseninstinkte ganz klar sind, daß sie eine Reinkultur derselben gezüchtet haben, daß sie jedes Geschichtsdenken durch ihren rassennärrischen Einschlag verfälschen, daß sie in ihren entwicklungsfeindlichen Marotten konsequent sind bis zur Lächerlichkeit, daß sie mit einem Worte in die tolle schäbige Farce System gebracht haben? Da sind mir die klobigeren und ungeschlachteren, aber dafür gemütlicheren, weniger monomanen und daher vom weltgeschichtlichen Standpunkt weniger gefährlichen Christlichsozialen fast noch lieber.

Vielleicht bin ich übrigens gegen die anderen deshalb etwas zu bitter, weil ich Gelegenheit habe, ihren unglückseligen Einfluß auf die westjüdische Jugend, soweit sie zionistisch ist, zu beobachten. Es tut einem in der Seele weh, den starren Partei- und Dogmenfanatismus der alldeutschen Quer- oder Schwachköpfe in jüdischer

Toilette wieder zu finden. Wenn ich mir nur vor Augen halte,
welche häßlichen, kleinlichen Wutausbrüche sicheren Meldungen
nach schon meine gewiß gemäßigten Artikel in „Ost und West"
bei manchen Ultras hervorriefen — dann kann ich immer und
immer wieder nur mit einigem Haß an Schönerer und seinesgleichen denken, die diese unfruchtbare Weise als Beispiel und
Miasma in die Welt gesetzt haben. Auf diese pathologischen
Gecken fällt es zurück, wenn das arme jüdische Volk, welches
ich liebe und dem ich angehöre mit allen Fasern meines Leibes
und meiner Seele und das wahrlich Grund hätte, höchstens nur
e i n e n Fanatismus zu kennen, den des Kampfes gegen allen
Fanatismus — wenn auch dieses jüdische Volk wieder in alte
Delirien verfällt.

Doch es steht übrigens nicht so schlimm, weder mit der
Macht der Antisemiten, noch mit den Aussichten der jüdischen
Volksseele.

Schon lange kennt man den weittragenden Unterschied
zwischen dem offen als solchen einherschreitenden Antisemitismus
und dem alten, vererbten, latenten, innerlichen Judenhaß, von
dem jener nur eine Art lauter Äußerung neben vielen geräusch-
losen Äußerungen ist. Aber man hat diesen Gegensatz meist nur
dann ausgespielt, wenn es galt, die Folgen des Rassenprinzipes
als unheilbar unheimlich darzustellen, die düsteren Farben des
Golus noch düsterer zu malen. Der Gegensatz hat aber ein viel
freundlicheres Gesicht, das man allerdings nur sehen kann, wenn
man sich im Sinne der obigen Ausführungen und meines vor-
letzten Artikels in diesem Blatte von der Überschätzung der
Rassengeschichtsmacht und übertriebener Golusangst frei gemacht
hat. Dann erscheint gerade der alte vererbte, latente, innerliche
Judenhaß als Quelle zwar aller antisemitischen Ausbrüche, aber
als eine Quelle, die im Laufe einer Entwickelung, an der man
mitarbeiten kann, immer weniger und weniger ergiebig wird, bis
sie zuletzt ein unscheinbares Gerinsel sein wird, dessen geringe
Wirkungen man mit in den Kauf nehmen muß, wie so manches
im Völkerleben. Die antisemitischen Ausbrüche selbst wiederum
erscheinen dann zwar als furchtbare materielle und moralische
Verheerungen einer bis in ziemlich ferne Zukunft sich erstrek-

kenden Gegenwart — aber auch als etwas, was mit allen Mitteln
des fortschreitenden Geistes bekämpft werden muß und kann.
Dann betet man nicht mehr in seinem stillen zionistischen oder
nationalistischen Kämmerlein die Antisemiten als Helden einer
neuen Offenbarung an, sondern erkennt sie als das, was sie
sind, als blinde Maulwürfe, die nur noch obendrein den Größen-
wahn haben, „blonde Bestien" zu sein. Diese Maulwürfe, sie
mögen Erde aufschütteln, so viel sie wollen, was nützt ihnen
das? Schon der heutige Stand der wissenschaftlichen und wirtschaftlichen Entwickelung läßt es außer Zweifel, daß die ordentlichen Ackersleute der Geschichte, die Menschen des vorurteilslosen Forschens und der Arbeit, die Maulwürfe wieder vertreiben
und die aufgeworfenen Erdhügel wieder in fruchtbaren Humus
verwandeln werden. Und diesen ordentlichen Ackersleuten sich
anzuschließen, nicht etwa eine unfruchtbare „Abwehr" betreiben,
das ist die Aufgabe, die dem Juden gegenüber dem Antisemitismus
zufällt. Es kann dabei nicht von bestimmten Parteien die Rede
sein, denn die Linie, auf der gegenwärtig der Kampf gegen alle
Mächte des Stillstandes und der verschimmelten Überlieferung
wütet, ist lang und bietet auf vielen verschiedenen Stellen Platz
für die jüdische Einreihung.

Man sage nicht, daß die jüdischen Kämpfer wegen ihrer verachteten Stellung nichts ausrichten, sondern eher noch schaden.
Es ist ja richtig, daß der starke jüdische Einschlag in den im
Sinne der Entwicklung kämpfenden Heeren den Antisemiten bei
ihrer Propaganda Vorschub leistet. Aber es ist ein Fehler, den
Wert dieser Tatsache so zu überschätzen, als es gewöhnlich geschieht. Vor allem, was intellektuelle Leistungen betrifft. Denn
diese lassen sich überhaupt nicht addieren und in ihrer Summe
mit der Summe der antisemischen Erfolge vergleichen. Was e i n
genialer Jude im Sinne der ungestörten Entwickelung aufbaut,
können alle Antisemiten der Welt nicht niederreißen. Aber auch
die Leistungen der jüdischen Durchschnittskämpfer sind durch
die antisemitischen Treibereien nicht entwertet. Denn für die
wahre Gestaltung der Dinge kommt es weniger auf die augenblicklichen Siege und Niederlagen der Parteien und Gruppen an,
als darauf, welche von ihnen die größeren Quantitäten positiver

Leistungen aufstapelt. — Betrachtet man die Dinge von diesem Gesichtspunkte, so kommt man zu der Überzeugung, daß von jüdischer Arbeit gegen die Mächte der Beschränktheit trotz aller antisemischer Anstrengungen auch nicht ein Quentchen verloren geht.

So meine ich denn, daß wir den Antisemitismus als Kraft nicht unterschätzen, als Wert nicht überschätzen dürfen und daß wir den Kampf gegen ihn mit allem Nachdruck führen müssen. Nur an e i n e r Stelle hat er gar nichts, aber schon gar nichts zu suchen — in allem nämlich, was zu jener großen Bewegung gehört, die ich die jüdische Renaissance - Bewegung *) nennen möchte.

Es ist nicht Sache dieses Aufsatzes, zum Zionismus Stellung zu nehmen. Aber so viel muß gesagt werden : Ein Zionismus, der sich keine bessere Voraussetzung weiß als den Antisemitismus, ist schon von vornherein gerichtet. Da kann nichts anderes herauskommen als der tristeste, hohlste Chauvinismus, hinter dem auch nicht ein Atom wirklichen nationalen Lebens steckt, der an Formen, Worten, Farben hängt, als ein greulicher Fanatismus, der jede Kritik und jeden Kritiker am liebsten totschlagen möchte. Ein solcher Zionismus konnte nur im Westen geboren werden, dort, wo es kein geistiges Vollblutjudentum mehr gibt, wo von jüdischem Leben nur mehr kümmerliche Reste vorhanden sind, wo eine innere, nationale Entwickelung längst aufgehört hat; konnte nur entstehen als eine Art Verlegenheitsantwort auf den Antisemitismus, mit dem er deshalb parallel laufen, dessen Geist er kopieren muß.

Jeden Vollblutjuden muß solch ein blutloser jüdischer Chauvinismus gar seltam anmuten, er muß es seinen rutschenden Phrasen anhören, daß sie nicht aus harten, jüdischen Seelenskeletten, sondern aus jüdischen und arischen Seelenweichteilen stammen. Wenn nichtsdestoweniger dieser Chauvinismus infolge der bestehenden politischen Verhältnisse auch unter die Juden des

---

*) Ich möchte den Ausdruck „Zionismus" lieber ablehnen, nicht so sehr wegen seines frömmelnden, romantischen Klanges, als hauptsächlich, weil er die Bezeichnung einer Partei geworden ist, die gewiß nicht alle Möglichkeiten einer jüdischen Renaissance - Bewegung umfaßt, besonders diejenigen nicht, mit denen sich ein moderner Mensch befreunden kann.

Ostens Eingang gefunden hat, so braucht man sich davon nicht beunruhigen zu lassen. Denn den westlichen Juden mag der Zionismus nach der geringsten Enttäuschung zu einer Gefahr für den Rest ihres armseligen Judentums werden, die Ostjuden aber erzeugen aus sich heraus einen fortwährenden Strom lebendiger jüdischer Kultur, lebendiger jüdischer Ideen. Dieser Strom fließt so oder so, unabhängig von antisemitischer Leibes- und Geistes- und von zionistischer Willensbedrängnis. Er fließt, wie das Leben fließt, weil er das Leben ist, das Leben des jüdischen Volkes. Er wird noch fließen, wenn der heutige Rummel längst vorüber sein wird und wird zusammen mit dem großen Strom der gesamten Menschheitsentwickelung das jüdische Volk seinen nationalen Zielen zuführen — ohne auf zionistische Wässerchen oder gar auf antisemitische Bächlein angewiesen zu sein.

Die jüdische Renaissance-Bewegung. *)

In dem Artikel „Einige Gedanken über den Antisemitismus",
den ich in der vorigen Nummer von „Ost und West" veröffentlichte, erwähnte ich auch die „Jüdische Renaissance-Bewegung".
Ich halte mich nun für verpflichtet, ausführlicher zu erklären,
welchen Sinn ich mit diesem Worte verbinde. Dadurch, daß ich
es für „Zionismus" setzte, könnte die Meinung entstehen, ich
hätte in ihm ein neues Wort für das Ideal einer zionistischen
P a r t e i prägen wollen. Dem ist aber nicht so. Vielmehr wollte
ich es blos der Übung der intellektuellen Zionisten entgegen-
setzen, die unter Zionismus nicht blos die Partei, sondern auch
die große geistige Bewegung verstehen, welche hinter der Partei
steht. Für diese Bewegung aber ist mir das Wort „Zionismus"
zumindest zu schwach und zu eng. Und deshalb greife ich zu dem
Ausdrucke „Jüdische Renaissance-Bewegung", den ich übrigens
auch von den intellektuellen Zionisten habe, die ihn hie und da
gebrauchen. Ich habe ihn nicht geprägt. Wollte Gott, ich wäre
an der seinerzeitigen Einführung des Wortes „Zionismus" so un-
schuldig, wie ich es jetzt an dem Ausdrucke „Jüdische Renaissance-
Bewegung" bin! Jedenfalls aber akzeptiere ich ihn und weiß aus-
zusagen, was ich darunter verstehe.

Renaissance, gleich Wiedergeburt, ist ein mystisches Wort,
das ja auch in den verschiedenen religiösen Systemen eine große
Rolle spielt. In dem engeren Sinne als Renaissance des klassischen

---

*) Zuerst in „Ost und West", II. Jahrg. Nr. 9 (September 1902).

Altertums bekam es einen vollen weltgeschichtlichen Klang, ent-
hüllte aber gerade in dieser Anwendung seinen inneren Widerspruch. Denn jetzt weiß man schon lange — auch ohne Houston
Stewart Chamberlain —, daß die Renaissance keine Wiedergeburt
war, daß es überhaupt keine Wiedergeburt gibt, ebensowenig in
der Natur, als in der Geschichte, die ja nur ein Stück Natur ist.
Was tot ist, kann nicht und was noch lebt, braucht nicht wieder-
geboren zu werden. Die naturwissenschaftliche Auffassung der
Dinge führt die Idee einer Wiedergeburt ad absurdum.

Und dennoch hat sich das Wort „Wiedergeburt" erhalten
und wird auf immer neue Gebiete angewendet. Denn eine große
poetische Kraft geht von ihm aus, eine Kraft, die nicht in lebens-
losen Romantizismus umschlägt, weil sie nicht verklungenen,
sondern eben erst erklingenden Idealen dient. Der Mensch der
neuen Zeit nimmt das Wort längst nicht mehr wörtlich, buchstäblich. Und soweit er es so zu nehmen schien oder scheint,
tat oder tut er es nur in Verkennung der eigenen Empfindungen
und Wünsche. Was ihn drängt, ist ja gar nicht der Trieb, irgendwo
anzuknüpfen an die Tatsachen des grauen Altertums oder des
blauen Mittelalters, sondern nur wieder so glücklich, so lebens-
strotzend, so reich zu werden, wie er damals war oder glaubt,
damals gewesen zu sein. Was er im tiefsten Herzen ersehnt, ist
nicht ein Wieder-, d. h. Zum-zweiten-Male-Geborenwerden ge-
storbener Entwickelungen, sondern ein Wieder-, d. h. Wieder-
einmal-Geborenwerden von Kräften, die eine neue Entwickelung
einzuleiten imstande sind. So ist es, wenn sich auch wenige
darüber Rechenschaft geben.

Unter diesem Vorbehalte spreche ich von jüdischer
Renaissance-Bewegung. Tatsächlich gibt es in ihr keine einzige
wirkliche Wiedergeburt, weder früher noch jetzt, noch in der
Erwartung. Was dem Judentum gestorben, innerlich gestorben
ist, wie z. B. die Theokratie oder der Asiatismus, ja überhaupt
sein ganzer althebräischer Charakter, wird nie mehr wieder-
geboren werden. Aber was in ihm lebt, sein Drang, sich eine
eigene Sprache zu formen, den eigenen Geist ausleben zu lassen,
sein Trieb nach räumlichem Zusammensein, überhaupt sein ganzes
nationales Wesen von heute — alles das kann es erleben und

erlebt es, daß ihm neue Kräfte geboren werden, daß ihm junge Flügel wachsen zu jugendlichem Sonnenflug.

Nichts ist lehrreicher für die Erkenntnis dieses großartigen Prozesses, als gerade die ungeheure sprachliche Schaffenskraft des jüdischen Stammes im Exile. Zwei Materialien hat ihm der Verlauf seiner Geschichte zur Verfügung gestellt: das semitische Hebräisch und das arische Deutsch. Mit beiden hat er etwas anzufangen gewußt, als die Zeit der jungen Triebe gekommen war, und dort wo sie kam. Der Winter der hebräischen Sprache hat etwas lange gewährt. Aber nun war er zu Ende. Über den alten Wurzeln und Stämmen erschien ein neues Grün, und das Grün wurde immer dichter und dichter. Und heute ist es eine herrliche Laubkugel, die bald so schön und schattig sein wird, wie in dem großen Sommer, der dem langen Winter vorausging. Damit begnügte sich aber die tiefinnerlich wirkende „Wiedergeburt" nicht. Sie nahm noch den Baum aus der Fremde her, pflanzte ihn ins Erdreich der jüdischen Seele, propfte Reiser darauf vom hebräischen Stamme und von anderen Sprachstämmen, Reiser, die das jüdische Volk auf seinen Wegen auflas, und bildete sich eine zweite Sprache daraus, die sich gewiß vor keiner anderen Europas zu schämen braucht — so reich, so eigenartig, so brauchbar für das Höchste und Gewöhnlichste ist sie. Und diese ganze zwillingssprachliche „Wiedergeburt" ging so stille und bescheiden vor sich. Keine Zeitung berichtete darüber der Außenwelt. Auf solche Weise geschieht so etwas.

Doch die Sprache ist nur der Teppich, den sich die Seele eines Volkes selber webt, um auf ihm dahinzuschreiten, wo sie überhaupt Sprache nötig hat. Kommt sie aus irgend welchen äußeren Gründen nicht zu dieser Webearbeit, so muß sie sich mit fremden Teppichen begnügen. Deshalb braucht sie nicht träge auf ihnen zu liegen oder zu hocken, sondern kann auf- und abwandeln, ihre Schönheit zeigen, ihre Kraft entfalten, ihre Eigenart betätigen, hier auf fremden, wie dort auf eigenem Teppich. Auch vor dieser Leistung hat die jüdische „Wiedergeburt" nicht Halt gemacht. Wachgeküßt ist der jüdische Geist in Wissenschaft und Kunst. Wohl schweigt hierüber die Fama noch mehr als über die „Wiedergeburt" der Sprache. Denn gilt es dort blos unangenehme Entwickelungstatsachen anzuerkennen, so müßte man hier liebgewonnene Irrtümer einsehen und eingestehen — und das geht denn doch den meisten „über die Kraft". Um so spannender aber ist es für Köpfe, die sich auch von annoch als liberal geltenden Vorurteilen befreit haben, zu studieren, wie die jüdischen Wissenschaftsmethodiker und Künstler, bei allen fremdnationalen Elementen ihres Wesens, in einer und derselben Atmosphäre von Grundempfindungen und Grundstimmungen arbeiten.

Die unbewußt wirkenden nationalen Faktoren der Sprachschöpfung und der künstlerischen Geisteskultur können aber nur unter der Voraussetzung des gruppenweisen Beisammenseins wirken; deswegen muß ihnen ein unbezähmbarer Hang, sich räumlich zu sammeln, entsprechen. Und wirklich sehen wir auch hier die „Wiedergeburt" am Werke. In einem Maße, wie es die vergangenen Jahrhunderte nicht kannten, tritt der Konzentrationstrieb im jüdischen Volke auf. Von den jüdisch nuancierten Vierteln der mitteleuropäischen Groß- und Kleinstädte bis zu den ungeheuren jüdischen Proletarieransammlungen in den Weltstädten der angelsächsischen Rasse und noch weiter bis zur großen heißen Suche nach einer Volksheimat ist alles Fortschritt und Sieg dieses Konzentrationstriebes.

Diese ganze große Renaissancebewegung jedoch — Sprachzeugung, Kulturwerdung, Prozeß des sich Suchens und Findens — wird von niemandem gemacht und von niemandem geleitet. Alle die Parteien und Personen, die wir in dieser Bewegung auftreten sehen, schreiben ihr keinen Weg vor — es sei denn, daß die eine oder die andere sie auf irgend einem verlorenen Pöstchen in eine kurze Sackgasse führt, aus der sie bald wieder herausfindet. Vielmehr wirbelt die Bewegung selbst, von der allgemeinen wirtschaftlichen und wissenschaftlichen Entwickelung in der jüdischen Seele erregt und angefacht, die Personen aus der Menge heraus, ballt die Parteien zusammen und führt sie kreuz und quer, ihren eigenen, vorläufig noch nicht allzu deutlichen Zielen entgegen.

Das sollte niemand vergessen, auch wer seine Taten als s e i n e Taten fühlt, auch wer nur innerhalb der Partei sich betätigen will und kann. Denn nur, wer das nicht vergißt, behält eine Kontrolle über sich oder seine Partei in Händen. Nur, wer sich mitten in den Werkeltagen des privaten oder parteimäßigen Agitierens zu einem Feste der Gedanken und Betrachtungen über die treibenden Kräfte der Geschichte zurückzuziehen vermag, wird seinem Tun und dem seiner Partei die Wendungspunkte zeigen können, an denen nicht in gerader Linie vorbeigeschossen werden darf. Allerdings gerade in die Partei werden sich die wenigsten nach solchem Feste wieder einrenken können, denn Unwillen und Unzufriedenheit empfängt sie dort. Man will von den Nörglern, den Zauderern, den Theoretikern nichts wissen, die mit ihren blassen Gedanken jede Tat ankränkeln. Tat! Versiockter, stumpfer Hornviehgang oder das Rasen scheugewordener Rosse — Tat! Tat d e s M e n s c h e n, dessen erstes und letztes Unterscheidungsmerkmal gegenüber seinen Mittleren der scharfe und zügelnde Gedanke ist!

Und doch! Es muß ja Parteien geben, höre ich mir entgegenschallen, und auch die jüdische Renaissancebewegung muß sich in einer Partei verkörpern!

Gemach! Es muß Parteien geben — ja wohl, es müssen Organisationen da sein, die den Willen der Geschichte ausführen. Aber sie müssen nicht ewig so ungeschlachte Dreschmaschinen sein mit grobem Zielmechanismus; es kann auch die Zeit kommen — und sie ist näher als man glaubt —, wo sie sich als Uhrwerk der Gesellschaft darstellen werden, mit entwickelungwitternder Seele. Gut, ich gebe zu, das i s t noch nicht, und die jüdische Bewegung scheint nicht den Ehrgeiz zu haben, den Anfang zu machen. Aber daraus folgt wieder nicht, daß es nicht schon heute aufbauende Arbeit außerhalb der Parteien, und speziell der jüdischen Parteien, geben könne. Wohlgemerkt: Parteien, nicht Partei. Denn nicht in einer Partei verkörpert sich die jüdische Renaissancebewegung, sondern in mehreren, gewesenen, seienden und zukünftigen. Dies zu verkennen, ist der erste Schritt zur Verkennung der Möglichkeit eines außerparteilichen Wirkens. Wer so viel Einheitsfanatismus im Leibe hat, daß er die Möglichkeit und Berechtigung verschiedener Organisationen, entsprechend den verschiedenen Seiten und Auffassungen der jüdischen Renaissancebewegung, leugnet, wer nicht einsieht, daß die Mannigfaltigkeit Leben und Zukunft ist, der kann eben nicht jene begreifen, die außerhalb der Parteien das große neue Werden im jüdischen Volk erfüllen helfen wollen.

Auch wo ein Volk in voller Paradeausrüstung des Geistes und des Leibes, der Liebe und der Macht dasteht, sind solche freie Einzelkämpfer als bewußte oder unbewußte Kontrolleure der sogenannten Tatpolitiker oder Tatparteien nicht entbehrlich. Das deutsche Volk z. B. würde weit kommen, wenn es nicht einzelne Menschen hätte, die es mit ihrer kritischen oder schaffenden Arbeit von der Verflachung durch den Nationalliberalismus, den Freisinn und bis zu einem gewissen Grade auch durch die Sozialdemokratie, vor der Versumpfung durch das Zentrum und vor der Verschuftung durch den Antisemitismus bewahren.

Und erst bei den Juden — wo trotz der schönsten Ansätze, trotz der schwellenden Keime oder aber gerade deshalb von einem fertigen Volke keine Rede sein kann! Da sind im Grunde alle Parteien noch Frühgeburten mit großen Embryo-Köpfen und dünnen Körperlein. Da ist das Volk erst aufzufüttern, da sind noch erst tausend Wege aufzuspüren, um an tausend Enden seinem Geiste und seinem Leibe immer neue Nahrung zu-zubringen, — daß seine Sprachkraft wachse, daß sein Eigengeist blühe, daß sein Trieb sich zu sammeln, immer stärker werde, daß es alle diese Gaben anpasse der neuen Zeit, in der wir leben, in der zu leben eine Lust ist. Und das besorgen freie Menschen oder Organisationen freier Menschen, die sich nicht ihre Marsch-route binden lassen, besser, tausendfach besser, als jede Partei. Der erstbeste sogenannte Ghetto-Dichter, der für sein armseliges Publikum schreibt, das erstbeste Unternehmen, das hebräische und jüdische Werke oder gute Fachschriften zur Judenfrage verlegt, die erstbeste jüdische Arbeiter-Organisation, die ihre Mitglieder die modernen Wirtschaftsbedingungen besser erkennen lehrt, das erstbeste jüdische Theater, das den Geist des gegenwärtigen jüdischen Volkes diesem selbst plastisch vor Augen führt, die erstbeste wirkliche Kolonisationstat — ein jedes ist für die Zukunft, für die „Wiedergeburt" des jüdischen Volkes tausendfach mehr wert als alle Programme und alle Aktionen aller jüdisch-nationalistischen Parteien zusammengenommen.

Es spricht ja niemand den Parteien das Recht ab, sich auch als Verkörperungen der großen jüdischen Renaissance-Bewegung anzusehen. Aber fein bescheiden sollen sie sein, sich nicht identifizieren mit ihr, der großen gewaltigen Geschichtserscheinung. Behutsam sollen sie ihre Hände an das große Werk legen, nicht protzenschwer zugreifen. Sonst sind sie reif, von anderen, weniger anspruchsvollen und mehr erfüllenden Parteien abgelöst zu werden. Und jeder, dem die „Wiedergeburt" des jüdischen Volkes mehr als Partei-Rechthaberei ist, hat das Recht, ihnen mit englischer Ungeniertheit zuzurufen: „Hands off!"

Die jüdische Bewegung.*)

An sich ist nichts dagegen einzuwenden, wenn nicht blos an gewöhnlichen Begebenheiten, sondern auch an großen zeitgeschichtlichen Katastrophen die Richtigkeit irgend einer Anschauung demonstriert wird. Nur bedarf es hiezu einer besonders starken Denkzucht und eines mindestens normalen sittlichen Ernstes. Wo dieser letztere fehlt, stellen sich in der Form Geschmacklosigkeiten ein, während in der Sache oberflächliche Einfügung des Falles in ein bereit gehaltenes Schema die Folge ist. Wo wieder die unerbittliche Denkzucht mangelt, erliegt das Denken der Wucht des Gemütseindrucks und kommt entweder zu gar keinen oder zu jenen Schlußfolgerungen, die nun einmal in irgend einer Weise überliefert sind und am liebsten von den sittlich Unernsten aufgegriffen und verkündet werden.

Diese Erfahrungen können wir gelegentlich der furchtbaren Geschehnisse von Kischenew machen. Demagogen und wohlmeinende, aber geistig unzulängliche Leute benützen das Blutbad, um mit allem Vorbedacht, die ersteren auch im Reklamestil, als ein Allheilmittel anzupreisen, was nicht All heilmittel sein kann und nur ihrer leichtfertigen oder geradlinigen Einsicht als solches erscheint. Den wenigen aber, für die Kischenew eine eindringliche Mahnung zur ernsten Prüfung der Dinge ist, wird es natürlich als Verbrechen angerechnet, daß sie inmitten des Sturmes

*) Zuerst in „Der Weg", Jüdische Monatsschrift, I. Jahrgang, Nr. 1 und 2. (20. August 1903).

von Erschütterung und Empörung ruhige Überlegung bewahren wollen. Neben der Tyrannei der Tyrannen und des Pöbels wird noch eine dritte, die Tyrannei der Katastrophe aufgerichtet. Denken — natürlich nur das freie, voraussetzungslose, nicht das ans Parteischema gebundene — wird einfach als Verletzung der Majestät des Unglücks erklärt. Bequem, wirklich sehr bequem!

Nun gehöre ich nicht zu denen, die sich irgend einer Tyrannei des Geistes zu fügen gewöhnt sind. Und so will ich mit meinen schwachen Kräften verhüten helfen, daß die Lehren, die uns die Gräuel von Kischenew, wie überhaupt die Schicksale unseres jüdischen Volkes erteilen, im Trubel eines geist- und würdelosen, agitatorisch forcierten oder hilflos-nervösen Hilfsgeschreies verloren gehen. Überhaupt halte ich den Zeitpunkt für den geeignetsten, um über die Irrtümer der herrschenden Partei, über die Lage der Juden und das, was ihnen nottut, meine kurzgefaßte Meinung zu sagen.*)

Achad ha-am hat Recht, wenn er den „Judenstaat" als Werk einer langen, hindernisreichen Entwicklung auffaßt und daher glaubt, daß seine Gründung nicht in Betracht kommen darf, sobald von Maßregeln gegen die Leiden der Juden die Rede ist. Nicht ganz so entschieden spricht er es aus, aber ebenso richtig ist, daß auch der durchgeführte „Judenstaat" nur ein gewaltiges Kulturwerk sein wird, das wohl wegen der Wechselwirkungen zwischen Kultur und Zivilisation, Volk und Wirtschaft nicht ohne belebenden Einfluß auf die materiellen Verhältnisse der Juden bleiben kann, niemals aber die Bedeutung einer ewigen und vollen Bürgschaft gegen antisemitische Ausschreitungen zu erlangen vermag. Auf der anderen Seite ist das sogenannte „Golus" keine starre und unveränderliche Einheit, was auch allen Gesetzen der Entwicklung widersprechen würde, sondern ein geschichtlicher Prozeß mit verschiedenen zeitlichen und örtlichen Stadien. Trotz Kischenews — so sehr dieses unser Blut in Wallung zu bringen geeignet ist — bleibt es Tatsache, daß es Länder mit mehr und mit weniger Golus gibt und daß die Ver-

---

*) Wenn ich hier zum Teile wiederhole, was ich schon bei früheren Gelegenheiten sagte, so geschieht dies mit Rücksicht darauf, daß ich ein möglichst ganzes Bild meiner Überzeugung in der Judenfrage geben möchte.

allgemeinerung des „Weniger" und seine Steigerung bis einem „Wenigst" nur eine Frage der Zeit und unserer Fürsorge ist. Die ungeheure Langsamkeit, mit welcher das Golus verflaut, und die unvermeidlichen Rückschläge dürfen uns nicht beirren. Das ist das Schicksal aller Entwicklungen. In Volksversammlungen und Zeitungsartikeln wird ja gelegentlich auch behauptet, daß die Lohnarbeiterknechtschaft nicht besser als die Sklaverei sei. Welcher ernste Sozialist ist aber für den kleinen Unterschied nicht unendlich dankbar?

Im übrigen ist das Golus für die jüdische „Renaissance"-Bewegung nichts weniger als unentbehrlich. Sie wurzelt nicht in der Golusidee, sondern in der unverwüstlichen Triebkraft der jüdischen Volksseele. Der Typus „jüdischer Mensch" will einfach nicht von der Weltbühne abtreten, sondern seine lange geschonten und gesammelten Kräfte zu neuer Ausgabe bringen. Weder die Assimilation, noch das Ende des Golus im Golus können diesem großen neuen Triebleben etwas anhaben. Da das jüdische Volk noch die Kraft hat, „aufzuerstehen", so wird es dies auch ohne den Antisemitismus, auch nach ihm. Und wäre diese Kraft nicht mehr in ihm, dann würden auch die furchtbarsten Verfolgungen sie nicht aus ihm herauszupressen vermögen. Eine ausgedrückte Zitrone vermag man auch durch Stechen und Hacken nicht mit Saft zu füllen.

Es war und ist der gewaltigste Irrtum, den ich seinerzeit mitbeging, aber nicht mehr mitbegehen will, die Sache des jüdischen Volkstums auf die Karte des Antisemitismus zu setzen. Aber es ist kein viel kleinerer Irrtum — Achad ha-am begeht ihn — diesem Volkstum eine gebundene Marschroute zu geben, ihm vorzuschreiben, daß es sich nur nach einer Richtung und nach einem Ziele hin fortbewegen solle. Es ist wilkürlich, alle Kulturansätze im Golus einfach nur als wertvollen Kulturdünger für eine einzig mögliche Zukunftskultur auf einem Boden, den wir noch nicht haben, zu betrachten. Man darf dem jüdischen Volke auch nicht eine einzige von den vielen Kulturmöglichkeiten, deren es nach- und nebeneinander fähig ist, absprechen. Es ist gar kein Grund vorhanden, sich gleich Achad ha-am vor diesen verschiedenen Gesichtern des neuen Judentums zu fürchten. Denn es wird lebendes Judentum sein, das diese verschiedenen Formen füllen · wird. Wenn uns die Entwicklung, sagen wir, zwei jüdische Nationalitäten beschert, was schadet es? Ist das Britentum nicht eine Großmacht der europäischen Zivilisation, trotzdem es sich der Menschheit bereits in zwei sehr verschiedenen Prägungen darstellt?

Allerdings: Territoriale Konzentration ist eine Vorbedingung, damit irgend eine Kultur Maß und Ruhe empfängt. Aber für große Teile der Judenheit wird diese Vorbedingung niemals zu schaffen sein. Und was verschlägt es, wenn diese Teile — die sich auch der Fernwirkung eines in Zukunft etwa entstehenden jüdischen „Zentrums" entziehen werden — eine nervösere, sozusagen eine intensive nnd hochentwickelte Golus-Kultur zeitigen werden? Schließlich können auch solche Gebilde ihren Schöpfern einen reichen Lebensinhalt gewähren und für die Welt eine Bereicherung bedeuten. Territoriale Konzentration darf aber auch nicht zu eng aufgefaßt, nicht mit territorialem Zentrum verwechselt werden. Dieses ist ein willkürliches, aus der unhaltbaren Golustheorie fließendes Gedanken- und Phantasieding, jene ergibt sich aus den wirklichen Entwicklungsmöglichkeiten. Darum dürfen wir auch von den jungen Ansammlungen ostjüdischen Proletariats in den Ländern des Westens, namentlich der neuen Welt, erwarten, daß sie einstmals zu Geburtsstätten einer großen, eigenwüchsigen Kultur werden. Das will natürlich jenen nicht einleuchten, die, soweit sie überhaupt an Kultur denken, nicht auf die aller Konzentration eingeborene Schöpferkraft bauen, sondern sich durch Völker- und Staatsrecht sozusagen auf Kultur versichern möchten.

Wenn nichstdestoweniger Palästina als jenes Land erscheint, dem sich unsere Konzentrationsbestrebungen mit besonderer Sorgfalt zuzuwenden haben, so nicht wegen solcher formeller und belangloser Zutaten. Vielmehr deshalb, weil einzig und allein Palästina der Stimmung des Volkes gemäß und vermöge des notwendigerweise fast durchaus ländlichen Charakters der Besiedelung, eine Konzentration größten Stiles und von dauerhaftesten, breitesten Grundlagen, also eine besonders feine und feste Ausprägung der jüdischen Eigenart verspricht. Und nur um den Gewinst dieser Ausprägung handelt es sich, nicht um die Schaffung eines „Zentrums", auch nicht eines „geistigen", wie Achad ha-am es will.

Natürlich werden streng- und leichtgläubige Parteiseelen auch von dieser Anschauung wegwerfend als von „Kulturzionismus" sprechen — noch abgeblaßterer, werden sie sagen — und die Frivolität anklagen, mit der in den Tagen von Kischenew Kulturluxus betrieben wird. Nun, es ist einmal so und alles den Geist tyrannisierende Echauffement kann es nicht ändern: Auch die furchtbarsten Leiden der Angehörigen eines Kultur-Volkes können dieses nicht von der Pflicht entbinden — vielleicht mit einer sich natürlich einstellenden Unterbrechung von Tagen —, auf seine Kultur, seine Eigenart, seine besondere Seinsform, bedacht zu sein. Wenn das Luxus ist, dann haben ihn alle Völker aus edlerem Stoffe, dann haben ihm auch die Juden der verflossenen Zeiten in sehr weitgehendem Maße gefröhnt. Aber, davon ganz abgesehen, bedeutet dieser Vorwurf eine Unterstellung und Verdrehung, die allerdings meist unbewußt, in einem Zustande nervöser Gereiztheit gegen jedes objektive Sichdurchdenken, begangen werden. Als ob nämlich alles das, was von jüdischer Kultur, ihrer Entwicklung, ihrer Zukunft, unseren Pflichten ihr gegenüber gesagt wird, die Antwort just auf das Fragezeichen von Kischenew wäre. Als ob es die seelische Erschütterung angesichts des furchtbaren Unglücks und die Überzeugung ausschlösse, daß gegen Verfolgungen und Metzeleien solcher Art Vorbeuge-Maßregeln in großem Maßstabe getroffen werden müßten.

Gerade das Gegenteil ist ja richtig. Achad ha-am betont es immer und immer wieder — und wer realistischer denkt, muß es noch kräftiger betonen, — daß außer dem jüdischen Kulturwerk ein Fürsorgewerk für die Juden notwendig ist. Gerade aus der lebhaften Empfindung der Dringlichkeit dieses Werkes heraus, warnt er davor, es mit einer Sache zu verquicken, die nicht dringlich behandelt werden kann und darf und ihrer innersten Natur nach im wesentlichen keine Hilfs-, sondern eine Kultursache ist. Daß von der Verwirklichung dieser Sache einiges für die Wohlfahrt des ganzen jüdischen Volkes zu erwarten ist und

daß sie andererseits nur unter Rücksichtnahme auf die Wohlfahrtsbedürfnisse des entsprechenden Volksteiles durchgeführt
werden darf — ist selbstverständlich und wird auch von Achad
ha-am nicht übersehen. Was er aber übersieht, ist das Gegen-
stück hiezu, daß allerdings jedes ausgebildete Fürsorgesystem
auch auf die Möglichkeiten kultureller Entwicklung Bedacht
nehmen muß. Er kann sich eben, trotz seines Entwicklungs-
standpunktes, von „Zion" und „Golus" als absoluten, unveränderlichen Wahrheiten nicht trennen, kann keinen ganz freien,
voraussetzungslosen Standpunkt gewinnen, von welchem aus ihm
die Einheit aller für Israel notwendigen Arbeit aufgehen müßte.
Deshalb sind auch seine beiläufigen Ratschläge zur Wohlfahrtsfrage so arm und so gar nicht organisch in das System jüdisch-
nationaler Notwendigkeiten eingegliedert. Man bestreitet ihm augenblicklich seinen Zionismus. Wie töricht! Es gibt keinen kon-
sequenteren Zionisten als Achad ha-am. Daß er es ist, so mit
seiner ganzen Seele ist, darin liegt ja die Unzulänglichkeit seiner
sonst so tiefen Lehre der jüdischen Renaissance. Wir brauchen
nicht seinen und keinen anderen „Zionismus". Oder wir brauchen
mehr! Was uns nottut, ist ein System von Wohlfahrts- und
Kulturarbeiten, die ergänzend ineinander greifen — ein System,
das nicht an der unfurchtbaren Golus-Doktrin klebt, sondern
sich realistisch der gegebenen Kräfte bedient, die gegebenen
Unterschiede berücksichtigt, um die Juden als Kultureigenart und
als Gesellschaft emporzuführen.

Die Grundeinteilung dieses Systems ergibt sich nach dem
Gesagten von selbst. Es handelt sich einerseits um Kulturwerke
mit Berücksichtigung der Wohlfahrtsbedürfnisse, anderseits um
Wohlfahrtswerke mit Berücksichtigung der Kulturmöglichkeiten.

In die erste Kategorie gehören:

Die Besiedlung Palästinas und seiner unmittelbaren Umgebung.
Die wirtschaftlichen Verhältnisse dieser Länder und die Vollkultur,
die hier begründet werden soll, setzen unbedingt und in größtem
Maßstabe die Umgestaltung einer handeltreibenden Städte-
bevölkerung in eine Landbau treibende ländliche voraus. Dadurch
und infolge anderer großer Schwierigkeiten wächst das Werk
ins Riesenhafte. Wir haben nur dann Hoffnung, es durchzuführen,

wenn wir uns mit Geduld und Sachlichkeit wappnen, bedächtig und unausgesetzt, nicht nervös und stoßweise arbeiten und auf unsere Arbeit und die Entwickelung der Volkskräfte statt auf die „Mächte" und die „Mächtigen" bauen. Kein Monarchenwort und kein Ferman verbürgen uns unsere Reife. Kein Charter und keine Parteibetriebsamkeit ersetzten uns Kolonisationstüchtigkeit. Erst muß unser Können erprobt und gezüchtet werden.

Die Pflege der hebräischen Sprache — als eines alljüdischen Kulturbandes und Verständigungsmittels. Doch ohne umgangssprachliche Aspirationen, wo solche, wie in den meisten Ländern Europas und Amerikas, wegen des Mangels aller realen Grundlagen, gänzlich aussichtslos sind.

Die Förderung der Entwicklung der jüdischen Sprache als Umgangssprache des größten Teiles der Judenheit, im Sinne einer immer weiteren Ausgestaltung als Schrift- und Litteratursprache.

Überhaupt intensive und extensive Kultur- und Zivilisationsarbeit in den Zentren jüdisch sprechender Juden — nie im Sinne einer Agitation für willkürliche Ideologien, sondern stets in engster Anlehnung an die gegebenen Verhältnisse und ihre inneren Umgestaltungsmöglichkeiten.

Endlich Bestrebungen, die westlichen Juden, diese Juden ohne positiv jüdische Art, in den Kreis jüdischer Kulturentwicklung einzubeziehen, ihnen einen eigenen jüdischen Kulturinhalt zu geben. Es ist dies eines der schwierigsten Probleme, das einer eingehenden Untersuchung noch harrt und dessen Lösung, wenn sie gelingen sollte, von den segensreichsten Folgen begleitet wäre. Sie würde das Judentum um eine neue Nuance bereichern und diejenigen zu Mitkämpfern in der jüdischen Renaissance-Bewegung machen, die ihr vorläufig mit ihrem ganz uninnerlichen, fremdartigen Nationalismus, mit ihren mechanistischen Plänen nur Verlegenheiten bereiten.

Soweit die Volksarbeit der ersten Kategorie. Die der zweiten hat die Aufgabe, die Wohlfahrtsverhältnisse der Juden den Wohlfahrtsverhältnissen der Menschen anderer Nationalität — die unter gleichen politischen, sozialen und ökonomischen Voraussetzungen leben, auf gleicher Stufe der Zivitisation stehen —

immer näher und näher zu bringen. Sie ist naturgemäß eine doppelte.

Zunächst handelt es sich um bewußtes Mithelfen an jener allgemeinen Entwicklung der zivilisierten Völker, die für die Juden insbesondere auch den Weg zur Erreichung und Verallgemeinerung des Golus-Minimums bedeutet. Keine andere Arbeit setzt mehr als diese einen völligen Bruch mit den bisher grundlegenden Lehren der jüdisch-nationalen Bestrebungen voraus. Kein Schreckgespenst des Golus mehr, ob es nun als Leidengolus oder als Kulturgolus aufgefaßt wird! Keine Verbeugung und keine Abdankung mehr vor dem Antisemitismus, als wäre wirklich Ewigkeit in dieser tollen Bestie, an deren Verenden die übrigen Menschen nicht minder interessiert sind als die Juden. Nicht etwa gemeine „Abwehr", nutzlose Ausnützung von Zufalls-Vorteilen, ein doktrinäres Verteidigen und Anklagen, ein Absehen von dem zeit- und weltgeschichtlichen Hintergrunde des Antisemitismus. Aber deswegen auch kein Blindekuhspiel mit dem Antisemitismus, kein Zurseiteliegenlassen aus Opportunitätsgründen, kein Übersehen der jüdischen Sonderfrage aus weltbürgerlichen Doktrinarismus. Nein, nicht Entsagung, nicht Abwehr, nicht Unterschätzung! Vielmehr ein Werten der Judenhetze als eines besonders hartnäckigen, hemmenden und gefährlichen Ausdrucks atavistischer Barbarei, eine Schärfung des Blicks für alles andere, was sich in den mannigfachsten Formen in der zivilisierten Menschheit gegen Vollendung und Veredelung sträubt, ein mutiges, entschlossenes, mit persönlicher aber nicht mit nationaler Selbstverleugnung durchgeführtes Mitkämpfen gegen a l l e Tyrannei, für die eigene Volks-Wohlfahrt und für höhere, feinere, sittlichere und schönere Formen des Verkehres von Menschen und Völkern.

Allerdings ist damit leider nicht alles gethan. Wohl gibt es kein unendliches Golus und keinen mystischen Judenhaß, der sozusagen schon im arischen Protoplasma liegt. Aber für ein realistisches Denken und Beobachten ist es klar, daß es außer den allgemeinen gewisse besondere Entwicklungshemmnisse geben muß, die sich der Erreichung und Verallgemeinerung des Golus-Minimums entgegenstellen. Man hat gesagt, der Judenhaß wachse mit dem steigenden Prozentsatz der jüdischen Bevölkerung in einem nicht jüdischen Lande. Dieses Gesetz, das ich selbst vor Jahren vertrat, ist jugendlich unfertig, von einer Unkompliziertheit, die an soziologischen Gesetzen niemals wahrgenommen werden kann. Die Zahl entscheidet souverän nur bei den ganz niedrigen und den ganz hohen Ziffern, insofern als diese dem Judenhasse als bewußter Volkstendenz Vorschub leisten, jene ihm entgegenwirken. Oberhalb des absoluten Minimums und unterhalb des absoluten Maximums wird die Zahl gleichgiltig. Es kommt vielmehr auf die Ursprünglichkeit oder Herabgestimmtheit des Rassengefühls, auf die geschichtlichen und zivilisatorischen Voraussetzungen, vor allem aber darauf an, ob und inwieweit die Juden eine ganze Wirtschaft monopolisieren. Wo sich die Voraussetzungen ungünstig gestalten, hilft die niedrige Ziffer nicht, wo sie sich günstig stellen, schadet die hohe nicht.

Dagegen spielt die Art, wie die Juden unter der übrigen Bevölkerug eingesprengt sind, eine große Rolle. Bei ungünstiger Konstellation wirkt die gleichmäßige Verteilung der Juden über das ganze Land oder wenigstens über alle Städte im Sinne einer Abschwächung der Gegensätzlichkeit. Bei günstiger Konstellation erleidet das relative Wohlergehen der Juden keinen Abbruch dadurch, daß sie in einzelnen Konzentrationspunkten angehäuft sind.

Diese Erfahrungen lehren die Notwendigkeit einer ausgedehnten, besonderen, nicht wohltätigkeitsmäßigen, sondern wohlfahrtspolitischen Fürsorge. Diese wird sich in vielen Fällen auf Betreibung der Auswanderung innerhalb der Grenzen desselben Landes beschränken, oft auch von dieser absehen dürfen. Dort nämlich, wo es Mittel gibt, ungünstige Bedingungen abzuändern und damit entweder den einzigmöglichen oder einen gleich großen und gleich raschen Erfolg, wie durch Aufsuchen ganz neuer Umgebungen, zu erzielen. Eine dahin gerichtete Tätigkeit wird sehr oft mit der oben charakterisierten Mithilfe an allgemeinen, zivilisatorisch-politischen Arbeiten ganz zusammenfallen. Sehr oft wird sie aber auch ganz bestimmte Sonderaufgaben zu erfüllen haben. So namentlich in wirtschaftlicher Hinsicht, in welcher sich ja so manches, wenn auch oft nicht viel und gewöhnlich nicht alles, an Ort und Stelle ändern läßt. Zu Maßnahmen in diesem Sinne gehören z. B. diejenigen, welche

die Wahl gewisser neuer Berufe durch große Bevölkerungsschichten fördern sollen. (Ich erinnere hier an den wohltätigen und
kräftiger Unterstützung würdigen Prozess der Umwandlung des
ostjüdischen Bettel- und Betproletariats in ein Arbeiterproletariat.)
Hierher gehört auch eine rationelle Wohnungspolitik, die sich
jeweils nach den Bedürfnissen des Ortes richtet. Und vieles andere!

Wo aber eine solche innere Fürsorge, auch die durch
innere Auswanderung, nicht tunlich erscheint, wo sie gar keine
oder nur begrenzte Erfolge verspricht, muß an ihrer Statt oder
zu ihrer Ergänzung eine Organisation von Auswanderung und
Ansiedlung im großem Stile treten. Hiebei sind die Länder, in
welchen nur ein peinliches Verteilen die Juden vor starken Anfeindungen bewahren kann, nur im äußersten Notfalle und in
sehr beschränktem Maße in Betracht zu ziehen. Am besten ist es,
wenn fast unbewohnte und nur lose in irgend ein Staatswesen
eingefügte Länderstrecken, sei es im Orient, in Afrika oder in
der neuen Welt, zu bekommen sind. Wenn und insoweit dies
aber nicht möglich ist, müssen Staaten ausgekundschaftet werden,
in welchen jüdische Konzentrationen ohne Wohlfahrtsnachteil
möglich sind — also Länder, wo überhaupt noch räumlich und
wirtschaftlich Platz ist, wo Zivilisation die Rassengefühle händigt
und hochentwickelte politische Verhältnisse herrschen und wo
vor allem eine ökonomische Struktur besteht, welche die Gefahr
der Monopolisierung einer Wirtschaftsart durch die einwandernden
Juden ausschließt. Natürlich muß dabei sozialökonomische Einsicht
die Entstehung sekundärer Reibungsursachen durch geeignete
Vorkehrungen verhüten.

Diese Wohlfahrts-Massenkolonisation kann und muß aber
auch so betrieben werden, daß sie verhältnismäßig rasch zum
Ziele führt. Was die isolierte Palästina-Bewegung nicht imstande
ist — sie, die zwar die weitesten kulturellen Möglichkeiten, aber
nur begrenzte Wohlfahrfahrtsmöglichkeiten hat und auch diese
nur auf lange Sicht — das vermag eine allumfassende, weitsichtige,
prüfende und nicht apriorisch fanatische Fürsorge-Bewegung. Sie
kann nicht nur die über die Erde verstreuten Juden einem Zustande des Golus-Minimnms zuführen — sie kann auch, diesem
Zustand vorarbeitend, gegen das furchtbare Unglück der Gegen-

wart — wenn auch nicht des Augenblicks — Abhilfe schaffen. Man sage nicht, daß die Erde keinen Platz mehr für die verfolgten Juden habe. Für einfache Ansiedlungen ohne großartig nationale Herrlichkeitspläne, ohne Versteifung auf e i n e gewisse Weltgegend, e i n e gewisse Umgebung, oft auch ohne den harten Muß der Umwandlung eines Handelsvolkes in ein Ackerbauvolk, sind Stätten genug da — auf geschichtlich erschlossenem und auf jungfräulichem Boden. Sie können und werden gefunden werden, sobald es gelungen sein wird, anf der einen Seite den Bann parteimäßiger Versessenheit auf ein Allheilmittel zu lösen, auf der anderen Seite die satte Indolenz zu brechen.

Man spricht in letzter Zeit mit Recht von einem „Größer-Palästina". Aber noch wichtiger als dieses ist ein größeres Judentum — eine jüdische Bewegung, die überall hinsieht, wo Juden wohnen, überallhin, wo ihnen leiblich oder seelisch geholfen werden kann, die alle Keime aufspürt, keinen aus einer Zielverranntheit vernachlässigt und absterben läßt, die den unendlichen Mannigfaltigkeiten des allgemeinen und des jüdischen Lebens gerecht wird, nicht Partei-Scheuklappen trägt.

Die jüdische Bewegung darf keine Partei sein. Wenn der Zionismus glaubt, es sein zu müssen — der verhängnisvollste von den vielen Fehlern, die er beging —, habeat sibi. Die große jüdische Bewegung darf in diesen Fehler nicht verfallen. Ihre Aufgaben sind zu mannigfaltig, die Menschen, an die sie sich wenden muß, nach Art und Gesinnung zu verschieden, als daß eine so unbarmherzig unformierende Vereinigung, wie es im Grunde jede Partei ist, nicht den Tod aller persönlichen Unabhängigkeit und eine Versteinerung aller Arbeit bedeuten würde. Vielmehr muß sich jede Tätigkeit, die als ein Glied in der großen jüdischen Bewegung zu betrachten ist — also ebenso die kulturkolonisatorische (in Palästina und in unmittelbarer Nachbarschaft), als die wohlfahrtskolonisatorische (in anderen geeigneten Ländern) und jede einzelne der verschiedenen kulturellen und kulturpolitischen Tätigkeiten — eine selbständige und freie Organisation geben. In solchen freien und großen Arbeitskadres, in welchen jeder die Betätigung findet, die ihm die liebste ist, muß die jüdische Bewegung vorwärts marschieren. Dann kann und wird sich aus

Delegierten der verschiedenen Kadres ein Rat zusammensetzen, dessen Mitglieder von einander, von diversen „Führern" und der Masse unabhängig sind, ein Rat, der dafür sorgt, daß alle die mannigfachen Arbeitsbäche zu einem großen Strom, dem Strom einer gedeihlichen Entwicklung des jüdischen Volkes zusammenfließen. *)

Das wird keine Kunstorganisation sein, die sich von oben nach unten, sondern eine natürliche Organisation, die sich von unten nach oben, ohne unvermittelte Sprünge, ohne unvernünftige Launen, ausbaut. Das wird keine Parade sein, sondern Arbeit! Kein Parteispiel, sondern das Volk — in den Waffen seiner Kraft und seines Geistes!

---

*) Ich habe den Gedanken, daß im allgemeinen eine allmälige Ablösung der „Parteien" durch „Arbeitskadres" sich vorbereite, ja zum Teile schon begonnen habe, in einem Vortrage über „Politik und Parteien", den ich im verflossenen Winter hielt, ausgesprochen. Ich trete aber hier nicht aus einem allgemeinen Prinzipe für eine Organisation der jüdischen Bewegung nach Arbeitskadres ein, sondern, weil ich die jüdische Bewegung nach Gegenstand und Trägern für so eigenartig halte, daß selbst bei ewiger und durchgängiger Herrschaft des Parteienprinzips sie nach dem Prinzip der Kadres geordnet werden müßte.

Zur Kritik des politischen
und kulturellen Zionismus.*)

Seit jeher neigen die Menschen dazu, die Erscheinungen des Zeitalters und der Umgebung, worin sie gerade leben, als ausnahmslose und ewige anzusehen und daraufhin zu allgemein- und endgiltigen Urteilen zu gelangen. In der jüdischen Geschichte, auch in der neueren, gibt es mehr als einen Beleg dafür. Heute belächelt man die Illusion der Leute aus der Emanzipations- und Assimilationszeit, für welche die rasche und gründliche Vermischung der Juden mit den andern Völkern tote Gewißheit war. Noch mehr belächelt man ihre letzten Nachzügler, die selbst heute, da jene Gewißheit schon wirklich und leibhaftig tot ist, sie noch immer in überlieferten und nachgeplapperten Wörtern, wie „jüdische Konfession" und dergleichen, hartnäckig fortschleppen. Und doch fällt es zumindest keinem politischen Zionisten ein, sich zweifelnd zu fragen, ob es denn mit der heute so gewissen Ewigkeit und Gleichartigkeit des „Golus", diesem Hauptargument des politischen Zionismus, im Grunde besser bestellt ist?

Das „Golus" wird, als etwas hingestellt, das zu dem Entwickelungsgang der in normalen nationalen Verhältnissen lebenden übrigen Menschheit in keinem wie immer gearteten gesetzmäßigen Beziehungen steht. Es bilde im Gegenteil einen Winkel

---

*) Zuerst in „Stimme der Wahrheit", Jahrbuch für wissenschaftlichen Zionismus, 1905.

ewiger Rückständigkeit und Rückfälligkeit mitten in der allgemeinen Entwickelung. Man dürfe sich durch lokale Milderungen
und Abschwächungen nicht täuschen lassen. Durch nichts sei erwiesen, daß sie auch überall durchdringen müßten und daß
nicht auch dort, wo sie schon durchgedrungen wären, die
stärksten und anhaltende Rückschläge möglich seien. Das Golus
habe keine ausgesprochen auf- oder absteigende, im Grunde
genommen überhaupt keine Entwickelung. Es stelle einfach die
historische Verlegenheit dar, die daraus entstanden sei, daß von
den Völkern als selbständigen Trägern der menschlichen Entwickelung eines seine selbständige Trägerrolle, nicht aber zugleich seine Existenz eingebüßt hat. Und diese Verlegenheit
könne nicht eher enden, als bis das historische Monstrum des
Golus selbst durch völlige Assimilation oder politische Wiedergeburt sein Ende findet. Erstere sei untunlich und werde übrigens
vom Instinktwillen des Volkes abgelehnt. Bliebe also nur letztere!

Diese Lehre hat ihre geistige Quelle in einer allgemeinen
Zeiterscheinung: In der Ungeduld und Unzufriedenheit weiter
Kreise gegenüber der Entwickelung in Leben und Wissenschaft.
Es ist derselbe Geist, der über die ethische Unfruchtbarkeit des
technischen Fortschrittes jammert; der die Zivilisation als Ameisenstaatsdasein auslegt, weil er sie als Stufung des Menschengeistes
nicht begreift; der das Relativste der Welt, die Rasse, zum absoluten Wesen stempelt; derselbe Geist, der sich zu vornehm
dünkt, bei den Unterschieden zwischen einst und jetzt, zwischen
hier und dort zu verweilen und der Entwickelungsrichtung nachzuforschen, die sich aus diesen Unterschieden ergibt.

In Wirklichkeit gibt es Stadien des Golus, die in jedem
Lande nacheinander, in den verschiedenen Ländern nebeneinander beobachtet werden können. Und es zeigt sich zwischen
dieser Stufung und der allgemein menschlichen Entwickelung eine
strenge, gesetzmäßige Beziehung in dem Sinne, daß jedem
menschheitlichen Schritte aufwärts ein Schritt des Golus abwärts
entspricht.

Nach den Kischenewer Massakres hörte man oft sagen,
derlei sei bei günstiger Gelegenheit auch in jedem westeuropäischen Lande möglich. Aber kann diese Äußerung, die ja als

Stimmungsausdruck erklärlich ist, kühl abwägender Beobachtung standhalten? Gewiß mögen ja auch in Deutschland oder Frankreich Menschen bessarabischen Kalibers herumlaufen. Allein, wer kann leugnen, daß selbst die ärgsten Ausschreitungen in diesen Ländern dem Grade, der Ausdehnung und der Häufigkeit nach noch immer hinter den in Rußland üblichen Judengräueln zurückstehen? Wer will übersehen, daß es einmal in Deutschland oder Frankreich in Judendingen ähnlich ausgesehen hat, wie heute in Rußland? Wer möchte es als Zufall bezeichnen, daß sich gerade jene Länder in Judenverfolgungen, oder wo der Anlaß fehlt, in der Verfolgung anderer wehrloser Volksstämme besonders hervortaten und tun, die noch auf allen Gebieten der menschheitlichen Entwickelung zurück waren oder sind? Das Golus ist eben im letzten Grunde nichts anderes als ein Ergebnis nationaler Reibungen; diese aber sind wie alle anderen Barbareien, trotz aller Rassenfexe, in einer fortwährenden Milderung begriffen. Das zeigt sich selbst im Kriege, insofern die volkstümlichen Ursachen desselben, die Erbitterung von Volk zu Volk, dann Grausamkeit und Gesetzlosigkeit des Kampfes abgenommen haben und immer mehr abnehmen. Aber auch im Frieden, in den nationalen Kämpfen innerhalb eines Staates. Gegenüber den einstigen Rassenschlächtereien sind die erbittertsten Kämpfe von heute Kinderspiele.

Und mag es dabei noch immer genug Roheit und Tücke geben — es wird doch auch noch weiter besser werden. Die kapitalistische Wirtschaft, der Siegeszug der Wissenschaften, die beiden geschuldete Revolutionsstimmung der Gehirne, die wachsende Angriffslust der Intellektuellen und Wahrheitsmenschen graben allen den verlogenen oder ideologischen Interessenten des nationalen Zankes Schritt für Schritt an Boden ab. Allerdings werden in manchen Fällen auch noch umfassende real-sozialpolitische Maßnahmen der nationalen Minderheiten hinzukommen müssen, um gewisse besondere Entwicklungshemmnisse, die sich namentlich aus ungünstiger numerischer und Berufsverteilung ergeben, zu beseitigen. Schließlich wird die fortschreitende Sozialisierung der Gesellschaft das Werk der nationalen Friedensstiftung vollenden.

Damit ist allerdings nicht gesagt, daß eine Zeit kommen müsse, in der sich die Menschen aller Nationen mit ihren gegenseitigen nationalen Eigentümlichkeiten durchaus befreunden werden, — wiewohl von den geistig Höchststehenden, deren persönliche Individualität weit über die nationale der Menge hinauswächst, auch dies zu erwarten ist. Aber wird es nicht genügen, wenn die Menschen nur gelernt haben werden, die Menschen- und Bürgerrechte der mit ihnen in einer Gemeinschaft lebenden Andersnationalen aus einem inneren Pflichtgefühl heraus strenge und peinlich zu achten? Was kann die etwa unvermeidliche gesellschaftliche Zurückhaltung dann noch schaden?

Bis zu dieser untersten Grenze — die ja in manchen Ländern noch ferne, in anderen schon verhältnismäßig nahe ist — wird allmälig und überall auch das Golus sinken. Und diese Grenze ist tief genug — tiefer, als daß auch dem Empfindlichsten noch berechtigten Grund bliebe, vom sogenannten „unsichtbaren" oder „moralischen Ghetto" zu sprechen. Fände sich trotzdem jemand, der es täte, so verriete er nur selber einen völligen Mangel jener nationalen Selbstbescheidung, auf welche es ihm angeblich soviel ankommt.

Wie man die Sache auch wenden mag — es gibt kein ewiges und absolutes „Golus" und daher kann es auch nicht die logische Voraussetzung der nationalen Heimstätte-Forderung sein, noch der genügende tatsächliche Antrieb zu ihrer Erfüllung werden. Das Dogma der ausschließlichen Eignung Palästinas als Heimstätte braucht dann gar nicht erst besonders untersucht zu werden. Nun kann man aber mit dem Worte „Golus" einen ganz anderen als den den politischen Zionisten geläufigen Sinn verbinden. Dies tun die Kulturzionisten. Ihnen ist bereits, wenn auch mehr unbewußt, mehr angedeuteter- als ausgesprochenerweise der Gedanke eigen, daß die Juden zu ihrer materiellen Wohlfahrt und geistigen Freiheit das eigene Territorium eigentlich nicht brauchen, daß sie vielmehr diese Werte, in dem Umfange der jeweiligen Zivilisation, mindestens ebenso rasch vom „Golus" wie in „Zion" erlangen werden. Allein — es geht ihnen um ein anderes Gut, das sie in der Zerstreuung des jüdischen Volkes schon bisher arg mitgenommen, stellenweise verflüchtigt, in seinem ganzen Bestande bedroht sehen. Was nützt uns Juden als Juden, denken sie, die Herabsetzung unserer Golusleiden auch auf ein Mindestmaß, wenn dabei die schaffende Kraft unserer nationalen Eigenart, unsere nationale Kultur verloren geht?

Die Frage entspricht einer durchaus geläuterten Auffassung des Nationalen, wonach das nationale Interesse an der Geistesnuance des Volkes und ihrer Formwerdung haftet, nicht an den wirtschaftlichen und Bildungskämpfen der Nation, die wohl einen nationalen Anstrich haben können, aber ihrem innersten Wesen nach in die Kompetenz allgemein menschlicher Strebungen und Strömungen gehören. Und darum ist der Kulturzionismus durchaus im Rechte, wenn er sich durch die Assekuranz der fortschreitenden Gesittung und rückschreitenden nationalen Gehässigkeit nicht beruhigen läßt, sondern außerdem noch Bürgschaften für das schöpferische Fortleben der nationalen Kultur als solcher fordert.

Solche Bürgschaften sieht er in den Ländern der jüdischen Zerstreuung nicht gegeben. Er findet sie vielmehr einzig und allein in Palästina, oder besser, in dem jüdischen Kulturzentrum, das aus Palästina zu machen sei und nur aus ihm gemacht werden könne.

Nun ist es selbstverständlich, daß die Entwickelung einer in Kunst, Religion und Leben eigenartige Werke schaffenden Volkskultur das Zusammenleben einer Anzahl von Individuen des Volkes zur Voraussetzung hat. Ohne dieses Zusammenleben kann es ja keine gegenseitige geistige Befruchtung, keinen Austausch des Geistes, keine Anhäufung und Vertiefung der geistigen Vorzüge, d. h. keine Zuchtmasse zur Hervorbringung der kulturellschöpferischen Individuen geben. Natürlich dürfen nicht zu wenig beisammen sein, oder die an sich genügende Zahl darf nicht durch mangelnde Dichtigkeit entwertet werden — wovon eines oder das andere, wenigstens augenblicklich, bei so ziemlich allen Westjuden zutrifft. Nicht aber bei den Ostjuden. Für sie sind diese störenden Bedingungen überhaupt nicht nachzuweisen. Sie wohnen sowohl in ihrem Stammsitze, als in ihren überseeischen Ansiedlungen in geschlossenen Mengen zusammen.

Aber die Kulturzionisten geben sich damit nicht zufrieden. Zur Möglichkeit eigener Kulturentwickelung glauben sie mehr als größere Besiedlungsstöcke, glauben sie das Dominieren der jüdischen Bevölkerung in einem bestimmten größeren Landstriche verlangen zu müssen. Sie meinen nämlich, daß sich eine jüdische

Kultur nicht entwickeln könne, wenn die jüdischen Massen bei aller Dichtigkeit doch nur kleine Inseln in einem Meere mächtiger und autonomer fremder Kulturen darstellen.

Nun läßt sich nicht leugnen, daß eine solche Umgebung ihre Gefahren hat, daß sie sprengend wirkend kann. Am Ende sind ja auch die heutigen westjüdischen Gruppen nichts anderes als solche jüdische Gemeinschaften, welchen die volksfremde Umgebung das eigene nationale Schöpfermark ausgesogen und nur die nationalen Reflexbewegungen gelassen hat.

Wenn also den Ostjuden nicht dasselbe Schicksal widerfahren soll, wenn sie sich inmitten des von allen Seiten auf sie eindringenden Fremdtums ihre schaffende Nationalität sollen behaupten können, so brauchen sie (und übrigens auch die Westjuden) nach der Meinung der Kulturzionisten das, was Gruppen anderer Völker ihre nationale Elastizität in der Fremde sichert: Eine Heimat, ein Zentrum.

Dieser Beweisführung ist vor allem entgegenzuhalten, daß sich die zukünftigen ostjüdischen Sorgen doch nicht so ohneweiters mit den vergangenen westjüdischen vergleichen lassen. Nicht nur, daß es sich im ersten Falle um Konzentrationen von ungleich größerer Dichte handelt, als im zweiten Falle; daß heute die Masse, die nie in die Lage kommt, ihr nationales Wesen aufzugeben und zu verschachern, Trägerin der Konzentration ist, während dazumal das allezeit mehr kluge als treue Bürgertum die Konzentration trug! Die Wechselfälle der Geschichte haben auch noch aus den Ostjuden eine in ihrer nationalen Kulturtätigkeit so gefestete, mit Vorbedingungen nationaler Fortbildung so reichlich ausgestattete Nation gemacht, wie es die Westjuden niemals waren (und, nebenbei gesagt, auch kaum mehr werden können). Der Fehler der Kulturzionisten beginnt eben schon damit, daß sie immer nur von einer erst zu schaffende Kultur sprechen. Als ob die jüdische Kultur je zu wirken und zu schaffen aufgehört hätte! Als ob diese Kultur — die ja unleugbar, über ein Jahrtausend im Ghetto-Treibhaus dahinvegetierend, nur merkwürdig zwerghafte, wenn auch oft genug sehr seelenvolle Produkte hervorbrachte — nicht schon längst begonnen hätte, nach der Zivilisationslinie der europäischen Kulturen zu streben. Allerdings

erst zu streben begonnen hätte! Doch warum sollte sie den all-
mäligen Aufstieg nicht treffen, nachdem sie den ersten Aufschwung traf? Will jemand diesen leugnen? Es ist ja gewiß
fördernd, unzufrieden zu sein. Allein die Unzufriedenheit muß
dann wissen, wogegen sie sich richtet.

Gewiß, die Lage der Juden ist furchtbar; ihre Verhältnisse
sind die denkbar schlimmsten. Millionen leben in Finsternis,
seufzen nach Brot. Die Vorstellung davon kann die grause Wirklichkeit nicht erreichen. Doch heißt das, daß Kultur fehlt? Nein!
Das bezeugt nur, daß durch moderne Wirtschaftlichkeit und modernes politisches Leben gegebene Zivilisation mangelt.

Gewiß sind auch die kulturellen Kräfte selbst noch nicht
voll entfaltet. Aber kommt es denn jetzt auf die Leistungen und
nicht vielmehr auf die erwiesene Leistungsfähigkeit an? Wohl
gibt es noch kein jüdisches Drama, wohl ist das jüdisch-religiöse
Leben noch nicht mit frischem Lebenstrieb bedacht — wenn es
überhaupt zu derlei noch irgendwo kommen kann. Aber sind
denn die neuhebräischen und die Erfolge des Jüdischen als Lite-
ratursprache gar nichts? Zeigt nicht selbst die ostjüdische bildende Kunst verheißungsvolle Anfänge? Und was das Wichtigste,
das Entscheidenste ist, zeigt sich nicht im Osten und Westen,
überall wo jüdischsprechende Juden zusammen wohnen, ein mit
denselben typischen Zügen ausgestattetes Volksleben von einer
zukunftsstrotzenden epischen Kraft? Freilich, um dafür Augen
zu haben, darf man die Welt nicht vom Standpunkt des Zeitschriften - Intellektuellen oder Nur - Artisten, aber auch nicht
von dem des reinen Idealisten betrachten.

Der reine Idealist bringt es fertig, einer wirkenden, lebenden
Kultur deshalb sein Placet zu versagen, weil er selber nicht weiß,
wohin ihre Entwickelung mündet, weil sie nach ihrem gegenwärtigen und zu erwartenden Zukunftsbilde nicht so aussieht, wie
er sie sich ausmalt. Der Kulturzionist weigert sich, die jüdische
Kultur, wie sie wirklich ist und werden will, anzuerkennen, weil
er seine jüdische Kultur nur im Ausstrahlen von einem jüdischen
Zentrum — wir lassen Palästina vorläufig noch aus dem Spiele —
entstehen läßt. Die Geschichte der Juden sowie anderer Völker,
namentlich der Hellenen, bezeugt mehrfach, daß die Erhaltung

und Entwickelung einer nationalen Kultur in kleineren von Fremdtum umgebenen Konzentrationen eines Zentrums nicht bedürfen. Wie oft waren hellenische und jüdische Kolonien jahrhundertelang kulturbestimmend, so daß das sogenannte nationale Zentrum ihnen folgte oder seine eigenen, allerdings minder reichen Wege ging. Hat es dem hellenischen, hat es dem jüdischen Geiste geschadet? Ist die Mannigfaltigkeit des Kulturlebens einer Nation nicht schöner als die Uniformität? Was fürchtet man, wenn in zwei oder drei größeren Konzentrationen jüdischen Lebens selbständige jüdische Kulturen entstehen? Daß das jüdische Volk in mehrere Teile zerfalle, die so sehr auseinandergehen, daß sie mit der Zeit einander aus den Augen verlieren? Eine Furcht, die daher kommt, daß man sich gewöhnt hat, auf die regulierende einigende Kraft eines fernen Landes statt auf die des nationalen Genius zu vertrauen!

Eines ist allerdings unzweifelhaft: Wenn die Theorie des Kulturzentrums richtig wäre, so gäbe es für dieses kein geschichtlich selbstverständlicheres Land als Palästina. Ebenso geschichtlich selbstverständlich ist jedoch, daß auch der Standpunkt der Konzentration dem alten jüdischen Lande zugute kommen muß. Nicht in dem Sinne der Unbedingtheit und Ausschließlichkeit, aber in dem realistischeren und doch tief ideellen Sinne, daß unter den Konzentrationen des jüdischen Volkes Palästina nicht fehlen darf und daß ihm, gerade ihm die unermüdlichste und liebevollste Arbeit zugewandt werden muß. So verschroben und verfehlt es ist, jenen Sammelpunkten, die sich wo immer aus wirtschaftlichen Notwendigkeiten mit Hilfe des nationalen Gesellungstriebes bilden, das Lebensrecht der eigenen kulturellen Entwickelung abzusprechen — ebenso berechtigt ist der Wunsch, auf einem bestimmten, aus Gründen des nationalen Geistes und Gemütes gewählten Boden eine Konzentration zu schaffen und auszugestalten. Und darum ist es ebenso naheliegend als durch sich selbst gerechtfertigt, wenn sich jüdischerseits so ein apriorischer Wunsch auf Palästina richtet. Für die Wahl dieses Landes sind keine Beweise aus einem angeblich ewigen und absoluten „Golus" und aus einem angeblichen Bedürfnis nach einem jüdischen Kulturzentrum nötig. Für diese Wahl, deren Sinn es nicht ist, Existenzen und Existenz des Volkes auf eine Karte zu setzen, kann man getrost den Willen und die Liebe derer, die sie treffen, kann man getrost die nationale Tradition des jüdischen Volkes anführen.

Man könnte nun leicht sagen, daß es am Ende gleichgültig sei, ob „Zion" aus Angst vor ewigem „Golus" oder aus Sehnsucht nach dem einzig möglichen Kulturzentrum oder einfach aus dem inneren Grunde seiner nationalen Bevorzugtheit angestrebt wird. Wenn es nur angestrebt wird! Aber hier liegt überhaupt nur scheinbar ein Ziel vor. In Wirklichkeit sind es deren drei oder zumindest zwei, von einer so durchgreifenden Gegensätzlichkeit der treibenden Gründe, daß sie auch nur mit den gegensätzlichsten, unvereinbarlichsten, einander durchaus störenden Mitteln angestrebt werden können.

Wer die vorhergehenden Ausführungen aufmerksam gelesen hat, dem werden ja die tiefstgehenden programmatischen und methodischen Unterschiede unmittelbar aufgestoßen oder mittelbar eingefallen sein. Leider gehört es nicht in den Rahmen dieses Aufsatzes, sie eingehender zu besprechen. Nur in kurzen Sätzen mögen sie hier, zum Schlusse, festgestellt sein:

Der p o l i t i s c h e Zionismus drängt die Juden zu einer mehr oder weniger ablehnenden Stellungnahme gegenüber den großen allgemeinen Bewegungen der Zeit und macht sie blind dafür, daß sie mit dem Hauptteil ihres materiellen und nationalen Wohles auf jene angewiesen sind.

Er erfüllt sie mit ebenso unbegründeter Skepsis gegen die notwendigsten nationalen Wohlfahrts- und nationalen Kulturmaßnahmen in den „Golus"-Ländern.

Er wird der Palästinaaufgabe selbst nicht gerecht, indem er aus seiner unbedingten Golusfeindlichkeit heraus nicht Zeit hat, an der Schaffung von Grundlagen für ihre o r g a n i s c h e Lösung zu arbeiten, sondern eine unvermittelte Lösung ins Blitzblaue hinein sucht.

Der K u l t u r z i o n i s m u s verhält sich in seinen programmatischen Wirkungen nicht viel anders als der politische, wenn auch die Tonart gedämpfter ist. Immerhin stumpft auch er gegen die Not der Zeit und die Not der Menschheit ab.

In methodischer Beziehung, gegenüber der Palästinaaufgabe, hat er sich eigentlich noch gar nicht erprobt. Doch dürfte ihm

bei seinem Kulturzentralismus die Fähigkeit abgehen, gegebenen-
falls dem Kolonisationswerke gesunde wirtschaftliche Grundlagen
zu geben.

• Im Gegensatz zu dem politischen und dem Kulturzionismus
verlangt das wahre wohlverstandene Interesse der Juden und des
jüdischen Volkstums:

Keine p o l i t i s c h e Organisation, die sich außerhalb der
Gesamtheitsinteressen der übrigen menschlichen Gesellschaft stellt.
Keine Reglementierung der politischen, resp. sozialen Gesinnung
von einem angeblich gesamtjüdischen Standpunkte aus. Wo die
Konzentration stark genug und lebendes Judentum noch vor-
handen ist, Bildung politischer Gruppen, welche die verschiedenen
Anschauungen des Zeitalters selbständig in jüdischer Lebensweise
organisieren. Jüdische Bürger- und Arbeiterparteien *). Möglichste
Ausnützung eines Mindest-, geschweige eines größeren Ausmaßes
an Menschen- und Bürgerrechten zu jüdischen Wohlfahrts- und
Kulturaktionen im Lande.

In Bezug auf Verhältnisse, die ein Zuwarten nicht gestatten,
eine großangelegte, weitschauende, vorurteils- und voreingenommen-
heitslose Auswanderungs- und Ansiedlungspolitik.

Schaffung einer von politischen Grundsätzen völlig ab-
sehenden, d u r c h a u s   n e u t r a l e n, geduldig und besonnen
arbeitenden g r o ß e n   O r g a n i s a t i o n zur Verwirklichung des
im jüdischen Volke selbstherrlich lebenden palästinensischen Kul-
turideals, a u f d e m e i n z i g m ö g l i c h e n W e g e s o l i d e r
F u n d a m e n t i e r u n g u n d a l l m ä l i g e n A u f b a u e s.

In Hinsicht auf das „Zions"-Ideal lassen sich alle diese
Forderungen in zwei kurze Formeln fassen:

I s r a e l g e h t v o r Z i o n.

Z i o n s e l b s t i s t o h n e d i e s e E r k e n n t n i s n i c h t
z u e r r e i c h e n. M ö c h t e d i e s e i n g e s e h e n w e r d e n,
b e v o r e s z u s p ä t w i r d, b e v o r I s r a e l i m w ü r d e-
u n d p l a n l o s e n F a n a t i s m u s s e i n e r S ö h n e, „Z i o n"
i m o h n m ä c h t i g e n G r ö ß e n w a h n s e i n e r F r e u n d e
v e r s i n k t!

---

*) Von diesem Gesichtspunkte aus ist der „Bund" zu begrüßen —
wenn er auch in Hinsicht auf Allgemeinheit und kulturnationale Einsicht
gewiß noch noch nicht eine Idealorganisation der Arbeiter jüdischer Nationalität und Muttersprache genannt werden darf.

Zum letzten Zionistenkongreß.*)

Der eben stattgehabte Zionistenkongreß stand unter dem Zeichen des Ostafrikaprojektes.

Über dieses selbst läßt sich vorläufig kein Urteil fällen. Ist ja der ganze Vorschlag, den die zionistische Parteileitung mit der ihr eigenen Ungeduld, überraschende Erfolge zu erringen, im unfertigsten Zustande den Fährlichkeiten des Kongresses aussetzte, — augenblicklich eben nichts mehr als ein schüchterner, ganz unbestimmter, vielfach verklausulierter Vorschlag. Soweit es dabei auf die englische Regierung ankommt, klingt er noch ganz und gar nicht definitiv. Auch ist die Frage der Eignung des Landes noch strittig. Endlich erscheint das Projekt mit den äußeren und inneren Machtmitteln der in Betracht kommenden jüdischen Kreise noch nicht in prüfenden Zusammenhang gebracht.

Aber es handelt sich jetzt auch nicht um das Projekt selbst, sondern um das Prinzip, das ihm zu Grunde liegt. Und da ist es vor allem falsch, von einem Ein- oder Ablenken des Zionismus, von einem Verlassen des Palästina-Standpunktes zu sprechen. Nicht etwa deshalb, weil die von der gar so unfreundlichen Aufnahme ihres Vorschlages überraschten Führer es bestritten und der eine mit einem verunglückten Gleichnisse, der andere mit schönen hebräischen Psalmworten dem aufgeregten Kongresse ihre un-

---

*) Zuerst im „General-Anzeiger", II. Jahrg. Nr. 40 (28. September 1903).

wandelbare Zionstreue beteuerten. Sondern, weil die Stimmung
der Minderheit und wohl auch der sich gar nicht behaglich
fühlenden Mehrheit solche Gefühlstöne gebieterisch verlangte.
Hier steht man einer Macht gegenüber, die sich nicht ablenken
lassen will und wird. Mißtrauisch geworden, wird sie über kurz
oder lang ihre eigenen Wege gehen und das zionistische Prinzip
wieder zur Geltung bringen.

Man muß sich überhaupt hüten, über Wert und Wesen der
beiden Abstimmungsgruppen von gestern und hiermit auch
getrennten Arbeitsgruppen von morgen voreilige Urteile zu fällen.
Nur, wer die Geschichte des Ziónismus kennt, wer da weiß, wie
sich die zionistische Partei aufbaute und zusammensetzt, ist vor
mißverständlicher Auffassung geschützt.

Der Zionismus als jene Bewegung, die auf Palästina für
die Juden abzielt, ist älter, als man von gewisser Seite geschäftig
verbreitet. Von den geistigen Vorläufern, die sehr, sehr lange
zurückreichen, abgesehen, ist er seit mehr als zwei Jahrzehnten
eine weite Volksschichten umfassende Bewegung. Er ist im Osten
heute nicht um vieles stärker, ausgebreiteter und öffentlicher als
vor zwanzig Jahren. Im Westen allerdings gab es damals nur
kleine zionistische Zirkel. Diese waren anfangs glücklich, sich
der großen östlichen Gruppe anschließen zu dürfen. Bald aber
hatten sie den Ehrgeiz, ihr neue Gesichtspunkte zu vermitteln.
Im Osten war der Ziónismus wohl durch die Judenhetzen ans
Tageslicht gefördert, aber erzeugt war er in der Seele des Volkes
schon längst, als integrierender Bestandteil einer großen nationalen Kulturbewegung. Die Zionisten des Westens dagegen, für
die eigentlich die Kontinuität der jüdischen Entwicklung unter-
brochen worden war, hatte n u r der Antisemitismus zu Zionisten
gemacht. Ihr Zionismus hatte blos einen Anlaß, keine Ursache.
Darum sahen sie auch in ihm nur das rein Äußerliche, das platt
Politische. Und darum glaubten sie, ihrer Sache weiß Gott was
Großes und Modernes zu bescheren, wenn sie immer und immer
wieder auf eine Parteiorganisition hindrängten. Damit hatten sie
freilich zunächst gar keinen Erfolg. Denn die Östler, ohne die
ja nichts anzufangen war, zeigten vorerst für diese Bestrebungen
blutwenig Verständnis. Die Leute blieben bei ihren kulturel en

Arbeiten — Ausgestaltung modernen Schrifttums in hebräischer und jüdischer Sprache — und in Hinsicht auf „Zion" bei ihrer ziemlich irrationellen und dennoch grundlegend gewordenen Kolonisation in Palästina. Inzwischen entwickelten sich die westlichen Zionisten in ihrer Richtung weiter. Sie nahmen an Zahl zu, namentlich unter der studierenden Jugend, begannen sich die Aufmerksamkeit der ihnen nicht freundlich gesinnten Presse zu erzwingen, und waren auf dem Wege allmählich zu einer Partei nach dem Typus etwa der österreichischen Alldeutschen zu werden. „Zion" und die ganze Landfrage waren etwas in den Hintergrund getreten, umso stärker trat der chauvinistisch-nationale, ja der Rassenstandpunkt hervor. Zwischendurch machten sich allerdings auch schüchterne moderne Regungen geltend. Es gab Leute, die einerseits mit den sozialistischen und sozial-radikalen Ideen Fühlung suchten, andererseits um eine tiefere, innerlichere Auffassung des Zionismus rangen.

Da kam das große Ereignis: Das Herzlsche Buch „Der Judenstaat" (1896). Binnen kurzem war die junge jüdische Moderne aufgesogen oder verschollen und mit unheimlicher Raschheit war die oben angedeutete Entwicklung zu einer forschen, strammen Nationalistenpartei vollendet. Es war dem Verfasser des „Judenstaates" gelungen, die westlichen Zionisten und für den Zionismus Reifen an ihren Instinkten zu packen. Aber mit ihnen allein ließ sich nichts beginnen. Man denke sich das Zahlenverhältnis der Alldeutschen zu den österreichischen Deutschen überhaupt auf die analogen jüdischen Verhältnisse übertragen. Herzl mußte daher trachten, den Osten mit seinen hunderttausenden geborenen Zionisten zu gewinnen. Auch das brachte er fertig. Und ohne viel Mühe. Sie flogen ihm nur so zu. In kürzester Frist, namentlich seit dem 1. Baseler Kongreß (1897), der fast durchaus von vor„judenstaat"lichen Zionisten beschickt wurde, war er ihr anerkannter Führer, dem sie beinahe Messias-Ehren erwiesen. So erstaunlich dieser rasche Erfolg auf den ersten Blick sein mag, so begreiflich wird er bei längerem Hinsehen. Da war zunächst der bisher so unbefriedigt gebliebene Gesinnungsehrgeiz dieser politisch ungeschulten Enthusiasten. Endlich einmal durften auch sie ihre Nationalidee vor West-

Europa verkünden. Und dann : Dieser Mann — der in seinem
Buche Palästina noch in sehr kühle Erwägung gezogen, es nun-
mehr aber, rasch entschlossen, als einzig diskutables Territorium
anerkannt hatte — fand ihnen die weitestgehende Fassung für
dieses Land-Ideal und empfahl den kürzesten Weg zu ihm. Und
er schien ihnen auch die gesellschaftliche Stellung und persönliche
Begabung zu besitzen, um diesen Weg mit Erfolg zu gehen. Das
„Diplomatische", bis zu welchem sich nunmehr das politische
Bedürfnis der westlichen Zionisten verdichtet hatte, hatte es den
Östlern angetan. Keine Kleinkolonisation mehr mit ihren unver-
meidlichen Unzukömmlichkeiten, mit ihren hundert Mißerfolgen
auf einen Erfolg, mit ihrem ermüdend langsamen Tempo!
Palästina auf diplomatischem Wege erobern! Was könnte es
Einfacheres und Leichteres geben? Ued so folgten sie dem neuen
Führer durch Dick und Dünn, unterdrückten ihre ketzerischen
Empfindungen, Anwandlungen und Gedanken und wurden die
getreuesten Parteimänner, ja die Träger der Partei, deren über-
wiegend größten Teil sie ja ausmachten.

Allerdings, als Jahr auf Jahr verrann und wohl Agitations-
und Organisationserfolge errungen wurden, aber auch noch nicht ein
blasser Streifen von Zielerfolgen sichtbar war, da kam etwas wie
Unruhe in diese Leute. Wie, wenn diese ganze diplomatische
Methode ein einziger ungeheurer Irrtum wäre! Ein gewisses, oft
erfolgreiches Streben, entgegen dem sogenannten Baseler Programm
und dem ausgesprochenen Willen des obersten Führers, die alte
Kolonisationsmethode in die Partei einzuschmuggeln, machte sich
geltend. Da und dort hörte man unzufriedene Worte. Man begann
den Geistesdruck der Partei und den Wiener Absolutismus unangenehm zu empfinden. In diese Stimmung hinein brachen die Enthül-
lungen des letzten Kongresses. Man hörte aus allem nur das Nein,
die Resignation auf „Zion". War das die Bilanz der ganzen Campagne, während welcher die Östler nebst so vielen Opfern an
Kraft und Geld soviel Eigenheit auf der Strecke hatten liegen
lassen müssen? Ein Händedruck des deutschen Kaisers, zwei
zugestandenermaßen ganz erfolglose Audienzen beim Sultan, ein
naiverweise ernst genommenes Versprechen des Herrn von
Plehwe — und zuletzt Ostafrika? Das war zuviel für die armen

Narren von sieben Jahren. Und aus ihrer Enttäuschung und Erbitterung heraus wurde ein Sturm von Leidenschaft geboren, wie
er in solcher Wildheit und Schauerlichkeit wohl nur sehr selten
erlebt wird.

Man darf nun aber auch nicht glauben, daß die östlichen
Zionisten für die wohlfahrtspolitischen Bedürfnisse der Judenheit
völlig blind, daß gerade sie nicht imstande sind einzusehen, wie
dringend die russischen, rumänischen und galizischen Juden eine
rasche, ausgiebige und gründliche Hilfe brauchen. Aber für sie
stand diese Hilfe in diesem Augenblicke, auf diesem Kongresse
nicht auf der Tagesordnung. Dafür war das Forum des Kongresses
nicht geschaffen worden. Hier mußten sie sich durch den herein-
geschneiten Antrag geprellt erachten. Denn hier ging es ja im
letzten Grunde gar nicht um irgend welche politische oder wohlfahrtspolitische Erfolge, sondern um das, was für sie, die Östler,
das Wesen des Zionismus ausmacht, um einen Lebens-, Erlebens-
und Sich-Auslebenstriumph des jüdischen Stammes. Um „Zion“,
das — wenngleich in seiner Wirklichkeit ersehnt — doch auch
der symbolische und symptomatische Ausdruck des mächtigen
nationalen Kulturwillens ist, der diese Leute beseelt.

Andererseits ist das wohlfahrtspolitische Empfinden der
östlichen Zionisten durch die Vormundschaft der Westler geradezu
irregeführt worden. Sieben Jahre lang legten sie ihnen das Zions-
ideal als ein wohlfahrtspolitisches Ziel aus, rückten seine Erreichung in nächste Nähe, priesen es als Rettung aus den gegenwärtigen Nöten, heischten alle Aufmerksamkeit dafür und ver-
ketzerten jeden, der es wagte, an dem Parteidogma vom einigeinzigen Zion als demnächst zu beziehender Heimstätte zu mäkeln.
Was Wunder, daß die Östler, ohne es zu merken, weit mehr
Hilfsaktionswasser in ihren Kulturwein taten, als in früheren
Zeiten, daß sie dabei an andere wirkliche und teilweise Rettungs-
möglichkeiten als „Zion“ zu denken verlernten und daß sich
dann neben ihrem innerlichen Zions-Enthusiasmus ein äußerlicher
Zions-Fanatismus stellte? Dieser Fanatismus war es ja auch, der
sie kurz vor dem letzten Kongresse einen ihrer führenden Geister
aus der vor„judenstaat“lichen Zeit — der immer und immer
wieder die Auseinanderhaltung des nationalkulturellen und des

13*

augenblicklichen Wohlfahrtsbedürfnisses predigte — verstoßen und ächten ließ. Und derselbe Fanatismus wirkte wohl bei der Abstimmung über das Ostafrika-Projekt oder besser, über das Prinzip einer außerpalästinensische Kolonisation wenigstens zu einem kleinen Teile mit.

Nun hören wir aber, daß auch ein beträchtlicher Teil der östlichen Zionisten pro stimmte. Das scheint zu der gegebenen Charakteristik nicht zu passen ; auch dann nicht, wenn man weiß, daß es zumeist nur geschah, um den Führer nicht zu desavouieren, wie ja denn auch bald darauf alle Anträge auf Sicherung der zionistischen Gelder vor ostafrikanischer Verwendung durchdrangen. Immerhin bleibt die Ausnahme etwas rätselhaft. Sie klärt sich jedoch sofort auf, wenn man sich diese östlichen „Jasager" — ein Kongreß-Ausdruck — näher besieht. Man wird dann nämlich gewahr, daß alle zu der sogenannten Fraktion der „Misrachim", d. h. zur Organisation der stockorthodoxen Zionisten gehören. Die Stockorthodoxen schließen sich erst seit kurzem in größeren Trupps dem Zionismus an. Hierzu werden sie bewußt oder unbewußt von Furcht und Hoffnung getrieben. Von der Furcht, die Volksmassen dem steigenden Einfluß jener aufgeklärten romantischen Bürgerschichte, die den Tätigkeitskern der zionistischen Bewegung im Osten bildet, überlassen zu müssen ; von der Hoffnung, den Zionismus geradezu zum Wasser auf die Mühle der jüdischen Altgläubigkeit machen zu können. Anfangs bescheiden auftretend, sind die „Misrachim" allmählich immer anspruchsvoller geworden und legten jetzt bei allen möglichen Gelegenheiten ihre Bedingungen vor und ihre Vetos ein. Und sie finden sehr geringen Widerstand, im Gegenteil viel Entgegenkommen. Dieses bezahlen sie mit ihren Stimmen. So auch in dieser Angelegenheit, in der ihr Votum gewiß nicht der Ausfluß modern-realistischer Erwägungen, sondern ein Posten im Kalkül ihrer Sondertendenzen ist.

Daß den zweiten Teil der Majorität die Westler bildeten, braucht nicht erst gesagt zu werden. Da für sie die national-kulturelle Triebkraft des Hauptstockes der Östler nicht vorhanden ist, konnten und mußten sie für „Ostafrika" stimmen. Sie stimmten ebenso ehrlich wie ihre Gegner. Unehrlich war nur der Zions-Faltenwurf, mit dem sie früher ihre Gesinnung aufgeputzt hatten,

und peinlich ist die Geschwindigkeit, mit der sie diesen Falten-
wurf wieder zu glätten wußten. „Im Grunde ist das Volk
wichtiger als das Land". Gut! Aber warum verdonnerten sie
selbst zwei Tage früher jeden anderen, der solches sprach, als
Ketzer? Und brüllten ihn zur Strafe mit ihrem „Heil Zion" an?
Ja, warum? Weil sie damals anders kommandiert wurden und
weil ihnen damals der Diplomatismus andere Sensationen schenkte.
Damals waren sie Zeugen des, sagen wir, kühnen Unternehmens,
mehreren Mächten mit widerstreitenden Interessen ein von anderen
bewohntes und politisch wichtiges Land abzuschmeicheln. Jetzt
war die Snche freilich weniger interessant: Eine sehr geschäfts-
tüchtige Kolonialmacht hat ein Stück politisch ganz neutralen
und erst urbar zu machenden Bodens, das sie gerne an Ein-
wanderungslustige vergeben möchte und stellt es, da sich solche
sonst nicht melden, einigen Unterhändlern für die Juden in Aussicht.
Aber item, es bleibt doch eine Großmacht, mit der man „unter-
handelt". So oder so: „Wir sind ein politischer Faktor geworden".
„Man rechnet mit uns". Und es gab ja doch einen Übergang:
Das Versprechen des Herrn von Plehwe, diese große, diese l e t z t e
Hoffnung. Das war ihnen Brücke genug nach Ostafrika — ein
Wunderwerk der Herdenbaukunst, in einem Nu geschlagen . . .

Wenn man so die einzelnen Gruppen des letzten Zionistenkongresses Revue passieren läßt, so kommt man schließlich zur
Überzeugug, daß ihre Stellung zur Landfrage keinen Maßstab
abgibt für die vergleichsweise Messung ihrer Werte für die allgemeine Entwicklung. Und man wird auch inne, daß die Gefahren
des Zionismus aus einer anderen Quelle fließen, als aus dem
einen oder anderen dieser Landprinzipien. An sich durchkreuzt
weder das Streben nach Palästina aus nationalkulturellen Gründen,
noch das nach irgend einem anderem Erdenwinkel aus wohlfahrtspolitischen Gründen die Entwicklungslinie der Menschheit. Aber
die Möglichkeit hierzu ist unter gewissen Voraussetzungen gegeben.
Wir haben zwei dieser Voraussetzungen kennen gelernt: Das
Parteitum und den Diplomatismus.

Wohin eine interterritoriale jüdische P a r t e i führen kann,
lehrt die Kaltstellung der modernen Elemente in der jüdischen
Bewegung, sowie der Aufstieg der „Misrachim" und ihres Ein-

lusses innerhalb des politischen Zionismus. Was aber der Diplomatismus aus ganzen jüdischen Generationen machen kann, das
beweist die russisch-diplomatische Episode, die Juden - Massen-
mordung zu Kischinew, die Arbeiter- und Studentenschlächtereien
in ganz Rußland, der Spott- und Drohbrief des Hern von Plehwe —
alles das wog nichts dagegen, daß eben dieser Herr in eben
diesem Briefe die Zionisten beim Sultan zu protegieren verspricht! — —

Bedenklicher freilich als Parteitum und Diplomatismus, durch
diese aber mächtig gefördert, ist ein Dogma, das, aus der Not
der Zeiten geboren, der jüdischen Land- und Kulturbewegung
seit ihrem Beginne anhaftet, aber vor gereifterem und beruhigterem,
entwicklungs-geschichtlichem Denken nicht aufrecht erhalten
werden kann: Das Dogma nämlich von der relativen Gleich-
förmigkeit und absoluten Unabänderlichkeit der Lage der Juden
unter den anderen Völkern. Diese Lehre führt zu einer Art von
höherer Wurstigkeit gegenüber aller Entwicklung der übrigen
zivilisierten Völker, unter welchen der jüdische Stamm zu einem
großen, vielleicht größeren Teile immer wird wohnen müssen.
Und dadurch erhöht sie die Empfänglichkeit ihrer Verkünder für
alle Rückständigkeit und Rückläufigkeit in beängstigendem Grade.
Darum: Ehe diese Lehre nicht stirbt — was sie nicht kann,
solange Parteitum und Diplomatismus die Bewegung künstlich
auf ihren geistigen Kinderwegen erhalten oder gar auf Narren-
wege führen — wird der Zionismus nicht aufhören, eine Haupt-
brutstätte der europäischen Reaktion zu sein.

Von diesem Gesichtspunkte aus betrachtet, kann allerdings
der letzte Zionistenkongreß unter Umständen der Anfang einer
sehr heilsamen Entwicklung werden. Wenn sich die auf Palästina
bestehenden Zionisten von den Paraden und Feuerwerken des
politischen Zionismus weg, einer stillen, ernsten, ihren Gegen-
warts- und Zukunfsgrenzen sich bewußten Kolonisationsarbeit zuwenden werden, dann werden sie bald auch den Weg aus der
reaktionären Sackgasse finden, in der s i e sicher nichts zu suchen
haben. Sie müßten dann einsehen lernen, daß die Desperado-
Theorie in das System ihres Zionismus einfach nicht hineingehört.
Und die anderen? Jenun, sofern es wirklich zu einer praktischen

Wirtschaftsarbeit kommt, wird für Partei- und Diplomatenspiel ohnehin weder Gelegenheit noch Zeit übrig bleiben. Und dann wird sichs auch bald ganz von selbst ad oculos demonstrieren, daß die Juden es besser unterlassen, die Schiffe hinter sich zu verbrennen.

Es wäre zu wünschen, daß diese Entwicklung rasch vor sich ginge. Aber nicht alle Wünsche gehen in Erfüllung. Und Entwicklungen pflegen nicht glatt abzulaufen. Sie lieben es, ein bischen über Dinge und Personen zu holpern und zu stolpern.

Methodisches zur Palästinafrage.*)

Viele sind geneigt, das Schreiben eines Artikels für etwas anzusehen, was sozusagen neben dem Leben einherläuft. Das mag ja manchmal, für manche Schriftsteller auch immer, zutreffen. Sicherlich aber trifft es auf einen Artikel nicht zu, den ich in der von mir seinerzeit redigierten Monatsschrift „Zion" im Frühsommer 1897 veröffentlichte. Dieser Aufsatz, „Zum Münchner Kongresse"**) betitelt, war ein wirkliches und großes Erlebnis für mich. Endlich war es heraus, was mir schon jahrelang auf der Zunge geschwebt hatte und was im Grunde seit Anfang meiner zionistischen Tätigkeit vor jetzt mehr als zwanzig Jahren zuerst die mich leitende Empfindung, dann der mich leitende Gedanke über die Methode des Zionismus war. Endlich hatte ich Gelegenheit und den Rückhalt gefunden — ich verdankte beide dem Auftreten des Hern Dr. H e r z l — um mit dem mir seit jeher verhaßten Prinzipe der „Praktischen" abzurechnen.

Daß ich dies mit dem Temperament tat, das mir nun einmal eigen ist, und daß dabei die „Praktischen" nicht gut wegkamen, ist nicht weiter verwunderlich. Ich spottete über ihre Abneigung gegen das „Geschrei" und über ihre Vorliebe für das „stille Wirken", über ihre Ablehnung der „Phantasten" und ihre Verwendung von „ernsten Männern", endlich darüber daß sie sich einbildeten, „mit den Verhältnissen zu rechnen, nicht mit dem

---

*) Zuerst in „Jüdische Volksstimme", IV. Jahrg.Nr. 17 (1. Oktober 1903).
**) Nr. 5 des erwähnten Jahrganges. — Siehe Seite 113 dieser Ausgabe.

Kopf durch die Wand zu rennen." Ich wies ihnen nach, daß es lächerlich sei, die Türken hinters Licht führen zu wollen und daß dieses einerseits so aussichtslos langweilige und doch andererseits auch unvorsichtige „Drauflos"-Kolonisieren — für die Türken oder für eine „europäische Großmacht" uns nicht zum Ziele führen konne. Ich forderte Luft und Licht für die Kolonisation, „die Luft der Volkstümlichkeit und Selbstbestimmung, das Licht der Öffentlichkeit". „Erst müssen völkerrechtliche Bürgschaften für die Kolonisation geschaffen werden, dann kann sie wieder einsetzen", rief ich aus.

Ich wußte damals nicht, daß dieses leidenschaft-durchbebte Kampflied einer lange Jahre hindurch gehegten, aber niemals klar zum Ausdruck gebrachten Überzeugung zugleich ihr Schwanengesang war. Nur eine leise Ahnung hievon beschlich mich — eine Ahnung, die in dem Artikel ebenfalls ihren Ausdruck fand, und zwar — schon das ist bezeichned — am Anfang und am Ende meiner Ausführungen. In der Einleitung kritisierte ich den Beschluß, den Kongreß in zwei Teile, einen internen und externen zu spalten. Ich wies mit einiger Zurückhaltung, aber doch deutlich genug auf die „allzu oft hervortretenden opportunistischen Neigungen" des Herrn Dr. H e r z l hin. Dann erzählte ich, daß durch die Aufregung der guten Münchener Juden namentlich das Externum bedroht sei, und ließ keinen Zweifel darüber, wie ich gerade über dieses dachte. „Ich weiß nun nicht", schrieb ich, „wie weit die Liebe des Dr. Herzl zu diesem Schaustücke geht. Mir ist es so gleichgiltig, wie irgend ein Freudentanz unserer Gegenfüßler und ich werde wahrlich auch nicht e i n e Träne weinen, wenn es stirbt, bevor es unsere Augen erfreuen darf."

Noch bezeichnender waren die Schlußworte des Aufsatzes. Ich sprach da die Befürchtung aus, daß uns der Kongreß „Enttäuschungen bereiten" könnte und begründete dies folgendermaßen: „Der praktische Geist wird sich wahrscheinlich wieder einfinden — wenn auch in neuen Personen und neuen Formen. Die Gefahr ist vorhanden, daß sich in Folge des Kongresses nichts als die Haltung gegenüber der Türkel ändert, sonst aber alles beim Alten bleibt, d. h. Opportunismus, Romantik und Vergewaltigung, allerdings mit geänderten Personen und Richtungen, fortdauern und die Bewegung weiter entehren und schädigen. Doch es kann auch anders kommen, und ich bitte jeden, der da wünscht, daß der Kongreß seine Aufgabe g a n z erfülle, am 25. August in München zu sein. Es fehle keiner, dem es darum zu tun ist, daß der Zionismus aus einem Spielball in den Händen des Zufalls und einiger Geldgeber eine ernste Sache der Allgemeinheit, aus einer „praktischen" und romantischen eine wirkliche Bewegung, aus einer reaktionären Zwangsanstalt der Überzeugungen ein weites offenes Kampffeld, aus der Marotte eines Teiles der jüdischen Bildungsphilister der Wille des Volkes werden."

Fügt man diesen Stellen noch die von mir in der „Jüdischen Moderne"*) nachdrücklichst und wie warnungsweise erhobene Forderung hinzu, daß der Zionismus nicht Partei werden dürfe, dann wird es geradezu mit Händen greifbar, mit wie wenig innerem Zutrauen ich eigentlich in die ganze Campagne eintrat. Es wird klar, wie mich die Besorgnis drückte, es könnte gerade das Gegenteil von dem eintreten, was ich mir von dem öffentlichen, dem „wunschmutigen" Zionismus versprach. Und es wird augenscheinlich, daß meine Ängstlichkeit nur von Beobachtungen herrühren konnte, die ich sofort nach dem Beginn der neuen zionistischen Phase an gewissen Verhältnissen und Personen machen mußte.

Daß ich aber alle diese inneren Hemmungen vorerst überwand, ist ja wohl zum großen Teil auf meine Anlage zurückzuführen, vermöge deren ich Hemmungen zwar nicht übersehe, aber mich von ihnen nicht abschrecken lasse. Es waren jedoch noch andere, speziellere Antriebe vorhanden: Vor allem Widerwille gegen die ganz besondere Art, wie sich der Zionismus unmittelbar vor dem Auftreten Dr. H e r z l s im Westen betätigte. Ich sage ausdrücklich im Westen. Denn nur ihn hatte ich im Auge und seinen zionistischen Zuschnitt hielt ich für den allgemeinen jener Zeit. Es fiel mir nicht ein, daß der Gegensatz zwischen Ost- und Westjudentum, den ich damals schon kannte — wenn auch noch nicht in seiner vollen Bedeutung — doch auch im Zionismus sich ausdrücken müsse. Ich kann mich nicht er-

---

*) Beiläufig ein Jahr vor dem im Texte erwähnten Artikel und bald nach dem Erscheinen des „Judenstaates".

innern, ob ich damals schon A c h a d H a a m s maßgebende
Schriften kannte. Wenn es der Fall war, so muß ich gestehen,
herzlich wenig aus ihnen gelernt zu haben. Sonst hätte ich trotz
der Klagen des großen Warners über die Entartung der Zions-
bewegung zu einer Bodenkaufmaschinerie, die Qualität und Seele
unberücksichtigt lasse, bemerken müssen, daß die östliche Zions-
bewegung, die er kannte, denn doch sehr zu ihrem Vorteile von
der westlichen verschieden war. Ich hätte aus der Erscheinung
A c h a d H a a m s selbst und aus seinen Schriften erkennen
müssen, wie viel trotz des oft so berechtigten Tadels an äußerer
Reservemacht, an innerer Kraft und Verbesserungsfähigkeit, an
gesunder Tradition der Bewegung im Osten vorhanden war. Und
ich hätte mir sagen müssen: Da kann doch auch die Kolonisationsmethode des Ostens und des Westens nicht gleichwertig
sein. Wenn einige wenige Menschen, zurückgelassene Wachposten
eines entpersönlichten Volkszweiges allerlei Finten und Listen
ersinnen müssen, um in Palästina für die Kolonisation ein paar
hundert Leute gewinnen zu können — darf man doch diesen
ein ganzes Volk von scharfer kultureller Prägung, das aus seinem
Innersten heraus ans Kolonisieren geht, nicht gleichstellen. Wenn
von vornherein weder Gesundheit noch Tiefe und Weite des
Blickes vorhanden sind, so ist das doch etwas ganz anderes, als
wenn Mißstände, Unerfahrenheit und Not der Zeiten Verflachungen
und enge Horizonte schaffen, die durch Erfahrung und Zeit wieder in ihr Gegenteil umgewandelt werden können. Wenn ein
paar Leutchen dadurch abstoßend wirkten, daß sie bei geschlossenen offiziellen Pforten Palästinas sich durch Seitentürchen
einschmuggeln wollen, so ist es einem Volke und seinem großen
Willen zumindest ästhetisch zu verzeihen, daß es enge, verstohlene
Wege geht, bis es sich breite und offene bahnt.

Das alles hätte ich mir damals sagen müssen, wenn ich
nicht in meiner Umgebung befangen gewesen wäre. Aber es
waren nicht allein diese Befangenheit und ihre Folgen, die meine
Ahnungen nicht zu Bedenken werden ließen. Noch ein anderes
half dabei mit: Daß ich noch nicht die Anwendung meiner sonstigen Entwicklung auf den Zionismus gefunden hatte. Ich suchte
und tastete darnach. Nur soviel war mir klar, daß es galt, sich

vor Situationen zu hüten, die zu Konzessionen an die Reaktion führen müßten. Nur aus dieser Klarheit heraus forderte ich immer und immer wieder einen außerparteilichen Zionismus. Aber e i n e wesentlichste Notwendigkeit, ein positives Erfordernis, blieb mir vorläufig noch verborgen: Das Erfordernis, den Zionismus mit dem Prinzipe der Entwicklung in Übereinstimmung zu bringen — zum Teile deshalb, weil auch meine allgemeinen Anschauungen noch nicht durchgearbeitet, noch nicht gereift waren. Ich übersah, daß das stolze Wort, der mutige Wunsch, das freimütig bekannte Ziel, wenn sie nicht aus tatsächlichen Voraussetzungen, aus aufgeschichteten und immer weiter sich aufschichtenden Kräften ihre Berechtigung ableiten, zur hohlen Phrase, zum Kinderhaschen nach dem Monde, zu wirklich närrischem Mit- dem- Kopfe- durch- die- Wand-rennen führen müssen. Ich merkte den Unterschied nicht zwischen dem Opportunismus, der zu feig ist, um aus fertigen oder fast fertigen Entwicklungen Schlüsse zu ziehen, und jener Bedachtsamkeit, die vorschnelle Schlüsse unterläßt, um lieber vorsichtig und „stille wirkend" an den Entwicklungen mitzuarbeiten. Es fiel mir nicht ein, daß „die großen ausgesprochenen Volksziele", ohne die „die großen Taten der Weltgeschichte nicht vollführt worden wären", nur ausgesprochen werden dürfen, wenn das Volk schon oder noch einen Kräftefond hat, um ihnen, diesen Zielen, auch wirklich entgegenzueilen. Statt dessen berief ich mich auf den Gegensatz zwischen „praktisch" und „wirklich" und meinte, daß der Mensch der „Mittelsorte" „praktisch", das „Volk" „wirklich" sei. Es entging mir dabei, daß der an sich so richtige Gegensatz: Mittelsorte — Volk für weitere Schlüsse unfruchtbar bleiben müsse, so lange nicht der Mittelsorte als den Volksentfremdeten die führenden Geister als die Verkörperer kondensierten Volksgeistes entgegengestellt werden. Ebenso entging mir, daß auch die Unterscheidung zwischen „praktisch" und „wirklich" ohne Wert sei, solange man nicht den „Praktischen" als den Richtungslosen die großen Wirklichkeitsmenschen als diejenigen, die in spekulativ oder intuitiv erfaßter Entwicklungsrichtung fortschreiten, entgegensetzt.

Ich sah nicht, daß die Geschichte der Politik eine Geschichte des Kampfes der Praktiker und der führenden Wirklichkeitsmenschen um die Gefolgschaft des Volkes ist — eines Kampfes, in welchem vorläufig gewöhnlich die ersteren und nur in Ausnahmszeiten die letzteren Sieger sind. Ich kam endlich nicht darauf, daß das große Ziel an sich kein Symptom des Wirklichkeitssinnes, sondern einfach ein Produkt des staatskünstlerischen Genius ist, welches von den Wirklichkeitsmenschen als solches erkannt und geschätzt, von den praktischen Mittelsörtlern aber jedenfalls verkannt und entweder geringgeschätzt oder zum Götzen erhoben wird. Das aber war eben der Gipfelpunkt meiner Blindheit, daß ich die neuen Götzendiener für Wirklichkeitsmenschen zu halten geneigt war, während in Wirklichkeit zwischen ihnen und den alten „Praktikern" kein anderer Unterschied bestand und besteht, als daß diese ihre krämerhafte Richtungslosigkeit durch Augenblickszwecke und jene durch ihr „großes Ziel"'zu ersetzen streben.

Nun, ich sollte bald sehend werden, bälder als ich dachte. Nicht nur, daß der „wunschmutig" gewordene Zionismus allen meinen wiederholten Warnungen zu Trotz Parteiwege betrat, es kam ein Neues hervor, dessen Erscheinen ich mir gar nie hatte träumen lassen : Der Diplomatismus. Beide, Parteitum und Diplomatismus, bescherten der zionistischen Bewegung alle die Winkelzüge, Krämerschlauheiten, Selbstentwürdigungen, Korruptionen, Personentaktiken der eben verlassenen „praktischen" Periode in tausendfacher Auflage. Beide erzeugten eine plänesüchtige, aventuremäßige, unbescheidene Politik, die in gar keinem Verhältnisse zu den gegebenen Kräften, sowie dem zurückgelegten Wegstücke einerseits und der Größe der Aufgabe andererseits stand. Beide verwandelten den lebendigen innerlichen Prozeß der jüdichen Bewegung in den steifen seelenlosen Trott eines Mechanismus. Und speziell der Diplomatismus, der zionistische Diplomatismus, war eine fürchterliche, unsühnbare Sünde gegen den Geist der Entwicklung, der der Geist wahrer Wirklichkeit ist. Ich hatte mir, wie übrigens ebenfalls aus dem Artikel „Zum Münchener Kongresse" hervorgeht, den offenen, ehrlichen, wunschmütigen Zionismus als einen Zionismus des Appells an die Völker vorgestellt. Das europäische Gewissen, verkörpert in den großen europäischen Wahrheits- und Wirklichkeitsmenschen, sollte zum Verständnis der zionistischen Wünsche erzogen, so sollte der Weg nach Zion geistig geebnet werden. Ich hatte mir diese Ebnung noch immer rasch genug und von unserer und des Landes eigener Entwicklung wohl etwas zu losgelöst gedacht. Aber Diplomatismus, diese unfruchtharste aller Methoden, war mir nie in den Sinn gekommen. Als er nun plötzlich da war, mußte er mir die Augen öffnen. Und einmal sehend geworden, mußte ich immer mehr und mehr sehen: Anschauungen, die ich irrtümlicherweise für die Konsequenzen meiner allgemeinen Entwicklung gehalten hatte, während sie ihre letzten toten Punkte waren und Tatsachen, die ich in meiner Befangenheit bislang übersehen hatte. Und so kam ich aus dem „Zionismus" als einem Z i e l werke und dem Werke e i n e s Ziels heraus und zur Erkenntnis der Mannigfaltigkeit und der mannigfaltigen Notwendigkeiten der jüdischen Kultur- und Wohlfahrtsbewegung. Auf dem Gebiete einer dieser Notwendigkeiten aber — just jener, die man die „zionistische" nennt, und mit der ich mich hier vor allem beschäftige — bekehrte ich mich zur Forderung organischer, entwicklungsmäßiger, „stiller" Arbeit.*)

Kein ernster Beobachter wird sich darüber täuschen, daß die diplomatische Methode bisher keine Erfolge gezeitigt hat, und daß auch noch nicht e i n Keim von solchen vorhanden ist. Weder ist die wirkliche Zustimmung einer Großmacht vorhanden, es blieb Herrn Dr. N o r d a u vorbehalten, eine solche als seitens Rußlands erfolgt anzunehmen — noch hat bisher die Türkei mit sich reden lassen. Alles — vom Afrikaprojekt bis zu dem Umstande, daß der letzte Kongreß die Absendung der üblichgewordenen Huldigungs-

---

*) Dieser Wandel und diese Bekehrung sind, wie man sieht, nicht von heute. In einem Zyklus bisher ungedruckter Vorträge, die ich im Winter 1898/99 hielt, erscheinen sie noch nicht ganz, aber zu einem großen Teile vollzogen, etwa drei Jahre nach dem ersten Kongresse sind sie es ganz. Daß ich bis zum vorigen Jahre schwieg, hat seinen Grund in privaten Abhaltungen, zum Teil auch darin, daß ich es vorerst für unmöglich hielt, gegen die allgemeine Verblendung anzukämpfen. Jetzt ist es diesbezüglich, wie ich glaube, besser geworden. Und andererseits hat sich die Sachlage so ernst gestaltet, daß private Bedenken, sofern sie noch vorhanden sind, nicht mehr gelten dürfen. Wer mir, wie dies geschehen ist, wegen meines Auftretens persönliche Beweggründe zumutet, zeigt schon dadurch, daß ihm das Verständnis für Menschen abgeht, die auf dem Wege schwerer innerer Errungenschaften zu ihren Überzeugungen kommen. Wer gar von persönlicher Gehässigkeit gegen den Führer der Zionisten als Motiv spricht, verrät höchstens, daß ein Grund zu solchem Hasse gegeben sein könnte, kennt mich aber sehr wenig.

Depesche an den Sultan unterließ — deutet darauf hin, daß man hier nicht weiter ist als vor sieben Jahren. Aber Mißerfolge hätten im Grunde nicht viel zu sagen, wenn Hoffnung vorhanden wäre, die Scharte auszuwetzen, wenn die Methode nicht an sich unfruchtbar wäre. Leider hat sich der Glaube an diese Methode so eingefressen, daß sie auch in den Gehirnen derjenigen, die durch die letzten Ereignisse arg ernüchtert wurden, noch immer fortspuckt. So hört man in der Reihe der „Neinsager" Bemerkungen fallen, der Verzicht auf „Zion" sei ganz ungerechtfertigt, denn noch nie sei Palästina den Juden so leicht erreichbar gewesen, oder es gehöre nur eine genügend große Summe dazu, es zu erwerben, etc. etc. Alles das ist eitle Rede. Palästina ist für die Juden heute eben so schwer erreichbar, als es vor sieben Jahren war und nach sieben Jahren sein wird. Und mit genügend großen Geldsummen ließe sich vielleicht eine erweiterte Einwanderungs- und Ansiedlungsfreiheit erlangen, was gewiß eine sehr schöne Sache, aber nicht das erworbene Palästina wäre. Palästina ist überhaupt nicht zu „erwerben," Palästina ist, wenn überhaupt, durch Erarbeitung zu gewinnen.

Selbst wenn heute manche Illusionen Wirklichkeit geworden wären, die Hauptmächte vorbehaltlos ihr Ja und Amen sagten und die Pforte einen Charter oder noch viel mehr gewährte — selbst dann wäre Palästina nicht erworben. Diese sozusagen Installierung des jüdischen Volkes in Palästina bliebe eine lächerliche Farce. Denn kann man sich einbilden, daß sich die Bevölkerung des Landes, die Besitzerin des Bodens, von den zugereisten Juden ruhig depossedieren lasse, daß sie deren papieren Besitztitel anerkennen werde? Man stelle sich das nur vor: Die jüdische Bevölkerung Palästinas, wiewohl mehr als ein Zehntel der Gesamtbevölkerung, ist in einigen Städten und Landstrichen konzentriert. Im größten Teil des Landes, sowohl in den Städten als auch in den Dörfern, gibt es keine Juden. Nun stehen eines Morgens die braven Araber, Türken und Drusen auf und lesen im Amtsblatt oder hören es von ihrem Kadi oder Scheich, daß von dem und dem Tage ab, laut Befehls der hohen Regierung, die Juden, die bisher fast ganz übersehenen Juden — und obendrein nicht einmal die aus Jerusalem, Jaffa, Saffed und Tiberias, sondern irgend welche im fernen Frankenland — als Herren des Landes betrachtet werden müssen. Bei sonstiger Strafe für Hochverrat! Man muß sehr übertriebene Vorstellungen von dem Formalismus der Orientalen haben, um zu glauben, daß die überraschten Palästinenser das so ruhig hinnehmen werden. Es gäbe einen recht ernsten Widerstand, dessen Überwindung sich die Türken selbst und die anderen Mächte gewiß nur sehr wenig angelegen sein lassen würden. Seine Niederwerfung bliebe also rein den Juden überlassen — vor allem natürlich denjenigen, die nicht da sind.

Ich will aber annehmen, daß auch dies gelungen oder daß es gar nicht zum Widerstand gekommen wäre — warum nicht gefällig sein? Auch dann käme die völkerrechtliche Installation der Juden in Palästina nicht einem Erwerben Palästinas gleich. Denn weitmehr als der persönliche Widerstand der plötzlich Entrechteten würde der Widerstand der Tatsache bedeuten, daß die neuen Herren keine dominierende Position im Lande besäßen. Da man ihnen kaum Zeit ließe, dieselbe auf dem bei annähernd gleichen Voraussetzungen gewiß gangbaren Wege des Wetteifers, d. h. der allmähligen Entwicklung, zu gewinnen, so könnten sie nur von Schnellkolonisation das nötige Übergewicht an Zahl, Besitz und Kultur erhoffen. Diese aber müßte sich bald als undurchführbar herausstellen. Es mag nämlich nicht unmöglich sein, ein leeres Land in verhältnismäßig kurzer Zeit mit einer großen Anzahl von Ansiedlern zu besetzen; niemand kann aber sagen, wie man es anzustellen hat, um hunderttausenden nicht akklimatisierten und auch sonst nicht sehr gut vorbereiteten Fremden r a s c h dauernde wirtschaftliche und kulturelle Positionen in einem Lande zu verschaffen, das schon von anderen hunderttausenden, völlig einheimischen Leuten besetzt ist. Wobei noch zu bedenken ist, daß die 70.000 palästinensischen Juden in ihrer vorläufigen Verfassung der angenommenen Schnellkolonisation eher zum Bleigewicht als zum Hebel werden würden.

Kurz, wie man die Sache auch wenden mag, immer kommt es darauf hinaus, daß sich ein Land nicht mit rechtlichen Titeln erwerben läßt und daß auch umgekehrt die wirklichen Herren eines Landes nicht um die Anerkennung ihres Rechtes besorgt zu sein brauchen. Auf Palästina und die Juden angewendet: Keine Macht der Erde kann den Juden Palästina zusprechen, wenn sie es nicht haben. Und niemand wird es ihnen absprechen, wenn sie es haben. Haben können sie es nur dann, wenn ˙sie sichs in allmäliger, geduldiger, unermüdlicher Arbeit erringen.

Man sagt nun freilich, daß in Palästina eine solche allmälige Arbeit ohne völkerrechtliche Garantien untunlich sei. Und ich selbst habe mich ja in dem oben zitierten Artikel ordentlich bemüht, dies zu beweisen. Nicht mit Ungeschick, wie ich glaube, und nicht ohne jene relative Festigkeit, mit der man auch auf schwachen Grundlagen weiter bauen kann. Nun sank der Grund, damit stürzten auch die Stockwerke ein, und auf das neue festere Fundament müssen neue Stockwerke gesetzt werden.

„Entweder wird nach längerer Zeit die Stärke des jüdischen Bevölkerungselementes in Palästina noch eine hoffnungslos geringe sein, was ich befürchte, dann werden sie wohl weiter in dem Tempo arbeiten dürfen wie jetzt, dann wird ja aber auch nichts erreicht sein. Oder die Zahl der Juden im Land wird derart angewachsen sein, daß die Pforte mit einem ebenso starken Bewußtsein der Gefahr erfüllt sein wird, als wenn ihr die unverhüllteste Judenstaatsforderung entgegentritt — und dann werden auch die „Praktischen" das gefürchtete „Verbot auf ewig" erleben. Rechnen sie vielleicht darauf, daß die Juden damals schon eine Macht im Lande sein werden? Sie mögen sich nur Griechenland ansehen. Rechnen sie auf die Sympathien Europas? Woher kämen denn dann die so urplötzlich? Und wenn wir sie schon genössen, wer weiß, ob sie uns dann auch noch etwas nützen würden? Denn vielleicht stehen wir damals gar nicht mehr der Türkei, sondern einer europäischen Macht als Herrin des Landes gegenüber. Einer der nächsten Kongresse kann das bringen. Und wollen wir wirklich so eingebildet sein, zu glauben, daß sich eine e u r o - p ä i s c h e Macht, die schon einmal dort ist, die Juden wird über über den Kopf wachsen lassen? Und Einwanderungsverbote einer europäischen Macht werden nicht umgangen werden können. Siehe Nordamerika und die Chinesen!"

Jedes Wort ein Zeugnis dafür, wie wenig ich noch damals — ein viertel Jahr vor dem ersten Kongreß — die Judenfrage mit dem Gedanken der Entwicklung in Verbindung brachte. Schon die Befürchtung, daß nach längerer Zeit die Stärke des jüdischen Bevölkerungselementes in Palästina noch eine hoffnungslos geringe sein werde, ist fast schülerhaft. Sie erinnert mich an jene, allerdings noch bedenklichere Leistung eines polemisierenden politischen Zionisten,*) der aus den Einwanderungziffern der ersten Palästinaeinwanderungsjahre mittelst einfacher Multiplikation herausrechnete, daß die „Infiltration" mehrere tausend Jahre brauchen müßte, um in Palästina eine ansehnliche jüdische Bevölkerung zu schaffen. Als ob so was in einfacher arithmetischer Progression vor sich ginge, und nicht, rationelle Arbeit vorausgesetzt, mit beschleunigter Geschwindigkeit? Und als ob es für die Zunahme der erwerbstätigen jüdischen Bevölkerung neben der „Jnfiltration" nicht noch einen anderen Faktor, von dem wir noch zu sprechen haben werden, gäbe? Ich rechnete übrigens auch mit der entgegengesetzten Möglichkeit, mit einem unheimlichen Anschwellen der Juden im Lande und hatte auch für diesen Fall Angst — die Angst vor dem „Verbote auf ewig". Als ob dazumal ein solches Verbot noch wesentlich schaden könnte! Als ob dann die Juden noch unbedingt Zufluß von außen brauchten, um „eine Macht im Lande" zu sein. Als ob diese Macht im rein äußerlich politischen Sinne gemeint wäre, so daß ihr überhaupt die Ohnmacht Griechenlands entgegengehalten werden könnte! Und als ob eine so geartete Macht auf die Sympathie Europas angewiesen wäre.

Allerdings der Hinweis auf die Möglichkeit, daß wir zur kritischen Zeit einer europäischen Macht schon als Herrin des Landes gegenüberstehen könnten, erscheint schon bedenklicher zu sein. Ich könnte ihn nun mit einem Argumente aus der hohen Politik abtun und sagen, daß diese Möglichkeit nach der ganzen politischen Konstellation vorläufig noch lange nicht in Erwägung gezogen zu werden braucht. Ich könnte auch auf die Hilfe des Diplomatismus verweisen, die ja in einer Zeit, wo er bereits wirklichen Kräften entsprechen wird, gewiß aussichtsvoller sein kann als heute, wo er inhaltslose Pose sein muß. Ich tue aber dies alles nicht. Ich will gar nicht leugnen, daß Ereignisse möglich

---

*) Ich entsinne mich nicht genau, wer es war, doch kommt mir vor, als ob es Herr Dr. H e r z l selbst gewesen wäre. Ich kann mich aber auch irren.

sind, die, wenn sie zu früh eintreten, die Entwicklung Palästinas zu einem wesentlich jüdischen Lande abbrechen könnten. Darf denn aber diese Möglichkeit ein Grund dafür sein, die Hände in den Schoß zu legen? Warum sollten wir, noch dazu bei unleugbarem Vorsprunge, nicht hoffen dürfen, soviel aus uns zu machen, daß wir nicht mehr zu überflügeln sind oder zumindest(?) an unserem neuen stolzen Kulturbau — und um diesen handelt es sich ja bei der Palästinasache, nicht um eine Hilfsaktion — nicht mehr zu rütteln ist. Warum sollten wir lieber darauf warten, was andere aus uns machen, und uns in unsolide, politische Abenteuer stürzen?

Natürlich dürfen wir keinen Vorteil verschmähen, der uns durch bereits vorhandene Voraussetzungen gegeben ist. Darum muß das Hauptgewicht auf die sogenannte innere Kolonisation gelegt werden, auf deren hervorragende Wichtigkeit ich schon vor mehr als einem Jahrzehnt aufmerksam machte. Daß es schon jetzt 70.000 Juden in Palästina gibt, mögen sie auch vorläufig kein geeignetes Menschenmaterial darstellen, ist am bedeutungsvollsten für uns. Aus diesem Grundstock allein müßte sich schon ein palästinensisch-jüdisches Volk entwickeln lassen, wenn wir überhaupt noch an uns sollen glauben dürfen. Helfen wir ihnen, sich wirtschaftlich zu organisieren, wecken wir ihre Kulturkräfte, verteilen wir sie über das Land, und sie werden ohne wesentlichen Zuzug in absehbarer Zeit das eigentliche Kulturvolk des Landes sein.

Neben der inneren Kolonisation darf natürlich nicht die der ausländischen Juden vernachlässigt werden und ebensowenig die Kolonisation in Palästina benachbarten Ländern. Die erstere soll für eine raschere Vergrößerung des Grundstockes sorgen, die zweite nahegelegene Reservoire künftigen Zuflusses nach Palästina schaffen.

Sämtliche Kolonisation aber darf nicht von irgend einem einseitigen Standpunkte ausgehen, wie er immer der Entwicklung mit ihren mannigfachen Bildungen und Anforderungen widerspricht. So darf z. B. nicht alles zum Ackerbau gepreßt werden wollen. Überall, wo in der wirtschaftlichen Wüste Palästinas ein Quell vermutet wird, da muß gegraben werden, überall hin müssen jüdische Posten gestellt werden.

14*

Und die Organisation aller dieser Arbeit! Es ist hier meine Aufgabe nicht, sie zu erörtern. Aber soviel glaube ich aussprechen zu müssen, daß sie nur dann ihren Zweck erfüllen kann, wenn sie über denselben nicht hinausgehen wird. Daß sie damit aber keineswegs zu kleinlicher, zersplitternder Tätigkeit verdammt ist. Das war ja das Unglück, daß man, als der „praktische" Zionismus überlebt war, in die Nebelepisode des diplomatischen Zielzionismus hineingeriet, statt zu der normalerweise höheren Entwicklungsstufe einer großangelegten Orient-Kolonisationsbewegung überzugehen. Dieser verhängnisvolle Fehler muß meiner Meinung nach gut gemacht werden. Und zwar ohne Rest. So lange noch eine Spur von kannegießerndem Köhlerglauben an eine, ich möchte sagen, übergeschichtliche Gewinnung Palästinas vorhanden ist, so lange ist nichts zu machen.

Die Palästina-Arbeit.*)

Die Einwendungen des politisch-diplomatischen Zionismus gegen die allmälige Ansiedlung von Juden in Palästina sind sicherlich insoferne unrichtig, als sie in doktrinärer Weise übertreiben. In abstracto muß ja die Möglichkeit zugegeben werden, daß irgend eine türkische Regierung der Zukunft plötzlich Lust bekommen könnte, die jüdischen Grundbesitzer zu expropriieren und die fremden Juden einfach aus dem Lande zu jagen. In concreto aber würden sich die Dinge denn doch nicht so überwältigend einfach abspielen. Zunächst hinge ja die Sache ein wenig von der jüdischen Einwohnerschaft selbst ab. Es wird ihre Sache sein, ob sie, in den Gedankenwegen des politischen Zionismus fortwandelnd, sich Unvorsichtigkeiten zu Schulden kommen lassen oder ob sie, zu ernstem Streben herangereift, imstande sein wird, die Grenzen ihrer Kräfte jeweils abzumessen. Auch ist es wohl ausgeschlossen, daß allfällige Verfolgungen alle treffen. Eine große Anzahl wird sich allmälig einheimisch gemacht haben, manche darunter werden, wie dies schon einmal ist, das Vertrauen der Herrschenden in vollem Maße genießen, von den anderen, die Ausländer geblieben sind, werden sich zumindest viele einen mächtigen fremden Schutz zu verschaffen wissen. Kurz und gut, so viele Opfer fallen, so viele Posten verloren gehen mögen, immer werden Positionen erhalten bleiben, an die sich die Hoffnung auf

*) Zuerst in „Jüdische Volksstimme" (Oktober 1903).

Erneuerung knüpfen kann. Ja, aber die Opfer? Jenun, es soll einmal herausgesagt sein, so hart es auch klingen mag. Ohne Risiko an Zeit, Gut und Blut werden große Dinge nicht gemacht. Und wenn jemand eine weniger gefahr- und opfervolle, raschere Verwirklichung des palästinensischen Volksideals verspricht, so kann er sich dieses Versprechen leicht leisten, weil er ganz außer Stande ist, es zu halten.

Dem politisch-diplomatischen Zionismus liegt übrigens eine ganz richtige Empfindung zu Grunde: Daß die Zugehörigkeit Palästinas zu einem Staatswesen, das keinerlei Rücksicht auf uns nehmen braucht, als eine eminente Erschwerung und, wenn man will, Gefährdung des Kolonisationswerkes aufgefaßt werden muß. Nur werden aus dieser richtigen Voraussetzung irrige Folgerungen abgeleitet. Der Sprung in eine Phantasie-Gewißheit ist sicherlich gewagter als der Weg in eine ungewisse Wirklichkeit, besonders wenn man Vorkehrungen trifft, um diese Ungewißheit zu mildern. Und nur solche Vorkehrungen zu treffen kann unsere Aufgabe sein.

Die Palästinafreunde haben bis vor kurzem das Hauptgewicht auf die Einwanderung ausländischer Juden in Palästina gelegt. Sie waren von dem Ansturm ihres nationalen Willens übermannt, durch eine unzulängliche „Golus"-Theorie geleitet, durch Judenhetzen in Verlegenheit gesetzt, endlich ohne Erfahrung. So konnten sie gar nicht auf andere Gedanken kommen. Es ist ja auch nicht nötig, ihre Methode, die in gewissen Grenzen immer wird Anwendung finden können, vollends preiszugeben — zumal was Pioniere betrifft, die wir gewiß in möglichst großer Anzahl aus dem Auslande werden stellen müssen und können. Aber wir müssen uns endlich auch nach sicheren und leichteren Methoden umsehen, nach solchen, die weniger oder gar nicht geeignet sind, Anstoß und Vereitelungsversuche einer mißtrauischen Regierung zu erregen. Wir müssen nach Mitteln suchen, welche die Absicht, die offenbar auch bisherigen Kolonisationsversuchen zu Grunde liegt — Palästina ein ansehnliches und leistungsfähiges jüdisches Bevölkerungskontingent zu stellen — mehr, nachhaltiger und gründlicher als bisher verwirklichen können. Oder besser, wir müssen sie nicht mehr suchen, denn sie sind längst gefunden — lange noch vor dem Auftreten des politischen Zionismus — wenn sie auch anfangs wenig beachtet und jedenfalls nicht in ihrer überragenden Bedeutung erfaßt wurden.

Wer mit den Angelegenheiten Palästinas vertraut ist, dem wird die Klage über die dortige einheimische Judenschaft wohl bekannt sein. Seit dem Beginn der Kolonisationsbestrebungen wird immer und immer wieder auf das schauderhafte Chalukasystem hingewiesen, das die Leute wirtschaftlich erniedrigt und daher auch als Menschen entwürdigt. Man liebt es, diesem Pfuhl von bettel- und geschäftsfrommem Dunkelmännertum den „Jischuw", die neue jüdische Ansiedlerschichte, als Trägerin der national-kulturellen und wirtschaftlichen Hoffnungen des jüdischen Volkes in Palästina gegenüberzustellen. Nun liegt in dieser Betrachtungsweise nicht allzuviel Parteilichkeit. Aber sie wird bedenklich, sowie sie in Schematismus ausartet. Und das ist bis auf die jüngste Zeit fast immer der Fall gewesen. Erst diese hat Lehren erteilt, die nicht mehr übersehen werden können. Ein wenn auch geringfügiger Aufstieg des in Palästina einheimischen Judentums ist deutlich wahrzunehmen. Die jüngere Generation sucht sich zu menschenwürdigerem Dasein und edler Volksartung emporzuringen. Man führt nun diesen vorläufig übrigens noch sehr leichten Wandel in der Hauptsache auf den Einfluß des „Jischuw" zurück. Aber weit über die Perspektive, die uns der hohe Pionierwert dieser ersten Einwanderung auftut, reichen jene Perspektiven hinaus, die uns die nunmehr wahrscheinlich gemachte Fortbildungsfähigkeit der in Palästina heimischen Judenschaft eröffnet. Man wird einwenden: Wahrscheinlichkeit ist noch keine Gewißheit. Gewiß! Ich will auch die Möglichkeit gar nicht leugnen, daß die palästinensische Judenschaft schon nach den ersten Schritten stecken bleibt und nicht weiter kann. Ich muß da aber wiederholen, was ich in meinem ersten Artikel gegenüber einem ähnlichen Einwande sagte: „Darf diese Möglichkeit ein Grund dafür sein, die Hände in den Schoß zu legen?" Und ich muß darauf verweisen, daß wir die Erfahrungen, die bei der Entwicklung des osteuropäischen Judentums gemacht wurden, als ermutigend betrachten dürfen. Wir haben zumindest Aussicht, daß uns in den einheimischen Juden Palästinas eine Armee erwächst, die uns das Land im friedlichsten und tiefsten Sinne des Wortes erobern soll.

Eine Armee! Erobern? — höre ich fragen. Was können 70.000 Menschen gegen eine neunfache Mehrheit ausrichten? Die Tonart kenne ich. Es ist die jener Menschen, die leider noch weniger alle werden als die Narren, mit denen sie gewiß nicht identisch sein müssen — jener Menschen, die nur Sinn für das Seiende und die Zahl, nicht aber für das Werdende und die Beschaffenheit haben. Solche Menschen verleugnen auch in ihren Plänen und Wünschen ihre Natur nicht. Sie setzen Zukunft unmittelbar auf Gegenwart und messen beide gegenseitig an der Elle ab. Sie begreifen nicht, daß diese 70.000 einmal vom Keimtrieb neuen Volkslebens erfaßt, von den entfesselten Willens- und Geisteskräften unseres Stammes angetrieben, durch die fortwährenden Beziehungen zu Europa und ihren europäischen Brüdern gestärkt — eine zehnmal so große Macht darstellen, als die nichtjüdischen Einwohner des Landes in ihrer stammlichen und religiösen Zersplitterung, ihrer willenlosen Beschaulichkeit und ihrer inneren Beziehungslosigkeit zu den weltbewegenden Werken und Ideen des Westens. Sie begreifen nicht, daß in dieser Macht, in der Fähigkeit, dem Lande den geistigen Stempel der jüdischen Eigenart aufzudrücken, und in der Möglichkeit, sich in einer neuen jüdischen Eigenart auszuleben, nicht in schalen und kahlen politischen Selbständigkeitstiteln, daß in Seins-, nicht in Scheinwerten der Gewinn liegt, den das jüdische Volk in Palästina sucht.

Doch, ich möchte nicht selbst in einen dem gerügten analogen Fehler verfallen. Ich möchte die Bedeutung der Zahl, die andere einseitig überschätzen, nicht einseitig unterschätzen. Ich weiß, daß hohe Maßunterschiede in Beschaffenheits- und daher Machtunterschiede umschlagen können und kenne die Tragweite dieses Gesetzes im allgemeinen sowohl, als in Anwendung auf unseren Fall. Ich übersehe nicht die einheimische nichtjüdische Bevölkerung Palästinas, von der ja zu erwarten und, sagen wir es aufrichtig, zu wünschen ist, daß sie von der jüdischen Bewegung mit in die Höhe gehoben wird und ihr dicht auf den Fersen nachkommt. Und ich weiß den reichen innern Gewinn einzuschätzen, den, unabhängig von allem Wetteifer, ein palästinensisch-jüdisches Volk davon hätte, wenn es erheblich großer wäre. Es ist mir ganz klar, daß bis zu einer gewissen Höchstgrenze —

wo das Prinzip der Zahl ebenso völlig versagt wie unter einer gewissen Tiefgrenze — ein größeres Volk aus seinem eigenen und fremden Kraft- und Geistesborn viel mehr schöpfen und viel Neueres schaffen kann als ein wesentlich kleineres.

Aus all dieser Erkenntnis kann ich aber nicht zum Verzicht, vielmehr nur zu einer neuen Pflicht gelangen: Zu der Pflicht der Vorsorge, daß wir nicht durch geringe Zahl gegenüber unseren möglichen Konkurrenten und unseren wirklichen eigenen Ansprüchen ins Hintertreffen geraten. Allerdings, diese Vorsorge darf nicht eine Scheinfürsorge einer lebhaften Phantasie sein, die es ja leicht hat, Massen ins Leere zu pflanzen, sondern muß echte Vorsorge sein, die auf der Linie der Entwicklungsmöglichkeiten bleibt. Und eine Vorsorge dieser Art ist die Ansiedlung von Juden in den Nachbarländern Palästinas.

Die Notwendigkeit dieser Kolonisation ist jetzt ziemlich allgemein anerkannt. Die politischen Zionisten, die entsprechende Forderungen anfangs als Hochverrat zu behandeln geneigt waren, haben sich durch das Schwergewicht der Tatsachen allmählich überzeugen lassen. Nur sind sie augenblicklich anderweitig zu sehr engagiert. Auch die extremsten Nur-Palästinenser haben sich mit der Nachbarkolonisation befreundet. Höchstens könnte A c h a d - H a a m, von dem mir eine Äußerung über diesen Gegenstand nicht bekannt ist, von seinem weitgehenden Kulturzentrumsstandpunkt etwas einzuwenden haben. Vielleicht auch nicht. Denn überall ist die Empfindung zum Durchbruch gekommen, daß die Erstreckung der Ansiedlungstätigkeit auf die Nachbarländer den nationalen Vorliebewert des palästinensischen Bodens gar nicht antastet, sondern nur eine Stufenanlage vorstellt, die es ermöglichen soll, bequemer und sicherer auf die palästinensische Plattform zu gelangen.

Nun ist allerdings in der letzten Zeit das Projekt einer anderen solchen Stufenanlage aufgetaucht. Aber ihr fehlt auf den ersten Blick die elementarste Bedingung jeder Treppe, daß sie an die Plattform auch anstößt, auf die sie führen will. Man wird versuchen, diesen Einwand aus meinem eigenen Gedankenkreise als derb mechanisch zu widerlegen. Ein Vergleich dürfe ja nicht so buchstäblich genommen werden, es handle sich nicht um wirkliche

Stufen, sondern um eine Stufung der geistigen, sittlichen und materiellen Kräfte des Volkes, das zur Palästinareife erzogen werden müsse. Nun ist niemand für solche Raisonnements zugänglicher als ich und ich übersehe ihnen zuliebe auch gerne, daß sie von einer Seite ausgehen, die für derlei sonst nur Spott und Hohn hat. Aber sie müssen auch stimmen.

Wenn es sich um Eigenschaften handelt, deren ein Volk bedarf, um irgend ein Land zu erlangen und wenn es diese Eigenschaften noch nicht oder nicht mehr besitzt, so wird es sich sie in ausdauerndem Kampfe mit allen Widerständen und in Anpassung an unumgängliche Notwendigkeiten allmählig anzuerziehen haben. Bis zu einem gewissen Grade kann und wird diese Selbsterziehung, wenn sie überhaupt möglich ist, an den alten Wohnorten vor sich gehen. Eventuell auch an Zwischenplätzen. Diese eigens deshalb aufsuchen, hat aber keinen Sinn, weil der mögliche Gewinn durch den Energie-Aufbruch wieder aufgehoben und die Hauptarbeit doch nicht entbehrlich wird. Diese aber ist in dem erstrebtem Lande selbst zu leisten. Im Lande hat sich das Volk für das Land vorzubereiten.

So ungefähr vollzieht sich die Stufung der Volkskräfte einer Plattform zu, wie wir sie in dem gegebenen Falle wünschen. Doch hier ist ja gar nicht von einer Kräftestufung, die ja mehrfach erörertermaßen in meinen Anschauungen die größte Rolle spielt, die Rede. Hier handelt est sich um eine streng dingliche Stufung veranlaßt dadurch, daß ein ganz bestimmtes Land ausersehen ist, das nicht nur nicht, was ja übrigens wertlos wäre, auf einen Schlag erworben werden kann, sondern auch schon dem allmähligen Hineinwachsen Hindernisse entgegensetzt. Und diese Hindernisse sind rein mechanische, die, abgesehen von begleitenden Willens- und Intellektanstrengungen, rein mechanisch genommen werden müssen. Die Treppe muß wirklich angelegt, sie darf nicht irgendwo in weiter Ferne aufgestellt werden — in der Einbildung, das Volk werde, oben angelangt, den geeigneten Zeitpunkt abwarten, um in sein wirkliches Heim hinüberzuspringen. Nur eine in Chartern schwelgende Phantasie kann auf solchen Sprung rechnen.

Ich bin von vornherein kein Gegner außerorientalischer Judenansiedlungen — schon deshalb nicht, weil ich die Palästina-

sache als eine nationale Kulturbewegung ansehe, von der, zumindest in absehbarer Zeit, Volkswohlfahrts-Errungenschaften
nicht erwartet werden dürfen noch können. Gewiß sind diese,
soweit sie nicht doch in den Ländern unseres gegenwärtigen
Aufenthaltes zu finden sein sollten, durch kleinere oder größere
Kolonisationen auf irgend welchen geeigneten Ländergebieten zu
suchen. Gegen diese Auffassung des Ostafrika-Projektes habe ich
gar nichts. Ich will hier auch nicht die Eignung des Landes
untersuchen und sie etwa mit der Eignung der Palästina-Um-
gebung, die doch auch von dem Gesichtspunkte der Wohlfahrts-
Kolonisation betrachtet werden könnte, vergleichen. Auch an
Amerika will ich hier nicht erinnern, das angesichts der Über-
völkerung der Judenquartiere von New-York und der daraus sich
ergebenden Eiwanderungsschwierigkeiten für eine größere planvolle Ansiedlung jedenfalls in Betracht kommt. Ich will auch
nicht bei der Frage verweilen, ob es richtig war, den afrikanischen
Plan ungeprüft als Schlagwort in die Massen zu werfen, statt ihn
mit stillem, sachlichem Ernst zu betreiben. Ich will mich in diesem
Zusammenhange nur dagegen verwahren, daß Uganda als Sur-
rogat für das palästinensische Kulturideal oder was wegen der
größeren Unaufrichtigkeit noch schlimmer ist, gar „im Namen
Zions" in Verkehr gesetzt wird. Ich kann es nicht ruhig hin-
gehen lassen, daß es als „Nachtasyl" bezeichnet und hiemit —
wenn auch in einem recht ungeschickten, die entwicklungsfremde
Phantasie verratenden Gleichnisse — ausgedrückt wird, daß Ostafrika als Vorstufe, als Stufenanlage zu Palästina dienen könne.
Diese Bestimmung kann nur von einem angrenzenden Gebiete
erfüllt werden. Und zwar direkt und indirekt. Direkt, indem es,
wie ich im vorigen Artikel sagte, als „Reservoir künftigen Zuflusses nach Palästina" dient. Dabei darf man sich natürlich
diesen Zufluß wieder nicht als etwas vorstellen, das etwa unter
heroischen Geberden zustande kommen wird, nicht als eine Art
von „Auszug" und „Einzug". Nein! Das wird ganz anders, viel
langsamer, in privateren und prosaischeren Formen, dafür umso
wirksamer vor sich gehen. Zum Teil werden zeitweise eintretende
günstige Konstellationen für Besiedlung und Bodenerwerb von
nahewohnenden, gut unterrichteten Interessenten stark benützt

und gut ausgenützt werden. Dann wird auch der Umstand, daß ein großer Teil der Nachbargebiete unter türkischer Herrschaft steht — nur daß die Pforte ihrethalben keine so ängstliche Politik befolgt — förderlich sein. Spätere Generationen, die sich auf türkischem Boden heimisch gemacht haben, werden leicht Veränderungs- und Auswanderungslustige nach Palästina als einem anderen Teile des Staatsgebietes abgeben können.

Doch viel bedeutsamer als in dieser ihrer direkten ist die Nachbarkolonisation in ihrer indirekten Stufenfunktion. Viel wichtiger als die Bevölkerungszuschüsse, die sie an Palästina abgeben, ist, daß sie ein Größer-Palästina schaffen kann. Was haben Provinzial- oder auch Reichsgrenzen gegenüber der relativ weitgehenden Kultur- und Wirtschaftseinheit zu bedeuten, die sich da herausbilden dürfte. Man denke nur: Gruppen eines Volkes von so ausgeprägtem, geschichtlichem Zusammengehörigkeitsgefühl, wie es das jüdische besitzt, wohnen auf demselben geographischen Gebiete unter Verhältnissen von im großen und ganzen gleichen zivilisatorischen Zuschnitt. Muß da nicht mit Notwendigkeit in den jüdischen Ansiedlern in Kleinasien, Mesopotamien, der Sinaihalbinsel, Cypern usw. *) allmählich die Empfindung reifen, stärker werden und durchbrechen, daß, sie mit ihren palästinensischen Brüdern, mit welchen sie ja sozusagen im selben Haushalte zusammen leben, auf gleichem Boden stehen? Und wer wollte so beschränkt sein, nicht zuzugeben, daß wenn einmal die Dinge so weit gediehen sind, das jüdische Volk Grund haben wird, wenigstens, was den Gang der Palästinasache betrifft, zufrieden zu sein?

Allerdings, bis dahin ist es noch weit, aber nicht märchenhaft weit. Es kommt auch nicht auf unser Wollen an, soferne man unter Wollen den augenblicklichen Willens-Impuls versteht, sondern, von äußerem Glück abgesehen, auf jenes dauerhafte, unversiegliche Wollen, das im Grunde ja nur der Ausdruck des K ö n n e n s ist. Von diesem hängt alles ab. Bei jeder Phase des großen Werkes werden wir frisch zu erweisen haben, daß wir ihm gewachsen sind. Leider stecken wir noch immer in der ersten Phase: Wir haben die Arbeit in geeigneter Weise zu organisieren. Das müssen wir treffen. Darüber ein nächstes Mal.

---

*l Die Aufzählung hat hier natürlich nicht den Sinn einer Antragstellung.

Das Palästinawerk.*)

Die politischen Zionisten haben bei ihren theoretischen Einwendungen gegen eine allmälige Palästina - Arbeit nur die den
westlichen „Praktikern" und den östlichen „Chojwewej Zion" gemeinsame Methode im Auge, wonach man Palästina allmälig mit

*) Der obige Aufsatz ist der Teil eines gleichnamigen Abschnittes
aus einem Buche über die Judenfrage, das ich im Frühjahre 1906, zum Teil
unter wörtlicher Benützung früherer Arbeiten, [so auch des vorhergehenden
Artikels „Palästina-Arbeit"], schrieb. Ich las dieses Buch bald nach seiner
Fertigstellung in einer Reihe von Vorträgen im akademischen Vereine
„Kadimah" vor, konnte mich aber aus mancherlei Gründen nicht entschließen,
es herauszugeben. Seitdem habe ich zwei wichtige Abschnitte, „Ost- und
Westjudentum" und „Bodenständigkeit", und zwar erst in letzter Zeit vollständig neu bearbeitet — die neuen Bearbeitungen sind in dieser Sammlung
enthalten [siehe dritter Teil] — aber zu einer Umarbeitung des ganzen
Buches, die mir im Interesse systematischer Einheitlichkeit wichtig erschien,
fand ich keine Zeit.

Der Abschnitt, von dem das oben Veröffentlichte ein Teil ist, begann
mit den Worten: „Wir haben die gründliche Fehlerhaftigkeit des politischen
Zionismus samt seiner territorialistischen Variante, sowie des Kultur-
monopolzionismus nachzuweisen versucht. Wir hoben aber auch hervor,
daß eine natürliche, auf dem ererbten Interesse an dem „gelobten Lande"
beruhende Palästinabewegung, die sich nicht polemisch gegen das „Golus"
stellt, sondern sich bescheiden in die Gesamtentwicklung des Volkes
einfügt, ihre Daseinsberechtigung hat. Damit haben wir uns verpflichtet,
auch über den Weg zu sprechen, den dieser vernünftige Palästina - Wille
einzuschlagen hat, um auf Erfüllung hoffen zu können."

Juden infiltrieren solle. Insoweit sie dabei mit moralischen Gründen kommen, verdienen sie kaum eine Widerlegung. Ohne uns mit der Infiltrationsmethode zu identifizieren, müssen wir doch anerkennen, daß sie zumindest nicht unmoralischer ist als der politische Zionismus. Es ist gewiß nicht sittlicher, sich ein Land bei Leuten vom Schlage Abdul Hamids und Plehwes erschmeicheln, erschwören und erkaufen zu wollen, als sich in dieses Land zwar mit Umgehung von ein paar ohnehin infamen Gesetzen „einzuschmuggeln", dann es aber erst ordentlich zu erarbeiten. Und die entfesselten Praktiken, Korruptionen und Tyranneien des zionistischen Parteilebens sind sicherlich nicht um ein Haar schöner, als die Winkelzüge, Krämerschlauheiten und Finessen der geschäftlichen Kolonisation.

Ernster ist der Einwand, daß die Infiltration ohne völkerrechtliche Garantien untunlich sei. Man geht heute wohl nicht mehr soweit, wie der Verfasser des „Judenstaates", der in seiner ersten Kongreßrede aus den Einwanderungsziffern der ersten Palästina - Einwanderungsgefahr mittelst einfacher Multiplikation herausrechnet, daß die Infiltration mehrere hundert Jahre brauchen müßte, um in Palästina eine ansehnliche jüdische Bevölkerung zu schaffen. Soviel hat man aus der Beschäftigung mit dem Thema heute schon gelernt, daß solche Entwicklungen, wenn sie überhaupt glücken, nicht in arithmetischer Progression, sondern mit beschleunigter Geschwindigkeit vor sich gehen. Umsomehr weist man auf die Möglichkeit hin, daß irgend eine türkische Regierung der Zukunft plötzlich Lust bekommen könnte, die fremden Juden einfach aus dem Lande zu jagen und weiteren Zuzügen endgiltig und wirksam die Häfen und Grenzen zu verschließen.

Man kann dieses Bedenken ruhig als Übertreibung bezeichnen. Denn alles Infiltrationsvertrauen beruht, bewußt oder unbewußt, auf der Voraussetzung, daß von Jahr zu Jahr, von Jahrzent zu Jahrzent die Bedeutung des heimisch gewordenen Elements gegenüber dem zuwandernden zunimmt. Oder anders ausgedrückt. Selbst der leichtsinnigste Infiltrationsplan ahnt die selbsttätige fortzeugende Kraft derjenigen, die bereits Wurzel gefaßt haben. Diese Kraft muß in Anschlag gebracht werden. Schon insoweit sie sich als politische Reife äußert. Es kommt ja viel darauf an, ob die neue jüdische Bevölkerung in den Gedankenwegen des politischen Zionismus fortwandelnd, Unvorsichtigkeiten begeht, oder ob sie, zu ernstem Streben herangereift, imstande sein wird, jeweils die Grenzen ihrer Kraft abzumessen. Aber auch wenn trotz günstigen Verhaltens der unwahrscheinliche Fall eintritt, daß es zu politischen Verfolgungen im großen Stile kommt, ist es ausgeschlossen, daß alle von ihnen getroffen werden, daß sozusagen die ganze Campagne verloren ist. Eine große Anzahl wird sich inzwischen allmälig einheimisch gemacht haben, manche darunter werden, wie dies schon einmal ist, das Vertrauen der Regierenden in vollem Maße genießen; von den anderen, die Ausländer geblieben sind, werden sich zumindest viele einen mächtigen fremden Schutz zu verschaffen wissen. So viel also Opfer fallen, so viel Posten verloren gehen mögen, immer werden wohl Positionen erhalten bleiben, an die sich die Hoffnung auf Erneuerung knüpfen kann. Wem aber die Opfer zu viel sind, der weiß nicht oder stellt sich, als ob er nicht wüßte, daß große Dinge nicht ohne Risiko von Zeit, Gut und Blut gemacht werden können. Und wer eine weniger gefahr- und opfervolle, raschere Verwirklichung des palästinensischen Volksideales verspricht, kann sich dieses Versprechen leicht leisten, weil er ganz außer Stande ist, es zu halten.

Trotzdem liegt dem Bedenken des politisch-diplomatischen Zionismus gegen die Infiltration die richtige Empfindung zu Grunde, daß die Zugehörigkeit Palästinas zu einem Staatswesen, das keinerlei Rücksicht auf uns zu nehmen braucht, an sich als eine bedeutende Erschwerung und, wenn man will, Gefährdung des Kolonisationswerkes aufgefaßt werden muß. Nur darf man dann nicht durch einen blos in der Phantasie sicheren, sonst aber ganz aussichtslosen Sprung über die Schwierigkeiten hinwegkommen wollen, sondern muß trachten, ihnen auf dem Boden der Wirklichkeit möglichst beizukommen. Man wird dann zu untersuchen haben, ob es wirklich keine Methode gibt, die bessere Aussicht auf die Überwindung dieser Schwierigkeiten eröffnet als die Infiltrationsmethode; ja ob diese überhaupt dem Stande der Dinge entspricht.

Die Infiltrationsmethode unterscheidet sich von der diplomatisch-zionistischen, wenn man will, nur durch das vorgeschlagene

Tempo. Doch treffen sie sich in dem Gedanken, daß Palästina nur dann jüdisch werden könne, wenn aus dem „Golus" eine zureichende Menge von Juden hingebracht wird. Und es fällt den Verfechtern beider Methoden keinen Augenblick ein, sich die Frage zu stellen, ob die Wiederjüdischwerdung Palästinas nicht einfach als eine innere Entwicklung der im Lande ansässigen jüdischen Bevölkerung denkbar sei. Und sie können sich diese Frage nicht stellen, weil ja ihr Palästinaideal von Wohlfahrtsmotiven und „Erlösungs"-Sehnsuchten getrübt ist.

Es kann aber kein Zweifel sein, daß eine Lösung wie die angedeutete weit natürlicher wäre als die der Staatsgründung oder der Infiltration von außen. Sie würden auch bei ungünstigeren Voraussetzungen hinsichtlich Zahl und Beschaffenheit der Volksgenossen doch im ganzen und großen die Schwierigkeiten des Falles auf das normale Maß aller geschichtlichen nationalterritoriellen Emanzipationsbewegungen heruntersetzen. Sie würden sich aber auch andererseits mit den natürlichen und berechtigten interterritoriellen Tendenzen der in der Welt verstreuten Judenheit nirgends in Widerspruch setzen müssen, auch nicht von ihnen gehemmt und geschädigt werden können.

Wie steht es nun aber mit der allerersten Voraussetzung dieser Lösung: Der Zahl und der Entwicklungsfähigkeit der jüdischen Bevölkerung Palästinas? Was nützt die schönste Theorie, wenn die Tatsachen unfreundlich sind — und sie sind es, zum mindesten auf den ersten Blick. Nicht mehr als beiläufig 70.000 Juden leben in Palästina, stehen einer neunfachen Mehrheit gegenüber, und was ihre Qualität betrifft, so sind ja die Klagen darüber jedem, der mit den Angelegenheiten Palästinas vertraut ist, bekannt genug. Seid dem Beginn der Kolonisationsbestrebungen wird immer und immer wieder auf das schauderhafte Chalukasystem hingewiesen, daß diese Leute wirtschaftlich erniedrigt und daher auch als Menschen entwürdigt hat. Und man liebt es, diesem Pfuhl von bettel- und geschäftsfrommen Dunkelmännertum den „Jischuw", die neue jüdische Ansiedlerschichte, als Träger der nationalkulturellen und wirtschaftlichen Hoffnungen gegenüberzustellen. Indeß ist auf der anderen Seite ein wenn auch geringfügiger Aufstieg der in Palästina einheimischen Judenschaft deutlich wahrzunehmen. Ein Teil der jüngeren Generation sucht sich bereits zu menschenwürdigem Dasein und edlerer Volksartung durchzuringen. Dieser leise Fortschritt aber ist ein durchaus günstiges Omen. Man führt ihn, in der Hauptsache eben auf den Einfluß des „Jischuw" zurück. Die Erklärung ist richtig, jedoch weder erschöpfend noch entscheidend. Erschöpfend nicht, weil sie den Anteil außer Acht läßt, den die allgemeinen Fortschrittsregungen des heutigen Orients an dem erwähnten Aufstieg haben, entscheidend nicht, weil es ja gar nicht auf die Feststellung des Urhebers dieses Effektes, sondern darauf ankommt, daß die Fortbildungsfähigkeit der palästinensischen Juden nun wahrscheinlich gemacht erscheint. Allerdings liegt überhaupt kein Grund vor, sie von vornherein zu bezweifeln — zumal nach den guten Erfahrungen, die man mit der Ostjudenheit, der ja das palästinisch-jüdische Element zum größten Teil entstammt, gemacht hat.

Vom Gesichtspunkt dieser Fortbildungsfähigkeit aus erscheint auch die Tatsache, daß die heutige jüdische Bevölkerung Palästinas nur ein Zehntel der Gesamt-Einwohnerschaft beträgt, nicht schlechthin entmutigend. Man darf nicht blos für das Seiende und die Ziffern, sondern muß auch für das Werdende und die Beschaffenheit Sinne haben. Die palästinensischen Juden, einmal vom Heimtrieb neuen Volkslebens erfaßt, von den entfesselten Willens- und Geisteskräften unseres Stammes angetrieben, durch die fortwährenden Beziehungen zu Europa und ihren europäischen Brüdern gestärkt — stellen eine Kultur-Hoffnung dar, wie sie den nichtjüdischen Einwohnern des Landes in ihrer stammlichen und religiösen Zersplitterung, ihrer Beschaulichkeit und ihrer inneren Beziehungslosigkeit zu den weltbewegenden Werken und Ideen des Westens nicht innewohnt. Damit soll nicht etwa eine Superiorität oder auch nur ein länger andauernder zivilisatorischer Vorsprung der Juden behauptet, vielmehr nur gesagt sein: Infolge mancher geschichtlicher Vorausgeschehenisse haben die Juden, selbst wenn sie nicht das zahlenmäßige Übergewicht erreichen, mehr Aussicht, die repräsentierende Kultur des Landes zu entwickeln, als die anderen Volksstämme. Und es soll auch die Bedeutung der Ziffer nur herabgesetzt, nicht aber etwa ganz weggeleugnet werden. In zu kleinen Mengen gehen natürlich die besten Qualitäten der ihnen eingeborenen Kraft verlustig. Gewiß darf es — soll sich die Kulturmacht der palästinensischen Judenheit betätigen, die Kulturhoffnung, die sie ausdrückt, erfüllen können — bei dem gegenwärtigen Verhältnis von eins zu zehn nicht bleiben. Vielmehr müßten die Juden den Nichtjuden zumindest gleich- oder nachkommen, das heißt, ihre Zahl müßte sich, von der Zunahme durch die normale Vermehrung abgesehen, vervier- oder verfünffachen.

Schon diese Multiplikationsziffern lassen die erforderliche Leistung nicht als erschreckend groß erscheinen. Sie schrumpft aber noch mehr zusammen, wenn wir bedenken, daß sie einen recht großen Zeitraum zur Verfügung hat. Sie kann sich solange Zeit lassen, bis nicht ernsthafte Konkurrenten in abnormalem Bevölkerungszuwachs auf den Plan treten. Nun steht aber eine solche Konkurrenz nicht für bald bevor. Der wirtschaftliche Fortschritt kann und soll zwar auch die nichtjüdische Bevölkerung des Landes ergreifen — sonst könnte er ja auch gar nicht vollständig sein. Aber es ist nicht abzusehen, wie sich daraus für sie ein außerordentlicher Zuwachs ergeben sollte. Sie müßten ihn denn direkt betreiben und hiezu fehlt ihnen das psychologische Motiv, da Palästina für sie keinen so ausgeprägten und wirksamen Affektionswert wie für die Juden besitzt. Vom Ausland wiederum droht schon deshalb keine nahe Gefahr, wei es erfahrungsgemäß ziemlich lange dauert, bis ein im wirtschaftlichen Aufschwung begriffenes Land nicht nur einzelne Kapitalisten, sondern auch arbeitsuchende Massen anlockt — zumal, wenn die einheimischen Arbeitskräfte bedürfnisloser sind als die zuwandernden. Und dann auch, weil diese zuwandernden Massen national nicht einheitlich sind.

Rechnet man nun noch zu allen den Gründen hinzu, daß mit dem Beginn dieser nichtjüdischen Konkurrenz die jüdische Expansion selber nicht aufzuhören braucht, so kann man getrost einen Zeitraum von mindestens hundert Jahren annehmen, während welcher die palästinensischen Juden Zeit haben, sich, von der normalen Zunahme abgesehen, zu vervier- oder verfünffachen. Das würde die Notwendigkeit eines jährlichen außerordentlichen

Zuwachses von zirka 3000 Seelen ergeben. Allein auch diese Rechenmethode entspricht noch nicht der Weise, wie sich solche Entwicklungen vollziehen. Man muß zwischen dem Anfangszuwachs unterscheiden, der sich nur auf direktem Wege vollziehen kann und zu vollziehen braucht, und dem späteren Zuwachs, der sich in immer steigendem Maße auf dem Wege der natürlichen Vermehrung des ersteren, also indirekt bilden kann. Es ist klar, daß dieser indirekte außerordentliche Zuwachs den direkten immer mehr an Stärke übertreffen und ihn schließlich unnötig machen wird. Zieht man das in Betracht, dann kann man getrost die Zahl der Jahre, in welchen ein außerordentlicher Zuwachs notwendig ist, auf einen Bruchteil von hundert, und den jüdischen Bedarf darauf auf einen Bruchteil von 3000 herabmindern. D. h. die direkte wirkliche Gesamtleistung, die zu vollbringen ist, damit die Zahl des palästinensisch- jüdischen Volkes noch rechtzeitig auf das Vier- oder Fünffache des heutigen Bestandes gebracht wird, sinkt auf ein Minimum herab.

Selbstverständlich kann auch dieses Minimum nicht im Lande selbst besorgt, sondern muß aus dem Auslande gebracht werden. Es wäre aber unrichtig, wollte man damit die Infiltration wieder in ihre Rechte eingesetzt wähnen. Der Unterschied zeigt sich gleich zu Beginn der Wirksamkeit der beiden Methoden. Die Anhänger der Infiltration müssen darauf bedacht sein, sofort mit dem Importe von Leuten zu beginnen — und zwar von so vielen, als sich eben einschmuggeln lassen und recht oder schlecht Unterhalt finden können. Gerade das aber dürfen sich diejenigen, die auf dem Standpunkte der Erarbeitung Palästinas durch die palästinensischen Juden stehen, durchaus nicht einfallen lassen. Ein paar organisatorische, erzieherische oder technische Kräfte, wie sie sich ja unter Umständen auch fertige Territorialnationen aus dem Auslande holen, können sie ja aus den Ländern der jüdischen Diaspora nach Palästina beziehen, resp. beziehen lassen. Keinesfalls aber dürfen sie eine Einwanderung organisieren und mit ihr rechnen. Vielmehr müssen sie alle Sorge der wirtschaftlichen und kulturellen Entwicklung der einheimischen palästinensischen Judenheit und mit ihr auch der anderen Völker des Landes zuwenden. Hat diese Entwicklung einmal bedeutende Fortschritte gemacht, be-

15*

ginnt sich Palästina dem modernen Wirtschaftsleben zu erschließen und eine neu-ursprüngliche palästinensisch-jüdische Kultur zu keimen, — dann werden vor allen andern — siehe oben — und von selbst jüdische Einwanderer kommen. Gewiß nicht zu viele, aber jedenfalls allmälig so viele, daß sie mit der Zeit wieder ausbleiben können, ohne mehr das Endergebnis zu gefährden. Und sie werden — weil sie eben in geringerer Zahl und ohne aufsehenerregenden Aufwand von Überredung, einfach dem Schwergewichte ihres von guten wirtschaftlichen Aussichten unterstützten Verlangens folgend, kommen und obendrein in eine Position rücken, die das einheimische Judentum sich und ihnen schon geschaffen hat — viel weniger mit behördlichen Schwierigkeiten zu kämpfen haben als die von vornherein verdächtigen Träger der Infiltrationsidee.

Man sieht, wie weit diese Methode von derjenigen der Infiltration entfernt ist: Die geringfügige Bevölkerungszufuhr aus dem Auslande ist als Folge selbstwirksamer günstiger Umstände, nicht als Produkt irgend einer darauf gerichteten Tätigkeit in oder außerhalb Palästinas gedacht. Eine solche ist von dem hier vertretenen Standpunkt aus durchaus verfehlt und verfehmt. Das Äußerste, was zugestanden werden kann, ist eine Vorsorge dahin, daß, wenn einmal die Verhältnisse soweit reif sind, die Zuwanderung nicht zu lange auf sich warten lasse und möglichst geeignete Elemente bringe. Aber auch nur dies dann, wenn diese Vorsorge in einem anderen Tätigkeitsrahmen als dem der Palästinasache getroffen werden kann, also sozusagen auch von selbst sich trifft.

Zum Glück gibt es eine solche Vorsorge und einen außerhalb der Palästinasache gelegenen Rahmen für sie: Die Kolonisation der Palästina benachbarten Länder und ihre Durchführung im Zuge der Auswanderungsaktion.

Wenn heute eine jüdische Kolonisation in den Nachbarländern Palästinas begonnen und mit Glück und Geschick durchgeführt wird, so muß sie sich in der Folge als eine Stufenanlage erweisen, über welche die Zuwanderer künftiger Jahrzehnte rascher und bequemer als auf einem anderen Wege auf die palästinische Plattform gelangen werden. Nahewohnende, gut unterrichtete Interessenten werden zeitweise eintretende günstige

Konstellationen für Besiedlungs- und Bodenerwerb schneller und besser ausnützen können. Außer diesen realen Stufenfunktionen ist aber von der Nachbarkolonisation vielleicht auch eine ideelle ganz eigener Art zu erhoffen. Denn es wäre eine geographisch zusammenhängendes Gebiet gegeben, auf welchem sich über alle Provinzial- und auch Reichsgrenzen hinaus eine relativ weitgehende wirtschaftliche und für die Juden auch Kultur - Einheit herausbilden dürfte. Und da müßte mit Notwendigkeit in den jüdischen Ansiedlern in Kleinasien, Mesopotamien, der Sinaihalbinsel, Cypern *) u. s. w. allmälich die Empfindung reifen, stärker werden und durchbrechen, daß sie mit ihren palästinensischen Brüdern, mit welchen sie ja im selben Haushalte zusammenleben, auf gleichem Boden stehen. Kann sich der extremste Anhänger einer territoriellen jüdischen Nation in Palästina mehr verlangen?

Wenn nichtsdestoweniger die Idee der Nachbarkolonisation, die durchaus nicht neu ist, sondern schon mehr als ein Jahrzehnt gepredigt wird, **) bisher so wenig Anklang fand, so deshalb, weil die Gehirne und die Verhältnisse noch nicht reif waren. Der primitive sowie später der ausgebildetere politische Zionismus, der ja Palästina bald und für große Massen kriegen zu können vermeinte, fürchtete ihre Konkurrenz: Nun haben sich aber die Dinge in den allerletzten Zeitläuften ziemlich geändert. Viele politische Zionisten, die bis vor kurzem jeden, der die Nachbarkolonisation anriet oder in Erwägung zog, als Hochverräter an Zion stempelten, sind ja plötzlich selber nach Uganda, oder vielleicht manche auch schon soweit gekommen, daß ihnen schon die Nähe Palästinas als ein Fehler erscheint. Diejenigen wieder, die Palästina treu blieben, haben wohl kaum mehr etwas gegen die Idee an sich einzuwenden, aber sie stehen ihr ohne rechte Lust gegenüber. Sie kann daher erst dann zur Geltung und Erfüllung kommen, wenn sie aus dem eigentlichen Palästinawerk ausgeschieden und dem Auswanderungswerk zugewiesen wird. Sie kann erst dann der

---

*) Die Aufzählung hat hier nntürlich nicht den Sinn einer Antragstellung, die Fachmännern überlassen bleiben muß.
**) Ihr unermüdlichster und hingebendster Verfechter ist bekanntlich Davis Trietsch.

Palästinasache zu gute kommen, wenn diese, von allem Infil-
trationsbeginnen frei gehalten, sich lediglich der inneren Methode
bedient.

Es kann nicht Gegenstand dieser Ausführungen sein, alle
die Arbeiten aufzuzählen, die in Anwendung der inneren Methode
in Palästina zu leisten sind. Diese Aufgabe kann nur Leuten zugemutet werden, die sich durch längeren Aufenthalt an Ort und
Stelle die notwendige Sachkenntnis erworben haben. Aber auch
diese werden nur sagen können, was in allernächster Zeit in
Angriff genommen werden, nicht was spätere Arbeit sein soll, die
doch ganz von den jeweiligen Zwischenergebnissen und Zwischen-
fällen abhängt. Eines ist jedenfalls sicher, daß jeder einseitige
Kolonisationsstandpunkt wird vermieden werden müssen. So
würde es namentlich einen nicht wieder gutzumachenden Schaden
bedeuten, wenn überall und um jeden Preis nur Ackerbau getrieben und Industrie und Handel vernachlässigt werden sollten.
Ebenso wäre es verfehlt, sich von vornherein auf eine soziale
Form des Grundbesitzes, sei es der Gegenwart oder der Zukunft,
zu versteifen. Vielmehr wird es die Sorge der Träger der inneren
Kolonisation sein müssen, sich aller Formen und aller Gelegenheiten zu bedienen, um die jüdische Bevölkerung des Landes zu
kräftigen und mit ihr dieses selbst zu heben. Überall, wo in der
wirtschaftlichen Wüste Palästinas ein Quell vermutet wird, werden
sie zu graben, überallhin den wirtschaftlichen Fortschritt zu
tragen und womöglich jüdische Posten zu stellen haben. Nur so
wird jenes Zivilisationsfundament zu schaffen sein, auf welchem
sich erst der stolze Bau einer eigenen Art jüdischer Territorial-
kultur wird erheben können.

Es braucht aber wohl nicht erst hervorgehoben zu werden,
daß alle diese innere Kolonisation nicht als politische Arbeit gedacht werden darf. Würde sie so aufgefaßt und betrieben, so
wäre dies ihr sicheres Mißlingen. Das soll ja der Vorzug der
inneren Kolonisationsmethode vor dem politischen Zionismus
sein, daß sie erst reale Grundlagen schaffen will, wo er ohne
solche in der Luft baut. Und nun sollte sie plötzlich diesen Vorzug
zu Gunsten eines inneren politischen Zionismus aufgeben, der noch
bedenklicher wäre als der äußere, da dieser ja nur Entwicklungen

aufhält, während jener sie geradezu vernichten könnte? Das wäre vom Regen in die Traufe gekommen. Übrigens ist eine solche Wendung kaum zu befürchten. Später einmal, nach Herstellung der realen Grundlagen und bei geänderten allgemeinen politischen Verhältnissen, werden sich ja die palästinensischen Juden, und mit Recht bewogen fühlen, ihre und des Landes Interessen auch politisch zu vertreten. Vorläufig aber bieten gerade sie, wenn ihnen die Palästina-Sache als Hauptträgern anvertraut wird, die meiste Gewähr gegen Gefährdung des Erfolges durch politische Narreteien. Man kann solche zu ihnen verschleppen, wie dies unter dem Regime des politischen Zionismus geschah, selber aber werden sie am allerwenigsten darauf verfallen. Davor wird sie der Ernst der täglichen Wohlfahrts- und Kulturarbeit, dem sie ganz nahe gegenüberstehen werden, und die Möglichkeit, sich in jedem Augenblicke von dem jeweiligen Reifegrade der Verhältnisse zu überzeugen, bewahren. Die Praxis wird sie auch viel besser als die zionistische Angstmeierei davor behüten, sich durch angeblich von der Regierung drohende Vernichtungsgefahren lähmen zu lassen. Diese sind übrigens gegenüber der inneren Kolonisation naturgemäß viel geringer als gegenüber der Kolonisation landfremder Einwanderer.

Die Tatsache, daß es in der Diaspora mehr Palästinafreunde gibt, als in Palästina selbst, spricht nicht gegen die innere Kolonisationsmethode. Denn diese darf doch nicht so aufgefaßt werden, als ob sie auswärtige Helfer ausschlösse oder die geschichtliche Wahrheit verdunkeln wollte, daß der Palästinagedanke in den „Ländern der Zerstreuung" früher auftauchte als in den aus diesen Ländern allmälig in Palästina eingewanderten und dort stehen gebliebenen Juden. Es wird nicht verlangt, daß n u r einheimische Juden und sie als die ersten das Werk durchführen, sondern, daß alle, die an ihm arbeiten wollen, auf die Konzentrierung der ihm dienenden Kräfte in Palästina hinwirken. Hiezu können natürlich einzelne dadurch beitragen, daß sie selber dahin übersiedeln. Und seit jeher haben ja auch die enragiertesten Palästinafreunde, diejenigen, die ganz im Palästina-Verlangen aufgehen, Mittel und Wege gesucht und oft gefunden, um sich auf dem ersehnten Boden ansässig zu machen. Aber für die Allgemeinheit, auf welche ja diese individuellen Lösungen nicht anwendbar sind, kann die Formel „Innere Kolonisation!" ihren praktischen Ausdruck nur in der Organisation finden. Diese muß einen anderen Schwerpunkt erhalten. Wenn bisher die politischen Zionisten europäische Städte zu den Zentren ihrer Organisation machten und für Palästina selbst nicht einmal eine Expositur schufen; wenn die Infiltrationskolonisatoren auch nur soweit gingen, daß sie zeitweilig ein in Palästina seßhaftes Exekutivkomite schufen — so haben es die Anhänger der inneren Palästina Kolonisation ganz umgekehrt anzustellen. Die Organisation muß im wesentlichen eine palästinensische Landesorganisation werden und etwaige auswärtige Organe müssen ihr angegliedert werden.

Soll aber der Geist der inneren Kolonisation nicht zum Buchstaben erstarren, dann darf auch die Art der Organisation nicht mehr an den politischen Zionismus gemahnen. Der Umstand, daß eine komplizierte Aufgabe sachlich und allmälig zu bewältigen ist, spricht gegen übermäßige Zentralisierung, gegen einen Aufbau der Organisation von oben nach unten, gegen alle Schablone. Daher darf die Gliederung nicht einfach von einem lokalen Mittelpunkt aus nach der Landkarte und nach einem arithmetischen Schema vorgenommen werden, sondern muß, von in der breiten Fläche des Volkes entstehenden Krystallisierungspunkten ausgehend, leicht und natürlich der gemeinsamen Spitze zustreben. In die Sprache der Wirklichkeit übersetzt: Die Basis der Organisation muß aus jenen Verbänden bestehen, die sich nach den verschiedenen Betätigungsfähigkeiten und Betätigungswünschen bilden. Und allen diesen Zweckverbänden, den vereinsmäßigen, den genossenschaftsmäßigen Korporationen, den privaten Unternehmen, den Verbänden für Landwirtschaft, für Handel- und Industrie, für allerlei kulturelle Ziele — muß der weiteste Spielraum für ihre Einrichtung und ihre Tätigkeit gelassen werden. Aber es muß für Organe gesorgt sein, in welchen sie ihre Meinungen und Erfahrungen austauschen, ihre Kräfte gegen einander abmessen, zu einem Einvernehmen über die gegenseitige Abgrenzung ihrer Tätigkeit gelangen, eventuell gemeinsame Aktionen beschließen. Solche Organe wären eine, womöglich regelmäßig, etwa alljährlich, natürlich nach einem palästinensischen Orte einzuberufende Versammlung von Delegierten aller Verbände; dann ein in dieser Versammlung zu wählendes Aktionskomité.

Die Angliederung der ausländischen Palästinafreunde wäre durch ein Auslandkomité für Agitation, Aufsicht und Organisation und eventuell durch auswärtige Ortsgruppen der Zweckverbände zu erreichen. Natürlich müßten Einrichtungen getroffen werden, damit hiebei der Schwerpunkt der Organisation nicht wieder von Palästina weg verschoben werde. Das Auslandkomité müßte als eine Expositur der palästinensischen Zentrale betrachtet, daher zwar aus der Mitte der ausländischen Palästinafreunde, aber von der palästinischen Delegiertenversammlung gewählt und dieser verantwortlich gemacht werden. Ferner müßte man verhüten, daß auf den Verbandstagen die Vertreter der palästinischen Ortsgruppen von den Vertretern der ausländischen Ortsgruppen majorisiert werden und infolge dessen auch auf den Delegiertenversammlungen die Auswärtigen das Übergewicht oder gar die Alleinherrschaft erhalten.*)

Wer aber fürchtet, daß durch solche Verhütungsmaßnahmen die ausländischen Palästinafreunde vor dem Anschlusse an die Bewegung abgehalten werden könnten, hat überhaupt noch nicht die in diesen Ausführungen vertretene Auffassung von Sinn und

---

*) Dies ließe sich am besten dadurch erzielen, daß auch die einzelnen Verbandstage immer in Palästina abgehalten und Mandatsübertragungen und Stimmenkumulierungen ausgeschlossen würden. Denn dann kämen just nur jene ausländischen Gruppenvertreter zu den Verbandstagen, die kommen sollen. Denn Ortsgruppen, die nicht über einen besonderen Eifer verfügen, würden überhaupt keinen schicken. Ebenso aber auch manche von denen nicht, die von diesem Eifer erfüllt sind, weil sie sich sagen würden: Die Sache ist ohnehin in guten Händen. Die Vertreter aber, die von dem Reste der Eifrigen geschickt würden, würden sicherlich mit dem guten Willen kommen, nicht ihre vorgefaßte Meinung durchzusetzen, sondern das Wohl des Landes zu fördern. Sie würden sich auch in unmittelbarer Nähe der Wirklichkeit dem einzig verläßlichen und entscheidenden Standpunkt der Inländer leichter nähern können, als wenn die Verbandstage in irgend einer Stadt des Auslandes stattfänden. — Im übrigen erheben diese Detailvorschläge nicht den Anspruch, auf jeden Fall gelten zu wollen. Sie sollen die Linie markieren, auf welchen sich die Organisation bewegen muß, um ihrem Zweck, der Begrenzung des Palästinawerkes auf die innere Kolonisation, zu entsprechen. Darum sind auch etwaige Bedenken gegen diese Vorschläge in dem Sinne, daß sie nach dem türkischen Staatsgesetze nicht durchzuführen sind, nicht angebracht. Wäre dies der Fall, so wird es Sache der Juristen und Organisatoren sein, Bestimmungen zu finden, die in immer anderer Form den vorgezeichneten notwendigen Inhalt retten.

Grenzen der Palästinasache begriffen. Diese braucht eben nicht fürder eine große Betörungsanstalt zu sein, in der eine Menge unerfahrener Juden den großen Aufgaben der allgemeinmenschlichen und allgemeinjüdischen Entwicklung entzogen wird und obendrein Palästina nicht um einen Schritt näher kommt. Sie soll vielmehr ein Werk werden, an dem mitzuarbeiten gerade die hiefür geeignetsten — das sind einerseits die palästinischen Juden, andererseits im Auslande die von der Palästinasehnsucht am innigsten und ernstesten Ergriffenen — berufen sind. Die Werbung soll nur diese heraussuchen. Darum braucht sie nie aufdringlich, nie allzu „erfolgreich" zu sein. Darum kann sie auf jene verzichten, welche ausbleiben, weil sie fürchten, sie könnten nicht genug zu Worte kommen. Und darum darf sie sich an den still und opfermutig Wirkenden, die sich übrigens dadurch stets am nachdrücklichsten Geltung verschaffen, genug sein lassen.

Wozu sollen auch just die Massen der ausgesprochenen Anhänger? Zur Legitimation des Werkes sind sie nicht nötig. Diese liegt ja vielmehr in der unausgesprochenen Grundstimmung des Volkes, die nicht a l l e zu Taten rufen muß, die von einem Teile besser vollführt werden. Zur Einwanderung braucht man diese Massen auch nicht. Denn selbst die verhältnismäßig geringe Zahl, die im Laufe vieler Jahre benötigt wird, werden nicht von der Begeisterung, sondern von wirtschaftlichen Erwägungen, obendrein noch warscheinlich aus den Nachbarländern, geliefert werden. Bliebe nur noch der Gedanke an das Geld, das von wenigen weniger reichlich fließt als von vielen. Aber eben diese übertriebenen Vorstellungen von den Summen, die notwendig sein sollen, sind ja wieder nicht anderes als Geist vom Geiste des heutigen Systemes. Wer daran denkt, ganze Länder ab- und anzukaufen, hunderttausende Menschen über die Meere zu transportieren, gewaltige Organisationen zu fundieren — ja, der muß mit großen Summen rechnen. Und verrechnet sich sogar, wenn er sich mit Millionen statt mit Milliarden begnügt. Wer aber an ein allmäliges Werden und Wachsen denkt, der weiß, daß nicht zu große Summen und daß sie vor allem nicht an einem Tage notwendig sind.

Übrigens hat man gar keinen Grund anzunehmen, daß die Zahl der Anhänger allzu gering sein werde. Ein ruhiges, sachliches Palästinawerk, das persönliche Sensations- und Ambitionsbedürfnisse nicht befriedigt, wird zwar im Westen weniger, desto mehr aber im Osten Ausbeute finden. Und darin wird sich die Sanierung des Werkes von einer anderen Seite zeigen. Denn das ist es ja, was die Palästinasache immer wieder in den Sumpf krasser Wohltätigkeitsmeiereien oder in die Wolken eitler Hirngespinste zurückschleudert, daß sich eine Menge in ihrem Volkstum wurzelnder Ostjuden von ein paar dem Judentum innerlich entfremdeter Westjuden diktieren lassen, wie sie Palästina erringen sollen. Mit der neuen Methode wird dies ganz von selbst besser werden. Einzelne Westjuden, die sich zum Verständnis des ostjüdischen Lebens durchgerungen haben, werden ihre ehrliche und wertvolle Arbeit auch weiter anbieten; das Gros aber, die bisherigen dünkelhaften Vormünder, wird zum Segen der Sache plötzlich verschwunden sein.

Was die Frage betrifft, wie die neue Methode Tatsache werden soll, so ist selbstverständlich nicht an eine formelle Dekretierung und zwangsweise Einführung gedacht. Aufoktroyieren läßt sie sich gewiß nicht, auch nicht sonstwie einfach an die Stelle der alten Methoden setzen. Wohl ist es möglich, unabhängig von diesen, die ersten Versuche zu machen, Krystallisationspunkte für weitere Ansätze der Zukunfts-Organisationen zu schaffen. Aber in jedem Falle, ob dies gelingt oder nicht, wird das neue Palästina-W e r k in hervorragendem Maße auf die Entwicklung der bestehenden Systeme zu ihm hinüber rechnen müssen. Das neue Palästinawerk wird es im großen und ganzen nicht nötig haben, heftige Kämpfe mit dem alten zu führen. Der alte Bankerott der „Chojwewej Zion" und der junge des politischen Zionismus werden ihm seine Aufgabe erleichtern. Selbst nichts anderes als die Summe der Lehren, die aus diesen beiden Zusammenbrüchen hervorgehen, wird er aus den Handlungen der bewußt oder unbewußt Belehrten allmälig erstehen. Schon gibt es überall Belehrte, ob sie sichs zugeben oder nicht, ob sie schon wissen, was sie mit den neuen Stimmungen und Verstimmungen anfangen sollen, oder noch nicht. Schon ist namentlich das Parteifieber schwächer. Noch einige Dosen des wunderbaren Tatsachen-Chinin: Noch einige inhaltleere Kongresse, noch weitere unabweisliche Gegenwartsaufgaben — und die wirklich arbeitenden Palästinafreunde werden von selbst in die Methode der inneren Kolonisation hinübergleiten. Vielleicht erst nach einigen begreiflichen Abirrungen zur reinen Infiltrationsmethode — aber das könnte dem Endergebnisse keinen Abbruch tun.

Das westjüdische Kulturproblem.*)

Der Hauptirrtum der westlichen „Nationaljuden" besteht
darin, daß sie allen Ernstes glauben, durch die Verbreitung bestimmter politischer Ansichten oder gar Parteigrundsätze den
jüdischen Westen dem Judentum zurückzuerobern. Sie verwechseln
Volkstum mit Bekenntnis zu einem nationalen Programm, Seele
mit Formel, Leben mit Lehre. Sie begreifen nicht, daß ein Wort
ihre innere Struktur nicht geändert haben kann, daß sie, die
„Assimilanten" von gestern, nicht heute schon anders geworden
sein können, weil sie sich einen anderen Namen beilegten. Nicht
auf den Namen kommt es an, sondern auf den Inhalt. Ein
„Assimilant", der wirksames jüdisches Wesen in sich hat, ist
nationaler als ein „Nationaljude", der dieses Wesens enträt. Dies
ist schon Achad haam aufgefallen.

Vor allem gibt es eine Art von Assimilation, die mit dem
intensivsten nationalen Leben vereinbar ist, ja ihm unter Umständen sogar förderlich sein kann. Ich meine jene, die nicht
Anpassung an eine fremde nationale Individualität, sondern an
eine internationale, in unserem Falle die moderne europäische
Zivilisation bedeutet. Wohl wirken in dieser Zivilisation außer
den eigentlich zivilisatorischen, aus der ökonomischen Entwicklung
fließenden Elementen auch noch die Beiträge aus den einzelnen
Kulturen der verschiedenen Nationen mit. Aber diese nationalen

---

*) Zuerst in „Ost und West", IV. Jahrg. Nr. 2 (Februar 1904).

15*

Elemente, einschließlich der aus dem Judentum selbst stammenden, sind bereits derart ihres nationalen Charakters entkleidet, bereits so stark untereinander und mit den internationalen Bestandteilen verschmolzen, daß sie eine national ablenkende Wirkung gewiß nicht ausüben. Dafür liefert ja das Ostjudentum, welches den Weg der europäischen Zivilisation betreten hat, ohne seine nationale Kultur aufzugeben, den besten Beweis.

Was aber die eigentliche, die nationale Assimilation betrifft, so möchte ich vor allem feststellen, daß es mir fern liegt, sie von einem moralischen Standpunkt zu beurteilen. Ich tue dies schon gegenüber der „Assimilation" als Programm nicht. Die Auffassung der „Assimilanten" als Volksverräter scheint mir bei-läufig soviel Sinn zu haben wie der „Nationaljuden" als „Nicht-patrioten". Die Moral einer Überzeugung ist im letzten Grunde subjektiv, wenigstens gruppensubjektiv. Die „assimilatorische" ebenso wie die „nationaljüdische" Gesinnung ist moralisch oder unmoralisch, je nachdem sie von den einzelnen oder Gruppen ehrlich und ernstlich gemeint wird oder nicht und je nachdem die Überzeugungen dieser einzelnen oder Gruppen aus sittlich einwandsfreien Weltanschauungsganzen hervorgehen oder nicht.

Als Tatsache aber darf die Assimilation erst recht nicht einem moralischen Werturteil unterzogen werden. Denn Tatsachen stehen überhaupt außerhalb jeder Moral. Sie können nicht sittlich gewertet, sondern nur nach Ursache, Inhalt und Wirkung fest-gestellt werden, woraus sich die mannigfaltigsten Fragen ergeben können. Hinsichtlich der Assimilation ist die wesentlichste und für uns wichtigste die: Wie weit kann man überhaupt von ihr sprechen, d. h. wie weit wird durch sie in der westlichen Juden-heit — und speziell in der deutschen, auf die wir uns als eine Art Paradigma der Einfachheit halber im Nachstehenden meistens beschränken wollen — die Wirksamkeit der nationalen Eigenart aufgehoben?

Daß bereits eine absolute Assimilation, also eine gänzliche Aufhebung des Jüdischen in den deutschen Juden stattgefunden haben soll, wird wohl nicht behauptet werden wollen. Doch möchte ich nicht den Gegenbeweis der Rassentheoretiker akzep-tieren. Nicht, als ob ich einen Augenblick daran zweifelte, daß die deutschen Juden einer anderen — oder vielleicht genauer: einer anders gemischten — Rasse angehören als die Deutschen, sondern weil ich bei der Bestrittenheit des Rassenprinzips, namentlich für die Erklärung des Nationalen, einem solchen indirekten Beweise durch Rückschluß jedenfalls den direkten durch die Erfahrungstatsachen des besonderen Falles vorziehe.

Eine absolute Assimilation der deutschen Juden läge nur dann vor, wenn ihrem Wesen und Schaffen keinerlei undeutsches Element mehr anhaftete, wenn sie an der deutschen Kultur im selben Maße und in derselben Art arbeiteten wie die Deutschen selbst. Daraufhin muß das Verhalten der deutschen Juden untersucht werden. Doch muß man sich gerade bei dieser Untersuchung vor der bereits erwähnten Verwechslung des kulturellen mit dem zivilisatorischen Element hüten. Der Umstand, daß die deutschen Juden auf derselben Wirtschaftsstufe stehen wie die Deutschen, gibt noch kein Recht, sie dem deutschen Kulturkreis zuzurechnen. Man müßte sonst die größten und differenziertesten Nationen als zu e i n e m Kulturkreis gehörig betrachten. Andererseits reicht der Umstand, daß die Juden infolge der geschichtlichen Voraussetzungen auf gewissen Punkten der nationalen oder sozialen Wirtschaft dichter stehen als die Nichtjuden und daß sich hieraus gewisse Intensitäts-Eigentümlichkeiten für sie ergeben, gewiß noch nicht aus, um die volle Zugehörigkeit der deutschen Juden zum deutschen Kulturkreis in Zweifel zu ziehen. Diese Eigentümlichkeiten hätten sich auch bei jeder stammdeutschen Gruppe mit gleichen geschichtlichen Voraussetzungen genau so entwickeln müssen.

Wohl wirkt das national-kulturelle Moment auch auf ökonomischem Gebiete, aber es modelt nicht am Sachlichen, Stofflichen der Wirtschaft, nicht an der Wirtschaft selbst als an der Organisation der vorhandenen Kräfte zu Wirtschaftszwecken, sondern bestimmt nur Erwerbs- und Verkehrsgewohnheiten, -fähigkeiten und -methoden. Aber will man sich nicht an die tendenziösen und schon deshalb oberflächlichen Darlegungen der Antisemiten halten — die übrigens größtenteils die oben erwähnten Intensitätsunterschiede für kulturelle Artunterschiede ansehen und ausgeben —, so hat man vorläufig keine Handhabe, hier zu einigermaßen sicheren

Erkenntnissen zu kommen. Diese Wirtschaftskultur ist nämlich ein Teil der Kultur des Alltagslebens eines Volkes und drückt sich deshalb in so unendlich vielen Zügen ungezählter einzelner aus, daß sich daraus schwer ein Gesamtbild zusammensetzen lassen kann. Ein solches muß man vielmehr dort zu gewinnen suchen, wo eine begrenzte Anzahl von Werken, von Schöpfungen in ihren ausgesprochensten Eigenschaften den ganzen Inhalt der Kultur eines Volkes ausdrücken. Als solche Gebiete sind namentlich die Sprache, die Kunst und die Religion zu betrachten.

Jede Sprache ist in a l l e m, was ihr Unterscheidendes gegenüber anderen Sprachen ausmacht, eine große elementare Schöpfung ihres Volkes. In ihrem schmiegsamen Material — Wort, Satz und Stil — prägt sich die Eigenart des Volkes deutlich aus. Nun ist zwar die Sprache der deutschen Juden gegenwärtig fast durchaus die deutsche, aber es gibt eine Nuance in diesem Deutsch der deutschen Juden. Nicht das „Mauscheln" meine ich — das häßliche Rudiment einer Entwickelung, die sich im Osten so schön gestaltet hat —, sondern jene eigentümliche geistige Betonung, die bei aller Deutschheit der Sprache auf dem Deutsch der Juden ruht. Wer sich in deutschsprechenden jüdischen und nichtjüdischen Gesellschaftskreisen bewegt, muß den kaum in Regeln faßbaren, nur mit Gemüt und Geschmack zu fassenden Unterschied zwischen dem Deutsch der einen und der anderen kennen.

Greifbarere Formen nimmt dieser Unterschied in der Sprache der Literatur an. Hier kommt aber auch das künstlerische Moment hinzu. Die Kulturprobe wird nicht mehr mit der Sprache allein als einer Schöpfung für sich, sondern mit Werken der Kunst gemacht. Es eröffnen sich neue Möglichkeiten der Beobachtung an bestimmten greifbaren Gegenständen. Die Untersuchung hat nun auch in der Auffassung, in der Komposition, im Horizonte und in der Perspektive des Dichters die jüdische Nuance festzustellen. Und das gelingt fast immer. Ich möchte als zwei, nicht blos zeitlich geschiedene Beispiele Heinrich Heine und Georg Hirschfeld anzuführen. Nur die Dummdreistigkeit der Antisemiten vermag ihnen den Titel deutscher Dichter abzusprechen. Aber andererseits bringt es auch nur oberflächliche politische

Assimilationsmeierei zuwege, jenes — ich möchte sagen — Ne-
bendeutsche zu übersehen, das in ihnen wirkt: Den subjektiven
Lyrismus, der in der jüdischen Geistesgeschichte bald als Pro-
phetenmacht, bald als maßloser Seelenerguß, bald als weinendes
Lachen auftritt.

Von den anderen Künsten kenne ich die Musik gar nicht.
Aber gerade hier soll, wie ich höre, das Judentum eine sehr
deutliche Nuance sein — natürlich wieder in ganz anderem Sinn,
als kunstantisemitischerseits vom „Judentum in der Musik" gesprochen wird.

Hinsichtlich der bildenden Kunst wurden ja gerade in der letzten
Zeit Bemühungen gemacht, einen Ueberblick über die Leistungen
jüdischer Maler und Bildhauer zu gewinnen. Es gelang dabei
nicht, eine ausgesprochene „jüdische Kunst" festzustellen — hier
selbst im Osten nicht. Doch mußte jedem Beobachter der zu-
sammengestellten Werke — zumal bei den bedeutendsten derselben — die gemeinsame Note auffallen. Wieder jener subjektive
Lyrismus, der über alle Schranken hinausgeht, der die Schönheit
nicht im Endlichen, sondern im Unendlichen sucht. Ich möchte
hier beispielshalber Lesser Ury, namentlich sein Triptychon „Der
Mensch" anführen.

Wer, wie ich, das Wesen der Kunst nicht aus den Kunstleistungen, sondern aus der Wesensart des Künstlers zu erklären
sucht, muß dazu gelangen, auch die höchsten Betriebsformen der
Wissenschaft als künstlerisches Tun anzusehen. Hier und in der
Methodik, sowie in der Philosophie, der Verknüpfung aller Wissenschaften, kommt jedenfalls auch das nationale Kulturmoment zur
Geltung. Allerdings hat es die jüdische Note in dieser viel un-
sinnlicheren Umgebung nicht leicht, aufzufallen. Mir fehlt auch
die Vielseitigkeit, um ihr da überall nachzuspüren. Doch scheinen
mir speziell in der Sozialökonomie ihre Spuren recht deutlich
wahrnehmbar zu sein.

Aus derselben Geistesquelle wie die Kunst stammt die Religion,
wie man denn auch manchmal alles, was im Menschen zur enthusiastischen und alogischen Erfassung der Dinge drängt, mit
dem Worte Religion bezeichnet. Hier haben wir es aber nicht mit
diesem erweiterten Begriffe der Religion, sondern mit der Religion

16

im üblichen Sinne, mit dem Enthusiastischen und Alogischen insoweit zu tun, als es sich den sogenannten letzten Dingen zu-
wendet. Und auch damit nicht als innerem Vorgehen in den
Einzelmenschen des jüdischen Stammes im Westen, sondern als
Summe, äußerer Einrichtungen, als religiösem System. Ganz so,
wie wir es nicht mit dem Kunstempfinden der einzelnen, sondern
mit Kunstwerken zu tun hatten.

Nun ist es ja offenkundig, daß in der Religion der Westjuden von viel mehr als einer jüdischen Note gesprochen werden
muß. Sie geht ja auch zu unmittelbar aus dem eigentlichsten und
innersten Kern der jüdischen Kultur hervor. Und doch, während
wir in Sprache und Kunst die bloße Note als ein sieghaftes Ausharren des jüdischen Prinzips in der deutschen Kulturumgebung
fühlten, empfinden wir hier eine Schwächung des jüdischen Prinzips
durch vulgäre deutsch-christliche und allerdings auch andere Vorstellungen, auf die ich noch zu sprechen kommen werde. Dort
sieht man das jüdische Prinzip auf fremdem Kulturboden sich
behaupten, hier auf eigenem zurückgehen.

In jedem Falle besitzt die westliche Judenheit in der jüdischen Note, die ihrer Sprache und ihren Kunstwerken anhaftet —
ein Stück jüdischer Kulturart, das nicht unterschätzt werden darf.
Es ist eigene Seele in ihm, wie in den Motiven, die ein genialer
Baumeister in einen Bau von ganz anderem Grundstil prächtig
hineingearbeitet hat. Aber die Baudenkmäler sind sie eben nicht,
die man in stolzer Eigenpracht aus ihnen aufführen könnte. Sie
sind Ideen und keine Werke. Was fehlt ihnen, um sich zu Werken
zu gestalten?

Ganz falsch ist die Ansicht, daß eine politische Nationalitäts-
bewegung diesen Effekt erzielen könnte. Eine politische National-
litätsbewegung kann die Wirkung nationaler Eigenkultur sein,
ihre Voraussetzung ist sie niemals. Nationale Eigenkultur kann
nur in festen Formen gedeihen — in Formen, die den nationalen
Geist zwingen,sic h zu eigenen Ganzwerken zu verdichten. Und
insofern ist auch die Argumentation der Zionisten richtig, daß
ein eigen Land unfehlbar eine Kultur erzeugen müsse. Sie denken
nur zu wenig an die lange, lange Zwischenzeit, die im besten
Falle bis dahin verlaufen muß, und, was die Hauptsache ist, an

die Millionen von Juden, die auch später in der Zerstreuung leben
werden. Wer aber, um das Kulturschicksal des jüdischen Volkes
besorgt, diese beiden Umstände nicht übersehen will, dem drängt
sich die Frage auf: Was für erreichbare reale Form muß gegeben
sein, um den Juden des Westens einen positiven Kulturinhalt zu
sichern?

Eine Betrachtung der ostjüdischen Verhältnisse kann uns
vielleicht auf die richtige Fährte leiten. Daß es eine ostjüdische
Kultur gibt, wird wohl kein Eingeweihter mehr bezweifeln. Sie
könnte nun nicht bestehen, der ostjüdische Geist müßte sich in
alle Winde verflüchtigen oder, wie der westjüdische, nur als Spur
an fremden Werken haften, wenn es keine Formen gäbe, die ihn
als eigenen, selbständigen zusammenhielten. Diese Formen sind
eine ältere und eine jüngere: Die eine das altjüdische Schrifttum —
wie ich lieber und richtiger statt Religion sagen möchte —, die
andere die Sprachgemeinschaft.

Es ist nun sehr begreiflich, daß gerade an die erstere Form
sich noch viele Hoffnungen knüpfen. Ist sie ja im Westen die
letzte selbständige Kultureinrichtung des Judentums. Und wenn
sie auch nicht lebendiger als im Osten ist, ja noch obendrein
mit fremdem Geschnörkel sinnlos behangen, so mancher sagt
sich: Sie ist doch da; man kann sie vielleicht doch noch zu
neuem, gesunden Dasein, zu junger kräftiger Unabhängigkeit
bringen. Wie, wenn in ihrem Rahmen den Westjuden wieder ein
neues, reiches Kulturleben erwüchse!

Als ein Versuch in diesem Sinne stellt sich die Rechtgläubig-
keitsbewegung der letzten Jahrzehnte dar. Die deutsch-jüdische
Orthodoxie hat, ganz abgesehen von ihrer verhältnismäßig geringen Verbreitung, in keiner Weise das alte l e b e n d i g e Glau-
bensjudentum hergestellt. Sie hat auch nicht vermocht, ihren Anhängern den faden deutschkirchentümlichen Philisterbeigeschmack
zu benehmen. Allerdings, in der sogenannten Reform strebt diese
Art Deutschtum höher hinauf, nach jener durchgreifenden Geltung,
wie sie das jüdische Sprach- und das jüdische Kunstdeutschtum
besitzen, die nur Raum für eine jüdische N o t e zurücklassen.
Und obendrein wirkt hier in der Note kein mit aller Kraft errungener neuer Wert, sondern ein von altem Wert zu neuem

16*

Unwert herunter verdünntes Etwas. Aber ist dann das Übel in der Neuorthodoxie, wo zwar das Nichtjüdische als Beiwerk erscheint, dafür aber der jüdische Grundton selbst von seiner stolzen Werthöhe herabgekommen ist, wirklich kleiner?

Nun pflegen allerdings diejenigen, die auf die Religion als Grundform eines jüdischen Kulturbaues der Zukunft ihre Hoffnungen setzen, dabei nicht die Orthodoxie im Sinn zu haben, sondern ein neues oder erneutes jüdisches Religionssystem, eine neue lebendige Entwickelung. Es soll dies eine Entwickelung sein, die zum Unterschiede von der sogenannten Reformbewegung ihre Antriebe nicht außerhalb des Judentums sucht, sondern aus dem Judentum selbst herausholen soll. Das hört sich ja sehr schön an, will mir aber nicht aussichtsvoll scheinen.

Zunächst aus einem allgemeinen Gesichtspunkte. Ich glaube nämlich trotz aller neureligiösen Geschäftigkeit, trotz aller Klagen über die von niemandem bestrittenen Grenzen der Wissenschaft und, was das Wichtigste ist, trotzdem die Völker noch eine Zeitlang ohne „Religion" nicht werden auskommen können und wollen, ich glaube trotz alledem nicht an die Religion bildende Kraft der Zukunft. Ich will damit selbstverständlich nicht sagen, daß die Menschen der Zukunft des religiösen Gefühls in seinem weitesten und wahrsten Sinne, als Drangs zur enthusiastischen, alogischen Erfassung der Dinge ermangeln; auch nicht einmal, daß sie sich zumindest von den sogenannten letzten Dingen abwenden werden. Ich leugne nur, daß sie sich diesen letzten Dingen so vorzugsweise widmen werden, um sich weiter zur Bildung von Religionssystemen gedrängt zu fühlen. Die zukünftige Menschheit, die von alten Vorstellungen, welche den Menschen zum Mittelpunkt der Naturgeschehnisse machen, befreit und andererseits von dem Gefühle sozialer Sicherheit erfüllt sein wird, wird an solchen Systemen kaum mehr Interesse haben. Wohl ist diese Zukunft noch entfernt, aber unsere Zeit steht bereits in ihrem Anziehungsbereich, jedes Jahrzehnt verstärkt ihre Anziehungskraft. Und wenn daher unsere Menschheit auch noch lange nicht reif ist, die Religionssysteme zu entbehren, so ist jedenfalls die geschilderte Anziehungskraft stark genug, um ihr die Freude und damit auch die Fähigkeit zu religiösen Neugründungen zu verderben.

Das gilt nun aber ganz besonders von den Juden, zumal von den westlichen. Wobei man sich nicht von einigen rassendünkelhaften Schriftstellern — die man Charlatane nennen würde, wenn sie Juden wären — das Märchen von der religiösen Impotenz der Juden aufbinden lassen darf. Die Juden haben ebenso wie die arischen Völker die Fähigkeit, sich enthusiastisch in sich selbst und die Dinge zu versenken. Man sehe sich nur ihre Künstler und sozialen Apostel an! Und ihre religiöse Impotenz ist in Wahrheit eine sehr starke Potenz, die sich allmählich auf dem Wege der Auslese bei ihnen heimisch machte, die aber auch unter den Ariern nicht fehlt: In der emporsteigenden Schicht der Proletarier und dann bei allen klaren und reifen Denkern. Diese „Impotenz" ist nichts anderes als ein Immunsein gegen alle die lärmenden Versuchungen zum Rückfall in einen Nebel von Stimmungen, Empfindungen und Trieben, den die heutige Menschheit auf ihrer Entwickelungshöhe tief unter sich sehen darf.

Wollte man nun aber annehmen, daß der Menschheit vor dem endgültigen Ende aller Einschachtelung des Religiösen in religiöse Systeme doch noch einige Religionsgründungen gelingen könnten, so ist doch kaum anzunehmen, daß diese Möglichkeit in einer westjüdischen Nationalreligion zur Wirklichkeit werden wird. Denn eine Nationalreligion kann nur aus einer aus dem Vollen schaffenden Volksseele quellen, nicht aus einer solchen, die sich bis auf einen Farbenton verflüchtigt hat oder zu verflüchtigen anschickt. Wenn überhaupt, kann die lebendige Religion nur der Schlußstein eines neuen jüdischen Kulturbaues, niemals ihr Grundstein sein.

Dennoch wird den meisten der Gedanke, daß es die westlichen Juden vielleicht noch zu einer lebendigen jüdischen Religion bringen, viel plausibler erscheinen als der andere, daß sie noch jemals durch eine eigene jüdische Sprachgemeinschaft verbunden sein könnten. Mich dünkt diese letztere Annahme weniger utopisch. Allerdings darf man dabei nicht an eine gesprochene Sprache denken. Aber es ist nicht unmöglich, daß mehrere Wellen nationaler Energie, wie sie noch manchmal aus dem Innersten der jüdischen Volksseele auch im Westen hervorsprudeln, ein größeres Quantum an Kenntnis der hebräischen Schriftsprache, wie sie im Osten lebt, erzeugen und daß dieses Quantum dann als Formenhülle westjüdischer Kultur fortlebe. Doch gebe ich gerne zu, daß diese Entwickelung nicht sehr wahrscheinlich, daß wenig Aussicht auf genügend starke und weitwogende Energiewellen und genügend große Sprachquantitäten vorhanden ist.

Wir haben bisher auf der Suche nach einer festen Form, in der eine neue jüdische Kultur des westlichen Judentums zur Wahrheit werden soll, nicht viel Glück gehabt. Die Landform kommt überhaupt nicht in Betracht, die Religionsform ist aussichtslos, die Form der Sprachgemeinschaft — die übrigens auf dem besonderen Gebiete der Literatur die einzig mögliche Form für selbständige Kunstleistungen darstellt — höchst unwahrscheinlich. Damit sind alle bekannten Formen erschöpft. Aber warum sollte nicht eine Form denkbar sein, die bisher unbekannt ist? Vielleicht sind alle die alten Formen für den subtilen Fall, um den es sich hier handelt, zu massiv. Vielleicht ist für ihn so ein Mittelding zwischen Form und Formlosigkeit notwendig, eine Form, die nicht greifbar, aber doch ein eigenes, wirkendes Tatsachengebiet ist. Vielleicht kann uns die Gegenseitigkeit diese Form bringen. Ich meine die Gegenseitigkeit, der in den verschiedenen Ländern verteilten Gruppen unseres Volkes, der Drang dieser Gruppen, einander näher zu treten und zu ergänzen, miteinander zu arbeiten und voneinander zu lernen. Wenn sich namentlich den westlichen Juden die ostjüdische Welt in ihrer ganzen, auf der doppelten Sprachgemeinschaft des Hebräischen und des Jüdischen ruhenden Kultursouveränität aufgetan haben wird, muß da nicht eine kulturschöpferische Atmosphäre geistiger Gemeinsamkeit entstehen? Wird in dieser Atmosphäre nicht zunächst ein tieferer und gründlicherer Betrieb der Wissenschaft vom Judentum und seinen Leistungen möglich und dadurch die geistige Gemeinsamkeit noch erhöht werden? Und wird nicht dann die Zeit für eigenjüdische ganze Werke auch im Westen, auch auf deutscher Erde, wieder gekommen sein?

Natürlich kann und darf auch diese Hoffnung auf eine jüdische Geistes-Gegenseitigkeit als Kulturform nicht für bare Zukunft genommen werden. Es ist ja möglich, daß der Gegenseitigkeitsdrang doch nicht stark und nachhaltig genug wirken wird, um die Gemeinsamkeits-Atmosphäre, von der die Rede war, entstehen zu lassen. Ähnlich bezweifelten wir ja auch, daß die nationale Energie der Juden ausreichen werde, um eine jüdische Sprachgemeinschaft westlicher, namentlich der deutschen Juden zu begründen. Was ist es überhaupt mit diesem Drang, mit dieser Energie, die doch offenbar so ziemlich dasselbe sind? Sie sind vorhanden, die „jüdische Note" legt Zeugnis von ihnen ab. Gut. Aber wer bürgt dafür, daß sie nicht überhaupt im Schwinden begriffen sind? Werden sie der mächtigen Umschlingung durch die Kulturen und Sprachen der Westvölker, namentlich durch die deutsche Kultur und Sprache entrinnen können? Muß der jüdische Tropfen in diesem Meere nicht immer mehr und mehr seine jüdische Sonderfarbe verlieren, bis schließlich der ganze Farbstoff in unendlich kleine Teile zerlegt ist und aufgehört hat zu sein?

Diese Betrachtungen, die uns nicht nur den schönen Traum einer neuen jüdischen Kulturblüte bei den westlichen Juden zu zerstören drohen, sondern nur auch noch um das letzte, was uns geblieben ist, die „jüdische Mote", zittern lassen, haben natürlich keine zwingende Beweiskraft, sondern nur Wahrscheinlichkeitswert. Diesen besitzt aber auch die entgegengesetzte Auffassung. Der mächtigen Umschlingung durch westliche Kulturen und Sprachen kann die geschichtlich erwiesene Eigenartsbeharrlichkeit der Juden vielleicht doch Widerstand leisten, zumal wenn ihr durch Zuflüsse aus dem Osten immer neue Nahrung zugeführt wird. Und ist es nicht auch möglich, daß die Emanzipation und die sogenannte Assimilation selbst dem Eigenartstrotze zuletzt zu Hilfe kommen — diese, indem sie ihn reizt, jene, indem sie ihm breiteren Raum verschafft?

Wohl ist keine Gewähr dafür vorhanden, daß auch in diesem besten Falle das Judentum der westlichen Juden über die „jüdische Note" hinausgeht. Aber man glaube nicht, daß diese und die Werke setzende jüdische Vollkultur zwei Dinge sind, zwischen denen es keine Brücken geben kann. Vielmehr gehen von der Kulturnote Entwicklungsmöglichkeiten bis zu den höchsten Kulturspitzen empor. Je häufiger und zahlreicher die jüdischen Motive an den Kulturwerken der Westjuden werden, desto mehr Wahrscheinlichkeit ist vorhanden, daß auch der Gegenseitigkeits-

drang, der die Westjuden zu den Ostjuden und vice versa hin-
überzieht, anwächst. Je stärker dann dieser wird, desto mehr ist
die Möglichkeit einer gemeinsamen Geistesatmosphäre gegeben.
Und wird diese als hergestellt gedacht, so ist auch der Schritt
zur Sprachgemeinschaft nicht ausgeschlossen. Wie aber diese
zumindest die Tendenz hat, an geeigneten Entwicklungspunkten
zur Landgemeinschaft überzuleiten, das beweist die ostjüdische
Landsuche, die von ganz anderer, innerlicherer, kulturinnigerer Art
ist als der politische Programm-Zionismus des Westjuden. Wir
sehen also, daß es für die Lösung des westjüdischen Kultur-
problems gewiß nicht ohne Bedeutung ist wenn zunächst nur
diese jüdische Note gesichert erscheint oder gar erhofft werden
darf, daß sie einer weiteren Vertiefung und Ausprägung ent-
gegengeht.

Diese Emporentwicklung von der „jüdischen Note" aus wird
in ihrer inneren Folgerichtigkeit noch verständlicher, wenn man
sie in der Erscheinungsform der entprechenden subjektiven Willens-
handlungen und Bestrebungen betrachtet. In einer die Linien der
Entwickelung suchenden westjüdischen Kulturpolitik muß auch
daß Geringste, was wir für die Wirkung unserer jüdischen Eigenart tun wollen, oder richtiger, tun müssen, so beschaffen sein,
das es auch den weitesten und entferntesten Kulturmöglichkeiten
vorarbeitet. Darum liegen uns natürlich alle jene Bestrebungen
am nächsten, die auf eine weitere Vertiefung und Ausprägung
der „jüdischen Note" gerichtet sind. Allerdings ist gerade hier
der kleinste Spielraum für bewußte Unternehmungen vorhanden.
Denn da es sich um Motive, nicht um selbständige Werke handelt,
wirkt die Eigenart zu heimlich, als daß die Illusion in uns aufkommen könnte, w i r wollten es so. Immerhin ist aber eine
Art indirekter Pflege der „jüdischen Note" dadurch denkbar, daß
diejenigen, die sie auf gleichem Felde aufweisen, in engeren
geistigen Verkehr und in eine Art materiellen Gegenseitigkeits-
verhältnisses zueinander treten. Am leichtesten wäre, wie ich
glaube, eine Vereinigung jener Schriftsteller zu begründen, die
Gewicht darauf legen, trotz ihrer nichtjüdischen Sprache, als
jüdische Schriftsteller zu gelten. Natürlich kommen hierbei die
einzelnen Sprachgebiete gesondert und in erster Linie das deutsche
Sprachgebiet in Betracht.

Ein breiteres Feld für jüdische Kulturtätigkeit kann uns durch die bereits bestehenden und noch vielfach enger zu gestaltenden Gegenseitigkeitsbeziehungen zwischen den Juden der verschiedenen Länder und Zungen eröffnet werden. Namentlich, wie schon hervorgehoben, durch einen regen geistigen Austausch zwischen den West- und Ostjuden. Sache speziell der Westjuden muß es sein, endlich einmal die Ostjuden kennen zu lernen. Dazu müssen sie sich in erster Linie mit den beiden ostjüdischen Nationalsprachen vertraut machen. Und ich kann nicht unterlassen, hervorzuheben, daß mir in dieser Hinsicht die Kenntnis des Jüdischen, des sogenannten „Jargons", der wirklich gesprochenen Volkssprache, noch weit wichtiger erscheint, als des Hebräischen, das der Volksseele nicht so in ihre allerfeinsten Faserchen folgt. Übrigens gewinnt andererseits die Pflege des Hebräischen durch den Ausblick auf jene Sprachgemeinschaft, von deren Möglichkeit oben die Rede war, an erhöhter Bedeutung.

Natürlich gibt es gegen jüdische Kulturbestrebungen, namentlich im Westen, Proteste von den verschiedensten Standpunkten. Besonders beliebt ist die meistenteils im Sinne der sogenannten Assimilation erhobene Einwendung, daß sich zwei Kulturen in einem Volke durchaus nicht vertragen, oder einfacher ausgedrückt, daß ein Volk nicht zwei Nationalitäten haben könne. Nun, es mag das ja kein wünschenswerter Zustand sein, aber die Entwickelung fragt nicht nach unseren Wünschen und wir handeln vernünftig, wenn wir unsere Wünsche der Entwickelung anpassen. Die Entwickelung ist mächtiger als unsere Schemata, sie ist allmächtig. Sie hat einen Teil des jüdischen Volkes so gebildet, daß er nun deutsche Kultur mit jüdischem Anstrich aufweist. Sie kann ihm auch noch einer jüdischen Kultur mit deutschem Anstrich zuführen. Und vielleicht auch einer neuen Kultur, in der beide Urarten in ziemlich gleichen Mengen verarbeitet sind. Es gibt keinen erfolgreichen Widerstand gegen erfolgreiche Tatsachen. Und übrigens wird auch der Versuch zum Widerstand aufgegeben werden, bis bessere Menschheitszeiten kommen, bis die einzelnen Nationen einsehen, daß ihre Kultur nichts verliert, wenn neben ihr, und zum Teil in den innigsten Beziehungen zu ihr eine jüdische Kultur wohnt und die

Juden, daß sie sich dem Kultureinfluß der betreffenden Nationen hingeben können, ohne sich ihm opfern zu müssen.

Von einer anderen Seite pflegt man jüdischen Kulturbestrebungen die Frage entgegenzusetzen: Was sollen sie nützen? Was hat man schon davon, wenn es eine jüdische Kultur gibt? Ist den Juden damit geholfen? Ich könnte mich diesen Fragen anbequemen und brauchte nur auf die schweren Mißstände hinzuweisen, die daraus entstehen, daß die Westjuden trotz ihres verhältnismäßig niedrigen Eigenkultur-Niveaus auf die unmittelbaren Geschicke der ganzen Judenheit einen so großen Einfluß üben, daß sie verfügen, ohne zu verstehen. Ich könnte für die Westjuden die Kultur nur deshalb reklamieren, damit sie w i r k - l i c h e n Anteil an der jüdischen Renaissance erlangen. Aber ich ziehe es vor, auch die Herkunft der Fragen zu beleuchten: Daß sie aus dem alten, nie versiegenden Quell von Philisterweisheit fließen, welche allen höheren Genüssen und Befriedigungen, die sich auch durch Not und Druck nicht ausrotten lassen, ja sie oft genug stark übertönen, verneinend gegenübersteht. Verdient denn Kultur nicht um ihrer selbst willen gepflegt zu werden? Und würde sie jemand pflegen wollen, wenn sie nicht als Forderung in ihm lebte? Und was ist denn Nationalität anderes als Kultur? Glaubt man wirklich mit politischem „Nationalismus" die westliche Judenheit dem Judentum wiederzugewinnen? Welcher Irrtum! Mich dünkt: Was der jüdische N a t i o n a l g e d a n k e vorläufig im Westen braucht, sind nicht „Nationaljuden", welche die jüdische Kulturnuance nicht um einen Farbenton kräftiger machen, sondern Juden schlechthin — und seien es auch „Assimilanten' —', deren jüdischer Wesensteil die Tendenz hat, sich zu vergrößern und zu vertiefen.

Zum westjüdischen Kulturproblem*)

Soweit Herr Dr. Jeremias die F o r m meines Aufsatzes „Das westjüdische Kulturproblem" bemängelt, kann ich ihm, ohne gegen den literarischen Anstand zu verstoßen, nicht entgegentreten. Ich könnte es selbst dann nicht, wenn ich der Ansicht des Verfassers, wonach schon die Form erraten lasse, ob ein Aufsatz inhaltlich viel oder wenig Reelles bietet, bedingungslos zustimmen würde. Und so muß ich wohl oder übel die „geschraubten Wendungen", die „tönenden Reden" usw. so lange auf mir sitzen lassen, als meine Leser wollen.

Aber die Formkritik meines Gegners ist von seiner grundsätzlichen Ablehnung und mißverständlichen Auffassung des Inhalts meines Artikels viel mehr beeinflußt, als er zu glauben scheint. Daß er den Absatz über die Zukunft der Religionen als „ein wahres Schaustück pilpulistischer Dialektik über eine Frage, in der wir ja doch nichts wissen, nichts auch nur mutmaßen können" erklärt — verdanke ich offenbar nur seiner geärgerten Rechtgläubigkeit.

Wenn er mich ferner wegen des Satzes „Und was ist denn Nationalität anderes als Kultur?" einer „apodiktischen Art" zeiht und mir den „mindestens ebenso kompetenten" Graetz vorführt, der „die schwere Frage betreffs der Voraussetzungen einer berechtigten Nationalität nach allen Seiten wendet" — so ist er das bedauerliche Opfer eines Mißverständnisses, an dem er nur

---

*) Zuerst in „Ost und West", IV. Jahrgang Nr. 6 (Juni 1904).

selbst Schuld trägt. Denn ein Aufsatz, der einer Sonderfrage dient, kann unmöglich alle Grundbegriffe des ganzen Fragenkomplexes, dem jene Sonderfrage angehört, erschöpfend definieren. Wer einen solchen Aufsatz schreibt, muß nolens volens gewisse Definitionen — je nach seiner „Kompetenz" aus Arbeiten anderer oder aus aus anderen eigenen Arbeiten — als bekannt voraussetzen. Nur muß er diesen Umstand (nicht die Definitionen) an jenen Stellen, wo das besondere Thema an einen Grundbegriff des ganzen Themenkreises rührt, dem Leser durch geeignete Redewendungen andeuten. Eine solche Andeutung, nicht mehr und nicht weniger, ist der von Herrn Dr. Jeremias gerügte Satz. Er verrät nur soviel, daß in meinen Anschauungen die Gleichsetzung von Nationalität und Kultur eine gewisse Rolle spielt, aber (wenigstens an dieser Stelle des Artikels) nichts davon, w a s ich unter Nationalität o d e r Kultur verstanden wissen will. In Wahrheit habe ich mich — und mein Gegner gibt sich ja den Anschein, als ob ihm auch meine sonstigen Arbeiten bekannt wären — mit der Frage der Nationalität redlich abgemüht, sie nach meiner Gewohnheit nach allen Seiten wendend.

Diese meine leidig Gewohnheit ist es auch, die mir den mehrfachen Vorwurf der „Verklausuliertheit" einträgt. Wenn ich etwas, was nicht streng zum Thema gehört, und für dessen Erörterung mir buchstäblich oder methodisch der Platz mangelt, nicht genau erörtere, bin ich „apodiktisch"; wenn ich aber zu der gerade behandelten Einzelfrage Regeln, Ausnahmen und Ausnahmen von Ausnahmen konstatiere, wenn ich alle Für und Wider meiner eigenen Behauptungen prüfe, zur Aussage gemeingültiger Wahrheiten mich schwer entschließe, dann — ja dann verklausuliere ich mich. Dann hat mein Gegner plötzlich die „unverklausuliertesten", unkompliziertesten, geradlinigsten Antworten und vergißt ganz darauf, mir das berühmte, höchst weise, aber auch höchst mißbrauchte „Ignorabismus" zuzurufen. Und es ist ja kein Zweifel: Das bischen vermeintlich Apodiktische hat Herrn Dr. Jeremias nicht die Fehdefeder in die Hand gedrückt. Was ihn erregte, erregen mußte, weil es den innersten Kern seines Wesens angriff, ist gerade der Charakter gedanklicher Vorsicht, des „Nach-allen-Seiten-Wendens" in meinen Ausführungen. Ein jedes Wort seines Aufsatzes verrät, wie sehr ihm dieser Relativismus, der seine teueren, absoluten Werte gefährdet, verhaßt und fremd ist. Er hat keine Ahnung davon, wie wenig er mich trifft, wenn er von mir sagt, ich stünde dem westjüdischen Kulturproblem noch hilfloser gegenüber als die „westlichen Nationaljuden". Nichts ist wahrer als das. Ich mache mirs auch nicht so leicht wie sie.

Herr Dr. Jeremias legt entschieden Protest gegen meine „nationale Indolenz" ein, die es fertig bringt, die Assimilation als nichts Unmoralisches zu betrachten. Nun, so ganz „unverklausuliert" sage ich das nicht — ich bitte ihn, nur nachzulesen, und vielleicht sieht er dann auch ein, wie deplaziert seine witzige Frage ist, ob „mir auch Flavius Josephus als ein „subjektiv moralischer" Biedermann erscheint". Im übrigen aber kann ich ihm nicht helfen: Ich kann mich weder entschließen, in allen Juden der Emanzipationsära „weltfremde Idealisten", die auf ein „mildes Bedauern" Anspruch machen dürfen, noch in allen unseren zeitgenössischen Assimilanten blanke Verräter nach Muster der Buren-Überläufer oder des Josephus Flavius zu sehen. Das eine ist so übertrieben und generalisierend wie das andere. Mich will bedünken, daß es unter den Assimilanten der Emanzipationszeit mindestens ebensoviel problematische Ehrenmänner als „weltfremde Idealisten" gab, vor allem aber, daß das Gros des assimilatorisch gestimmten Volkes weder aus Lumpen noch aus Idealisten, sondern aus realistischen Durchschnittsmenschen bestand, die einfach taten, was die Zeit und ihr bürgerlich wirtschaftliches Interesse von ihnen verlangte. Und ebenso glaube ich, daß unsere heutigen Assimilanten nicht durchwegs „Verräter" sind, sondern daß einem winzigen Häuflein solcher ein mindestens ebenso großes Häuflein — weltfremder oder weltheimischer — Idealisten und eine Masse unschuldiger, von Vater und Großvater her mit schütterem Judentum erblich belasteter Individuen gegenübersteht.

Will man aber davon absehen, die nationale Moral auf die einzelnen zu stellen, und eine egene, über den Individuen schwebende Moral der ganzen Nation annehmen, so ist der Protest meines Gegners noch immer mehr effektvoll als begründet. Vor allem darf nicht vergessen werden, daß es sich heute um eine doppelte „Kriegsnot" handelt — eine durch den äußeren Feind verursachte Not des nackten Daseins, unter der mehr die Ostjuden, und einer inneren Not des nationalen Genius, unter der mehr die Westjuden leiden. Entschließt man sich nun schon, in Hinsicht auf die Ostjuden die erstere Not als „schwerste Kriegsnot" zu bezeichnen, für die zweite paßt diese Bezeichnung doch sicherlich nicht. Die innere nationalkulturelle Not der Westjuden und die Not der Juden und Buren in ihren politischen Verzweiflungskriegen mit Rom und England sind ganz inkommensurable Größen. Der Verrat hier und der „Verrat" dort dürfen nicht in eine Linie gestellt werden. Vorsichtig in Analogien sein, ist das erste Gebot für jeden, der irgend ein Thema nach allen Seiten wenden will.

Von der Kritik meiner Assimilations-„Moral" zur Kritik meiner Untersuchung über die Assimilation als Tatsache übergehend, ertappt mich Herr Dr. Jeremias zunächst auf dem „Kardinalfehler, von den deutschen Juden als einheitlicher Masse zu sprechen". Gegenüber diesem Vorwurf kann ich nur auf das verweisen, was ich oben zur Bemängelung meiner angeblichen Definition der Nationalität bemerkte. Es ist wirklich ein starkes Stück, mir, der ich überall Unterschiede geradezu wittere, zuzumuten, daß mir die deutschen Juden als einheitliche Masse erscheinen. Und dies aus keinem anderen Grunde, als weil ich in einem Artikel, der ihre Zusammenfassung auf Grund dessen, was sie eint, gebieterisch fordert, von ihren inneren Unterschieden absehe. Wenn aber mein Gegner der Meinung sein sollte, diese Unterschiede seien zu absolut, zu groß, als daß sie eine Einheit bestehen lassen sollten, so muß ich ihm, wenigstens für die vorliegende Frage, direkt widersprechen. Es gibt in der ganzen deutschen Judenheit, von Straßburg bis Posen und von Hamburg bis Wien, in allen Schichten, von den Kommerzienräten bis zu den Hausierern, in allen Geistesgruppen, von den deutschtümlichsten Künstlern bis zu den judentümlichsten Synagogenbeamten, in allen Lagern, von den deutsch-nationalen bis zu den jüdisch-nationalen Juden nicht ein einziges Gemeindlein, nicht ein einziges Schichtchen, nicht ein einziges Grüpplein, nicht ein einziges politisches Lagerchen, wovon man sagen könnte: Es schlägt ganz aus der allgemeinen Kulturart des deutschen Judentums, es hat selbständige Werke schaffende jüdische Kultur oder von allem

Judentum befreite deutsche Kultur in sich herausgebildet. Abgesehen von einzelnen, ganz vereinzelten, eigentümlich gezüchteten und begabten P e r s o n e n — die ganz jüdisch oder ganz deutsch oder ganz beides oder beides garnicht sind —, ist überall mehr oder weniger jüdische Note, überall etwas Deutschtum*), überall internationale europäische Zivilisation.

Daß ich eigene „Erwerbs- und Verkehrsgewohnheiten, -fähig keiten und methoden" als „kulturelle Artunterschiede" „nicht gelten lasse" und zwar „blos weil solche auf besonderen geschichtlichen Voraussetzungen beruhen", ist einfach nicht wahr. Herr Dr. Jeremias hat offenbar die bezügliche Stelle selbst und in ihrem Zusammenhange mit den benachbarten Stellen nicht verstanden. Ich kann daher nichts anderes tun, als ihn auf nochmaliges sorgfältiges Lesen verweisen, und es soll mich freuen, wenn er mir dann nur mehr die bekannten „geschraubten Wendungen" vorzuwerfen haben wird.

Ich fand die Ursache der Polemik meines Gegners in seiner Empörung über das, was er „verklausuliert" nennt, der unmittelbare Anlaß aber ist, glaube ich, in der Verletzung seiner zionistischen Gefühle zu suchen. Das geht aus der zweiten Hälfte seines Artikels hervor.

Vor allem tritt er meiner Behauptung entgegen, daß die westlichen Nationaljuden allen Ernstes glauben, durch Verbreitung bestimmter politischer Ansichten oder gar Parteigrundsätze den jüdischen Westen dem Judentum zurückzuerobern. „Mag sein,

---

*) Ich ergreife hier die Gelegenheit, auf eine scheinbare Inkongruenz zwischen den in meinem Artikel „Das westjüdische Kulturproblem" und meinen sonst geäußerten Ansichten über den Typus des westlichen Judentums hinzuweisen. Der Absatz, in welchem ich von der Gefahr der „Umschlingung durch die Sprachen und Kulturen der Westvölker" spreche, noch mehr aber die Stelle: „Sie (die Entwickelung) hat einen Teil des jüdischen Volkes so gebildet, daß er nun deutsche Kultur mit jüdischem Anstrich aufweist" — können leicht den Irrtum hervorrufen, als glaubte ich an eine starke Ergriffenheit der deutschen Juden von deutscher Kultur. Aber die immerhin unvorsichtig gewählten Ausdrücke sollten nicht feststellen, daß den deutschen Juden deutsche Kultur als absolutes Maß zukommt, sondern nur, daß verhältnismäßig noch immer mehr deutsche als jüdische Kultur in ihnen ist. Es wird also nichts an meiner Überzeugung verschoben, daß die deutschen Juden — von Einzelausnahmen abgesehen — weder deutsche noch jüdische Kultur in charakterisierendem Ausmaße besitzen, vielmehr eine in kultureller Hinsicht inaktive jüdische Gemeinschaft auf hoher Stufe allgemeiner Zivilisation darstellen.

daß der eine oder andere... Aber im Ernst glaubt kein denkender Zionist." Also unter den Zionisten sollte nur der eine oder der andere kein denkender sein? Wäre das eine glückliche Partei, bei der sich das alte erfahrungsgemäße Ziffernverhältnis zwischen Denkenden und Nichtdenkenden so merkwürdig umkehrt! Leider ist sie in Wirklichkeit gar nicht so glücklich. Leider ist das zionistische Publikum im Westen nicht mehr denkend als irgend ein anderes Parteipublikum. Und so dürfte doch Ausnahme sein, was Herr Dr. Jeremias als Regel hingestellt sehen möchte. Aber selbst diese Ausnahme! Wie ich sehr gut weiß, gibt es auch unter den denkenden Zionisten viele, recht viele, die gerade daran — daß die Rükkehr zum Judentum nicht auf politisch-programmatischem Wege erfolgen kann — nicht denken oder nicht denken wollen. So gleich Herr Dr. Jeremias selbst, da er sonst gewiß nicht von dem „politischen Nationalismus und der ganzen jüdischen Renaissance, die ihm zu danken ist", spräche. Wie interessant übrigens! Der politische Nationalismus hat schon eine ganze „jüdische Renaissance" gezeitigt. Und doch müssen erst von dieser fertigen Renaissance „bei der heranwachsenden Generation" „schnelle und reiche Erfolge" miterwirkt werden. Und doch hat „der Kreis derer, auf die wir in deutschen Landen wirken können, seine Grenze". Und doch kommen von den Gegenwärtigen nur diejenigen in Betracht, die „einmal echt jüdisches Leben um sich gesehen, das Judentum einmal innerlich erlebt oder gar durchlebt haben" — d. h. aus der Sprache westjüdischer Kultur-Naivetät in die Sprache der Wirklichkeit übersetzt: Diejenigen, die jüdische Romantik, Tradition, Geschichte, jedenfalls alles andere eher als „jüdische Renaissance" repräsentieren.

Dahin kommt man, wenn man den Begriff der jüdischen Renaissance mit dem des politischen Zionismus heillos verquickt.

Mein Gegner kann es mir nicht verzeihen, daß ich „für das bewunderungswürdige Wirken des Zionismus nichts übrig" habe, daß man in meinem Artikel vergeblich auch nur nach dem Worte „Zionismus" sucht. Er erzählt von mir, daß ich „die größte jüdische Organisation längst totkritisiert zu haben wähne". Und meint, es sei „ein wahres Mitleid, anzusehen, wie ich mich hoffnungslos mühe, am Zionismus vorbeizureden und außerhalb des-

selben neue Wege aus den kulturellen Nöten des westlichen Juden-
tums˙ zu . finden".

Der Ton, der gerade in diesen und einigen anderen Sätzen
Herrn Dr. Jeremias beliebt, nimmt mich nicht weiter Wunder.
Parteileidenschaft, auch die ehrlichste, war noch immer ein Anreiz,
ehrliche Gegner mit Mißachtung und ungerecht zu behandeln.
Warum . sollte gerade er diesem Anreiz nicht erliegen? Und ich
kann ihm sogar die Anerkennung nicht versagen, daß er es sicherlich noch weit schlimmer hätte treiben können. Ich will es ihm
gerne zugute halten, daß er offenbar noch ein Anfänger in der
Methode, wenn auch einer, der viel Talent verrät, ist.

In der Sache selbst möchte ich mich zunächst gegen die
Bemerkung wenden, daß ich die zionistische Organisation längst
totkritisiert zu haben wähne. Wenn das nicht einfach ein schlechter
Witz ist, zu dem die Versuchung nahe lag, wie konnte mich mein
Gegner nur so mißverstehen? Habe ich es wirklich nicht vermocht,
ihm mit meinen Aufsätzen eine Ahnung des Sinnes meiner Opposition gegen die zionistische Organisation beizubringen? Wird er
mich jetzt verstehen? Wenn ich ihm sage: „Nichts liegt mir ferner
als die Einbildung, die er mir zumutet. Ich glaube nicht nur nicht,
daß ich die zionistische Organisation längst totkritisiert habe,
sondern ich bin im Gegenteil überzeugt, daß sie durch niemandes
Kritik umgebracht werden kann, — so lange sie nicht ganz reif
dafür ist. Und weil ich dies glaube, rede ich je öfter, je lieber
„am Zionismus vorbei". Je öfter, je lieber — sage ich. Denn es
ist ja auch gar nicht wahr, daß ich die Kritik des Zionismus
aufgegeben habe. Ich habe bis in die jüngste Zeit Aufsätze geschrieben und werde gewiß noch weiter welche schreiben, die
den Wünschen des Herrn Dr. Jeremias wenigstens insoferne
entsprachen und entsprechen werden, als er in ihnen nicht nach
dem Worte „Zionismus" suchen mußte und wird suchen müssen.
Ich schrieb sie und werde sie schreiben, — weil ich bekannter-
maßen auch etwas wie Temperament besitze und mich doch
auch am Ende wie jeder andere ehrliche Schriftsteller als ein
Stück Volksgewissen betrachten darf. Aber wie gesagt, je öfter,
je lieber schreibe ich die anderen Aufsätze, in welchen ich „am
Zionismus vorbeireden" darf.

Denn erstens glaube ich, daß man bei diesem „Vorbeireden"
eine Menge interessanter Gesichtspunkte gewinnt, die im Trott-
gang des Dabeiredens verloren gehen. Und zweitens lebt eine
stille Hoffnung in mir, daß aus solchen Vorbeireden irgend-
wann und durch irgend jemanden ein Vorbeihandeln werden
wird. Dabei denke ich allerdings nicht an Hof- und Staatsaktionen,
an nationale Galataten, an organisierte Programmbegeisterung,
sondern an eine Reihe bescheidener Wirksamkeiten, die alle zusammen vielleicht doch ein festes, in aller Stille gebautes Kultur-
gefüge ergeben könnten. Wenn Herr Dr. Jeremias eine solche
bescheidene Wirksamkeit, für die ich beiläufig in dem mehr
der Theorie gewidmeten Artikel eine praktische Form anregte,
zu meiner „epochemachenden Tat" umspottet, so ist das ja
ziemlich illoyal von ihm. Unvorsichtig aber ist es, wenn er auf
sie das alte Sprichwort anwendet: „Die Berge haben gekreißt
und ein lächerliches Mäuschen ward in der Welt gesetzt." Denn
das „Bergekreißen" lassen besorgt niemand so gut als der Zionismus und — bisher sieht es gar nicht darnach aus, als ob
gerade diesmal ein Berg auf die Welt kommen wird.

Ich spreche dabei, wie ich ausdrücklich hervorheben will,
nicht etwa von der zionistischen Innerlichkeit der Ostjuden, die
von der zionistischen Parteimarke, mit der sie sich in den letzten
Zeitläuften bedeckten, ganz unabhängig ist. Ich will auch nicht
diejenigen Westler und Östler treffen, die alle ihre jüdischen
Kulturneigungen und -Strebungen mit keinem besseren Worte als
mit „Zionismus" wiedergeben zu können glauben. Vor diesem
Zionismus beuge ich mich — trotz mancher Differenzen. Ich
meine vielmehr jenen offiziellen, weltbekannten, mächtigen Zionismus, den Zionismus mit dem „stolzen Namen". Ihn kann
ich weder „bewunderungswürdig" finden, noch als „erfolgreiche
Tatsache" betrachten. Er hat sich für die Palästinasache überflüssig, ja schädlich erwiesen. Er droht den jüdischen National-
gedanken zu versimpeln und an die hoffnungslosesten Weltanschauungen zu ketten. Er hat den jüdischen Wesensgehalt der
deutschen Juden nicht um einen einzigen Grad erhöht. Wer sich
nicht ein großes Stück Judentum in den Zionimus mitbrachte,
hat es in ihm nicht gefunden. Seine ganze Organisations-„Jü-
dischkeit" ist leer und unfruchtbar.

Und darum kann ich nur abermals mit den Schlußworten meines ersten Artikels, die Herrn Dr. Jeremias so nebelhaft vorkommen, schließen. Wobei ich sie aber genau — nicht wie mein Gegner mit Auslassung gar nicht belangloser Worte und sehr bedeutungsvoller Anführungszeichen — zitieren will: „Was der jüdische Nationalgedanke vorläufig im Westen braucht, sind nicht „Nationaljuden", welche die jüdische Kulturnuance nicht um einen Farbenton kräftiger machen, sondern Juden schlechthin — und seien es auch „Assimilanten" —, deren jüdischer Wesensteil die Tendenz hat, sich zu vergrößern und zu vertiefen."

Ostjüdische Aufgaben.

Vortrag, gehalten am 8. Juli 1905
in der akademischen Verbindung
„Zephirah" in Czernowitz. *)

Es ist einmal Tatsache, daß für hunderttausende östlicher
Juden das Land Israel ein Gegenstand liebevoller Errinnerung
und Sehnsucht bedeutet. Es ist ebenso Tatsache, daß diese
Erinnerung und Sehnsucht in tausenden Menschen sehr ernste
und sehr wirkliche Handlungen für die Kolonisation Palästinas
ausgelöst haben. Diese Tatsachen tragen ihre Berechtigung in
sich selbst, indem sie der Ausdruck eines starken Volkstriebes
sind, der, von einer nicht erloschenen mächtigen Vergangenheit
gezeugt, nach Leben und Gestaltung des Volkes im alten Lande
drängt.

Es ist fern von mir, gegen diesen Trieb anzukämpfen,
könnte es ja auch nicht, wenn ich es wollte. Gewiß liegt hier
noch viel, ich möchte beinahe sagen, fast alle Arbeit vor uns.
Die Erfahrungen haben denjenigen Recht gegeben, welche eine
allmählige, geduldige, unermüdliche Tätigkeit empfehlen, die mir
allerdings durch die gegenwärtige Parteiform und durch das gegenwärtige Übergewicht der westlichen Zionisten nicht gewährleistet
erscheint. Allein, ich habe nicht vor, mich heute über diese jüdische Aufgabe, die ja jedenfalls eine Menge von Trägern und
Sachwaltern gefunden hat, zu verbreiten. Ich möchte vielmehr

---

*) Zuerst, im Jahre 1905, als Broschüre veröffentlicht.

bei anderen Aufgaben verweilen, die ganz im Gegenteile bisher
stark vernachlässigt wurden, wiewohl ihre sorgfältige Behandlung auch Voraussetzung aller Palästinahoffnung ist: Die Aufgaben des Lebens selbst. Wenn es einen Weg nach Zion gibt,
so kann er nicht über eine Leere führen. Ein blutleerer, saft-
loser, schemenhafter, halbtoter Leib kann kein Zion gebären.
Nur ein vollblütiges, säftestrotzendes, lebensvolles, ganz lebendiges
Volk mag es können. Man kann überhaupt nicht ein Volk in
fruchtbarer Bewegung erhalten, wenn man die Seele in ihm ver-
kümmern läßt und sie durch das Uhrwerk eines Zieles ersetzt.
Es ist ein Irrtum zu glauben, daß ein Volk fortdauern könne,
wenn seine Fortdauer von einer Idee abhängt, statt von seiner
Lebenskraft! Es ist eine Verirrung, die bloße Idee der Einheit
der lebendigen Einheit selbst vorzuziehen. Es ist eine Täuschung,
alles von einer künstlichen Einheitstendenz zu erwarten, und
nichts von dem gewaltigen, natürlichen Einheitstriebe einer lebenden Nationalität! Welcher Wahn, erst einen Weg ins Leben zu
suchen, statt die Wege des Lebens zu gehen.

Von diesen Wegen möchte ich sprechen. Doch gleich von
vornherein einen prinzipiellen Unterschied zwischen West- und
Ostjuden machen. Die Westjuden erfreuen sich im großen und
ganzen einer günstigen politichen und wirtschaftlichen Lage. Die
antisemitischen Rückschläge brauchen nicht zu ernst genommen
zu werden, wenn sie auch manchmal empfindlich genug sind.
Desto trauriger sind die jüdisch-kulturellen Verhältnisse der Westjuden. Leute, die noch nicht gelernt haben, die Begriffe Zivilisation und Kultur auseinanderzuhalten, sprechen oft von der
Pflicht der Westjuden, den Ostjuden Kultur zu bringen. Sie meinen
Zivilisation und maßen sich übrigens auch damit eine Arbeit an,
die von der Entwicklung des Ostens selbst zu leisten ist. Kultur
aber, einen nationalen Lebens- und Schöpfertypus könnten die
Westjuden selber am dringendsten brauchen. Daß sie ihnen mangelt, kommt schon in ihrem religiösen Leben zum Ausdruck.
Wenn anders man diese seltsame Larve Leben nennen kann.
Keine Spur jener innerlichen, andächtigen, inbrünstigen Gläubigkeit, die der Volksjude des Ostens in dem alten jüdischen Religionssysteme zu leben weiß! Nur das magere Experiment einer seelisch

nicht verankerten, kirchenhaften Neu-Orthodoxie auf der einen
und das bis zur Albernheit ideenlose, aller Ekstase bare, formel-
hafte Repräsentationsjudentum der Reformer auf der anderen
Seite! Keine Spur aber auch jenes begeisterten Unglaubens, durch
welchen sich ungläubig gewordene Ostjuden auszuzeichnen pflegen,
jenes Ersatzes der Religion durch eine andere Innerlichkeit. Vielmehr ein oberflächliches, auf seine Spatzenweisheit stolzes, kalt
und dumm lächelndes Gottlostun.

Solche Religiosität und solche Irreligiosität konnten bei den
Juden des Westens nur deshalb herrschend werden, weil sie weder
vom Judentum noch von fremdem Volkstum ein wirkendes
Gesetz ihrer Seele empfangen haben. Vom Judentum haben sie
nichts als den geschichtlichen und etwa noch den Rassenzu-
sammenhang, außerdem eine gewisse Artung des Geistes und
Temperamentes. Aber dieser Geist und dieses Temperament sind
nicht selbständig organisiert, nicht in eigene jüdische Erscheinung
gegossen, manifestieren sich höchstens in einer eigenen jüdischen
Note. Von den Volkstümern der andern Völkern wieder haben
sie im ganzen und großen nur das Sprachliche, was stets sehr
viel für das eigene Volk und so ganz und gar nichts für das
fremde bedeutet. Sonst nur ein Nachempfinden und Hineinsehen,
ein Nachleben und ein Nachäffen, gerade noch hinreichend, um
ihnen eine Hausgenossenschaf in der fremden Kulturfamilie zu
geben.

Einzelne hervorragende Geistesmenschen mögen über diese
Schranken auf dem einen oder dem anderen Ende hinausge-
gangen sein, mögen in sich eine jüdische oder eine Assimilations-
kultur wahr gemacht haben. Für die mittelmäßigen Begabungen
und die Menge bleiben vorderhand die Schranken aufrecht. Sie
sind verurteilt in ihrem merkwürdigen Kulturzwielicht, desgleichen
die Weltgeschichte nicht hat, zu leben. Verurteilt, sie selbst und
doch andere und doch wieder sie selbst zu sein! Eine Art nicht-
existierender Existenz!...

Ein ganz anderes Bilb geben die Ostjuden, d. h. die Juden
die Juden Rußlands, Galiziens und der Bukowina, Rumäniens,
eines Teiles von Ungarn, auch soferne sie nach überseeischen
Ländern gewandert sind und dort Gruppen gebildet haben. Ihre

Lage unter den Völkern ist im allgemeinen vorläufig eine ungleich schlechtere als die der westlichen Juden. Sie wissen ja alle, was in Rußland und Rumänien vorgeht. Aber auch in Galizien lassen die Zustände viel zu wünschen übrig. In zivilisatorischer Beziehung darf man die Ostjuden keineswegs mit den paar verkümmerten Orientjuden in eine Linie stellen. Sie sind von der gewaltigen, wirtschaftlichen und politischen Entwicklung der letzten Jahrzehnten mitgerissen und emporgehoben, im Begriffe, aus einem Volke bürgerlicher Krämer und bürgerlich gearteter Bet- und Bettelproletarier ein modern geschichtetes Volk, aus Feudalmenschen Neuzeitmenschen zu werden.

Das Markanteste an den Ostjuden aber ist ihr Kulturleben. Es ist ganz unzulässig, dasselbe in den Begriff religiöser Orthodoxie einschachteln zu wollen, unzulässig schon für die Vergangenheit, geschweige für die Gegenwart. Der gläubige Jude im Osten und der voremanzipatorischen Zeit im Westen ist niemals als orthodoxer, als Kirchenmensch zu erklären, immer nur als Volksjude, als Glied einer Volksgemeinschaft, die in einem religiösen System ihr Vaterland und den Ausdruck ihres nationalen Wesens gefunden hat. Das östliche Judentum der Gegenwart aber zeigt auch noch eine Entwicklung weit über diesen Zustand hinaus. Ihm ist es gelungen, der älteren jüdischen Volksart auch neue Wege des Ausdrucks und neue Wege des Bestandes zu sichern. In ihm ist seit den Zeiten des Altertums zum erstenmale wieder ein jüdisches Volk im Vollsinne dieses Wortes auf die Weltbühne getreten. Ein Volk, unbegrenzt und nicht vorausbestimmt in seinen nationalen Möglichkeiten, täglich unabhängiger von der Garantie religiöser Tradition, die ja noch immer breit und mächtig genug sein mag, auch von ihr abgesehen sich selber und den anderen als nationale Kulturgemeinschaft erkennbar. Dieses Ostjudentum hat es verstanden, das alte Hebräisch zu verjüngen und sich so eine starke und der Entwicklung ungefährliche Verbindung mit dem jüdischen Altertum und den übrigen Teilen des jüdischen Volkes zu sichern. Vor allem aber hat hier das Judetum in nie genug bewunderter nationaler Lebenskraft seine sprachliche Emanzipation durchgeführt, indem es sich aus größtenteils fremden Stoffen eine Sprache des

Lebens schuf und zum erstenmal seit zwei Jahrtausenden wieder eine Sprache spricht, die s e i n e Sprache ist.

Und nur von den Aufgaben und Pflichten dieses Teils des jüdischen Volkes, übrigens vier Fünftel der ganzen Nation, will ich heute sprechen, zunächst was die W o h l f a h r t der Volksgenossen betrifft.

Ich kann hiebei das Auswanderungsproblem nicht übergehen, für dessen befriedigende Lösung bisher blutwenig geschehen ist. Noch ist keine Organisation geschaffen, die das ganze jüdische Auswanderungswesen zentralisiert, passende Auswanderungsziele aufsucht und die Auswandernden ihren Bedürfnissen und Fähigkeiten entsprechend berät. Die Körperschaften, die sich heute mit der Auswanderung befassen und zumeist aus Westjuden zusammengesetzt sind, denken nicht daran. Aber gefährlicher als deren Nicht-genug-tun ist das Zuvielwollen der Territorialisten, die mit ihren Luftschlössern die Straße der realen Notwendigkeit verbauen. Ebenso schädlich ist aber auch die Verwechslung der Palästinaidee mit dem Auswanderungsproblem. Man braucht vorläufig gar nicht auf das tiefere Wesen der Palästina-Idee, das dem bloßen Auswanderungsbedürfnis so durchaus fremd ist, einzugehen. Es genügt sich vor Augen zu halten, daß die Besiedlung Palästinas, wie die Verhältnisse nun einmal liegen, nur die allmälige Arbeit vieler Generationen sein kann, die Auswanderungsarbeit aber Notstandsaktion und daher auf rascheste Arbeit angewiesen ist. Beide Zwecke prinzipiell vereinigen, hieße beide unerreichbar machen.

Andererseits hat es keinen Sinn, die Bedeutung des Auswanderungsproblems zu überspannen. Eine rationelle Auswanderungsaktion hat sich weise Beschränkung aufzuerlegen. Es soll nicht mehr Auswanderung unterstützt und organisiert werden, als unbedingt nötig ist. Das heißt: Sie soll nur in jenen Grenzen zur Anwendung kommen, in welchen eine Befreiung von direktem und indirektem Drucke durch Aktionen im Lande in absehbarer Zeit nicht möglich erscheint. Man darf nämlich auch nie aus dem Auge verlieren, daß wir, wenn uns auch das Auswanderungsproblem noch einige Zeit in hervorragender Weise beschäftigen muß, mit einiger Beruhigung in die Zukunft sehen können. Der Strom der Auswanderung aus jenem Lande, welches bis jetzt die meisten Auswanderer geliefert hat, wird in nicht zu ferner Zeit ganz versiegen. Die einzige Maßregel der Aufhebung der Ansiedlungsrayons wird die russischen Juden auf Jahrhunderte hinaus gegen die Notwendigkeit sichern, aus einem Lande mit so reichen wirtschaftlichen Möglichkeiten, speziell auch für den Kaufmann, in Massen ziehen zu müssen. Auch die bevorstehende Industrialisierung Galiziens verspricht einen Wandel zum Bessern. Und endlich muß ja auch die rumänische Emigration auf die eine oder die andere Weise zum Stillstand kommen.

Daher bleibt die dringendste Wohlfahrtsfrage die, was in den Ländern, in welchen die Ostjuden wohnen und größtenteils wohnen bleiben werden, mit ihnen geschieht, beziehungsweise, was sie hier für sich in politischer und wirtschaftlicher Beziehung zu tun haben.

Wir alle wissen, wie viel die russische Revolution der jüdischen Mittätigkeit verdankt. Und wir alle sollten keinen Augenblick vergessen, wie wichtig dieser Hervorbruch einer neuen höheren menschheitlichen Zivilisation auch in Rußland für uns Juden ist, wie es ein weiters mächtiges Abflauen des Golus in allen Ländern bedeutet. Daß sich aber diese Teilnahme der jüdischen Revolutionäre an der russischen Revolution in einem eigenen jüdischen Verbande, unter programmatischer Betonung jüdisch-kultureller Autonomie vollzieht, daß jetzt auch eine große jüdisch-nationale bürgerlich demokratische Partei in Gründung begriffen ist, darf die umfassendste, ausgiebigste, selbständigste politische Tätigkeit der russischen Juden nach Erteilung der Konstitution erhoffen lassen. Daß sie es auch an wirtschaftlichen Bemühungen nicht fehlen lassen werden und schon jetzt, soweit sie nicht gehindert sind, nicht fehlen lassen, ist selbstverständlich.

In Galizien und in der Bukowina sind wir trotz der Konstitution noch nicht so weit. Eine entscheidende Wendung wird erst eintreten, wenn der Industrialisierungsprozeß des Landes weit fortgeschritten sein wird und große Bevölkerungsschichten entstanden sein werden, die an der Erfüllung der konstitutionellen Form mit Leben Interesse haben. Da dieser Prozeß aber schon einigermaßen begonnen hat, und auch die Juden an diesem Anfange beteiligt sind, so ist es an ihnen, sich endlich auch zu rühren und sich in Ausnützung der bestehenden Freiheiten zur Durchsetzung ihrer Interessen und Ansprüche wirtschaftlich und politisch zu organisieren.

In wirtschaftlicher Hinsicht können auch zielbewußte Wohlfahrtsvereinigungen durch eine planvolle Interessierung des unternehmungslustigen jüdischen Kapitals für Industrieanlagen, durch Gründung von Genossenschaften zu Industriezwecken, Arbeiterwerbung in den Kreisen des Betproletariats, durch Lehrlingsheime und Arbeitervermittlungen manches im Sinne der Entwicklung tun. Nur müssen es heimische Wohlfahrtsvereinigungen sein, die sich von Hilfeleistungen und guten Ratschlägen der manchmal wohlmeinenden, nie aber wohlwollenden und noch weniger verständnisvollen westlichen, namentlich westösterreichischen Stammesgenossen durchaus emanzipieren. Eine gewisse Bedeutung ist, im Hinblick auf die kleinen Kaufleute und Handwerker, auch den Kreditvereinen nicht abzusprechen. Besondere Wichtigkeit käme einem kräftigen jüdischen Konsumvereins- und Gewerkschaftswesen zu. In Bezug auf letzteres sind ja übrigens in letzterer Zeit manche Anfänge gemacht werden.

Was die politische Organisation betrifft, so hat ja soeben eine Gruppe jüdischer Sozialdemokraten das Beispiel des „Bundes" nachgeahmt. Und es wäre traurig, wenn nicht auch die Bürgerlichen endlich den Weg zu selbständigem wirtschaftlichen und politischen Auftreten fänden. Freilich, soll dies geschehen, so müssen die galizischen und bukowinischen Juden, dem Beispiel der russischen Juden folgend, gewisse Voraussetzungen erfüllen. Der westjüdische „Abwehr"-Geist muß aus ihnen heraus. Sie dürfen sich aber auch nicht mit der westjüdisch-zionistischen Weisheit begnügen, die da lehrt: Nichts nützt.

Wir Juden sind in der Minderheit, den Brutalitäten und dem guten Willen der anderen ausgesetzt. Was bleibt nach solcher Lehre übrig, als sich zu ducken, zu erbetteln, zu erschleichen, beweglich zu klagen und alberne Predigten und Beteuerungen vom Stapel zu lassen? In Minderheit! Ja, leben denn die Menschen in ewiger Zusammenrottung gegen einander? Ist denn Kischenew die Regel? Und ist nicht selbst auch Kischenew zum großen Teile darauf zurückzuführen, daß auch die russischen Juden nicht auf der Höhe der Situation standen? Ist nicht schon Schitomir ein ungeheuerer Fortschritt gegen Kischenew? Die Minoritäten sind in der Praxis nicht so winzig, wie sie sich in den Statistiken ausnehmen. In der Regel steht ja nicht gleich das ganze Land einer jüdischen Gemeinde, die ganze Stadt einem jüdischen Stadtteil, der ganze Stadtteil einer jüdischen Straße gegenüber. Vielmehr in mindestens drei von vier Fällen Einzelmensch gegen Einzelmensch, Familie gegen Familie, Gruppe gegen Gruppe. Und die Juden müssen auch nicht immer allein stehen. Freilich solange sie selbst, ob Assimilanten oder Zionisten, von der Empfindung nicht loskommen können, als hätten sie nur einen Anspruch zweiter Klasse auf ihre Menschen-, Bürger- und Volksrechte, als müßten sie sich wenigstens etwas gefallen lassen, weil sie Juden sind, solange können sie nicht auf Sympathie und lebhafte Unterstützung rechnen. Solange sie sich verpflichtet fühlen, im Winkel zu stehen und sich von halbwüchsigen und bejahrten Gassenbuben verhöhnen zu lassen, ohne aufzumucken, ist ihrer geheimen Erbitterung Gelegenheit gegeben, sich in überspanntes Selbstbewußtsein umzusetzen, das oft in Arroganz ausartet und solange wird diese Arroganz von den aufpassenden Nichtjuden als solche empfunden werden. Und erst, wenn sie anfangen werden, sich nichts aber auch gar nichts gefallen zu lassen, nach russischjüdischem Muster! Nicht mehr vor den Opfern des Kampfes und der Rache des mächtigen Gegners zurückzuschrecken, sondern, wenn man sie beleidigt, angreift, verkürzt, wie das Wetter dreinzufahren und die Feinde, wie immer sie heißen mögen, zu stellen — erst dann werden ihnen diese nicht nur die normale Feindesachtung zollen, sondern auch weniger Schaden zufügen. Erst dann werden auch Leute erstehen, die sich die Juden aufrichtig zu Freunden oder Bundesgenossen wünschen.

Es gibt Leute, welche glauben, daß eine gesteigerte Emanzipation, wenn sie nicht im eigenen jüdischen Lande, sondern im sogenannten Golus zuteil wird, auf das jüdische Volkstum zersetzend wirken müsse. Man weist darauf hin, daß bisher der fortschreitenden Teilnahme des Westjudentums an der allgemeinen Zivilisation sein kultureller Verfall gefolgt ist. Aber die entnationalisierende Wirkung scheinbar dieses Eintritts der westlichen

Juden in die allgemeine Zivilisation ist auf ganz bestimmte be-
gleitende Umstände zurückzuführen. Zunächst haben die weitgehende Zersprengtheit und bürgerlich kapitalistisches Interesse
an diesem Erfolge mitgearbeitet. Dann auch der Umstand, daß
die Emanzipation der Westjuden in die Zeit des ideologischen
Kosmopolitismus fiel und auf ein Judentum traf, das keine Elemente, mit welchen es ein neues nationales Leben hätte beginnen
können, in sich erzeugt hatte.

Alles dies trifft auf die Ostjuden nicht zu. Die Ostjuden
wohnen in großen Mengen beisammen und ihr Konzentrationstrieb hat sich so stark erwiesen, daß er sicherlich auch die Freiheit
ertragen wird. Wenn sie sich auch in Rußland über das ganze
russische Reich verbreiten, immer werden sie ansehnliche Gemeinden und Gruppen bilden. Ein bürgerlich kapitalistisches Interesse an der Quasi-Assimilation kann nicht kräftig wirken, weil
sich der größte Teil des ostjüdischen Volkes in ein Arbeiterproletariat umwandelt. Ferner ist in unserer Zeit die Bedeutung
des Nationalen allen Völkern und Klassen aufgegangen, sodaß
es nationale Selbstaufgabe gar nicht mehr gibt. Endlich sind
nicht bloß Elemente eines neuen nationalen Lebens da, sondern
dieses selbst ist bereits da, in ungeahnter Frische erblüht.

Das Ostjudentum ist auf dem Boden der alten jüdischen
Mittelalterkultur erwachsen. Das läßt sich nicht leugnen und soll
nicht geleugnet werden. Der geschichtliche Zusammenhang mit
dem Alten tut dem Neuen keinen Abbruch. Indessen zeigt die
Erscheinungsform des alten Ostjudentums, der traditionelle
nationale Glaube selbst, vorläufig keine Ansätze zur Verjüngung.
Der großartigste Versuch in dieser Richtung — seine Grandiosität
hebt sich übrigens bezeichnend genug von der Engbrüstigkeit der
westjüdischen „Reform" ab — war der Chassidismus. Er ist ge-
scheitert. Der Chassidismus ist nicht geworden, was er versprach.
Wir wollen hier nicht untersuchen, wieso es geschah, ob die
Schuld an der Unreife des Volkes für eine religiöse Revolution
lag, die etwa noch kommen kann, oder an einem innerlichen
Hinausgewachsensein über sie. Jedenfalls war er ein Versuch mit
unzulänglichen Mitteln. Zur Religion der Innerlichkeit und Freude
wollte der Chassidismus führen und ein neues System von Äußer-
lichkeit und neues Geistes- und Leibeselend hat er geschaffen.

Unabhängig von der Religion vollzog sich der Übergang von der alten zur neuen jüdischen Kultur und mit einer Großartigkeit sondergleichen. Man könnte dieses Volk fast ein Wunder nennen, dessen Gruppen und Gemeinden im Süden und Westen Rußlands, in Galizien und Rumänien, in Paris, in London, in New-York, in Chicago, in Südafrika eine Einheitlichkeit der Kultur zeigen, wie sie selbst ein territoriales Volk selten uufweist. Der Mann aus Warschau oder Bialystock oder Odessa, der nach dem Whitechapel in London oder nach der Manhattan - Vostadt in New-York kommt, ist wieder zu Hause. Und dies nicht etwa blos in dem Sinne, daß er vor feindseligen Angriffen gesichert ist und eine gewisse Fürsorge und Hilfe findet, soviel bietet auch in den Klassen- und individuellen Grenzen menschlicher Güte das Westjudentum. Nein, dieses Zuhause sein ist im intensivst kulturellen Sinne gemeint: Auf den Straßen und in den Häusern dieselbe Sprache, dieselben kulturellen Interessen, dieselbe Lebensführung. Die Literatur trotz lokalen Kolorits interterritorial. Die Dichter und Schriftsteller gemeinsam, ihre Werke Gut des ganzen Volkes, wo auch seine Teile wohnen mögen.

Es schadet dieser großen Einheit nicht, daß sie eine gewisse Mannigfaltigkeit aufweist, an der die Verschiedenheit der Entwicklungsbedingungen die Schuld trägt. Die rumänische Gruppe hat einen gewissen Anteil an der Entstehung des jüdischen Theaterwesens, ist aber sonst und namentlich jetzt, kulturell inaktiv. Der galizisch-bukowinischen Gruppe kann man dies denn doch nicht nachsagen. Aber immerhin hat auch sie bis in die letzte Zeit für die Erhaltung jüdischen Kulturbodens im wesentlichen nicht gesorgt, geschweige jüdisches Kulturgut beträchtlich vermehrt. Sie bezieht ihren jüdischen Kulturbedarf fast ganz aus Rußland. In Rußland selbst, dem Brennpunkt der neuen ostjüdischen Kultur sind mehrere Untergruppen, die in ihrem kulturellen Zuschnitt wenigstens einigermaßen von einander abweichen, zu unterscheiden. Die markanteste ist die litauische. Eine eigene Spielart bieten die Ostjuden in England und Amerika, soweit sie sich daselbst schon einigermaßen akklimatisiert haben. Trotz mancher amerikanisierenden Verzerrung berechtigen sie allem Anschein nach zu Hoffnungen auf ihre Produktivität. Und wenn das Auswanderungswerk das amerikanische Teilproblem ordentlich gelöst haben wird, kann diese Gruppe zu einem Hauptfaktor der jüdischen Kultur werden.

Alle Gattungen des Ostjudentums aber zeigen übereinstimmend, daß es die Sprache war, die es kulturell organisierte, einerseits diejenigen, die das jüdische Volk aus seinem Altertum mitbrachte, andererseits die, deren Gerippe es im Mittelalter bildete. Die Entwicklung dieser beiden Sprachen zu tauglichen Instrumenten einer aus der Enge befreiten, mittausend neuen Ideen beschenkten Volksseele, das ist die Entstehungsgeschichte der neuen jüdischen Kultur. Und ein Mitwirken, ein Mitbauenwollen an dieser Entwicklung ist das Zeugnis dafür, daß man die große neue Einheit, die wirkliche, lebende, schaffende Einheit des jüdischen Volkes begriffen, daß man, ihrer voll, die mächtigste, lebendigste, tatsächlichste Grundlage jüdischer Gesinnung gefunden hat.

Man hat versucht, speziell die hebräische Sprachbewegung als Ausfluß bourgeoiser Ideologie hinzustellen. Nichts kann schablonenhafter sein als dieses Urteil. Es geht nicht an, alles, was, eine Klasse an Kulturwerten schuf, von der nationalen Gesamtkultur auszuschließen, weil eine andere Klasse zur selben Zeit nicht ruhevoll genug war, um an der Schöpfung teilzunehmen. Man lasse dem jüdischen Proletariat nur Zeit, sich in die seinem Alltagsleben entrückteren Kulturgüter des Volkes einzuleben und es wird ebenso wie die Bourgeoisie, zumindest im selben Maße wie sie, dem hebräischen Sprachgenius dienen und dienen müssen. Das jüdische Volk, insoweit es trotz seiner großen inneren Unterschiede doch noch auf eine höhere Kultureinheit Anspruch machen muß, kann des Hebräischen schwer entraten. Die hebräische Sprache ist ein Band, das die verschiedenen Gruppen des Volkes und das heutige Volk mit dem vergangenen verbindet. Und zwar so verbindet, daß für die ungehemmte Entwickelung, für die Ideen lebender Menschlichkeit und lebender Nationalität keine Gefahr erwächst. Im Gegenteil, von der Traditionsgrundlage losgelöst, auf sich selbst gestellt und doch durch die Geschichte geadelt, als blos geschriebene und gelesene Sprache in ihren Zwecken beschränkt, aber auch in ihrem Wesen verfeinert, intellektualisiert, wird die hebräische Sprache nur zu einem zweiten, gedämpfteren, abstrakteren Gefäß des jüdischen Fortschrittsdranges.

Es ist ja ein ganz einzigartiger Fall, daß ein Volk neben seiner gesprochenen und zugleich geschriebenen auch noch eine nur geschriebene und gelesene Sprache besitzt. Aber das Wesen der Nationalität als der Volksindividualität versteht schlecht, wer solche Einzigartigkeit nicht dulden zu dürfen glaubt. Und dem jüdischen Volkstum ist kein Freund, wer ihm rät, eines seiner kostbarsten Kulturgüter wegzuwerfen, statt es mit eifervoller Liebe zu bewahren und zu betreuen.

Es ist für die hebräische Sprache, für ihre weitere Entwicklung und Ausbreitung in den letzten Jahrzehnten viel geschehen. Aber es kann und wird noch immer mehr geschehen müssen. Unnötig, hier auf alle Einzelheiten einzugehen. Die hebräische Enzyklopädie ist ja im Werden. Durch Preise ließe sich die literarische Produktion heben. Das Wichtigste ist in der Schule zu tun. Überall im ostjüdischen Kulturgebiet muß in der nationalen, nicht konfessionellen, jüdischen Schule, dem Hebräischen ein bevorzugter Platz eingeräumt werden.

Allein zwischen der intensivsten Pflege des Hebräischen als eines kulturstrotzenden Volksgutes und Ansprüchen auf seine ausschließliche Kulturbedeutung oder gar seine Einführung als Umgangssprache ist ein himmelweiter Unterschied. Erst mit diesen Ansprüchen beginnt die bourgeoise Ideologie, das Überschnappen intellektueller Entwicklungen ins Romantisch-Utopische, wogegen sich zu wehren das Proletariat in vollem Rechte ist. Vielleicht ist es möglich, daß sich Hebräisch in Palästina unter gewissen dortselbst vorhandenen fördernden Bedingungen: Primitivität der politischen und wirtschaftlichen Verhältnisse, vorläufiges Überwiegen des bürgerlichen Ansiedlungselementes, starker orientalisch-jüdischer Einschlag, Verwandtschaft der arabischen Landessprache, historische Reminiszenzen von besonderer Stärke, bei allmäliger Besiedlung noch zur gesprochenen Spache entwickelt. Jedenfalls sind daraufgerichtete Bestrebungen dort berechtigt. Aber in den Ländern des sogenannten Golus ist eine solche Entwicklung ganz ausgeschlossen. Die komplizierten politischen und wirtschaftlichen Verhältnisse, die fortschreitende Proletarisierung des ostjüdischen

Volkes und das Vorhandensein einer eigenen in voller Entwicklung begriffen, selbst zum nationalen Kulturgut gewordenen Umgangssprache lassen ein völliges Wiederaufleben des Hebräischen als durchaus unmöglich erscheinen.

Man kann sich allerdingt mit weniger begnügen, kann sich damit abfinden, daß es für ein gesprochenes Hebräisch zu spät ist und doch verlangen, daß dem geschriebenen Hebräisch als der einzig wahren jüdischen Nationalsprache die ganze Aufmerksamkeit, die die Sprache eines Volkes für sich von diesem erwarten darf, zugewendet werde. Aber mit diesem Verzichte auf eine gesprochene Nationalsprache liefert man das Volk der westlichen Quasi-Assimilation aus und begibt sich eines Kulturfaktors, der geeignet ist, die nationale Entwicklung in ihrem lebendigen Flusse zu erhalten.

Daß das Westjudentum, daß die sogenannten Assimilationsjuden mit stumpfer Ignoranz oder dummer Ignorierung an der Tatsache der neuen jüdischen Millionensprache vorübergehn, ist weiter kein Wunder und kein Schaden. Trauriger ist, daß man sich auch in weiten Kreisen des östlichen und überhaupt des national gesunden Judentums der Tragweite der jüdischen Sprachbewegung noch nicht genügend bewußt geworden zu sein scheint. Nach immer sträubt man sich gegen die Erkenntnis, daß die jüdische Nation sozusagen vor einem seltenen Geschenke des Schicksals oder besser ihres eigenen wunderbaren Kräftereichtums steht und nun nur zuzugreifen braucht, um in den Besitz eines sicheren Mittels zu ihrer national-kulturellen Auferstehung zu gelangen. Da plagt man sich mit allerlei äußerlichen Hebeln ab: Strapaziert den Palästinagedanken und braucht ihn nur nutzlos ab, oder stürzt sich in territorialistische Abenteuer, die nur mit einem Krach enden können. Und an die große innere Kraft der eigenen, von den eigenen Volksmillionen gesprochenen, von ihnen mit dem Atem des vollen, des fließenden, des ganzen Lebens erfüllten Sprache, an diese Kraft, die aus uns, in uns und vor uns in überreichen Mengen fließt — denkt man nicht oder will man nicht denken.

Man klammert sich an Gründlein, die ja ihm Munde Unwissender, Fernstehender irgend einen Schimmer subjektiver Berechtigung haben mögen. Klagt, daß [ndisch nicht schön sei. Und doch ist diese Unschönheit nur der Widerschein jener inneren Unschönheit, die aus dem Deutsch, Russisch, Polnisch und Hebräisch so vieler Jargongegner herausmauschelt. Jammert, daß jüdisch deutsch sei. Und doch ist dieses Deutschtum nur eine längst aufgezehrte Vergangenheit. Nennt Jüdisch einen „Jargon". und doch ist dies nur ein Name, den das westjüdische Literatentum in seinem blinden, lächerlichen Assimilationsdünkel, auf alle Gesetze der Sprachentstehung und Entwicklung vergessend, aufbrachte und aufoktroyierte. Seufzt über die Zurücksetzung des Hebräischen. Und sieht nicht, daß es ebenso wie für den Palästinagedanken auch für die Erhaltung des Hebräischen als eines sich organisch entwickelnden Schriftidioms keine besseren Garantien geben kann, als die Sicherung des selbständigen jüdischen Volkslebens selbst durch die Kraft einer eigenen, gesprochenen Sprache.

Man darf es ohne Übertreibung sagen : Die neue jüdische Sprache stellt das ostjüdische und mit ihm das ganze jüdische Volk an einen Wendepunkt seiner nationalen Geschicke. Nur im Zeichen dieses verachteten Golusdialektes, mit ihm zur vollen Selbständigkeit heranreifend, kann sich das jüdische Volk seine zweite, höhere, seine nationale Emanzipation, ersiegen. Im Zeichen des sogenannten Jargons wird sich, so paradox dies für überraschte Ohren und zage Gemüter auch klingen mag, vollziehen, was sich bisher immer als Unmöglichkeit erwies : Die Aufnahme des Juden als gleichberechtigten nationalen Kulturfaktors in die europäische Völkerfamilie.

Das gilt es einzusehen, dieser unvermeidlichen, dieser fortschrittlichen, dieser zukunftsvollsten, dieser modernsten, dieser europäischsten Entwicklung gilt es sich anzuschließen, mit Bewußtsein zu dienen. Es regt sich auch schon allerorten, aber das meiste ist noch zu tun. Der Sprach- und Literaturpflege ist die intensivste Aufmerksamkeit zuzuwenden. Schriftsteller- und Philologenkongresse sind nötig, um zu einer größeren Einheitlichkeit der Schriftsprache, als welche sich übrigens im Zuge der Entwicklung der Dialekt der litauischen Juden herausgebildet hat, und der Rechtschreibung zu gelangen. Sprach-, Literatur- und

Theatervereine müssen für die Herausgabe von Grammatiken, Wörterbüchern, Lehrbüchern sorgen, die literarische Produktion begünstigen und die Modernisierung und Literarisierung der an sich vielversprechenden Bühne in die Hand nehmen, hauptsächlich aber auch bestrebt sein, die volle gesellschaftliche Geltung der jüdischen Sprache zu erzielen.

Solange die Galizischen und Bukowinaer Juden selbst ihre Sprache in zweite Linie stellen, solange sie sie selbst „Jargon" nennen, solange sie sie bei den Volkszählungen verleugnen, ihre Gebildeten, selbst wenn sie national gesinnt sind, glauben, jüdisch nur mit dem Volke sprechen zu müssen, solange man sich verpflichtet glaubt, bei irgend welchen repräsentativen Gelegenheiten eine andere Landessprache zu sprechen oder gar zu radebrechen, statt jüdisch zu sprechen, solange hat die Entwicklung des Jüdischen mit ernsten Hemmungen zu kämpfen. Und diese werden erst aufhören, wenn die jüdische Sprache, bei Gebildeten und Ungebildeten auf der Straße, in den Klubs und Vereinen, in Gemeindeämtern und Kanzleien, auf der Kanzel und im Vortragssaale, bei allen ernsten und fröhlichen, feierlichen Gelegenheiten in ihre natürlichen Rechte eingesetzt wird.

Und je weiter und tiefer innerhalb des Volkes die jüdische Sprachbewegung dringen wird, mit desto größerem Nachdruck wird sie sich nach außen durchsetzen können, wird sie, wie dies seitens der „Bundisten" in Rußland schon geschieht, diejenigen Rechte im Staate fordern können, die ihr gebühren. Und wird sie erreichen und hiedurch in natürlicher Rückwirkung eine weitere Kräftigung erfahren. Dann wird sie nach langen, schweren Kämpfen auch zu ihrem intensivsten, inhaltvollsten Rechte kommen — dem Rechte auf die Schule. Dann wird der unwürdige und unnatürliche Zustand von heute, daß jüdische Kinder aus ihrer Muttersprache herausgerissen und gezwungen werden, sich ihr Wissen in einer ihnen ungeläufigen Sprache anzueignen, ein Ende finden. Dann wird man nicht mehr an der lügenhaften Vorstellung festhalten, als ob die jüdische Sprache, eine gesprochene Sprache von acht Millionen, eine Sprache, in der heute hervorragend begabte Dichter schaffen, in der tausende von belehrenden Werken und Zeitungsartikeln geschrieben werden, nicht gut genug ist, um als Unterrichtssprache zu dienen. Dann wird der schamlose Unfug aufhören, daß Hunderttausende von intelligenten Juden, welche nur jüdisch oder hebräisch lesen und schreiben, als Analphabeten verzeichnet werden, während auch die stumpfsten Nichtjuden, wenn sie nur mühsam ein paar Worte polnisch, ruthenisch, rumänisch oder russisch hinkritzeln oder buchstabieren können, vor diesem Schicksal bewahrt sind.

Sie müssen die nach außen und innen anerkannte jüdische Sprache haben. Dann wird die jüdische Nationalität und ein jüdisches Kulturleben im weitesten Sinne des Wortes zur vollen Selbstverständlichkeit werden. Dann wird auch erst die eigene ostjüdische Künstlerspezies, deren Konturen wir schon heute ausgeprägt sehen, zur vollblütigen Wahrheit werden. Dann werden Stipendien und Preise für jüdische Künstler neben der individuell fördernden auch kulturell differenzierende Bedeutung erhalten. Und dann erst werden jüdische Schulen für bildende und für Tonkunst auf dem Boden irgend eines jüdischen Konzentrationspunktes erstehen können.

Es ist ein Zukunftsbild, daß ich hier vor Ihnen entrollt habe. Kein unbedingt sicheres wohl, aber auch kein willkürliches. Da ist nichts, was aus den Fingern gesogen, in romantischer Eigensinnigkeit gefordert, in blinder Gläubigkeit erwartet wurde. Da ist nichts, wozu nicht die Entwicklung schon wirkliche, sicht- und greifbare Fäden zu spinnen begonnen hätte. Fäden, die weiterzuspinnen in menschlicher und insonderheit in unserer Macht liegt. Da liegt organisches Werden vor uns, nicht unsere eigene mechanische Konstruktion, da führt kein wirrer Schlängelpfad des Traumes, sondern der Weg des Lebens! Ein Weg! Gehen Sie ihn!

Etwas über Ost- nnd Westjuden*)

Nichts ist bedenklicher, nichts aber auch gleichzeitig notwendiger als Einteilungen machen. Notwendig, weil es aus dem
Chaos der Vorstellungen heraus-, bedenklich, weil es leicht in
starre Begriffe hineinführt. Dessen bleibe ich mir stets bewußt,
wenn ich von West- und Ostjuden spreche.

Die geographische Bezeichnung entspricht nur den Haupt-
oder noch besser, den Stammsitzen der beiden großen Gruppen·
Der wahre, gegenwärtige, fertige Gegensatz ist anders auszudrücken : Auf der einen Seite die Juden mit zivilisatorischer Fortentwicklung und jüdisch-kultureller Rückentwicklung seit den Zeiten
der sogenannten Emanzipation. Auf der anderen Seite jene, die
ein noch stagnierendes oder schon fortschreitendes jüdisches Kulturleben und eben erst aufkommende europäische Zivilisationstriebe
aufweisen. Die einen werden durch den Gebrauch west- und
mitteleuropäischer Sprachen, die andern durch das jüdische Idiom
charakterisiert.

Die Unterscheidung ist auch deshalb keine erschöpfende,
weil sie die spagnolischen, orientalischen und die Juden kleinerer
oder kleinster, mehr oder weniger exotischer Gruppen überhaupt
nicht berücksichtigt.

Doch diese äußerlichen, technisch notwendigen Gebrechen
der Einteilung bergen keine Gefahr. Sie liegen offen zu Tage,
niemandes Denken braucht an ihnen Schaden zu nehmen. Die

---

*) Zuerst im „Jüdischen Volkskalender" für das Jahr 5665 (1904—05).

Gefahr beginnt erst drinnen, innerhalb der ausdrücklich oder stillschweigend richtiggestellten Definitionen, sobald sich ein unzulänglicher Geist in sie hineinleben will. Der glaubt dann Ewigkeitswerte vor sich zu haben, statt mit den Möglichkeiten der Entwicklung im Sinne weiterer Annäherung oder Entfremdung zu rechnen. Läßt vielleicht auch die Individualitäten unter der Gruppenmaske ersticken. Oder übersieht in den beiden Gruppen die Untergruppen, die gewiß besonders zu werten sind. Ich erinnere nur an den Unterschied zwischen den deutschen und englisch-amerikanischen oder zwischen den galizischen und den russischen Juden. Oder kann nirgends den Weg aus dem Gruppengegensatz zur Einheit des Volkes, geschweige der Menschheit finden. Oder alles dies zusammen.

Wer aber diesen Denkschwächen nicht erliegt, hat in der Einteilung: West- und Ostjuden einen sicheren theoretischen und praktischen Wegweiser auf dem Gebiete der Judenfrage und kann ruhig die Angriffe derjenigen abwarten, die dieser Einteilung samt den entsprehenden Definitionen und Folgerungen mit mancherlei Unkenntnis und Mißverständnis gegenüber stehen.

Von Seite der Ostjuden wird nicht häufig Protest erhoben. Schon deshalb nicht, weil sie durch die Einteilung in ein neues Licht gerückt werden, in welchem sie, die bisher verächtlich zur Seite Geschobenen, nun plötzlich als die Träger des jüdischen Volkstums erscheinen. Im übrigen müssen sie bei gewissenhafter Prüfung alles dessen, was sie in sich und um sich sehen, diese Auffassung bestätigt finden. Höchstens, daß sie sich nicht mehr als Verkörperer der nationalen Hoffnungen, sondern nur als die letzten Lebenden ansehen wollen. Und soweit gehen ja auch die Pessimisten unter ihnen, soweit bleiben sie aber auch noch innerhalb der Grenzen unserer Unterscheidung. Allerdings werden neuestens auch diese von manchen Ostjuden verlassen. Diejenigen, die es aus unehrlichen, eigennützigen Gründen, in Liebedienerei gegenüber westlichen Leuten von Namen, tun, kommen nicht weiter in Betracht. Umsomehr die Ehrlichen und Wohlwollenden. Ihnen — die an der Quelle sitzen, die Gelegenheit haben, das Judentum bei sich zu Hause zu studieren, oft genug auch, es mit dem westlichen Judentum zu vergleichen, — kann von Intellektwegen eine solche Stellungsnahme fast gar nicht verziehen werden. Wenn man nicht wüßte, was der Wunsch, irgend ein Ziel mit dem Kopf durch die Wand zu erreichen, aus sonst gescheiten und brauchbaren Menschen machen kann, stünde man vor einem Rätsel. Im übrigen decken sich ihre Bedenken mit den von west-jüdischer Seite erhobenen, soweit diese nicht noch obendrein eine gefühlsmäßige anti-ostjüdische Spitze haben. Doch selbst diese wird manchmal nicht verschmäht. Warum sollte sich das Schau-spiel des jüdischen Antisemitismus nicht im kleineren Kreise wiederholen?

Die primitivste Form, sich gegen eine durchdachte und alle Gehässigkeit ablehnende Unterscheidung von West- und Ostjuden zu wenden, ist die bloße Betonung der Einheit des jüdischen Volkes. Die primitivste deshalb, weil damit nichts gesagt ist. Nichts, wenn man die Mannigfaltigkeit als eine schöne und nütz-liche Ergänzung der Einheit ansieht. Und erst recht nichts, wenn man just auf strenge Einheit versessen ist und sie anstreben zu sollen glaubt. Denn dann ist eine Berücksichtigung der realen Gegensätze umso notwendiger, wie ja überhaupt praktische Arbeit für die Zukunft gründlicher getan wird, wenn die Klüfte des Lebens nicht einfach mit willkürlichen Vorstellungen ausgefüllt werden.

Darum ziehen es denn auch die meisten Gegner der Unter-scheidung vor, den Gegensatz zwischen West- und Ostjuden sozusagen zuzugeben, ihn aber gleichzeitig zu einer oberflächlichen, belanglosen Differenz herabzustimmen. Und sie können dies nur deshalb wagen, weil sie von dem grundliegenden Unterschied zwischen Kultur und Zivilisation noch immer keine Ahnung haben. Nun sind die Akten über diesen Unterschied, mit welchem wir uns weiter unten noch ein wenig zu befassen haben werden, noch lange nicht geschlossen. Soviel hat sich jedoch aus der Diskussion schon herauskrystallisiert und soviel wollen wir schon hier andeuten, daß Kultur und Zivilisation zwar in irgend welchen Beziehungen zu einander stehen, aber an sich verschiedene Qua-litäten des menschlichen Geisteslebens darstellen. Daß Kultur enger und tiefer und Zivilisation allgemeiner und breiter ist, Kultur Eigenart eines Volkes, Zivilisation Eigenart einer menschheitlichen Entwicklungsstufe ist, Kultur im innerst geistigen, national-individuellen, Zivilisation im technischen, ökonomisch-politischen Leben vorwiegt. Endlich, daß irgend eine Kultur nicht eine bestimmte Zivilisation, und irgend eine Zivilisation nicht eine bestimmte Kultur bedingt; daß also bis zu einer gewissen, durch die Rück-wirkungen bedingten Grenze eine hochentwickelte oder besser, tiefgehende Kultur mit einer niedrigen Zivilisationsstufe und eine hohe Zivilisationsstufe mit einer unausgebildeten, bloß angedeuteten oder schon verwitterten Kultur vereinbar ist.

Wer dies alles nicht empfindet, wird natürlich über die wesentlichsten in dem Gegensatze von Kultur und Zivilisation wurzelnden Unterscheidungsmerkmale von Ost- und Westjuden leichtsinnig hinweggehen, dafür umsomehr Aufhebens von äußer-lichen Analogien machen. Er wird mit Genugtuung hervorheben, daß es hier wie dort Nationalgesinnte, hier wie dort Assimilanten gibt, daß die westlichen Zionisten nicht schlechter sind als die östlichen und die östlichen Assimilanten nicht besser als die westlichen.

Nun ist es ja überhaupt höchst unzulässig, in solchem Zu-sammenhang von „gut" und „schlecht" zu sprechen. Und im besonderen sind die westlichen „Nationaljuden" nicht„ schlechter" als die östlichen, ihr Judentum ist nur wurzelarm und schatten-haft, die östlichen Assimilanten nicht ebenso „schlecht" als die westlichen, die ja selber nicht „schlecht" sind, wohl aber wider-spruchsvoller in sich selbst. Doch es kommt überhaupt nicht auf diese Kampfgruppen und auch nicht darauf an, daß ihr gegen-seitiges Stärkeverhältnis bei Westjuden und Ostjuden ein ver-schiedenes ist. Sondern darauf, daß die beiden jüdischen Volks-teile verschiedenen Gesamtheitscharakter an sich tragen und diese Charaktere in allen Angehörigen der beiden Gesamtheiten mehr oder weniger zum Durchbruche kommen — auch in den-jenigen, die sich etwa zu einem dem Wesen der anderen Seite verwandten Parteiprogramme bekennen. Vorbehaltlich von Grad-unterschieden, Übergängen und Ausnahmen, die durch Misch-linge des Blutes und Milieus und manche stark intuitive Per-sönlichkeiten repräsentiert werden — ist jeder Ostjude, auch der „Assimilant", in seinen Äußerungen ein Kind der aktiven ost-jüdischen Kulturgemeinschaft und jeder Westjude, auch der

„Zionist", ein Stück der passiven westjüdischen Besonderheit. Der Ostjude verfügt über jene scharfe Ausgeprägtheit, die eine alte kulturelle Eigenart, ob sie nach neuen Werten ringt oder die alten lebt, dem Menschen verleiht. Der Westjude entbehrt dieser Prägung, hat etwas Mattes, Farbloses, fast möchte man sagen, Langweiliges in seinem Wesen, weil er den Zusammenhang mit dem jüdischen Volkstum fast ganz verloren und noch nicht wiedergefunden, mit verschwindend geringen Ausnahmen auch noch nicht in einem nichtjüdischen Volkstum Wurzel gefaßt hat. Wäre er von übernommener oder eigenjüdischer Kultur oder von einer lebendigen organischen Verbindung beider so ganz durchdrungen, wie er es nicht ist, dann würde er sich gewiß viel vorteilhafter präsentieren.

Insoferne bieten die Ostjuden sicherlich einen erfreulicheren Anblick dar, und sind den westlichen Nationen ähnlicher als die Westjuden. Viel verlieren sie aber, so wie man den Maßstab der Zivilisation an sie anlegt, zumal diese nicht das Inforiore ist, als das sie nns gewisse Geistes-Jongleure einreden möchten. Die Zivilisation ist nicht nur kein Ameisenstaatsdasein ohne seelische Tiefe, wie Houston Stewart Chamberlain will, sondern geradezu Inbegriff und Entwicklung des gesamtmenschlichen Geistes- und sozialen Lebens. S i e ist es, welche sich in die verschiedenen Kulturen als Formen hüllt, die von ihr je nach der Stufe, auf der sie jeweils angelangt ist, eine größere oder geringere Fruchtbarkeit empfangen. Soviel s i e an Religion, Ethik, Wissenschaft und Kunst einer Kultur gibt, soviel hat diese zu verarbeiten. Und darum ist die ostjüdische Kultur solange und soweit nicht zu großen Leistungen befähigt, als sie auf einer niedrigen Zivilisationsstufe zu wirken gezwungen ist. Darum trotz aller hoffnungsvollen kulturellen Ansätze die religiöse Versteinerung, die Verbreitung und Stärke mancher sittlicher Gebrechen, der Mangel selbständigen wissenschaftlichen Betriebes, darum endlich die Lückenhaftigkeit der künstlerischen Ergebnisse des ostjüdischen Lebens !

Aber während Kultur ohne Zivilisation (richtiger : reiche kulturelle Eigenart auf niedriger Zivilisationsstufe) ein normaler Zustand ist, den alle zivilisation Völker einfach im regelmäßigen

Ablauf des Zivilisationsprozesses überwunden haben und der bei
den Ostjuden offenbar schon begonnen hat, überwunden zu werden, ist der Zustand der Westjuden, Zivilisation ohne Kultur
(richtiger: Armut an kultureller Eigenart auf hoher Zivilisationsstufe) ein ganz beispiellos abnormer Zustand. Ein Volk von hoher
geistiger Begabung und Regsamkeit, überdies von unleugbarer
Eigentümlichkeit des Geistes, das trotzdem keine eigenartigen,
positiven Werke schafft — ist eine so einzig dastehende Erscheinung, daß ihr gegenüber jede Voraussicht versagen und der
Optimismus vorsichtiger werden muß.

Darum mögen zwar die Westjuden mit Recht froh sein, daß
sie in der Zivilisation leben, daß sie von so viel Hochragendem
und soviel Ordnung umgeben sind, und sollten sich gewiß hüten,
in das seichte Chauvinistengeschrei von der Inferiorität der Zivilisation einzustimmen! Aber sich andererseits auch nicht zuviel
auf ihre Zivilisation einbilden, nicht auf die ostjüdischen Stammesgenossen herabsehen wollen! Dazu ist nach dem Gesagten gewiß
kein Grund vorhanden.

Allerdings gibt es auch einen inneren Hochmut der Ostjuden
gegen die Westjuden. Damit meine ich aber keineswegs jenen
Eigenartsstolz der Masse, der sich bei aller sogar übertriebenen
Achtung vor der fremden Zivilisation dem fremden Dünkel
ironisch gegenüberstellt. Das ist ein ganz gesunder Trotz, mag
er auch in manchen Einzelheiten mit Recht etwas komisch anmuten, und er fließt aus dem reichen Lebensschatze des Volkes.
Ich meine vielmehr die Anmaßung, mit der manche Autodidakten
— auch Selbstbildung schützt vor Einbildung nicht — gewisse
wohltätige Folgen der Zivilisation und teilweise des speziell
deutschen Kultureinflusses: Gedankenordnung, Methode, System
an den Westjuden belächeln. Aus dem Kreisen dieser Selbst-
gelernten ist uns ja eine große Anzahl nicht nur hervorragend
begabter, sondern auch schaffender Menschen geworden. Aber es
gibt unter ihnen leider auch viele, die wirklich nicht viel mehr
Verdienstliches für sich anführen können, als daß sie dem Schul-
meistertum ein Schnippchen geschlagen haben, die bei größerem
oder geringerem Scharfsinn praktisch und theoretisch völlig unfruchtbar sind und ebenso tief unter dem gesunden Positivismus

ihres ostjüdischen Stammes stehen, als sich begabte und schöpferische Naturen im Westjudentum über dessen Ausdruckslosigkeit erheben. Daß der Genialitätsdünkel dieser armseligen Leute nicht weniger ungerechtfertigt und abgeschmackt ist als der Zivilisationsdünkel der Westler, liegt auf der Hand.

Im übrigen hat der gegenseitige Dünkel bisher keine Schwächung erlitten. Die den realen Verhältnissen widersprechende Überspannung der nationalen Einheitsidee hat dem Übel keinen Abbruch zu tun vermocht. Gestehen wir es uns nur ein: Das Übel wuchert unter der Einheitshülle nur umso stärker weiter, die Gefahr völliger Entfremdung wird unter den Stößen der Enttäuschung nur immer größer. Sollte es nicht Zeit sein, an eine Überprüfung der Methode zu denken: Lieber den Gegensatz in seiner vollen Schärfe offen anzuerkennen, dafür aber den heimlichen Dünkel fahren zu lassen? Daraus glaube ich, würden beide Teile, die ja in so vielen Dingen auf einander angewiesen sind, den größten Nutzen ziehen und dem jüschen Volke wäre ernstlich gedient.

Das Stiefkind der Sozialdemokratie.*)

I. Die Sozialdemokratie und die Frage des jüschen Volkes.

Wie man weiß, hatte die Sozialdemokratie bis vor kurzem kein Verständnis für die Tragweite des Nationalen überhaupt. Erst in neuerer Zeit hielten verhältnismäßig geräuschlos auch diesbezüglich neue Anschauungen ihren Einzug in die Partei: Man begann zu ahnen, daß das nationale Moment etwas darstellt, was

---

*) Unter diesem Titel erschienen die oben abgedruckten drei Aufsätze, die schon früher veröffentlicht waren, zu einer Broschüre vereinigt, im Jahre 1905. Dieser Ausgabe war folgendes Vorwort vorgesetzt:

Die Gesamt-Exekutive der österreichischen Sozialdemokratie hat, den Wünschen der polnisch-sozialistischen Parteileitung folgend, jene Genossen, die sich zur Gründung einer eigenen jüdischen sozialdemokratischen Arbeiterpartei Galiziens vereinigten, aus der österreichischen Gesamtpartei ausgeschlossen.

Die schroffe Unvermitteltheit, mit der sich hier Gegensätze offenbaren, deren Bestand und Wesen von vielen gar nicht geahnt wurden, ist bezeichnend. Nur was man im Besitze und mit den Mitteln der Macht jahrelang vor der Öffentlichkeit verbirgt, pflegt so überraschend in sie hineinzuplatzen.

Die Verschweiger pflegen aber auch dann nicht für eine Aufhellung des Tatbestandes zu sorgen. Sie sind die letzten, die aus der ihnen von der Entwicklung abgezwungenen Tatsache lernen wollen. Je revisionsbedürftiger ihre „Wahrheiten" sind, desto sicherer dünken sie ihnen und desto hochmütiger werfen sie sie in ein paar Worten hin. So auch hier.

Um diesem Gebaren wenigstens einigermaßen entgegenzuwirken, entschloß ich mich, mehrere Aufsätze, die ich während des letzten halben Jahres zumeist im Wiener „Jüdischen Volksblatt" erscheinen ließ, zu einem Hefte vereinigt, einer breiteren Öffentlichkeit vorzulegen. Wiewohl durchaus selbständige Arbeiten, ergänzen sie sich gegenseitig und werden, wie ich hoffe, zusammen als Ganzes empfunden werden.

W i e n, im Juni 1905.

außerhalb der Klasse ist, daß es erst von der Bourgeoisie zu einem Klassenwerkzeug gemacht wird und daß es bei dem Proletariate liegt, daraus ein Menschheitswerkzeug zu machen. Zum Teile hat sich diese neue Einsicht schon praktische Geltung zu erringen gewußt, wie nicht zum mindesten der Brünner Parteitag der österreichischen Sozialdemokratie bewiesen hat. Aber eben nur zum Teil. Ideensiege sind nicht so leicht errungen. Wo sich durch die Ungunst der Verhältnisse die veralteten Anschauungen zu besonderer Dichte entwickelt haben, sind natürlich stärkere Widerstände vorhanden. Darum die stärksten in Hinsicht auf die Frage des jüdischen Volkes.

Hier kommt nämlich zu dem allgemeinen Fehler der Geringschätzung des Nationalen ein besonderer und stark eingewurzelter Fehler der Sozialdemokratie hinzu: Die Ignorierung oder Leugnung der besonderen jüdischen Volksart. Zur Zeit, als sie sich diesen Irrtum aneignete, war dies begreiflich und verzeihlich genug. Denn, was damals aus dem jüdischen Stamme zur Sozialdemokratie stieß, waren Intellektuelle, die aus dem Milieu der jüdischen Bourgeoisie die Ideologien der Assimilation mitbrachten und, ohne jeden jüdisch-proletarischen Massenhintergrund, gar nicht auf den Gedanken kommen konnten, sie seien vielleicht die natürlichen Vertreter der sozialistischen Bewegung innerhalb ihres Volkes. Die nichtjüdischen Sozialisten aber hatten bei der antinationalen Stimmung, die sie überhaupt beherrschte, gewiß keinen Anlaß, die Ansichten der in ihren geistigen Führerstellungen hochgeachteten jüdischen Genossen erst genauer zu überprüfen.

Und so ist es im großen und ganzen bei uns im Westen bis auf den heutigen Tag geblieben. Die Fiktion einer schon vollzogenen Assimilation wird stillschweigend und nur, wenn man schon gar nicht ausweichen kann, ausdrücklich, mit Argumenten aus den Rüstkammern von Berlin W., Wien-Kai und Prag-Kasino aufrecht erhalten. Und dies, obwohl man andererseits gezwungen ist, dem Zorn der Antisemiten und den noch judenfeindlichen Instinkten der proletarischen Masse in einigen schlimmen Fällen durch „Antisemiteln“, im allgemeinen durch ein Herumdrücken um die Frage des jüdischen Volkstums zu begegnen. Wenn die Maßgebenden nur einsehen wollten, wie wenig dieses anmaßliche

Blindsein und seine Folge, die Politik der Bloßstellungen und Verlegenheiten nach innen und außen, der sozialistischen Partei würdig ist! Wie viel sich diese vergibt, wenn sie aus kleinlicher Angst vor rückständigen Trieben in den eigenen Reihen die Aussprache fürchtet und damit auf ihre stärkste Stütze, die unerbittliche Logik der Entwicklung, verzichtet! Ist denn wirklich zu besorgen, daß die Arbeiter nicht mehr der Sozialdemokratie zuströmen werden, wenn der Judenpunkt nicht mehr leisetreterisch umgegangen werden wird? Vielleicht rührt gar diese ganze gefürchtete „Nichtopportunität" des Judenpunktes nur daher, daß, wenn schon über ihn gesprochen wird, dies immer in dem falschen Tone liberaler Judenpolitik geschieht, so daß sich die Arbeiterschaft in ihrem gesunden Instinkte für alles Ungesuchte und Ungekünstelte verletzt fühlt. Man versuche es doch mit dem Gegenteil und man wird bald gewahr werden, daß die sozialistische Arbeit unter dem Wahrheitsuchen auch nach dieser Richtung nicht nur nicht leiden, sondern daraus Gewinn ziehen wird. Der ganze Verlegenheitsjammer, den die Frage des jüdischen Volkes gegenwärtig über die Sozialdemokratie bringt — man habe nur den Mut, es sich einzugestehen — wird dann gewesen sein!

Wäre die Geschichte nicht blos Logik der Tatsachen, sonden auch der Gedanken, wie sie im Kopfe des Denkers aufeinanderfolgen, dann hätte die Revision des Sozialismus hinsichtlich des Judenpunktes hier ansetzen müssen. Dann wären die jüdischen und mit ihnen die nichtjüdischen Sozialisten der Länder mit dem älteren Sozialismus die ersten gewesen, das Sonderdasein des jüdischen Stammes als solchen anzuerkennen. Sie hätten dann wohl bald gefunden, daß diese Anerkennung für ihre westlichen Länder oder besser für die westjüdischen Sozialisten kaum mehr zur Praxis jüdischer Sonderorganisationen führen kann, weil hier eben die jüdische Proletariermasse und obendrein noch das positive Kulturgesicht dieser Masse mit seinem sprechendsten Zuge: der eigenen Sprache, fehlt. Aber sie hätten reine Luft, welche durch Wahrheit erzeugt wird, und obendrein die Gelegenheit gewonnen, ihre Erkenntnis dorthin zu vermitteln, wo sie angesichts jüdischer Proletariermassen, positiven Volkstums und eigener Sprache in Tatsachen umgesetzt werden kann.

Nun ist aber die Geschichte nicht gedanken-, sondern tatsachenlogisch und fing daher dort an, wo sich inmitten eines in seiner jüdischen Eigenart ausgeprägten und mit einer eigenen jüdischen Sprache ausgestatteten Volksstammes ein jüdisches Proletariat entwickelte und anwuchs. Ohne weiter über das Problem der jüdischen Nationalität nachzudenken, ja, was die Massen selbst betrifft, ohne jede Vorstellung von Wesen, Sinn und Möglichkeit einer Assimilation, mit einem Worte, in der Selbstverständlichkeit ihres Judentums fanden sich diese Proletarier in einer eigenen volksmäßigen jüdischen sozialdemokratischen Organisation, der ersten ihrer Art, zusammen. Ganz unbewußt setzten sie durch die Gründung des „Bundes" der jüdischen Arbeiter in Polen, Litauen und Rußland eine Tatsache von größter Tragweite in die Welt — nicht nur für die internationale Sozialdemokratie, die damit an Wahrheitsgehalt gewann, sondern auch für das jüdische Volk, zu dessen allgemeiner Anerkennung als Volk hiemit der erste Schritt getan war.

Von diesem Punkte aus entwickelten und entwickeln sich aber die Ereignisse weiter in der Richtung, die der obenangenommenen entgegengesetzt ist. Selbstverständlich — da selbst die Sozialdemokratie keine Versicherung gegen die Beharrungstendenz des menschlichen Geistes ist, da auch in ihr jeder Schritt nach vorwärts erstritten werden muß — unter fortwährenden Kämpfen. Die ersten werden im „Bunde" selbst ausgefochten. Zwischen denjenigen, die von der nationalen Formel des „Bundes": „Wer jüdisch spricht, gehört zu uns", befriedigt sind und denjenigen, die kühn oder tastend nach einer tieferen Erfassung des Problems suchen. Zwischen denjenigen, die, in übermarxistischen Anschauungen erzogen, sich vortäuschen, daß sie das Nationale nur aus Nützlichkeitsgründen beachten, und denjenigen, welche fühlen, daß es nunmehr um die Sicherung eines Kulturgehaltes geht. Und es kann kein Zweifel sein, wie diese Kämpfe enden werden: Nie mit nationalistischer Entartung, nie mit jenem eitlen, hoffärtigen Getue, das die Charaktere verdirbt und die Geister verflacht! Nie mit einer Beiseiteschiebung oder Zurückdrängung der proletarischen Ziele! Aber sicher mit dem Siege des Nationalen als eines im letzten Grunde ganz unpolitischen, kulturellen Prinzips!

Allerdings, so weit sind wir noch lange nicht — und daß
wir es nicht sind, daß der „Bund" die letzte Konsequenz des
Schrittes, den seine Begründung bedeutet, noch nicht gezogen
hat, mag es mit verschulden, wenn auch seine ohnehin so bescheidenen nationalen Ansprüche vorerst nur so wenig über die
russische Grenze hinaus wirken können. Einem so wenig ver-
innerlichten Nationalprinzipe gegenüber haben die Daszynskis,
Hankiewicz und Diamands bei ihrem verbissenen Widerstand gegen
eine selbständige jüdische Sozialdemokratie in Galizien leichtes
Spiel. Aber auch kein zu leichtes! Auch sie brauchen nicht zu
ernst genommen zu werden! Auch sie sind nicht mehr als Figuren,
die der Beharrungstrieb des Menschengeistes aufgestellt hat. Auch
sie siegen sich, wie alle Sieger ihresgleichen, allmälig zu Tode —
in Schlachten, in welchen die Zahl der Feinde immer wächst, in
Siegen, die immer kleiner werden, bis sie offenbare Niederlagen sind.

Es ist gar nicht nötig, dem einen oder anderen von ihnen
unlautere persönliche Motive unterzuschieben. Sie sind auch ohne
diese für jeden gerichtet, der hemmenden Eigensinns bar mit
sicherem und ruhigem Blick nach vorwärts blickt. Man möchte
es kaum für möglich halten — und es ist ja auch bisher nicht
vorgekommen —, daß sich auf einem sozialdemokratischen Kongresse soviel Unwissenheit, soviel Flachheit, soviel Parteigecken-
und Großmutterweisheit — und in so unduldsamer, so dünkel-
hafter Philisterart breit machen können, wie auf dem letzten
Krakauer Parteitage. Traurig genug, daß es gerade die Frage
der jüdischen Nationalität sein mußte, die hiezu den Anlaß gab.

Die paar Gründe, die da angeführt wurden, sind so un-
sagbar gewöhnlich, so lächerlich veraltet, in ihrer Unstichhältigkeit
so sehr bis zum Ekel bekannt, daß sie auch von tieferen
Leugnern einer jüdischen Nationalität oder ihrer Daseinsberechtigung nicht mehr angeführt werden. Sie sind für den Verfasser
dieses Artikels durch eine große Reihe nichtpolemischer Arbeiten,
die er, ohne übrigens einer nationaljüdischen Partei anzugehören,
über das Thema der jüdischen Nationalität geschrieben hat, erledigt. Er darf sich daher der Mühe enthoben betrachten, sie
erst hier wieder „entkräften" zu müssen. Manche werden ja im
Folgenden mitgenommen werden können. Originell ist höchstens

die Berufung darauf, daß die jüdischen Arbeiter zu einem Vortrage D a s z y n s k i s in Massen strömen, während sich bei einem jüdischen Vortrage nur äußerst geringe Beteiligung zeigt. Dem Manne, der dies vorbrachte, war es doch wohl nur um die Verblüffung zu tun. Er kann doch nicht so geistesarm sein, um nicht die „Zugkraft" einer anerkannten Persönlichkeit auf Leute aus dem Volke zu begreifen. Im übrigen kommt es für eine nutzanwendende Beurteilung des Krakauer Parteitages weniger auf die Gründe, die man vorbrachte, als darauf an, was man dort nicht zu hören bekam: Daß der „Bund" eine überaus rege Tätigkeit entfaltet und die Schlagkraft der Sozialdemokratie Rußlands nicht gemindert, sondern gehoben hat. Daß auch er nicht von Angriffen, Warnungen und Verdächtigungen verschont geblieben ist. Daß diese zumeist ebenfalls von der Seite ausgingen, von der sie auf dem Krakauer Parteitage erfolgten: Von seiten eines in polnischnationaler Beziehung sehr stark betonten Sozialismus. Und daß, was das Wichtigste ist, besagter Bund einen Disput mit den sozialistischen Unverbesserlichen zwar nicht ablehnte, aber sonst tat, was er wollte, und sich ganz gut dabei befindet.

Dieses Beispiel werden über kurz oder lang die Anhänger einer gesonderten jüdischen sozialdemokratischen Organisation in Galizien zu befolgen haben und sicherlich auch befolgen. Sie schreiten vor. Das eigene jüdische Agitationskomitee, das ihnen bewilligt wurde, ist schon ein Erfolg, ob sie es annehmen oder lieber gleich eine separate Organisation gründen. Sie werden sich durch das Gezeter von „Separatismus" und „Zwietracht" nicht beirren lassen. Keine Absonderung i n n e r l i c h zur Absonderung berechtigt gewordener Kreise konnte je vor sich gehen, ohne daß nicht die Träger und die Interessierten über ungerechtfertigte Lostrennung gejammert hätten. Auch innerhalb der sozialdemokratischen Partei kann „Hochverrat" die Rechtmäßigkeit von morgen sein. Und wenn man näher hinsieht, wimmelt es in der Sozialdemokratie von solchen hochverräterisch gewesenen und legitim gewordenen Gruppen.

Ganz richtig hat derselbe Redner, der den Beweis von den jüdischen Arbeitern, die zu D a s z y n s k i strömen, erfand, von der „Gefahr" gesprochen, daß die Gründung einer jüdischen Arbeiterorganisation in Galizien auch auf die Gestaltung der Partei in anderen Ländern einen „sehr bedenklichen" Einfluß ausüben werde.

Gewiß! Eine kleine stärkende Rückwirkung auf den „Bund", anregend auf die ostjüdischen Sozialdemokraten in Amerika und England und — in Einhaltung der erwähnten Linie der Tatsachenlogik — vielleicht auch schon entscheidend auf die Behandlung der Judenfrage durch die sozialdemokratischen Parteien im Westen Europas und die internationale Sozialdemokratie überhaupt. Jedenfalls wird man um ein gutes Stück dem unausbleiblichen Erfolge näher kommen: Der Befreiung des Sozialismus von der liberalen Bourgeoistradition des geleugneten jüdischen Volkes.

„Bund."

Der „Allgemeine Jüdische Arbeiterbund in Litauen, Polen und Rußland" ist, wie man weiß, eine mit gewissen Autonomierechten ausgestattete Gruppe der internationalen Sozialdemokratie. Ihr Platz innerhalb derselben erfreut sich noch lange nicht allgemeiner Anerkennung. Die westlichen Gruppen der Partei wissen nicht viel von der Sache, wenn auch schon etwas mehr, als noch vor einem Jahre, und überlassen die Austragung den Beteiligten — den „Bundisten" selbst und denjenigen, die die Daseinsberechtigung einer besonderen jüdischen sozialdemokratischen Organisation leugnen. Zu diesen Leugnern gehören Juden und Russen, die in starrem Internationalismus, und Polen, die in überkommenen Vorstellungen eines nationalen Herrschaftsbereiches befangen sind.

Doch diese Befangenheiten und die durch sie gegebenen „häuslichen" Anfeindungen des „Bundes" oder ähnlicher Organisationsbestrebungen in Galizien beweisen nichts für und nichts gegen den „Bund" und seine Nacheiferer. Wo wäre die Gruppenindividualität, die nicht ihr eigenes Gesetz gegen widerspenstige Gruppenangehörige und entgegenwirkende Nachbargruppen hätte durchsetzen müssen?

Ernster sind erst jene Argumente zu nehmen, die den „Bund" in seiner allerersten, allerinnigsten Voraussetzungen aufzuheben

19

drohen, indem sie die nationalen Grundlagen des jüdischen Volkes überhaupt in Frage ziehen. Man hat diese Argumente in den letzten Jahren ebenso von sozialistischen als von jüdisch-nationalistischen Widersachern des „Bundes" zu hören bekommen. Indem die einen den vollständigen nationalen Tod des Judentums, die anderen seine nationale Auferstehung erwarten, begegnen sie sich in der Geringschätzung der nationalen Eigenart des jüdischen Volkes. Beide berufen sich auf den angeblichen Mangel einer vollwertigen jüdischen Kultur und das Fehlen eines jüdischen Territoriums und beide bringen beide Mängel in Zusammenhang, um „bundistische" Bestrebungen ad absurdum zu schreiben.

Richtig und nach beiden Seiten feststellenswert ist vor allem das Zugeständnis, daß nationale Organisationen nie mit Zweck-mäßigkeits- oder Wohlfahrtsgründen quasi entschuldigt zu werden brauchen, sondern eben durch das nationale Moment genügend legitimiert sind. Es ist wirklich so, daß der „Bund" nur dann existenzberechtigt ist, wenn ein jüdisches Volkstum besteht, welches er in der sozialistischen Weltbewegung widerzuspiegeln hat. Und zwar nicht jüdisches Volkstum schlechthin. Die tote geschichtliche Tatsache, das Vorhandensein einer Menge von Menschen, die irgendwie als Juden kenntlich sind, genügt nicht. Nicht einmal, daß ihnen die Vergangenheit einen gewissen geistigen Habitus zurückgelassen hat, reicht hin. Darum hat auch der „bundistische" Gedanke unter (ausgesprochenen) Westjuden keinen Sinn. Vielmehr muß ein geistiges Zusammenwirken, ein schöpferisches Zusammenleben dieser jüdischen Menschen in ihrer Eigenart — oder kurz, jüdische Kultur gegeben sein.

Aber andererseits darf dieses Erfordernis nicht überspannt werden. Nicht nur Völker, die bereits auf dem Höhepunkte ihrer kulturbildenden Eigenart stehen, haben Anspruch auf einen Platz in den Weltbewegungen. Auch die jungen und verjüngten, alle haben ihn, die eine und sei es auch noch so kleine nationale Geistes- und Lebenswerkstatt eingerichtet haben, alle Völker, in denen kulturschöpferische Lebenskräfte walten.

Wer das erkannt hat, wird den heutigen Ostjuden nicht die nationale Kultur absprechen, weil sie sich weder den verwöhn-testen Ansprüchen, noch den verschiedenen Liebhabereien fügt.

Die Entwicklung, die acht bis neun Millionen Menschen zu einer
jüdischen Spracheinheit zusammengeschweißt, dem Volke und der
Sprache die Wege zu scharf und eigenartig ausgeprägten Schöpfungen gewiesen hat — fragt wirklich nicht darnach, ob ein paar
sozialistische und zionistische Doktrinäre mit diesem Werke, das
sie lieber gar nicht oder anders gesehen hätten, zufrieden sind.
Die Entwicklung will sich nicht überzeugen lassen, daß ein an
sich hochbegabtes, im Laufe der Jahrtausende geistig immer
und immer aufgewühltes Volk mit der eigensten Sprache, der
eigensten Sitte, dem eigensten Temperament nur deshalb kein
Kulturvolk sein soll, weil seine Sprache jüdisch und nicht etwa
serbisch oder tscherkessisch, jüdisch und nicht etwa — hebräisch ist.

Doch der Zweifel knüpft ja vornehmlich auch noch an den
Mangel eines nationalen Territoriums, bezw. an die Lehre an,
daß eine vollwertige nationale Kultur nur von Landes Gnaden
entstehen könne. Im Munde von Sozialisten nimmt sich diese
Lehre etwas eigentümlich aus. Sie, die sich sonst in ganz anderen Denkgeleisen bewegen, die vielleicht sonst hinter jedem
Gedanken über das Nationale irgendeine ideologische Bourge-
oistücke wittern — nehmen plötzlich das landläufige Dogma
von der territorialen Voraussetzung aller nationalen Kultur un-
besehen hin. Ohne es zu prüfen, ohne es zu zergliedern, ohne
zu versuchen, es etwa auf einen wahren Kern zu reduzieren, das
Bleibende darin vom Zufälligen zu scheiden! Oder passiert ihnen
dies vielleicht gerade deshalb, weil sie das Nationale nur fassen
können, wenn es ihnen, zu Erde geworden, greifbar genug ist?

Soviel ist sicher, daß alle Nationen auf größeren, zusammen-
hängenden Landgebieten geworden sind. Aber daraus folgt noch
nicht, daß diese Gebiete die Voraussetzungen nationaler Kultur
bleiben müssen oder auch nur in allen Fällen geblieben sind.
Gewiß ist irgendeine Unterlage für die Zusammenfassung der
geistigen und Lebenskräfte eines Volkes notwendig, aber je reicher
und reifer die Menschheit wird, desto weniger plump, desto
weniger geschlossen darf diese Unterlage werden. Was früher
unbedingt durch einen Reif von Bergen und Flüssen zusammengehalten werden mußte, kann heute oder morgen durch den
Gedanken zusammengehalten werden, sofern nur nationale Zellen,

19*

örtliche Gemeinden und Ansammlungen, als Träger des Gedankens und des Zusammenhangsbedürfnisses da sind.

Eine Gefahr droht nur mittelbar durch den Verlust der
Sprache, der auf kleinen Sprachinseln leichter erfolgen kann.
Und insofern hat der Vorhalt, daß die „Bundisten" bei der zu
erwartenden Zerstreuung der Juden über das ganze russische
Reich die Rechnung ohne den Wirt machen, einen berechtigten
Sinn. Allein, man darf bei dem starken, unbezwingbaren Trieb
der Juden zur Konzentrierung — der noch von der gegenwärtigen
Tendenz zur Proletarisierung unterstützt wird — hoffen, daß
diese Zerstreiung keine Zertrümmerung sein wird. Man darf bei
dem Grade der Entwicklung, den die jüdische Sprache erreicht
hat und eben weil sie die Sprache von Proletariern geworden
ist, erwarten, daß sie sich trotz alledem behaupten wird. Und
man hat vor allem das Recht zu fragen: Seit wann ist es sozialistisch, einem Volke die Organisation auf Grund seines Volkstums und seiner Sprache verbieten zu wollen, weil man der
Meinung ist, daß sie keine Zukunft haben? Seit wann ist es
sozialistisch, über andere zu verfügen?

Weniger zu verwundern ist, daß sich auch die jüdischen
Nationalisten hartnäckig auf den Standpunkt des Territoriums
stellen. Für sie, welchen die Erlangung eines bestimmten Landes
das Wichtigste ist, liegt die Versuchung nahe, dieses Land ihrer
gefühlsmäßigen Sehnsucht in ein Land der denkmäßig erkannten
Notwendigkeit, diese Stätte einer möglichen Lieblingskultur in die
einzige Kulturstätte des Volkes umzuwandeln. Und sie müssen
dieser Versuchung umso leichter nachgeben, als sie ja infolge der
unmäßig entwickelten „Golus"-Vorstellung auch noch anderes,
unmittelbareres Heil als das kulturelle von diesem Lande erwarten.

Dennoch brauchten sie, sollte man meinen, dem „Bundismus"
nicht so feindlich gegenüberzustehen. Sie sollten sich ihn wenigstens als Fortschritt gefallen lassen. Wenn dies nicht der Fall ist,
so trägt ja zum Teile der „Bund" selbst die Schuld, insofern auch
er mit ihnen nicht glimpflich verfährt. Die tiefere Ursache der
Abneigung liegt aber darin, daß ihnen der „Bund" nicht „national"
erscheint. Die Organisation sei nur aus Zweckmäßigkeitsgründen
geschaffen, die Führer seien verkappte Assimilanten, die die Menge
irreführen, diese selbst sei antinational verseucht.

Es ist die alte Geschichte und doch ewig neu: Die alte, ewig neue Verwechslung des Nationalen als Gesinnung und als Tatsache. Der alte Irrtum, daß das nationale Interesse von der nationalen Überzeugung abhänge. Die alte Tragik und die alte Komik, daß man aufhört, national zu sein, wenn man anfängt, ein Nationaler zu sein. Das alte Geheimnis, daß die Kultursonderart eines Volkes gerade in jenen Schichten ruht, die sich um die nationalen Interessen gar nicht zu kümmern scheinen, aber die still, unbewußt und stetig kulturaufbauende Schichten sind.

Damit ist ja auch der halb naiv verwunderte, halb spöttisch überlegene Blick zu erklären, mit dem der altgläubige Volksjude des Ostens auf die modischen Eiferer des Judentums sieht, von welchen er sofort heraus hat, daß sie nicht so organische, wirkende Stücke lebendigen Judentums wie er und seinesgleichen sind. Nur daß wir es dabei mit dem Vergangenheitskomponenten des heutigen jüdischen Volkstums zu tun haben, während die jüdischen Arbeiter dessen Zukunftskomponenten vorstellen. Wie jene es sind, die den Faden der jüdischen Kultur aus dem Altertum herüberspinnen, so sind es diese, die neue Fäden zu spinnen begonnen haben — beide ruhig, ohne Pathos für ihr von ihnen selbst nicht begriffenes Tun und beide den Ratschlägen aller „nationalen" Neunmalweisen unzugänglich.

Man sehe sich nur den Weg des „Bundes" seit der Gründung an. Weil seine ersten und vielleicht jetzt noch welche seiner Führer die Organisation nur mit Zweckmäßigkeitsaugen ansehen, ist sie deshalb wirklich nur eine Zweckmäßigkeitsorganisation? Ist es denn nicht klar, daß die Herren zu schieben glaubten, während sie die Geschobenen waren und der Schiebende die nationale Kraft des Volkes und hat sich diese stille Kraft nicht immer stärker und stärker gezeigt? Wenn vielleicht auch neun von zehn „Bundisten" internationale Phrasen im Munde führen, was ist es schlimmer, als wenn sie nationale Redensarten machten? Was liegt daran, wenn sie nur die nationale Existenz des Volkes vertreten, verteidigen, hüten? Wer braucht nationale Bekenntnisse von ihnen, da sie das Jüdischnationalste taten, das in der Neuzeit überhaupt geschehen ist, da sie die erste große Anerkennung der jüdischen Volkseigenart durchsetzten? Wer kann noch nationale Programme von ihnen verlangen — der das jüdische kulturelle Selbständigkeitsprogramm ihrer letzten revolutionären Proklamation gelesen hat?

· Man greift übrigens den „Bund" auch wegen seiner marxistischen oder übermarxistischen Richtung an. Wem das Sorge macht, mag sich beruhigen. Wie alle, geht auch die sozialistische Erkenntnis und speziell die der ostjüdischen Sozialdemokratie ihren sicheren Entwicklungsweg. Sie wird sich, soweit es nötig ist, neue Gebilde zu schaffen wissen — vielleicht außerhalb des „Bundes", vielleicht durch seine organische Umformung. Außerdem bedeutet diese Einwendung eine Verschiebung des Streitpunktes. Es handelt sich hier ja gar nicht um eine spezifisch sozialistische Frage, sondern um ein sozial neutrales Prinzip, dessen reinste Verkörperung heute in Rußland der „Bund" ist, das sich aber morgen und anderswo in anders gearteten Parteibildungen verkörpern kann. Es geht um das Prinzip eines die Wirklichkeit erfüllenden, sich als selbstverständlich durchsetzenden Nationalismus. Und jede andere jüdische Partei, die diesem Prinzipe dienen, die sich nicht als Gruppe für nationale Spezialitäten, sondern als Trägerin gewisser allgemeiner politischer oder sozialer Anschauungen auf jüdischem Kulturboden etablieren will — wird dasselbe Lob verdienen.

Die jüdische sozialdemokratische Partei in Galizien

Immer und überall dasselbe Schauspiel: Besitzstandskoller und doktrinäre Passionen machen den politischen Menschen ungerecht und blind. Er fühlt sich als Verteidiger der Rechtmäßigkeit und die Träger neuer Entwicklung als verstockte und verräterische Schädlinge. Er freut sich, ihnen „Niederlagen" bereiten zu können, und merkt nicht, wie sie dabei fortschreiten und wachsen. Schon sind sie knapp vor dem Ziel und er glaubt noch, daß sie es nie erreichen werden. Sie haben es bereits erreicht und er hofft noch, das Schicksal widerrufen zu können. Hofmeistert, predigt, beschwört, macht von seinen ohnmächtigen Machtmitteln Gebrauch, straft!

Immer und überall dieselbe Torheit. Auch Sozialdemokratie schützt nicht vor ihr. Was haben die russische und die polnische

Partei nicht alles angewendet, um den „Bund" im Entstehen zu
unterdrücken! Wie feinden sie ihn noch jetzt an! Trotz seiner
bewährten Gesinnungs- und Parteitreue, trotz seiner opferreichen
Leistungen für die sozialistische Gesamtheit und für die Sache der
Freiheit überhaupt und trotzdem er die jüdische Sonderart und
ihre Lebenskraft nunmehr in jahrelangem Wirken praktisch erhärtet
hat! Aber es hat alles nichts genützt und nützt nichts. Der „Bund"
besteht, gedeiht, tut seine Pflicht und flößt Achtung ein.

Man hätte nun annehmen sollen, daß sich wenigstens, wenn
anderwärts eine Organisation ähnlichen Prinzips entstünde, keine
Behelliger und Verfolger mehr finden könnten. Aber weit gefehlt!
Wozu gäbe es denn einen Kreislauf politischer Torheit der
Menschen — auch der sozialdemokratischen? Dieselben Leute,
die das Beispiel knapp vor Augen haben, den „Bund" selber
de facto anerkennen und anerkennen müssen, können sich nicht
entschließen, in den galizischen Anhängern einer selbständigen
jüdischen Organisation etwas anderes als „Separatisten" zu sehen,
gegen die jedes Mittel gut und erlaubt ist. Sie stimmten sie nieder.
Dann, als ihrer doch immer mehr wurden, überstimmten sie sie.
Als aber alles fehlschlug, auch die Rücksichtslosigkeiten und
Seichtheiten des letzten galizischen Parteitages den Entschluß der
Meuterer, aus der polnischen Organisation auszutreten, um eine
eigene jüdische zu gründen, nicht hindern konnten, überantwortete
man sie der Gesamtexekutive der österreichischen Sozialdemokratie. Nicht ohne daß man ihnen einen Anklagebrief mitgab, der
sich selber schon wie ein Urteil liest.

Was an der einstimmig gefaßten Resolution der polnischen
Parteivertretung sofort auffällt, ist ihr wechselnder Standpunkt.
Bald nehmen die Herren den älteren, gröberen, bald den jüngeren,
feineren Standpunkt zur Nationalitätenfrage ein. Zuerst tun sie
so, als wären für die nationale Gruppierung der Sozialdemokratie
andere als nationale Momente maßgebend. Lassen sich dabei aber
nicht ein eigenes Organisations- und Agitationsinteresse, das gewöhnlich vorgeschützt wird und tatsächlich eine große Rolle
spielt, genügen, sondern fordern eine Verschiedenheit der politischen
und sozialen Interessen, die, wie etwa das deutsch-tschechische
Beispiel lehrt, sonst gar nicht gefordert zu werden pflegen. Dann

besinnen sie sich plötzlich überhaupt auf einen ganz entgegengesetzten, den nationalkulturellen Standpunkt. Doch nicht etwa, um zu den Fragen der Assimilation oder jüdischen Idioms entschieden Stellung zu nehmen. Um diese drücken sie sich lieber mit ein paar feigen, unverfänglichen Worten herum. Dafür beuten sie die Unreife der jüdischen „Separatisten" aus, welche „positive jüdischnationale Forderungen" zu erheben unterließen. Und machen aus der Tatsache, daß der nationale Gegensatz zwischen Juden und Nichtjuden ausgeprägter und sinnfälliger als sonst meistens zwischen verschiedenen Nationalitäten ist, zu „einer von der herrschenden Klasse sorgfältig bewahrten und ausgenützten Hinterlassenschaft der feudalen Epoche".

Nun, man kann von den Leuten nicht Verständnis dafür verlangen, daß mit der Stärke eines nationalen Gegensatzes die Pflicht wächst, ihn durch nationale Selbständigkeit ungefährlich zu machen, statt ihn durch hartnäckige und künstliche Ineinanderschachtelung zu verschärfen. Man kann auch von ihnen nicht erwarten, daß sie die fortgeschrittenste und zukunftsreichste, weil vergeistigteste Auffassung des nationalen Prinzipes, als eines vom Boden losgelösten, teilen. Muß es vielmehr als selbstverständlich hinnehmen, daß sie der entgegengesetzten, rückständigsten, der streng territorialistischen Auffassung huldigen. Aber wenn sie sich dabei gerade auf das Brünner Nationalitätenprogramm vom Jahre 1899 berufen, dann ist man berechtigt, dies als starkes Stück zu empfinden.

Man muß sich überhaupt über die Kühnheit wundern, mit der eine Gruppe, deren nationalistische Besessenheit, wenn sie nicht schon ohnehin sattsam bekannt wäre, aus dieser traurigen Resolution geradezu hervorbrüllt, es wagt, den zur Vernunft rufenden Lehrmeister zu spielen. Man ist erstaunt über die Geschicklichkeit, mit der sie es versteht, die nationale Unduldsamkeit und Begehrlichkeit, die innerhalb der Sozialdemokratie ihr ausschließliches Privilegium ist, als gut sozialistische Tugend herauszuputzen und das am wenigsten nationalistisch veranlagte Volkselement, den nationalen Traumichnicht der Internationale, als eigensinnig chauvinistischen Ruhestörer hinzustellen. Man wartet förmlich darauf, daß in dieser Gruppe wenigstens ein gerader

Mensch aufsteht und ausruft: Wozu die Maske? Angst haben wir, einfach Angst! Angst für unseren nationalen, für unseren Partei- und für unseren persönlichen Besitzstand! Angst! Oder ein anderer, ebenso gerader, aber höherstehender, der seine Genossen einfach zur Besinnung, zur Wahrheit und Gerechtigkeit, zum praktischen Sozialismus zurückruft.

Aber es kommt weder der eine noch der andere dieser Wahrheitsmenschen. Dagegen stößt eine Hilfstruppe zu den Rechts- beugern und Wahrheitsstreckern — die Gesamtexekutive der öster- reichischen Sozialdemokratie. Von dem durch und durch unehr- lichen polnischen Dokumente nicht angeekelt, folgt sie vielmehr seinen Anregungen und einer „eingehenden" mündlichen „Dar- stellung" und stellt fest, daß „die Gründer der neuen jüdischen Organisation, indem sie aus der polnischen sozialdemokratischen Partei ausgetreten sind, faktisch aufgehört haben, Mitglieder der österreichischen Sozialdemokratie zu sein".

Man möchte sich an den Kopf greifen, wenn die Motivierung dieses Urteiles nicht daran erinnerte, mit wem man es eigentlich zu tun habe. Sie trägt einen wesentlich anderen Charakter als die Begründung der polnischen Resolution. Die nationalistischen Sub- tilitäten sind ganz weggeblieben und man hört überhaupt nichts als den Alarmruf: Reaktion! „Die Tendenz, allerdings jüdische Proletarierschichten durch künstliche Konservierung jüdisch-kleri- kaler Traditionen und des sie ihrer Freizügigkeit beraubenden Jargons von dem polnischen Proletariat dauernd abzusperren, mußte als durchaus reaktionär angesehen werden."

Das klingt viel sicherer und viel, viel — verständnisloser und verständnisunwilliger als im Urteil erster Instanz. Und klingt uns so überaus bekannt, so bekannt... Ach ja! Österreichische Gesamt- exekutive! Daß wir nicht lachen! Vor unseren Augen tauchen sie auf, die Deutschen, die Tschechen, die Italiener u. s. w. Die harmlosen, ganz unbeteiligten, in die unbekannte und fremde Materie hineingehetzten, hineinüberzeugten Leute. Das ist ihre Stimme nicht. Nein, es sind nur die Hände, die Hände, die sich zum Anathema miterhoben haben. Der Geist und die Stimme aber sind Jakobs, sind Geist und Stimme unserer westöster- reichischen jüdischen Sozialdemokraten. In diesem Punkte finden sie sich ja alle, die strengsten und die sanftesten, die geistvollsten und die geistlosesten, die feinsten und die rohesten, die ehrlichsten und die falschesten, die Männer und die Memmen. Das sind sie, wie sie sich gerade von sprachlosem Staunen über das unerhört Neue zur Wut und Empörung erholt haben. So lange es nur blos in Rußland war — im Lande der Exotika — da ging es ja noch an. Aber... Wie heißt es nur in der polnischen Resolution, die Stelle scheint direkt für sie zu sein: „In keinem konstitutionellen Lande der Welt, in dem die jüdischen Arbeitermassen von der sozialistischen Klassenbewegung ergriffen sind (Amerika, England, Holland, Österreich) sondert sich das jüdische Proletariat als besondere politische Partei ab." Und sie denken nicht daran, daß die Absonderung auch in Rußland nicht möglich gewesen wäre, wenn ihre nationalkulturelle Grundlage nicht bestanden hätte. Sie kommen nicht darauf, daß sie nur deshalb dort begonnen hat, weil dort die neue ostjüdische Kultur kulminiert. Sie sagen sich nicht, daß ja die galizische Gründung selbst die Berufung auf den bisher verschonten konstitutionellen Boden widerlegt. Sie denken keinen Augenblick daran, daß in Kürze auch die anderen angeführten Länder ebensoviel Widerlegungen werden können. Sie kommen auf nichts, sie sagen sich nichts, sie denken an nichts. Sie wüten nur. Wüten über das Unerhörte und — wittern Gefahr.

Es muß auch dies gesagt werden: Eine Furcht ist in ihnen, eine instinktive, unbewußte: Daß der unbekannte, seltsame, ungekannt gehaßte Sturm aus dem Osten auch über sie kommen und sie wegfegen könnte. Sie fühlen das Erdreich unter ihren Füßen zittern. Vielleicht ohne Grund. Denn wo gibts vorläufig im Westen einheimische jüdische Arbeitermassen? Und wer könnte den einzelnen aus einer nationalen sozialdemokratischen Organisation verweisen, zu der er gehören will? Oder schreckt sie etwa schon der Gedanke, sich in Zukunft mit ihrem Judentum nicht mehr so gut verbergen zu können wie bisher? Daß der Sturm aus dem Osten den Nebel zerreißen könnte und sie dann nackt dastehen müßten vor aller Welt, in der von ihnen gehaßtesten, eigenen, in der Haut von Juden? Und beben vielleicht manche von ihnen unbewußt davor, daß dann ihre Anlagen nicht mehr in weiten Kreisen oder in den Kreisen, die just als weit zu empfinden sie sich gewöhnt haben, zur Geltung kommen könnten?

Es ist ja alles menschlich begreiflich und, wenn man will, entschuldbar. Aber es ist nicht einzusehen, warum sich deshalb eine Entwicklung nicht vollziehen soll, die sich vollziehen muß? Weil sich irgend ein Wiener Jude innerhalb der deutschen Gruppe um die Sozialdemokratie verdient, ein anderer durch sie blos bekannt gemacht hat, sollen hunderttausende jüdischer Proletarier, die jüdisch leben, jüdisch sprechen, jüdisch denken, jüdische Herzen, jüdische Temperamente, jüdische Stimmungen haben, jüdische Lieder singen, in die russische und polnische Organisation gepreßt, soll es ihnen verwehrt werden, sich zusammenzuschließen, um in ihrer Art der großen Sache der Menschheit zu dienen? Und muß sich die Schule, in der die ostjüdischen Proletarier die ersten jüdischen Massensozialisten von Hingebung und Verläßlichkeit wurden, wirklich von der Handvoll westjüdischer Führer, von welchen gewiß nicht alle drei Drittel Mustermenschen und Mustersozialisten sind, der „Konservierung klerikaler Traditionen" zeihen lassen? Muß sich das ostjüdische Volk seine Sprache, die es mit seiner wunderbaren geistigen Elastizität zu einer neuen Kulturwaffe geschmiedet hat und durch die es in seiner Freizügigkeit nicht mehr und nicht weniger als andere kleinere Völker und am allerwenigsten, soweit es proletarisch ist, gestört wird, muß sich dieses Volk diese seine Sprache von lieb- und teilnahmslosen, ohne Sachkenntnis urteilenden Fernstehenden verunglimpfen lassen?

Vielleicht täten die Herren doch besser und klüger daran, nicht zu provozieren. Niemand will sie in der Freiheit ihres Nationsbekenntnisses stören. Sie sollen diese Freiheit aber auch den anderen lassen und nicht zuviel auf deren Gutmütigkeit pochen. Man kann nicht wissen. Es könnte ihnen mit der Zeit übler bekommen, als sie ahnen.

Allerdings, sie werden solange einen Schimmer von Recht für sich haben und auch die Polen werden ihn für sich in Anspruch nehmen können, solange die jüdischen „Separatisten" in Galizien nicht den vollen Mut ihrer Tat haben. Solange sie den Hohn verdienen, den ihnen die polnische Resolution reichlich zumißt. Solange man konstatieren kann, daß sie sich hinter dem Zwecke, die Zionisten und jüdischen Chauvinisten erfolgreicher zu bekämpfen, verkriechen, und daß sie sich mit einer Nationalität ohne nationale Lebensrechte begnügen. Kein Unbefangener verlangt von ihnen, daß sie den Kampf gegen die bürgerlichen jüdischen Nationalisten, den ihnen ihre Weltanschauung auferlegt, aufgeben. Und die „Poale Zion" haben nicht recht, wenn sie in einer Proklamation so tun, als wäre für jüdische Sozialisten kein anderes als das arbeiterzionistische jüdische Programm diskutabel. Es ist nicht notwendig, alle Juden, die sich als Juden geben, unter einen Gesinnungshut zu bringen, ihnen allen ein Rezept vorzuschreiben, wie sie ihr Judentum leben sollen. Nur das darf man von ihnen verlangen, daß sie es wirklich leben und die Garantien seines Lebens, wie sie es auffassen, zu schaffen trachten. Hierin aber kann den jüdischen „Separatisten" Galiziens der „Bund" ein allerdings noch weit zu überbietendes Muster sein. Fürchten sie, schämen sie sich, die nationalpolitischen Konsequenzen zu ziehen, die jener zog, für ihre Sprache und Nationalität die volle Gleichberechtigung zu verlangen? Wofür fürchten sie? Vor wem schämen sie sich? Vor den westjüdischen Genossen, die von der Sache nichts verstehen? Vor den einheimischen jüdischen Feinden, diesen eitlen Narren, die sich über ihrem Volkstum, das ihnen über den Kopf gewachsen ist, erhaben dünken? Vor Daszynski und den Seinigen, von welchen sie wegen eben dieser Furcht und Scham verhöhnt werden?

Es ist ein großer Moment und wehe, wenn er ein kleines Geschlecht findet! In den Händen der „Separatisten" von Galizien liegt ein gut Stück Schicksal des jüdischen Volkstums. Sie sind ausersehen, Vorbilder für den nationalpolitischen Gegenwartskampf der Juden in Österreich zu werden. Sie sind berufen, an Seite des „Bundes" und zukünftiger ähnlicher Organisationen durch ehrliche Arbeit und würdige Haltung die nichtjüdische Welt allmälig zur vollen, durch Antisemitismus nicht entwerteten Anerkennung der jüdischen Nationalität zu erziehen. Wehe, wenn sie versagen!

Hebräisch und Jüdisch*)

Wenn ich über „Hebräisch und Jüdisch" zu westeuropäischen Juden sprechen kann, so verdanke ich dies nicht zum mindesten dieser Zeitschrift, die der Unkenntnis der Grundtatsachen auf diesem Gebiete einigermaßen entgegengearbeitet hat. Jedenfalls hat es „Ost und West" dahingebracht, daß sein Leserkreis von jener sonst so verbreiteten köstlichen Naivetät entfernt ist, die in jedem hebräisch gedruckten Buch ein Gebetbuch oder ein theologisches Werk sieht. Daß Hebräisch und Jüdisch zwei Sprachen sind, die im modernen Verkehrs- und Literaturleben der östlichen Juden eine große Rolle spielen — diese Tatsache setze ich also als bekannt voraus.

Minder klar dürften sich, glaube ich, die deutsch-jüdischen Leser dieses Blattes über das gegenseitige Kräfteverhältnis der beiden Sprachen sein, über ihren Kulturwert und ihre Bestandaussichten, kurz über diese ganze merkwürdige Eigentümlichkeit eines Volkes mit zwei Sprachen. Wer sich auch hierüber einigermaßen klar werden will, darf sich vor allem nicht von den Heißspornen entgegengesetzter Parteirichtungen ins Schlepptau nehmen lassen. Soll man den Zionisten der äußersten Linken oder Rechten — wie muß man eigentlich sagen? — Glauben schenken, so ist das Jüdische ein garstiger Jargon, ein widerwärtiges Gemengsel der verschiedenartigsten Sprachbrocken, ein getreues

---

*) Zuerst in „Ost und West", II. Jahrgang Nr. 7 (Juli 1902).

Abbild der „Golus"-Schande, eine Sprache ohne nationale Würde, ohne nationale Zukunft, ein trauriger Notbehelf. Hört man wieder den extremsten russisch-jüdischen „Bundisten" zu, dann ist das Neuhebräische eine Treibhauspflanze bourgeoiser Romantik, eine Sprache ohne soziale Zukunft, ein unnötiger Luxusartikel.

Daß der sogenannte „Jargon" auf die Ohren der meisten Nichtjüdischsprechenden unangenehm wirkt, ist eine Tatsache, die aber wenig zu sagen hat. Abgesehen davon, daß es sich hier mehr oder weniger um eine Frage des persönlichen Geschmackes handelt, ist nicht abzusehen, wie das ästhetische Urteil der Unbeteiligten auf die wirklichen Machtverhältnisse unter den Beteiligten von Einfluß sein soll. So klingt ja auch das Englische den meisten nichtenglischen Ohren sehr unschön und doch ist es die Sprache zweier gewaltiger Kulturnationen. Noch mehr, es erhebt sich sogar in den unsterblichen Dichtungen Shakespeares und Byrons zu anerkanntem Wohllaut und Schönheit. Schwerwiegender ist schon der Vorwurf des „Gemengsels", denn ein wirkliches Gemengsel, d. h. ein künstliches Stückwerk ohne innere Einheit, besäße keine Lebenswirklichkeit, keine Entwicklungsfähigkeit. Aber das Jüdische ist wohl aus mehreren Sprachquellen geflossen — wieder ebenso wie das „Englische" —, jedoch sicherlich so wenig wie dieses ein Gemengsel. Es ist wahr: Der größte Teil der Wörter stammt aus dem Deutschen und die Flexion ist deutsch; fast alle übrigen Vokabeln, namentlich fast alle Bezeichnungen für die Begriffe des höheren geistigen Lebens, sind hebräisch, auch der Satzbau ist zum Teil hebräisch; schließlich nehmen slawische, romanische und anderssprachige Wörter und Eigentümlichkeiten einen beträchtlichen Raum ein. Doch alle diese Flüsse und Bäche, die aus verschiedenen Weltgegenden herniederfließen, vereinigen sich zu einem mächtigen einheitlichen Strom. Das Sprachbild des Jüdischen ist ein eigenes, früher nicht dagewesenes, der Geist des Jüdischen ist ein neuer, einheitlicher.

Ja, aber eben Bild und Geist der nationalen Würdelosigkeit, des Golus — wird man mir vielleicht zugeben, um mich erst recht zu widerlegen. Nun, ich kann nichts dafür: Ich stehe dem Worte Golus längst nicht mehr mit dem alten, gläubigen Schreck gegenüber, ich beuge mich ihm nur soweit, als meine Vernunft und mein inniges jüdisches Kulturempfinden verlangen.*) Aber selbst wenn ich noch das absolute Golus anerkennen würde, so könnte ich dennoch nicht einsehen, auf welche Weise der Geist dieses Golus die Lebenswirklichkeit und Entwicklungsfähigkeit der jüdischen Sprache verneinen, diese hindern könnte, sich in etwaigen nachgolutischen Zeiten mit einem nichtgolutischen Geist zu erfüllen. Gerade so, wie alle vorgolutische Ueberlieferung nicht imstande ist, dem heutigen Hebräisch den Anflug des Ghettos zu nehmen, den es bald in höherem, bald in geringerem Grade aufweist und aufweisen muß.

Denn es ist auch andererseits nicht wahr, daß das Neuhebräische ohne Beziehungen zum wirklichen Leben ist — mögen sie auch weniger durchsichtig sein, als beim Jüdischen. Schon daß es mehrere große hebräische Tageszeitungen gibt, die zusammen über Hunderttausende von Lesern verfügen — während es z. B. in lateinischer Sprache nur ein Tagblatt, ich glaube in Rom, gibt, das mit Ausschluß der Öffentlichkeit erscheint —, ist ein wichtiger Fingerzeig. Gut, wird man sagen, aber die Sprache ist dem baldigen Untergange geweiht. Sie war und ist nicht mehr als das Instrument der „gebildeten" national-jüdischen Ideologen, mittelst dessen sie auf die ostjüdische Bourgeoisie wirken, sie ist die müßige Schöpfung romantischer Gehirne, die in sich zusammensinken wird, wenn sich diese Gehirne einmal ausnüchtern.

Tatsache ist, daß das Neuhebräische heute zum allergrößten Teile im Bürgertum seine Kenner und Leser hat — von Sprechenden kann ja überhaupt kaum die Rede sein — und daß seine rührigsten Apostel die „gebildeten" Bürger sind. Aber daraus dürfen keine vorzeitigen Schlüsse gezogen werden. Das jüdische Volk des Ostens bestand ja bis vor verhältnismäßig kurzer Zeit fast lediglich aus Bürgern, wenn man, was namentlich in kultureller Hinsicht ganz unbedenklich ist, auch die Millionen von Bettel- und Betproletariern zur Bourgeoisie rechnet. Für dieses das ganze Volk bildende Bürgertum haben nun die großen Geister des Volkes — die jenseits aller Klassen stehen — das Hebräische, das sie vorfanden, und das übrigens

*) Siehe den Artikel: „Die ‚Lösungen' der Judenfrage".

eine lange, nie ganz unterbrochene Fortentwicklung hinter sich hatte, in moderne Formen gegossen, zu europäischer Ausdrucksfähigkeit gesteigert. Sie befriedigten mit dieser Arbeit ihres Genius zwei tiefe Bedürfnisse des Volkes, von welchen wir zunächst eines anführen wollen, das Bedürfnis nach einem leicht zugänglichen Aufklärungsmittel. Das sich dann die großen Scharen der kleinen Geister einfanden, um auch an dem großen Werke herumzubosseln, dafür können doch jene nicht, das ist ja das Schicksal der geistigen Könige aller Völker, wenn sie auch nicht überall mit gar so viel Kärrnern gesegnet sind, wie bei den Juden.

Nun hat aber das Volk, resp. seine neue und hoffnungsvollste Schicht, das Arbeiterproletariat, ebenfals durch die klassenlosen geistigen Spitzen des Volkes, ein neues Aufklärungsmittel gefunden, das ihnen noch zugänglicher ist, ihre eigene Umgangssprache, das Jüdische. Wozu soll jetzt noch das Hebräische? Ist es nunmehr nicht wirklich ein unnützer Luxusartikel geworden? Muß nicht die Sprache, die von allen verstanden wird und den Kulturbedürfnissen genügt, naturgemäß diejenige verdrängen, die zwar auch jenen Bedürfnissen entspricht, aber nur von einer kleinen Minderheit mitverstanden wird?

In diesem Einwand verbindet sich ein richtiges mit einem unrichtigen Moment. Er ist insofern berechtigt, als er das Monopol einer Sprache auf Erfüllung von Kulturbedürfnissen bestreitet, wird aber nach der Richtung, daß er die unbewußte Sprachwahl viel zu sehr von Zweckmäßigkeitsgründen abhängig macht und die Sprachbeharrlichkeit der Minderheit, das selbständige Schwergewicht ihrer Sprache viel zu gering einschätzt. Der Fehler wird dadurch nicht geringer, sondern eher größer, daß diese Minderheit die Sprache als Nebensprache pflegt und daß auch die Mehrheit, wie dies tatsächlich der Fall ist, nie ganz von ihr loskommt. Es beweist dies nämlich, daß für den Fortbestand der hebräischen Sprache neben dem Gesetze der Trägheit und neben ihrer verringerten Notwendigkeit als Aufklärungsmittel noch ein tiefliegendes Bedürfnis sprechen muß.

Dieses ist auch vorhanden. Es beruht darauf, daß die jüdische Gemeinschaft trotz der großen Mehrheit der Jüdischsprechenden denn doch über den Kreis derselben nach verschiedenen Seiten hinausreicht. Von diesem Gesichtspunkte aus stellt sich die Arbeit am Hebräischen dar als Ausfluß des Triebes nach sprachlichem Ausdruck der jüdischen Stammeseinheit in Ost und West, in Vergangenheit und Zukunft. Dieser Trieb ist ebenso stark und natürlich wie der Trieb, die eigene Umgangssprache auszugestalten und zu veredeln. Aus beiden Trieben, die ja in der einzigartigen Geschichte Israels ihre Begründung haben, ergibt sich der einzigartige Parallelismus zweier Sprachentwicklungen in e i n e m Volke.

Für absehbare Zeit ist eine Abweichung von diesem Dualismus nicht zu erwarten. Eine Alleinherrschaft des Hebräischen ist sicher ausgeschlossen — selbst für den Fall, daß sich die Hoffnungen der Zionisten in der weitgehendsten Weise erfüllen sollten — ja in diesem Falle sogar vielleicht noch mehr als sonst. Denn gerade in einem geschlossenen Staatswesen erhielte das Jüdische als die von der erdrückenden Mehrheit der Bevölkerung gesprochene Sprache ein viel größeres Übergewicht als heute. Dann liefe das Hebräische fast Gefahr, auf die Stufe eines nationalen Repräsentativums zu sinken, das man nur mit Rücksicht auf die ausländischen, nicht jüdisch sprechenden Volksgenossen nicht ganz vernachlässigen darf.

Welche Ironie, daß sich bei soviel realistischer Betrachtung, als derlei Zukunftsphantasie überhaupt zuläßt, das romantisch verhätschelte Hebräisch als die Sprache des „Golus" und der viel geschmähte „Jargon" als die des „Ex Golus" darstellt! Aber so interessant der Gedanke auch sein mag, er ist praktisch nicht viel wertvoller als alle anderen Prophezeiungen, die im Hinblicke auf irgend einen ganz unbestimmten Zukunftszustand gemacht werden. Da ist es doch viel vernünftiger, sich mit der Gegenwart zu befassen und zu prüfen, was man im Sinne der Entwicklung tun kann. Den Hauptteil dieser Tätigkeit besorgt das Volk ganz ohne Absicht, indem es spricht und liest, und die Dichter und Schriftsteller ebenso absichtslos, indem sie schreiben. Doch brauchen deshalb manche, mit Zweckbewußtsein vorgenommene Maßregeln nicht überflüssig zu sein. Eine solche möchte ich hier in — ich fühle es wohl — etwas unvermitteltem Anschlusse an die obigen Ausführungen vorschlagen und zwar : Die Einführung der lateinischen Schrift sowohl für Hebräisch als Jüdisch.

Für Hebräisch habe diese Forderung schon vor mehreren Jahren, als ich noch Gegner des „Jargons" war, im Gespräche mit Sachverständigen aufgestellt. Ich halte sie noch heute aufrecht, erhebe sie aber mit zehnfachem Nachdruck für das viel modernere und mächtigere Jüdisch.*) Und wenn ich auch zugeben muß, daß der Vorschlag heute keiner viel freundlicheren Stimmung begegnet, als damals, so bleibe ich doch fest überzeugt, eine Sache zu vertreten, die in der Luft schwebt, die werden muß, ob man sich nun dagegen wehrt oder nicht.

In erster Linie wird speziell für Hebräisch die Durchführbarkeit der Reform vom sprachwissenschaftlichen Standpunkte aus bestritten. Ich kann diesem Einwande hier nicht entgegentreten, wenn ich nicht den Rahmen des Aufsatzes völlig sprengen will. Nur soviel. will ich sagen, daß er mir nicht viel wertvoller zu sein scheint, als die Gründe, die von den Schulnaturen gegen jede Änderung der Rechtschreibung angeführt zu werden pflegen.

Die nationalen Bedenken rühren mich gar nicht. Zunächst ist unser „hebräisches" Alphabet bekanntlich nicht hebräisch, sondern assyrisch. Dann ist überhaupt die Schrift lange kein nationales Kulturgut mehr, an dem ungezählte Generationen des Volkes arbeiten, sondern ein Stück Zivilisation, das man frei erfindet. Und schließlich ist die sogenannte lateinische Schrift — die deutsch-gotische ist blos eine geringfügige Abweichung — zum Symbol der Zivilisationsgemeinschaft der europäischen Nationen geworden. Es ist kein Zufall, daß in Europa nur die rückständigen Völker an nichtlateinischen Alphabeten eigensinnig festhalten.

Damit komme ich auf die dritte Einwandskategorie, daß die ganze Sache viel zu kleinlich sei, um ihr Aufmerksamkeit zu schenken. Wer dies behauptet, hat sich einfach von dem ganz ultranationalistischen Gedankengange eines neuorientalischen Judentums noch nicht losgesagt, hat noch nicht die Wahrheit begriffen, daß

*) Den Artikel schreibend erfahre ich, daß eben eine in Antiqua-Lettern gedruckte jüdische Zeitschrift in Rumänien erscheinen soll oder erschienen ist. Näheres weiß ich darüber noch nicht.

das jüdische Volk der Zivilisation nach europäisch oder gar nicht sein wird. Das in europäischen Lettern geschriebene Hebräisch und Jüdisch vermag auch die Vorstellung eines selbständigen jüdischen K u l t u r volkes den nichtjüdischen Völkern eindringlicher und nachdrücklicher einzuschärfen, als dies hunderte zionistischer Zeitschriften imstande sind. Es fesselt auch die jüdischen Massen und ihre geistigen Berater mit unansehnlichen, aber eisenstarken Ketten an ihr Volkstum ebenso, als an die große europäische Zivilisationsgemeinschaft. Und das ist doch kein Kleines, möchte ich meinen — für die Sprachen selbst sowohl, als für das Volk.

Die Sprachen des jüdischen Volkes*)

Daß die Juden eine ganze Unzahl von Muttersprachen sprechen, ist bei dem Schicksal, das ihr Volk traf, nicht sonderlich merkwürdig und bietet keinen Anlaß zum Nachdenken. Viel merkwürdiger und anregender ist schon, daß sie in die fremdnationalen unter diesen Sprachen, ohne sie irgendwie zu verballhornen, eine eigene Stimmung hineintragen, die sich natürlich auch literarisch äußert. Am merkwürdigsten und für völkerpsychologische Betrachtungen ergiebigsten aber ist die Tatsache, daß das heute lebende jüdische Volk mehrere volkseigene, nationale Sprachen hat.

Von diesen darf allerdings die spaniolisch-jüdische Mundart sehr wenig und einige Mundarten ganz kleiner Gruppen gar keinen Anspruch erheben, ihrem Kulturwerte nach ernst genommen zu werden. Sie sind Umgangssprachen kleiner Teile oder verschwindend kleiner Splitter des jüdischen Volkes — geschichtlich gewordene Umgangssprachen ohne literarische Entwicklung. Ganz anders aber steht es mit zweien von den jüdischen Volkssprachen, mit dem Hebräischen und dem Jüdischen.

Man muß zwischen Hebräisch und Hebräisch unterscheiden: Zwischen jenem Sprachgut, das uns in der Bibel und in der Mischna überliefert ist und trotz der gewaltigen Unterschiede

---

*) Zuerst teilweise in „Jüdische Abende", Nr. 1 vom 18. Dezember 1904, und dann, noch etwas umfangreicher als hier, in polnischer Übersetzung im Sammelbuch „Safrus" (1905).

seiner einzelnen Stadien unserem heutigen Empfinden ziemlich gleichartig erscheint und jenem, das sich in den letzten hundert Jahren herausgebildet hat. Damit soll nicht gesagt sein, daß diese beiden Hebräisch zwei verschiedene Sprachen sind, die ihrem Bau und ihrem Geiste nach weiß Gott wie weit von einander abliegen und zwischen welchen keine Entwicklungskette läuft. Vielmehr will diese Gegenüberstellung nur eine Warnung vor jenem leichtfertigen Vorurteil sein, daß die moderne Brauchbarkeit des Hebräischen nach den Sprachmöglichkeiten des alten Hebräisch beurteilt. Sie will gerade auf die Tatsache der Entwicklung hinweisen — darauf, daß uns im modernen Hebräisch kein künstelndes Spiel vorliegt, welches einige müßige Literaten-Generationen mit dem alten Hebräisch treiben, sondern das Schaffen aus einem unversiegten Sprachtriebe heraus, der unter gänzlich geänderten Verhältnissen zu besonderer Spannkraft und zu neuen Möglichkeiten gelangte.

Es gibt übrigens zwei Sorten von Gegnern des modernen Hebräisch. Die einen sind alle, die es nicht kennen — mit Ausnahme etwa von disziplinierten Nationaljuden, die jedenfalls den guten Willen haben, an seine Existenz zu glauben. Und unter diesen Gegnern aus Unkenntnis sind die feindseligsten gerade jene, welchen das alte Hebräisch nicht so fremd ist wie das neue. Sie können sich eben nicht vorstellen, wie aus der Sprache, die sie als altertümliche und heilige kennen, eine moderne und weltliche geworden sein soll.

Doch es gibt auch Gegner des Neuhebräischen, die es verstehen und dennoch seine bewußte Förderung bekämpfen, seinen Kulturwert und seine Entwicklungsmöglichkeiten leugnen. Zuweilen auf Grund sogenannter assimilatorischer Überzeugungen, zumeist aber, weil sie bei aller Anerkennung der jüdischen Eigenart und ihres Rechtes und ihrer Aussichten auf Sonderexistenz, dem Hebräischen als einer Erscheinung gegenüberstehen, die s i e in ihre radikale Weltanschauung nicht einfügen und der sie neben dem Jüdischen keinen Platz anweisen können. Und in der Tat, wer die Bedeutung des Jüdischen, seine Entfaltung und seinen eigenen Kulturwert erkannt hat, kann leicht in Versuchung kommen, über das Hebräische zur Tagesordnung übergehen zu

wollen. Es kann sich bei ihm sehr leicht die Vorstellung fest-
setzen, daß das Hebräische ein Feind des Jüdischen, daß es eine
galvanisierte Mumie oder bestenfalls absterbendes Leben sei, das
dem aufstrebenden Leben im Wege ist. Was ist das für eine
Nationalsprache — wird er fragen —, die nicht gesprochen,
sondern nur von einem Teile des Volkes geschrieben und gelesen
wird? Wie kann sie sich entwickeln, da sie gar nicht lebt? Oder
wenn man das noch leben nennen kann, welchen Wert hat die
Entwicklung eines sterbenden Lebens? Und wie sollte Totes
oder Sterbendes lebendigen Geist fortpflanzen können?

Was die Bedenken betrifft, die sich auf das Nichtgesprochen-
werden des Neuhebräischen beziehen, so rühren sie daher, daß
man in dem Begriffe der Nationalsprache nicht zwischen den grundsätzlichen und den mehr oder weniger nebensächlichen Elementen
unterscheidet. Daß man es mit ihm so hält, wie man es mit
dem Begriffe der jüdischen Nation zu halten pflegt, der ja auch
nur deshalb so angefeindet ist, weil ihm die Accessoria des allgemeinen Nationalbegriffes abgehen. Was ist unter nationaler
Sprache zu verstehen? Doch wohl jene Sprache eines Volkes,
die ihm eigen ist, die mit ihm mitgeht durch die Flucht der
Länder und Zeiten, nicht als totes Gut, sondern mit ihm sich
entwickelnd, mit ihm einschrumpfend oder anschwellend, ein
Spiegelbild seiner Seele und seiner Schicksale, eine elastische
Form, in die es s e i n e Gedanken, s e i n e Empfindungen gießt.
Daß eine solche Sprache für den Urbeginn nicht anders denn als
gesprochene gedacht werden kann, ist klar. Es gab ja noch keine
Schrift und, als sie aufkam, noch lange Zeitläufte hindurch keine
nennenswerte Verbreitung und Vertiefung des geschriebenen
Wortes. Sowie dieses aber zu einem wesentlichen Träger und
Bildner von Gedanken und Empfindungen wurde, war die Möglichkeit gegeben, daß auch eine blos geschriebene Sprache lebe
und nationale Sprache eines Volkes sei. Daß diese Möglichkeit
nur in einem Falle Wirklichkeit wurde — wir stehen hier davon
ab, noch ähnliche etwa doch vorkommende Fälle in der Völker-
geschichte zu suchen —, darf nicht verleiten, diesen einen Fall
als Unmöglichkeit und Unwirklichkeit und das Gesprochensein
als ein notwendiges Element des Begriffes Nationalsprache zu

betrachten. Es sind eben nur einmal in der Geschichte Ereignisse eingetreten, die es mit sich brachten, daß ein Volk seine Sprache zu sprechen aufhörte, aber fortfuhr, sie zu schreiben.

Allerdings sind hiemit noch nicht jene Zweifel erledigt, welche die weitere Entwicklung der hebräischen Sprache treffen. Man kann noch immer einwenden : Gut. Sie hat zwei Jahrtausende als blos geschriebene fortgelebt, aber nur weil sie eben während dieser Zeit noch Bedürfnisse zu erfüllen hatte. Doch was nun, da diese Bedürfnisse wegfallen? Ist nicht damit ihr endgiltiges Ende gekommen? Es ist offenbar, daß dieser Einwand für die Vergangenheit nur an religiöse, für Gegenwart und Zukunft nur an ökonomisch-materielle Bedürfnisse denkt. Gerade hierin liegt aber auch ihr Fehler.

Die hebräische Sprache hat unleugbar jene lange Zeit hindurch, die man das jüdische Mittelalter nennen könnte, als Sprache der Synagoge gedient und hat sich nur als solche dem ganzen Volke erhalten. Aber, sowie es falsch ist, die jüdische Religion vom jüdischen Stamm zu trennen, sowie es eine gedankliche und ethnologische Unzulänglichkeit ist, in der Religion etwas anderes zu sehen als nationale Anschauung in Volks- und zeitgemäßen Formen — ebenso ist es unrichtig, die hebräische Sprache der letzten zwei Jahrhunderte als Synagogensprache sozusagen national zu entwerten. Sie war wie die Synagoge selbst ein nationales Bedürfnis. Und sie diente auch jederzeit in innigem Vereine mit der Synagoge, ja weit über diese mit ihren inneren Spaltungen hinaus als ein sichtbarer Ausdruck des nationalen Einheitsempfindens und Einheitswillens.

Wie sehr diese Auffassung richtig ist, beweist gerade unsere moderne Phase des Hebräischen. In dem Maße, als sich der Genius des jüdischen Volkes zu verweltlichen begann, in demselben Maße fing auch das Bedürfniß nach dem Hebräischen an, sich in anderen als religiösen Sphären auszuleben. Es ist wahr, den Anfang machte die Aufklärungsliteratur und es liegt nahe, hier das Zweckmäßigkeitsmoment in den Vordergrund zu schieben. Daß es eine wichtige Rolle dabei spielte, läßt sich ja nicht abstreiten. Man schrieb sicherlich deshalb hebräisch, weil man es von einem großen Teile des Volkes

verstanden wußte. Aber man darf dabei nicht übersehen, mit
welchem nationalen Verantwortlichkeitsgefühl dieses Hebräisch
geschrieben wurde, wie die besten Kräfte daran gesetzt wurden,
um diese Sprache zur Ausdrucksreife der europäischen empor-
zuarbeiten. Dieses Verantwortlichkeitsgefühl, diese patriotische
Gewissenhaftigkeit können doch gewiß dort nicht gedeihen, wo
einzig und allein Nützlichkeits-Erwägungen maßgebend sind.
Noch weniger darf man übersehen, was n a c h dem Aufklärungs-
hebräisch kam : Die große unvergleichliche Spracherweiterungs-
und Sprachbereicherungsarbeit, die auch im Zwecke nicht mehr
für die „Aufklärung" allein da war, sondern auch für sich selbst,
um ein nationales Bedürfnis zu befriedigen, um ein Stück selbständige Kultur wahr zu machen.

Freilich, gerade das wird immer und immer wieder bezweifelt. Aus einem unerbittlichen Materialismus heraus, der nicht
die Spur einer verselbständigten Idee gelten lassen will, wird auf
den Nachweis von Bedürfnissen materieller Natur gedrungen.
Mindestens müssen sie die übertragene Materialität des Auf-
klärungsbedürfnisses haben. Nun komme auch nicht einmal dieses
mehr dem Hebräischen zu Gute — wenigstens nicht für lange
mehr und nicht für die neuen siegreichen Schichten des Proletariats.

Daher wird auch vom Hebräischen als von der Sprache
bürgerlicher Ideologen gesprochen — ohne einen anderen Grund
dafür zu haben, als daß eben bürgerliche Ideologen den Bestand
und den Besitz dieser Sprache für die üblichen Ideologien ihrer
Klasse benützen. Es ist eben wie bei anderen Sprachen, von
denen ja keine einen Klassencharakter an sich trägt und die
doch wie eben alle Erscheinungen des Lebens ideologisch ge-
deutet werden können. Wollte man aber die „Bürgerlichkeit" des
Hebräischen davon ableiten, daß die Juden im großen und
ganzen ein Bürgervolk waren und vorläufig, wenn auch im ge-
minderten Maße, noch immer sind — denn auch die Masse der
Bet- und Bettelproletarier sind ja ihrem geistigen Zuschnitte nach
Bürger —, so wäre man erst recht auf dem Holzwege. Denn
dann müßte man das Jüdische, das ja von dem ganzen ostjüdischen Bürgertum gesprochen wird, erst recht eine Bürger-

sprache nennen. Und die hebräische wäre es in weit geringerem Grade.

Nun ist es allerdings Tatsache, daß im jungen ostjüdischen Proletariat das Hebräische wenig Pflege findet. Es ist dies eine Folge des Umstandes, daß diese Klasse jetzt in einen Kampf eingetreten ist, der ihre ganze Kraft absorbiert und sie naturgemäß vernachlässigen läßt, was ihr in diesem Kampfe nicht unmittelbaren Nutzen leistet. Aber die jüdische Arbeiterklasse ist ebenso wie die Bürgerklasse von dem nationalen Kulturempfinden, das immer und überall, bei jedem Volke, instinktiv, ungewollt, von der Klasse unabhängig ist, beherrscht. Und dieses nationale Kulturempfinden, das immer darauf aus sein muß, alle Bedürfnisse, die es nun einmal in unserem Volke hat, zu befriedigen, muß in dem Augenblicke, wo die jüdische Arbeiterklasse etwas Muße bekommt, auch in ihr das Kulturbedürfnis nach dem Hebräischen wecken. Ja schon die Anpassung, die Gewöhnung an den Kampf wird, indem sie ein gewisses Seelengleichgewicht herstellt, in diesem Sinne wirken. Man kann ähnliche, allerdings nicht gleiche Erscheinungen — denn wo wären gleiche Vorbedingungen gegeben — bei anderen Klassen und speziell den Arbeiterklassen anderer Völker beobachten. Bei dem einmal erreichten Besitzstande des Hebräischen und der gestärkten Nationalenergie der Juden wird auch kein Zweckmäßigkeitsanstoß vorausgehen müssen.

Mit der Bejahung des Hebräischen als eines integrierenden Bestandteils des jüdischen Kulturempfindens und als erfahrungsgemäßen jüdischen Kulturbedürfnisses darf aber niemals eine nationalistische Überschätzung oder Falschwertung Hand in Hand gehen. Nur Ideologie kann übersehen, daß die hebräische Sprache als nicht gesprochene zu einer verhältnismäßigen Nichtelastizität verurteilt ist. Nur Ideologie kann diese Nichtelastizität leugnen und nicht sehen, wie sie auf Schritt und Tritt die literarischen Möglichkeiten der Sprache bedingt: Wie sie dem Hebräischen die Erzählung und Beschreibung, soweit sie des dramatisch-psychologischen Momentes entbehren, also den geschichtlichen Roman, die wissenschaftliche Prosa und die Zeitung beläßt. Wie sie ihm Gelegenheit gibt, sich im Ausdruck der beiden undramatischesten, individuellsten, sonst aber von einander grundverschiedenen Seelenzustände, des Pathos und der lyrischen Stimmung immer mehr zu vervolkommnen. Wie sie es aber im modern gesellschaftlichen Roman behindert und ihm das Drama ganz verschließt.

Die Frage, ob sich diese Nichtelastizität allmälig geben, bezw., was dasselbe ist, ob die Sprache wieder sprechbar werden kann, ist sicherlich nicht aus dem Charakter der Sprache selbst zu beantworten. Die Antwort hängt vielmehr von außengelegenen Entwicklungen ab. Wer da glaubt, daß sich in einem dekretierten Judenstaate — wenn wir schon seine Möglichkeit annehmen wollen — auch die hebräische Staats- und Umgangssprache dekretieren lassen könnte, ist im Irrtum. Der dekretierte Judenstaat würde wegen des sichtbaren enormen Überwiegens der jüdisch sprechenden Juden ohne Dekret, dafür aber umso sicherer das Jüdische als Staatssprache erhalten, was übrigens nicht sein größtes Unglück wäre. Nur bei allmäliger Herausbildung eines jüdischen Kulturterritoriums ist auch das allmälige Wiedersprechbarwerden des Hebräischen nicht ausgeschlossen. Denn in diesem Falle würden die Juden der verschiedensten Zungen in kleineren Trupps und in sozusagen alltäglichem Verkehr auf einander stoßen und deshalb das Bedürfnis, die sie alle verbindende hebräische Sprache auch zur Umgangssprache zu machen, stärker empfinden. Jedenfalls verdienen die schon heute darauf abzielenden Bestrebungen in Palästina zumindest Beachtung. Direkt verkehrt und aussichtslos aber sind sie in den verschiedenen Ländern des sogenannten „Golus", speziell im slawischen Osten. Hier ist keinerlei Bedürfnis nach g e s p r o c h e n e m Hebräisch vorhanden: Das Volk spricht eine andere, eigene, die jüdische Sprache, und es kann sie höchstens verlassen, um zur Sprache des Volkes, unter dem es wohnt, überzugehen. Für den Verkehr mit anderssprachigen Juden des Auslands aber reicht nach der Seite der Nützlichkeit in den meisten Fällen das Deutsche, nach der Seite des nationalen Einvernehmens das geschriebene Hebräisch aus. Gesetzt, man würde also im „Golus" einen größeren Versuch mit Hebräisch als Umgangssprache anstellen, so müße er mißlingen und dadurch das Hebräische so kompromittieren, daß auch sein Schriftbestand gefährdet wäre.

Von diesem Gesichtspunkte aus ist auch der Vorschlag zu beurteilen, die lateinischen statt der assyrischen Schriftzeichen im Hebräischen einzuführen. Der Verfasser, der vor einiger Zeit diesen Vorschlag machte, zieht ihn heute zurück. Nicht, weil er in ihm einer Entweihung der heiligen Sprache zu finden gelernt hat. Auch nicht, weil er sich überzeugen ließ, daß der Bau der hebräischen Sprache unbedingt den lateinischen Lettern widerspreche. Er hält den Vorschlag auch heute noch theoretisch für ein gesprochenes Hebräisch, für ein Hebräisch, das als Umgangssprache des der europäischen Zivilisationsgemeinschaft angehörenden jüdischen Volkes gedacht wird, aufrecht. Das Hebräisch aber, wie es sich nun einmal vorläufig überall darstellt, ist nicht die die Juden nach außen hin unterscheidende, also nicht diejenige Sprache, die bemüht sein muß, sich durch die Schrift der großen europäischen Sprachenfamile anzureihen. Es lohnt also der Mühe nicht, für eine gleichgiltige Sache so viel Kampf und Bitterkeit aufzuwirbeln und soviel Gefühle zu verletzen.

Wesentlich anders nach Geschichte, Beschaffenheit, Bedeutung und Entwicklungsmöglichkeiten stellt sich das Jüdische dar, das man unfugsweise auch den „Jargon" zu nennen sich gewöhnt hat. Manche geben ihm diesen Namen, ohne sich dabei weiter was zu denken. Viele glauben aber, daß er ihm auch wirklich gebührt. Und zwar teilen sich diese letzteren im großen und ganzen in zwei Lager.

Die einen sind jene, die das Jüdische nicht kennen. Es sind meistens dieselben, die auch von dem modernen Hebräisch nichts wissen — nur noch mit einer Beschränkung auf den „Westen": Die Westjuden — jene Juden, die eben eine andere als die jüdische Umgangssprache sprechen. Sie sind sämtlich von dem Wahne befangen, daß diese jüdische Sprache mit dem, was sie sonst „Mauscheln" oder „Jüdeln" nennen, identisch ist. Sie verwechseln das Jüdisch des Ostens, dieses fortentwickelte und am Anfange neuer Entwicklung stehende Idiom mit jenen kümmerlichen Resten des deutsch-jüdischen Jargons, der von der geschichtlichen Entwicklung beseitigt wurde, bevor er noch Zeit und Gelegenheit hatte, sich zu verselbständigen und zu eigenen bedeutsamen Sprachmöglichkeiten zu gelangen.

Das Jüdische hat seine Verächter aber auch im Ostjudentum — dort, wo es zuhause ist, unter denjenigen, deren
geistigen Charakter es ausdrückt, deren Muttersprache es ist.
Nicht die Verschüchtertheit des Mannes aus dem Volke ist gemeint, der, nach dem deutschen Westen verschlagen, sein Jüdisch als etwas Unbequemes und als etwas zu fühlen beginnt,
das er, soweit als möglich, zu „reinem Deutsch" zu „verbessern"
sich bemühen muß. Derlei kommt ohne Werturteil als unbewußte Reaktion auf ökonomischen Druck zustande. Hier handelt
es sich vielmehr um eine Ablehnung des Jüdischen aus gewissen
Anschauungen heraus, die teils dem „assimilatorischen", teils
dem „nationalistischen" Ideenkreise angehören. Die Gegner der
ersten Richtung kommen für reelle Wirkungen nicht sonderlich
in Betracht, da sie wenigstens zur Zeit keinen Massenhintergrund
besitzen; desto mehr die der zweiten Richtung, die über ihn verfügen. Der „Jargon" ist ihnen eine Gemengsel, ein unschöner
Sprachenbrei, über den man hinausstreben muß zum Hebräisch
als der Sprache der jüdischen Vergangenheit und der jüdischen
Zukunft. Wohl müsse man sich des „Jargons" bedienen als eines
Notbehelfs: was könne man auch anderes tun? Man sei ja im
Golus. Aber ihn anerkennen! Nimmermehr!

Vor einer streng sachlichen Prüfung halten diese Gründe
nicht stand. Denn es sind keine Gründe, sondern Gefühlstöne.
Die Entwicklung läßt sich auch von den schönsten Wünschen
nichts vorschreiben, besonders nicht nach rückwärts. Das Jüdische hat sich nun einmal zu einer regelrechten Sprache entwickelt — von ganz besonderem Bau, ganz besonderem Geiste.
Diese Entwicklung kann vielleicht bestimmt sein, in naher oder
ferner Zukunft von einer feindlichen Entwicklung über den
Haufen geworfen zu werden. Darüber später. Aber ihr bisheriger
Verlauf, ihr Ergebnis können nicht einfach deshalb hinweg-
geleugnet werden, weil ihre Tatsächlichkeit irgend welchen politischen oder kulturpolitischen Tendenzen nicht paßt.

Das Jüdische eine „Go'us"-, eine Sklavensprache! Dieser
Aufsatz hat sich nicht mit einer Analyse und Kritik des viel zu
beliebten „Golus"-Begriffes zu befassen. Wäre dies seine Aufgabe, so ließe sich zeigen, wie wenig wissenschaftlich es ist, von

„Golus" als von einem einheitlichen, aller Mannigfaltigkeit baren
Prinzipe zu sprechen; wie es vielmehr, bis zu einer gewissen
Grenze allerdings, eine Selbstzersetzung des „Golus" im „Go-
lus" gibt. Aber es ist gar nicht nötig, hierauf zu verweisen.
Auch wenn „Golus" wirklich ein unbedingter Schrecken wäre,
so ist kein logischer Grund vorhanden, daß eine Sprache, die
während des Golus entstand, eine unbedingte Sklavensprache
bleiben muß. Sprache hat zwar eine gewisse Rückwirkung auf den
Volkscharakter, aber diese Rückwirkung hat nur eine sehr geringe
Dauerhaftigkeit und Bedeutung im Vergleiche mit der Dauerhaftigkeit
und Bedeutung der Volksart, von der die Sprache geformt wird.
Die Sprache geht mit dem Volke, nicht das Volk mit der Sprache.
Ein Volk, das sich aus Sklavenketten frei macht, nimmt auch
seiner Sprache den Sklaventon, ohne sie wechseln zu müssen
und ohne sie auch wirklich in den meisten Fällen zu wechseln.
Es gibt auch ein Hebräisch der Sklavenzeit und so kann es
auch einen „Jargon" der Freiheitsära geben. Und im übrigen
fällt die junge Entwicklung des Jüdischen in eine Zeit, die nur
noch vom intransigenten „Golus"-Standpunkt eine Zeit der
Sklaverei genannt werden kann. Der ist kein Sklave mehr, der
hinaus w i l l.

Doch der „Jargon" ist eine fremde Sprache: Eine deutsche
Mundart, der der deutsche Charakter durch die hebräischen und
slawischen Elemente nicht genommen werden kann. Warum dann
aber nicht gleich „reines Deutsch" oder noch besser die je-
weilige Landessprache: Russisch, Polnisch, u. s. w.? Sollen aber
die Juden schon ihre eigene Sprache haben, warum nicht die
einzig wirkliche jüdische, die hebräische Sprache?

Diese Argumentation ist ähnlich zu widerlegen wie die
frühere. Nicht die Sprache macht das Volk, sondern das Volk
die Sprache. Viele Völker haben fremde Sprachen übernommen
und für sich eingerichtet, zu ihrer eigenen gemacht, mit ihrem
Geiste erfüllt. Und das Jüdische ist obendrein mehr als über-
nommenes Deutsch. Es ist eine Sprachenmischung, wie etwa das
Englische eine darstellt, und daher eine ganz neu erzeugte und
e i g e n e Sprache der Erzeuger. Wir leben ja auch in materiellen
Dingen nicht mehr in jenem Gesellschaftszustande, in dem es

nur Rohprodukte und noch keine Industrieerzeugnisse, daher auch nur Eigentümer an jenen, noch nicht an diesen gab. Jüdisch ist ebensowenig deutsch, als es hebräisch ist. Zumindest ebensowenig, als englisch deutsch ist. Seinem Sprachschatze nach. Sein Geist ist aber vom Deutschen noch ungleich entfernter als der des Englichen. Was besagt der Umstand, daß die greifbaren Dinge hauptsächlich mit Wörtern Deutscher Sprach-Abstammung bezeichnet werden? Da doch diese Bezeichnungen selbst — auf die es als die verhältnismäßig elementarsten und zugleich die allgemeinsten und undifferenziertesten für den geistigen Charakter einer Sprache am wenigsten ankommt — oft in dieser Bedeutung eigentümlich moduliert sind. Da ihnen eine ganze Menge slawischer Konkreta zur Seite stehn und das Slawische namentlich auch auf dem für den Sprachgeist schon viel wichtigerem Gebiete des Verbums eine große Rolle spielt. Da endlich das Hebräische im Reiche der Abstracta, dieser reinen Geistesausdrücke, fast die Alleinherrschaft besitzt, in der Satzbildung ein mächter Faktor ist.

Wer aber ebendeshalb das Jüdische wieder ein Gemengsel, einen Sprachbrei nennen will, treibt den Vergleich von Natur mit Gesellschafts- und Geistesdingen denn doch zu weit. Wir haben gehört, daß im Jüdischen auch die einzelnen Ausdrücke ihren ursprachlichen Sinn zn variieren pflegen. Selbst wenn trotzdem eine Menge von Wörtern und Wendungen da ist, die nicht auf diese Weise entnationalisiert resp. neu nationalisiert wurden, so hat dies gegenüber der mächtigen geistigen Einheit der Sprache, die unter der Mannigfaltigkeit der Elemente nicht leidet, nichts zu sagen. Hier ist gerade wieder das Englische eine verblüffende Parallele. Es besitzt wohl niemand den Mut, der englischen Sprache den einheitlichen Charakter abzusprechen, wiewohl ihre germanischen, romanischen und keltischen Elemente ebenso erkennbar nebeneinander stehen, wie im Jüdischen die deutschen, hebräischen und slawischen. Aber Englisch ist die Sprache eines mächtigen Volkes, man fürchtet, sich lächerlich zu machen, wenn man ihren einheitlichen Geist und damit eigentlich die Existenz des englischen Volkes in Frage zieht. Bei den Ostjuden dagegen sieht einem nicht die ganze Welt auf die Finger; im Gegenteil, da der großen Allgemeinheit die ostjüdischen Verhältnisse ziemlich unbekannt sind, kann man munter drauflossündigen. Ja, soweit die Abneigung gegen das „Mauscheln" reicht, sogar in der Pose eines Vorkämpfers für Kultur und Zivilisation. Ungehindert kann man die Tatsachen totschlagen und einem einheitlichem Volke, wie es die Ostjuden sicherlich vorstellen, seine von ihm gesprochene eigentümliche Sprache als s e i n e Sprache absprechen. Diese Sprache ist noch vogelfrei. Jeder Ideologe kann kommen und ableugnen, was für den realistischen Beobachter unleugbar ist: Ihren sanguinischen Humor, der von dem cholerischen des Deutschen und dem phlegmatisch-melancholischen des Slawischen verschieden ist und von der Humorlosigkeit des Hebräischen absticht. Ihre zärtlichen Töne und Betonungen, die so ganz und gar nicht an die deutsche Gemütssentimentalität und die slawische Gemütsmystik anklingen und bei der Monumentalität des hebräischen Sprachbaus in diesem ganz ohne Analogien dastehen. Endlich die epigrammatische Natur ihrer Logik, die sich von der ehernen Wucht des Hebräischen abhebt, ihr aber jedenfalls verwandter ist als der deutschen Breite und der slawischen Gesprächigkeit. Mit wenigen Worten: Die markante Eigenart der Sprache, die der markanten Eigenart des Ostjuden, wie er sich entwickelt hat, entspricht.

Man führt auch gegen das Jüdische seinen Mißklang ins Treffen. Wohl das Geringste, was man dawider sagen kann. Denn dieser Mißklang wird nur von deutsch gewohnten Ohren solcher Leute konstatiert, die noch im Deutschtum des „Jargons" befangen sind. Und dann sind ja derlei Urteilei mehr oder weniger vom individuellen Geschmack abhängig. Endlich — und das ist wohl die beste Antwort auf den Vorwurf des Mißklangs —, was fragt eine Sprache in der Majestät ihres Daseins nach dem ästhetischen Urteile über ihren Klang? Kann man denn eine Sprache abschaffen, weil sie häßlich klingt? Tun es vielleicht die Briten, deren Sprache von so vielen als übelklingend empfunden wird? Gibt es denn überhaupt viele absolut wohlklingende Sprachen? Und was bleibt denn anderes übrig, als die Dichter und Schriftsteller für die Verschönerung einer Sprache sorgen zu lassen und wo hörbare Schönheiten durchaus nicht zu gewinnen sind, sich an geistigen zu erfreuen?

Man begegnet auch dem Jüdischen mit Gründen, die jenen entsprechen, welche man dem Hebräischen entgegenhält. Wird diesem der Kulturwert abgesprochen, weil es nur Schriftsprache, so dem Jüdischen deshalb, weil es nur Umgangssprache sein kann. Aber diese Behauptung ist einfach unwahr und nur aus dem unglaublich zähen Beharren der Menschen in überkommenen Vorstellungen erklärlich. Jeder Tag bringt ja neue Beweise von der fortschreitenden Entwicklung des Jüdischen zur literarischen Sprache. Und von der Literatur, die es uns bringt, kann auch der strengste, der anspruchvollste Richter nicht sagen, daß sie eine Sache höheren Spieles und müßiger Künstelei sei. Sie wächst vor den Augen eines ganzen Volkes, als Ausdruck seiner Stimmungen, Hoffnungen, Leiden und Freuden, aus den Seelen von Dichtern und Schriftstellern hervor, die unter diesem Volke leben und seine Sprache sprechen. Es ist ja wahr, auch diese Literatur ist nicht nach allen möglichen Richtungen gleich entwickelt. Aber kein Kenner wird übersehen, daß dies nur an ihrer Jugend und an der ausnahmsweisen Lage des ostjüdischen Volkes gelegen ist. Die Ausbildung einer guten wissenschaftlichen Prosa ist bei allen Sprachen kleiner Völker ziemlich problematisch, umsomehr bei der jüdischen Sprache, die sich ja überhaupt noch gar keine öffentliche Anerkennung errungen hat und auf dem wissenschaftlichen Gebiete vorläufg noch besonders stark unter der Konkurrenz der hebräischen und der Landessprache leidet. Die publizistische Prosa kämpft noch mit der Banalität und übergroßen Sinnlichkeit, die einer bis vor kurzem nur gesprochenen Sprache anhaften müssen. Der Roman und die Novelle werden durch den vorläufig noch wenig komplizierten Volksgeschmack, der sich mit der Skizze und der „Geschichte" begnügt, zurückgehalten. Die Lyrik, die ja bereits Prachtleistungen aufweist, ringt zeitweilig noch mit dem überderben Realismus, mit dem trockenem Alltag des Sprechens. Das Drama steckt noch im Theatralischen, das aber von einer merkwürdigen Eigenart, Stärke und Lebendigkeit ist. Nirgends Stillstand oder Verfall, überall Bewegung oder Emporsteigen!

Nun ist es freilich möglich, in Anerkennung dieser sinnfälligen Entwicklung den Kulturwert des Jüdischen zuzugeben, ihm vielleicht auch noch eine kurze Entwicklung zuzubilligen, aber die Zukunft abzusprechen. Und tatsächlich hört man solche Anschauungen bis weit in die Reihen der Freunde des Jüdischen hinein, zumal sich von diesen Freunden die meisten zu einem etwas dogmatischen und schematischen Internationalismus bekennen. Im Grunde läßt sich auch gegen eine weitgehende wissenschaftliche Vorsicht angesichts noch nicht abgeschlossener Entwicklungsprozesse nichts sagen. Wissenschaftliche Behutsamkeit gegenüber allem Glauben und Prophezeien — und sei es auch von der stärksten Intuition getragen — ist immer gerechtfertigt. Weder Hebräisch noch Jüdisch sind Ewigkeitssprachen, sie können bälder als wir ahnen und hoffen, zugrunde gehen — durch irgend ein Moment, das wir heute übersehen oder in seiner Stärke unterschätzen. Aber wissenschaftliche Vorsicht und Behutsamkeit dürfen nicht nur nicht ganz auf intuitive Urteile verzichten, sie dürfen vor allem nicht in ihr Gegenteil, in eine Verbissenheit umschlagen, welche hoffnungsfreudige Tatsachen nicht richtig einschätzt oder unabweisbare Betrachtungen anzustellen ablehnt. In unserem Falle will das heißen: Es ist nicht wissenschaftliche Gewissenhaftigkeit, die Kraft blühenden Lebens nicht in Anschlag zu bringen und noch weniger, die erwarteten Störungen dieses Lebens ohne weiters als tödlich anzunehmen.

Eine solche tödliche Störung des Lebens der jüdischen Sprache soll in der zu erwartenden Gleichstellung der Ostjuden, sei es in ihren alten Vaterländern nach Aufhebung der Ausnahmsgesetze, sei es in der neuen Welt durch die direkte Wirkung der ökonomischen Bedingungen, gelegen sein. Man will bemerkt haben, daß z. B. in Galizien, wo die gesetzliche Gleichberechtigung besteht, der „Jargon" zu Gunsten des Polnischen zurückgeht, ebenso in Amerika und England zu Gunsten des Englischen. Und man beruft sich auch per analogium auf die seinerzeitige Annahme des Deutschen durch die deutschen Juden im Anschlusse an ihre Emanzipation.

Soviel ist sicher, daß eine Abbröcklung stattfindet. Da aber statistische Angaben fehlen, so kann ein exakter Beweis über ihren Umfang und ihre Tragweite — ob sie stark oder schwach ist, ob sie wirksame Gegengewichte hat oder nicht — nicht erbracht werden. Man muß sich also auf einem anderen Wege Klarheit zu verschaffen trachten — etwa so, daß man sich zunächst über die Volksschichten klar wird, die von der Abbröcklung betroffen werden. Da darf man nun nicht übersehen — wofür allerdings auch nicht statistische, sondern nur Augenscheinlichkeitsbeweise vorliegen —, daß die Abbröcklung hauptsächlich am Bürgertum, in dem zum Geschäfte neigenden Schichten des ostjüdischen Volkes geschieht, während im Proletariat. nicht viel davon zu merken ist. Die jungen ostjüdischen Arbeiter in Amerika können zwar mehr oder weniger englisch, durchsetzen auch das Jüdische mit englischen Worten und Wendungen — was, beiläufig gesagt, die Sprache noch reicher macht —, aber sie verlernen das Jüdische nicht. Das stimmt auch mit den Erfahrungen, die man bezüglich der Sprachbeharrlichkeit ausgewanderter Proletarier bei allen Völkern gemacht hat. Während Bürger und Adel die Muttersprache, mit der sie daheim einen Kultus treiben, im Auslande umso rascher aufgehen, pflegen die Arbeiter ihr auch dort treu zu bleiben. Die Erklärung hiefür ist insoferne eine materialistische, als die Arbeiter nicht den gleichen ökonomischen und gesellschaftlichen Lockungen ausgesetzt sind wie die Bürger und Adeligen. Sie können ohne materiellen Schaden ihre angestammte Sprache beibehalten; warum sollten sie sie wegwerfen? Und nun bedenke man, daß im jüdischen Volke ein gewaltiger Prozeß der Proletarisierung begonnen hat und daß damit in allernächster Zeit der jüdischen Sprache Bestände gesichert sein werden, welche die angeblichen geringen Abbröckelungen mehr als aufwiegen müssen.

Wer die Sache von dieser Seite ansieht, wird auch leicht erkennen, wie wenig diese Abbröckelungen in eine Parallele mit dem Preisgeben des deutsch-jüdischen Dialekts durch die deutschen Juden zu bringen sind. Damals handelte ein durchaus bürgerliches Volk, am Anfange einer Epoche noch stärkerer Verbürgerlichung, im Angesichte der in Emanzipations- und Assimilationsform sich därbietenden ökonomischen und gesellschaftlichen Vorteile; heute, im Falle der Ostjuden, ein in seiner Bürgerart bereits geschwächtes Volk, am Anfange einer Epoche umfassendster Proletarisierung, angesichs der großen grauen Gleichgiltigkeit und Unabänderlichkeit des Proletarierschicksals. Der Vergleich hinkt aber noch auf einem anderen Fuße, indem er den wichtigen Unterschied zwischen dem damaligen und jetzigen Zustand der jüdischen Sprache nicht berücksichtigt. Es ist etwas anderes um einen ganz unentwickelten, unsäglich armen, jedes Schrifttums baren Dialekt und eine entwickelte, unvergleichlich reiche und mit einer urwüchsigen, kräftigen und doch auf der Höhe der Zeit stehenden Literatur ausgestattete Sprache. In der Ausgebildetheit, in der Reife liegt eine geistige Garantie, die bei einer im obigen Sinne günstigen ökonomischen Disposition dieser zu Hilfe kommt, aber auch sonst machtvoll wirken kann. Eine Sprache, die etwas ist, wird sicherlich, mögen sich die ökonomischen Verhältnisse wie immer gestalten, nicht leicht von einem g a n z e n Volke aufgegeben. Und jedenfalls nicht von jenem Teile des Volkes, der nicht auswandert, was man sich besonders wegen der russischen Juden merken möge. Wenn sie ihre Gleichberechtigung erreicht haben werden, dann wird sich erst zu aller Evidenz zeigen, daß hier für die Beseitigung des Jüdischen der geeignete Augenblick verpaßt, daß es hiefür zu spät ist.

Man kann nun noch einen Einwand erheben. Daß solche Sprachbeharrlichkeit, wenn schon nicht von ökonomischen Verhältnissen, jedenfalls von der Voraussetzung eines eigenen Geltungsgebietes der Sprache abhängig ist. Doch beruht dieser Einwand im Grunde auf einer Verwechslung von Ursache und Wirkung. Nicht Geltungsgebiete machen die Völker und Sprachen, sondern kräftige Völker und kräftige Sprachen erringen sich Geltungsgebiete — es müssen nicht gerade Länder, es können auch städische, nationale oder kulturelle Gemeinden sein.

Die Erkenntnis, daß dem Jüdischen aller Voraussicht nach eine Zukunft beschieden ist, darf allerdigs ebensowenig zur Einseitigkeit führen, wie dieselbe Erkenntnis bezüglich des Hebräischen. Namentlich sei zunächst vor dem bewußten Widerstande gegen die Landessprache gewarnt. Nicht derjenige gibt seine Sprache auf, der eine andere lernt, sondern wer die eigene Sprache überall hintansetzt, auch dort, wo er die fremde nicht braucht, wer nichts mehr übrig hat an Zuneigung zu ihr — an jener Zuneigung, die gerade der Ostjude in so reichem Maße und so rührender Weise für sein Jüdisch hat.   21*

Was die Pflege des Jüdischen betrifft, so gilt das vom Hebräischen Gesagte in verstärktem Grade. Ohne alle Einschränkung lebendig, wie es ist, braucht es auch nicht die Spur einer philosophischen Gelehrtenarbeit zu seiner Weiterentwicklung. Die Dichter und Schriftsteller haben aus so reichen Sprachbornen zu schöpfen, die Sprachmöglichkeiten sind so unendlich mannigfaltig, wie in keiner anderen Sprache der Welt. Es wäre wirklich mehr als überflüssig, hier mit Vorschlägen zu kommen. Nur ein Vorschlag soll hier nicht unterdrückt werden, der aber auch mit dem Problem dar Sprachausgestaltung nichts zu tun hat, sondern einem anderen Zwecke, von hoher zivilisatorischer Bedeutung dienen soll. Es handelt sich darum, in den Ostjuden einen offenen und bewußten jüdischen Sprachstolz zu wecken und der jüdischen Sprache Eingang in die europäische Sprachenfamilie zu verschaffen. Und das Mittel hierzu: Die Einführung des lateinischen an Stelle des assyrischen Alphabets. Diese Reform, die für das Hebräische, mindestens derzeit, nicht tunlich ist, ist für die jüdische Sprache gewiß durchführbar. Hier kann auch der rigoroseste Sprachforscher nicht über Hindernisse im Sprachbau, der frömmste Jude nicht über Verletzung seiner religiösen Gefühle klagen. Es ist weiter nichts nötig, als daß sich einige anerkannte Schriftsteller und Publizisten einigen, um zunächst ein fachmännisches Gutachten einzuholen. Ist durch ein solches ein zweckentsprechendes Umschreibesystem, das namentlich auch Lautverwechslungen nach der Seite des Deutschen hin vorbeugen muß, gewonnen, dann haben sie nur noch den Mut zu finden, es für ihre Arbeiten zu benützen. Allerdings bleibt dann noch die Aufgabe, die Kenntnis des neuen Alphabets im Volke zu verbreiten. Diese Aufgabe ist nicht leicht, aber sie ist zu lösen, wenn die Schriftsteller ausharren und eine unermüdliche Agitation in den fortgeschrittenen, namentlich den proletarischen, Neuerungen zugänglichen Schichten daran arbeitet.

Es wird wohl manche verwundern, daß in diesem Aufsatze sowohl dem Hebräischen als dem Jüdischen das Recht auf Geltung zugesprochen wird, während man ja sonst gewohnt ist, die Anhänger des Hebräischen und des Jüdischen in feindlichen Schlachtreihen zu sehen. Aber dieser Aufsatz wollte eben ein Versuch sein, die Frage nicht von irgend einem Parteistandpunkte,

nicht unter dem Antriebe irgend einer Zielverranntheit, sondern
einfach unter dem Gesichtswinkel geschehener und vorauszusehen-
der Entwickelungen zu betrachten. Das ist die Hauptsache. Mögen
die Ergebnisse anderer Unternehmungen andere sein, wenn nur
diese Betrachtungsweise gewahrt wird. Und im übrigen: Eines
wird sicherlich aus jeder Art von Ergebnis hervorleuchten: Die
ungewöhnliche Stärke des Differenzierungstriebes des jüdischen
Stammes, seine beispiellose Lebensenergie und die Unversiegbarkeit
seines Kulturquelles.

Zur Frage der jüdischen Massenwanderungen*)

Vor allem glaube ich ohne ernstzunehmenden Widerspruch feststellen zu dürfen, daß zionistische oder sonstwie auf die Erwerbung Palästinas gerichtete Bestrebungen, wenn von augenblicklichen Maßregeln gegenüber den jüdischen Massenwanderungen die Rede ist, ausgeschaltet werden müssen. Soweit haben sich, wie die Einberufung der Brüsseler Konferenz durch das zionistische Aktionskomité wohl am besten beweist, Plan und Wille selbst der ausgesprochensten Zionisten längst geklärt.

Dagegen haben sich die sogenannten Territorialisten bisher nicht zu der entsprechenden Erkenntnis aufgeschwungen. Wir sahen sie in Brüssel ihre Sache als die Augenblicksnotwendigkeit verfechten. Es war dies von ihnen, die nunmehr gekommen sind, die Judennot kurzer Hand aus der Welt zu schaffen, im Grunde nicht anders zu erwarten. Und ich will mich auch hier nicht auf prinzipielle Auseinandersetzungen mit ihnen einlassen. Nur darauf muß ich verweisen, daß sich einer ihrer bedeutendsten Wortführer in Brüssel gegen den Verdacht wehren zu müssen glaubte, als hielten sie eine Massenkolonisation im Eiltempo für durchführbar, und daß er die notwendige Frist indirekt mit mindestens 60 Jahren veranschlagte. Was ist dies aber anderes, als der Verzicht auf eine rasche, auf eine realistische Massenwanderungspolitik?

---

*) Zuerst in „Ost und West", VI. Jahrgang, Nr. 2 (Februar 1906)

Realistische, Wirklichkeitspolitik! Sie ist es ja, die den Juden allenthalben abgeht. Das ist ja das Unglück, daß wohl schon viele den Fortschritt von Gleichgiltigkeit und Unbeweglichkeit zum Interesse und zur Bewegung gemacht haben, daß sich jedoch dieses Interesse und diese Bewegung noch nicht zur vollen Tatreife erhoben haben. Die einen sind noch im Urzustande völliger Richtungslosigkeit, horizontloser Kleinkrämerei, die anderen schon auf höherer Stufe, aber nicht auf der höchsten. Noch immer wissen sie nicht, worin sich die Tatreife eines Volkes am überzeugendsten offenbart. Noch immer glauben sie an eine kühne, strenge Ideenpolitik als der Weisheit letzten Schluß, während sie nur deren erster Anfang sein kann. Noch immer sehen sie nicht, daß der Weg der Entwicklung durch eherne Tatsachen hindurchgeht und daß es vornehmlich gilt, den Weg zu erspähen und die Tatsachen zu bewältigen. Noch immer schwelgen sie in mehr oder weniger großartigen Konstruktionen, statt der Wirklichkeit großzügige Konzeptionen abzulauschen.

Darum diese ewige Versuchung, in jede Aufgabe fremde Gesichtspunkte hineinzubringen, die sie nur verwickeln, ihre Lösung nur hindern können! Darum diese Unfähigkeit, die anderen, die Zurückgebliebeneren, die Richtungs- und Horizontlosen, mitzureißen, auf ein breiteres Gesichtsfeld und auf einen Weg zu führen! Darum alles, was geschieht, so beschämend planlos, zersplittert, ohne Mittelpunkt! Darum dieses völlige Versagen gegenüber den Notwendigkeiten der Zeit! Nicht zum mindesten gegenüber dem Wandersturm, der gewaltige Gruppen unseres Volkes vor sich hertreibt!

Speziell diesem gegenüber werden wir nicht eher zu wirksamen Maßnahmen kommen, ehe wir nicht unsere Aufgabe reinlich bestimmt haben und sie, unbeirrt durch echte oder angebliche Ewigkeitsgedanken und Zukunftsaufgaben, zu lösen suchen. Wir müssen uns klar werden, daß es sich hierbei nur darum handeln kann, die Hunderttausende, die sich plötzlich auf die Beine gemacht haben und noch machen werden, mit möglichst geringen Kosten, möglichst wenig Gefahren für die anderen Juden und für das Judentum möglichst rasch in möglichst leidliche Verhältnisse zu bringen.

Gewiß sind nun die Rücksichten auf die nicht flüchtigen Juden, sowie auf die künftigen Schicksale der flüchtenden, endlich auf das Judentum als kulturelle Individualität sehr dehnbarer Natur. Aber es ist eben unsere Pflicht, sie nicht so weit zu dehnen, daß sie den Wirklichkeitsstoff unserer Aufgabe ganz verdrängen. Sie dürfen nicht zu Forderungen werden, die diese Aufgabe erdrücken, statt sie nur zu bestimmen und noch besser herauszuarbeiten. Wir dürfen es uns nicht einfallen lassen, große geschichtliche und völkerrechtliche Probleme, die vielleicht an ganz anderen Stellen anzufassen sind, hier gleich bei Gelegenheit mitlösen zu wollen. Nur darauf haben wir zu achten, daß sich die allgemeine wirtschaftliche und kulturelle Lage der Juden nicht schlimmer gestalte, als sie vor den Anlässen zu den Massenwanderungen war. Höchstens sollen wir es uns noch angelegen sein lassen, im Zuge unserer Spezialarbeit den Entwickelungsweg unseres Volkes, so gut es geht, freier zu legen, zu verbreitern, zu verschönern.

Von diesen Gesichtspunkten aus ist zunächst die Frage der Territorien zu beantworten. Es handelt sich nicht darum, das Territorium oder ein Territorium oder überhaupt Territorium im Sinne von Massenzuflucht- und Massenansiedlungsgebiet zu finden. Es gilt nicht, in aller Eile ein jüdisches Land oder jüdische Länder mit durchaus jüdischer Bevölkerung oder mit jüdischen Bevölkerungsmehrheiten, sondern einfach Platz für die Auswanderer zu schaffen. Es gilt Gebiete zu finden, wo sie nicht unwillkommen, wo ihnen die Gesetze günstig sind, wo sie Aussicht auf anständigen und auskömmlichen Lebensunterhalt haben und wo ihre jüdische Sonderart nicht bedroht ist.

Damit diese Bedingungen in jenem Maße erfüllt sind, auf welches sie in den Grenzen der Aufgabe Anspruch haben, bedarf es keines leeren und jungen Landes und keiner völkerrechtlichen Autonomie. Ein jüdisches Volk, das Anspruch auf Reife machen will, muß sich für derlei Errungenschaften Zeit lassen, muß aber zugleich wissen, daß es in Anbetracht des Elends der Stunde, des Tages, des Jahres und Jahrzehnts nicht Zeit hat, auf sie zu warten. Die gehetzten Hunderttausende dürfen nicht Versuchskaninchen an Werken werden, die — organisch, nicht auf Katastrophen aufgebaut — überhaupt keine oder nur wenige Menschenopfer erfordern. Diese Märtyrer können mit ruhigem Gewissen in Länder gebracht werden, die nicht dem jüdischen Volke zugesprochen werden und die bewohnt sind. Es kommt auch im allgemeinen garnicht auf den Grad der Dichtigkeit der Bevölkerung an. Unter Umständen können dichtbevölkerte Gegenden sowohl in politischer als wirtschaftlicher Hinsicht für jüdisch Zuwanderer aufnahmefähiger sein, als schwachbevölkerte. Natürlich hängt hier viel von der richtigen Auswahl der Auswanderer ab.

Es ist auch gänzlich verfehlt, wenn nicht unverantwortlich, das Schicksal Hunderttausender an private Liebhabereien für die Scholle oder für die Fabrik zu knüpfen. Was sich bietet und wofür man Material hat, ist zu ergreifen. Oder aktiv ausgedrückt: Was man hat, dafür muß man die richtige Verwendung suchen. Wenn man richtig Umschau hält und richtig verteilt, können alle Arten des Erwerbslebens der großen Sache dienstbar gemacht werden.

Dabei braucht man nicht auf Garantien für die Erhaltung der kulturellen Eigenart des jüdischen Volkes zu verzichten. Denn mit den obigen Ausführungen ist keineswegs einfach an eine zusammenhanglose Verteilung der Individuen, nicht an eine Atomisierung — die übrigens bei der Lebendigkeit und Verjüngtheit gerade des ostjüdischen Volkes kaum mehr möglich ist — gedacht. Vielmehr ist jene Form der Ansiedlung gemeint, welche die russischen und polnischen Juden in den letzten zwei Jahrzehnten aus ihrem starken Zusammengehörigkeitstriebe und aus wirtschaftlichen Antrieben heraus, sowie in Übereinstimmung mit der ganzen Wandervergangenheit Israels geschaffen haben — die Form der örtlichen Konzentrationen. In diesen, die ich die Zellen einer interterritoriellen jüdischen Kultur nennen möchte, liegt ein hinreichender Schutz gegen befürchtete Entjudung. Wer aber in ihnen wieder neue Gefahren in der Richtung des Antisemitismus sieht, mag sich beruhigen. Abgesehen davon, daß ihm noch Zeit bleibt, bei passenderen Gelegenheiten und in selbständiger Arbeit für große, zur Autonomie hinstrebende Konzentrationen zu wirken — ist auch die Furcht selbst nicht berechtigt. Wo in modernen, der Zivilisation voll erschlossenen Ländern die Konzentrationen gewisse unangenehme Folgen gezeitigt haben, geschah es nur, weil noch keine Erfahrung und keine Organisation da war, um ihnen durch gute Wahl der Gebiete und der Auswanderer, durch eine Berücksichtigung der lokalen Verhältnisse vorzubeugen. Niemand dachte auch daran, daß man in freien und wirtschaftlich hierfür geeigneten Ländern von der höchsten Form der jüdischen Kulturzelle: eigenen jüdischen Ortschaften industriellen, agrarischen oder gemischten Charakters öfter Gebrauch machen könne, als es geschah. Alle diese Versäumnisse aber braucht ja eine ordentliche Organisation nicht wieder zu begehen.*)

Eine ordentliche Organisation! Darauf müssen wir immer wieder zurückkommen, welche Seite der Sache wir auch betrachten. Daran, daß sie mangelt, krankt, wie das ganze jüdische Vclk, so auch im besonderen seine Massenwanderung. Eine Organisation ist nötig. Nicht etwa eine, die mit ungeheuerlichen, gar nicht erschwinglichen Geldmitteln Hunderttausende von einem Erdteile in den anderen versetzt, selber Land kauft und tausende von Fabriken baut. Das wäre Utopie. Aber eine Organisation, die deshalb nicht weniger großzügig zu sein braucht. Eine Organisation, in der sich Erfahrung, Geschäftstüchtigkeit, Wissenschaft, Fleiß, Wille zusammenfinden, um den Auswanderern mit Rat und Tat zur Seite zu stehen, um ihnen die Wege zu zeigen, zu verwohlfeilen, um allerlei Hindernisse zu beseitigen, um die Stellen auszuspüren, an welchen mit verhältnismäßig geringem Aufwand neue Lebensmöglichkeiten in die Entwicklung hineingeschoben werden können.

Eine solche Organisation muß sich natürlich auch mit den Vorfragen der Auswanderung, muß sich damit beschäftigen, wo diese und wie weit sie notwendig ist, und wo sie ohne Gefahr und mit günstigen Aussichten vermieden werden kann. Eine solche Organisation muß den ganzen Hintergrund der jüdischen Bewegung kennen, um sich ihre Urteile bilden zu können. Das heißt aber: Sie muß in Verbindung stehen mit einer größeren um-

---

*) Ich unterließ es geflissentlich hier Landvorschläge zu machen, weil sie nicht in den Rahmen dieses Aufsatzes hineinpassen, dann auch, weil ich mich hierfür nicht für kompetent erachte. Immerhin erscheint mir das nahe Morgenland (Kleinasien, Cypern und Ägypten), außerdem aber noch immer Nordamerika — man muß nur wissen, wo und wie — geeignet.

fassenderen Organisation des ganzen lebenden und wirkenden jüdischen Volkes für alle die Aufgaben, die sich aus der Besonderheit seines nationalen Daseins und seiner Geschicke ergeben. Deshalb glaube ich aber auch nur im Zusammenhange mit dieser weiteren von jener engeren Organisation sprechen zu dürfen. Und dies soll in einem zweiten Artikel geschehen.

Die Bedeutung des makka-
bäischen Freiheitskampfes*)

Soll ich die Wahrheit sagen, sobin ich kein Freund jähr-
lich wiederkehrender Gedenktage. Ich glaube, daß durch jeden
solchen Tag eine junge Lebenskraft geschwächt und ein neuer
unfruchtbarer Schemen in die Welt gesetzt wird. Darum kann
ich mich z. B. auch für die Arbeiter-Feier des 1. Mai nicht recht
erwärmen, wiewohl mir ihr Ursprung und ihr Inhalt so sympatisch
sind und obgleich sie kaum erst den Mutterschoß heroischer
Kämpfe verlassen hat. Und nun erst eine Feier, die Jahrtausende alt geworden ist...

Mit diesem Vorbehalte folge ich gerne der Aufforderung,
etwas über die Bedeutung der makkabäischen Erhebung zu sagen.
Denn wahrlich, es ist ein dankbarer Stoff, fesselnd, erwärmend,
bis zu einem gewissen Grade ermutigend, und alles dies um so
mehr, je weiter man von der Oberfläche der Ereignisse in die
tieferen Zusammenhänge ihrer Ursachen und Nachwirkungen
dringt. Erst wer den Lebenslauf des hebräichen Volkes bis zu
den Makkabäern und nach diesen bis zur Vernichtung des jüdischen Staatswesens durch die Römer begreift, kann auch die
makkabäische Freiheitsbewegung verstehen.

In den ersten Zeiten ihres Aufenthaltes auf palästinensischem
Boden zeigen die Hebräer im ganzen dasselbe Gepräge, wie die
anderen syrischen Stämme. Aus dem Buche der Richter gewinnt
man das Bild eines urwüchsig rauhen und rohen, genußfrohen

---

*) Zuerst in „Ost und West" 1. Jahrgang Nr. 12 (Dezember 1901)

und gewalttätigen Volkes. Doch, bei genauerem Hinsehen läßt sich schon damals eine ganz leise Abweichung konstatieren. Das Grelle ist um einen Schatten matter, das Wilde um einen Strich milder. Und was die Hauptsache ist, immer und immer wieder trifft man einzelne Gestalten von einer ganz ausnahmsweisen Gesinnungs- und Empfindungsart: Merkwürdige Neuerer, die ein Leben blos um des Lebens willen verschmähen und nach dem Sinn des Lebens fragen, die auch gleich eine Antwort auf diese Frage haben: Die einheitliche allgemeine Selbstzucht, den einigeinzigen Gott.

Das Volk geht anscheinend nicht den Weg dieser Männer. Doch allmählich stellt sich eine gewisse Übereinstimmung heraus. Sie verrät sich zunächst in jener starken Beunruhigung, die das Volk nach einem Anwalt seiner sich empörenden Lebenstriebe, nach einem König rufen läßt. Die Monarchie wird aufgerichtet Aber die Könige und die in ihrer erblichen Würde mit ihnen gleichstrebenden Priester nützen nichts. Der schicksalsvolle Keim entwickelt sich weiter. Im Reiche Israel, wo das Königtum in offenen Kampf gegen das neue Lebenssystem tritt, wird dadurch nur der geniale Furor der gottesstreiterischen Propheten gesteigert. Im Reiche Juda, wo sich die Monarchie von vornherein mit der neuen Lehre abfinden und mit den dort weniger stürmischen, aber ebenso entschiedenen und zu höheren Gesichtspunkten emporgestiegenen Propheten sich vertragen muß, — erscheint das Volk selbst immer mehr und mehr von dem Geiste sittlicher Lebensregelung ergriffen. Zuletzt stirbt der israelitische Staat an den unausgesetzten inneren Kämpfen zwischen den beiden Seelen im Volke, die sich im Königtum und Prophetentum verkörpern, und der judäische daran, daß das Verständnis für die M a c h t - interessen der Nation von der Wucht der großen Gottesfrage erdrückt worden war.

Aber auch nach diesem ergreifenden Staatentod bleibt noch ein Rest des naiv nach leiblicher und weltlicher Geltung ringenden Elementes in der jüdischen Seele zurück. Dies offenbart sich darin, daß 40.000 Personen von der Erlaubnis des Cyrus Gebrauch machen, ins Heimatland zurückkehren und den Grund zu einem neuen Gemeinwesen legen. Dieses steht nun freilich ganz im Zeichen der Lebenszügelung und Lebensausmessung. Die

Verwaltung ist jetzt ganz in den Händen jener, welche wollen, daß das Leben nicht über strenge Schranken schreite, daß niemand zu viel lebe. Nur sind das jetzt nicht mehr Menschenveredler, sondern Menschendriller, nicht mehr schöpferische Himmelsstürmer, sondern fleißige Popularisierer, nicht mehr revolutionäre Geister, sondern tüchtige Köpfe — mit einem Worte: Nicht mehr die Propheten, sondern die Rabbiner. In ihre Gesetzgebungsarbeit vertieft, lassen sie Jahrhunderte vergehen, ohne an erhebliche politische Vorsorgemaßnahmen zu denken. Sie züchten vielmehr, von den besten Absichten beseelt, ein wunsch- und wehrloses Volk heran, das, wenn nicht alles trügt, eine Beute des erstbesten Eroberers werden muß.

Da geschieht aber das Unerwartete. Der lang bezähmte Drang nach freier Weltlichkeit erwacht in einer Stärke, die man kaum mehr für möglich gehalten hätte. In zwei mächtigen Stürmen tobt er sich aus. Der eine erhebt sich in den Herzen der Mächtigen und Reichen, sowie sie die hellenische Herrlichkeit kennen lernen und mit der heimischen ewigen Regentagsstimmung vergleichen. Eine wilde Wut gegen das eigene Volkstum, das ihnen die kostbarsten Güter des Lebens, nein, das Leben selbst vorenthält, überkommt sie. Nieder mit allem Jüdischen! — schreien sie und rufen den äußeren Feind ins Land, der ihnen beim Vernichtungswerke helfen soll. Angesichts dieser Gefahr aber erhebt sich der zweite Sturm. Fern von der Hauptstadt, in einem Landstädtchen, wohin weder die hellenische Unbändigkeit noch die rabbinische Gebundenheit gedrungen ist, aus dem Kreise einer altväterischen Priesterfamilie ertönen plötzlich Weckrufe ganz anderer Art: Heraus aus den Lehrsälen! Auf zu den Waffen! Machet euch frei und unabhängig! Lebt!... So schallt es bald durch das ganze jüdische Land. Die jüdischen Waffen siegen — über den äußeren Feind und die Verräter.

Verräter! — Ein hartes unerbittliches Wort, das wohl auf viele passen mag, die in der hellenistischen Bewegung standen, doch auf alle gewiß nicht. Der Mehrzahl nach waren es Leute, deren Makkabäertrieb sich infolge eines ungünstigen Milieus zum Hellenismus verirrte. Das begreifen, heist ihnen verzeihen. Allerdings fällt dann auch das alte Märchen, daß der Makkabäer Kampf und Sieg einen Kampf und Sieg der geistlichen, sittengesetzlichen, s o g e n a n n t jüdischen Lebensauffassung bedeutet. Gerade das Gegenteil ist richtig. Die makkabäische Erhebung ist ein Spätlingstriumph des in der jüdischen Volksseele nieder-gehaltenen Freiheitsdranges. Das zeigt schon ein Blick auf Juda Makkabi selbst, diesen Kriegshelden mit der einfältigen Kinder-seele;. das geht aus jedem Worte seiner heiter frommen und lebenatmenden Reden hervor, das folgt aus der viel angefeindeten Verfügung, die das religiöse Verbot der Verteidigung mit den Waffen am Sabbat aufhob; darauf deutet die Nachricht hin — mag sie auch blos Sage sein —, daß er ein Bündnis mit Rom gesucht habe. Der überzeugendste Beweis aber ist das Er-gebnis der Bewegung: Juda Makkabi erkämpft die Unab-hängigkeit, seine Brüder sichern sie, deren Nachkommen setzen sich die Königskrone aufs Haupt. Ein neues jüdisches Reich entsteht, ein Reich von dieser Welt — in dem es ordnende Kräfte gibt und schäumende Tatenlust und flammenden Ehrgeiz.

Daß das Reich keinen langen Bestand hatte, kann unser Urteil nicht ändern. Der makkabäische oder hasmonäische Königs-gedanke war gewiß nicht weniger stark als der davidische. Aber er konnte aus diesem mageren Rest tätigen Volkstums nicht m e h r Leben herauspressen, als darin war. Nur für einen Augen-blick vermochte er das Volk dem Hinübersterben ins Reich des Geistlichen zu entreissen. Nur für einen Augenblick. Dann kam das Ende um so rascher.

Diese zweite Staatskatastrophe kann aber nicht nur nicht die Bedeutung des makkabäischen Freiheitskrieges ändern, auch seine V o r bedeutung vermag sie nicht zu bestimmen.

Es ist überhaupt verfehlt, den Vergleich der Makkabäerzeit mit unseren Tagen zu übertreiben. Schon die beliebte Ähnlichkeit der damals und heute auftretenden Parteigruppen erscheint mir einigermaßen bedenklich. Ich vermisse in den heutigen Assimi-lanten das Temperament und das Ziebewußtsein der Hellenisten, in den heutigen Nationalisten den Mut und die Naivetät der Makkabäer. Aber, ganz abgesehen davon, die Verhältnisse, damals und jetzt, sind zu wesensverschieden, als daß ein solcher Ver-gleich irgendwie fruchtbar wäre. Was fang' ich mit Makkabäern an, die nicht auf ihrem Boden sind, was mit Hellenisten, denen

keine fremde Macht hilft, was mit beiden angesichts einen Menge
neuer großer Völker, angesichts des Großkapitals und der sozialen Bewegung, angesichts der Entwickelungslehre und des
technischen Fortschrittes?

Nein, mit relativen Werten läßt sich da nicht rechnen, sondern nur mit absoluten. Sowie die Größe der Makkabäer und die
Kurzlebigkeit ihrer Staatsgründung nur aus den damaligen Zeitver-
hältnissen zu erklären sind, so erwachsen auch unsere zeitgenössischen Kräfte und Schwächen nur aus dem Ganzen unserer Zeit.

Es ist verkehrt, die kulturelle Uneinheitlichkeit und leiblich-
seelische Degeneration des jüdischen Stammes von heute auf
die leichte Achsel zu nehmen und sorglos darauf loszugründen —
ja sich überhaupt einzubilden, das es einem zersplitterten und
verhaßten Volke mitten in unserer großen, umwertenden, mit
gewaltigen Aufgaben überbürdeten Epoche blos durch allerlei
Kniffe, im Handumdrehen gelingen werde, die Makka-
bäergründung zu wiederholen.

Aber ebenso lächerlich ist, sich davon einschüchtern zu
lassen, daß die Juden vor zwei Jahrtausenden nicht genug welt-
lich, oder sagen wir hier, politisch begabt waren, um den ihnen
von den Makkabäern eingerichteten Staat länger als zwei Jahrhunderte zu halten. Was soll daraus für heute folgen? Für heute,
wo es eine universelle Zivilisation gibt, die jedes Volk, das in
sie eintritt, vor Weltscheu schützt, wo das jüdische Volk in seinen
Intellektuellen und seinen Proletariern dieser allgemeinen Zivilisation sich anzuschließen begonnen hat; wo die Völker immer
weniger und weniger des Königsgedankens, des Staates à la
Prusse, des Krieges bedürfen, um sich auf den vereinigten natur-
gemäßen Grundlagen der Nationalität und der Wirtschaft zu
organisieren; wo endlich eine neue Ära internationaler Beziehungen wenigstens im Anzuge ist, in der auch weniger massive
Nationen in Ruhe werden leben können...?

Ich meine also, man tut gut daran, nicht nach Vorbedeutungen
zu fahnden, sondern sich mit dem erfreuenden Bewußtsein zu
begnügen, daß heute sowie zur Makkabäerzeit noch Leben und
Lebensdrang im jüdischen Volke vorhanden ist. Nur so sichert man
sich Verständnis für die Aufgaben der Gegenwart und Sinn für
die geschichtliche Bedeutung und Größe der Makkabäer.

Der zweite Band

der gesammelten Schriften

Dr NATHAN BIRNBAUM'S

(MATHIAS ACHERS),

der demnächst erscheint, enthält folgende Arbeiten:

Buchdruckerei des Vereines „Ruska Rada“ in Czernowitz,
unter technischer Leitung des Iwan Zacharko.

Lightning Source UK Ltd.
Milton Keynes UK
UKHW020658201118
332647UK00009B/503/P